KADINLAR SALONU

KADINLAR, ERKEKLER, SEKS, SEVGİ, İLİŞKİLER,
DIŞILIĞIN PRAGMATİSTİ OLMAK VE DAHA NİCE
NİCE ŞEYLER ÜSTÜNE KONUŞMALAR

Gary M. Douglas

GARY DOUGLAS VE ON SEKİZ GÜÇLÜ VE OLAĞANÜSTÜ
KADINLA YAPILAN TELESEMİNERLER SERİSİNE
DAYANARAK

Kadınlar Salonu
Telif Hakları Saklıdır ©2014 Gary M. Douglas
ISBN: 978-1-63493-103-8

Bütün hakları mahfuzdur. Bu yayının hiçbir bölümü yeniden üretilemez, geri alma sistemlerinde depolanamaz veya hiçbir form ya da ne şekilde olursa olsun, elektronik, mekanik, fotokopi, kayıt etme veya başka şekillerde, yayıncıdan önceden izin almaksızın aktarılamaz.

Kitabın yazarı ve yayımcısı herhangi bir fiziksel, zihinsel, duygusal, ruhsal veya finansal neticelerle ilgili iddiada bulunmaz ya da garanti etmez. Yazar tarafından sunulan bütün ürünler, hizmetler ve bilgiler sadece genel eğitim ve eğlence amaçlıdır. Burada sunulan bilgiler hiçbir şekilde tıbbi veya diğer profesyonel tavsiyelerin yerine kullanılamaz. Bu kitabın kapsamına giren bilgilerden herhangi birini, etkinlikte kendiniz için kullanmanız halinde, yazar ve yayımcı eylemlerinizden dolayı sorumlu addedilemez.

Access Consciousness Publishing, LLC
Tarafından Yayımlanmıştır.

Amerika Birleşik Devletlerinde Basılmıştır.

Uyarı

Lütfen bunu çok ciddiye almayın. Kalbimin istediği; kadınlar ve erkeklerle daha çok kolaylık ve barış yaratabilmek. Ayrım ya da yargı yaratmak değil.

Ya herkesin birbirine iyi davrandığı bir dünyada yaşasaydın? Ya bunu yaratımına yardımcı olacak olan sen olsaydın?

İçindekiler

Önsöz 7
1. Pragmatik Feminizm 9
2. Gerçeği Değiştirmeyi Seçmek 51
3. Sahiden kim olduğunuzun farkına varmak. 89
4. Senin için Çalışan bir İlişki Yaratmak 123
5. Pragmatik Seçim 161
6. Sen Geleceğin Bir Yaratıcısısın 191
7. Başkalarına Olanaklılıklar Alemini Vermek 217
8. Savaş Yerine Barış Yaratmak 253
9. Sürdürülebilir Bir Gelecek Yaratmak 287
10. Bilinçli İlişkiler 313
11. Seçim ve Farkındalığın Gücünde Kalmak 355
12. Bilincin Serbest Radikali Olmak 395
13. Dünyana Bir Hediye Olduğunu Anlamak 421
14. Kendinin Muhteşemliğine Sahip Olmak 459
Access Consciousness Temizleme Cümlesi 501
Sözlük 505
Access Consciousness Nedir? 517
Diğer Access Consciousness Kitapları 519
Yazar Hakkında 525

Önsöz

17-18 yy. Fransa'sında, ileri görüşlü, akıllı kadınların buluşup konuştukları yerler salonlardı. Tıpkı ileri görüşlü akıllı erkekler için olduğu gibi.

O salonlardan esinlenerek harika bir grup kadınla; kadınları, erkekleri, seksi, ilişkileri, kadın ve erkeklerin rolünü, geleceği yaratmayı ve daha nice konuları konuştuğumuz, 14 teleseminer serisi düzenledim. Bu kitap o konuşmalara dayanıyor.

Aşağıdaki tartışmaların içinde; daha önce hiç görmediğiniz bir takım kelimeler ve terimler olabilir. Bunları kitabın arkasında bir sözlükte tanımlamaya çalıştık.

Access Consciouness'da kullandığımız temizleme cümlesini de bulacaksınız. Bu hayatınızdaki sınırlandırmaları ve daralmaları yaratan enerjiyi temizleyen bir kısaltmadır. İlk okuduğunuzda kafanızı biraz karıştırabilir. Niyetimiz de bu zaten. Kafanızı resimden çıkarmak için tasarlandı, böylece herhangi bir durumun enerjisine yönelmenizi sağlayacak.

Temelinde, temizleme ifadesi ile bizi ileriye gitmekten ve gitmek istediğimiz her alana genişlememizden alıkoyan sınırlandırmaların ve engellerin enerjisine hitap ediyoruz.

Access Consciousness'in temizleme ifadesi: "Right, and Wrong, Good and Bad, POD and POC, All 9, Shorts, Boys and Beyonds. Kelimelerin ne anlama geldiğinin kısa bir açıklaması kitabın arkasında.

Bu ifadeyi kullanıp kullanmamak size kalmış, bu konuda bir bakış açım yok, ama sizi denemeye davet ediyorum; bakın bakalım neler olacak.

1
Pragmatik Feminizm

Aklımda tek bir şey var. O da sizi tüm bilince götürmek. Eğer bunu gerçekten istemiyorsanız, gardınızı alın, yoksa sizi çılgın bir geziye götüreceğim.

Gary:

Yıllar boyunca Dr. Dain Heer ve ben kadın ve erkek gruplarıyla seks ve ilişki atölye çalışması yaptık. Perşembe akşamları tüm erkekler biraraya gelir ve kadınlar konusundaki tüm yargılarından kurtulurlardı. Cuma akşamları da kadınlar biraraya gelir ve erkekler konusundaki tüm yargılarından kurtulurlardı, ardından bir pijama partisi yapar ve bir sürü yeni yargı oluştururlardı. Erkekler konusunda yeniden yargılar oluştururlar ve erkekler de ölümüne korkarlardı, çünkü bu kızgın kadınların testislerini kesebileceklerini bilirlerdi.

HAYATIN İŞLEYEN HALİ

Kadınlar niye erkeklere bu kadar kızgındılar? Çünkü hayatın işleyen bir tarzını yaratmışlardı; kadın olarak yaşamak.

Eğer hayatın işleyen halindeyseniz tekrar tekrar hep aynı şeyle karşılaşırsınız, sonra da şaşırırsınız niye hep aynı şey tekrarlanıyor diye. Eğer erkeklerle çatışma içindeyseniz, ya da hep canınız sıkılıyorsa, ya da bir şeylerin daha farklı olması gerektiğini düşünüyorsanız, o zaman her şeyi hep aynı şekilde karşınıza çıkaran bir işleyen haliniz var.

Eğer diğer seksle ya da seks partneriniz ile ilişkilerinizi değiştirmek istiyorsanız, bakış açınızı değiştirmeniz gerekir.

Salon Katılımcısı:
Ben hep feminen veya maskülen karşı bir çatışma içindeyim.

Gary:
Feminen ya da maskülen tarafımız arasında bir çatışma olmamalı. Bunu yaratmaya çalışıyorum burada. Centilmenler Kulüp'ünü yaptığımda erkekler erkek olma hakkı için kavga etmeleri gerektiğini ve kendileri olmak için kadınlarla çatışmaları gerektiğini hissetmediler. Sadece kendileri olabilirler ve kadınlar da isterlerse onları seçebilir ya da seçmeyebilirlerdi.

Salon Katılımcısı:
Ben erkeklerle bir yarışma içinde olduğumu hissediyorum.

Gary:

Bu bir işleyen haldir. Hareket etmeye çalıştığın nokta işleyen hal (ya da işleyen halden yola çıkarak hareket ediyorsun). Bu senin verdiğin bir karar. Farklı bir şey olsun istemiyorsun. Sonuca varmışsın zaten "Bu böyle olur, her zaman böyle yaparım, böyle olacak."

Onun yerine kendin sorabilirsin:

Gerçekten neyi seçmek isterim?

Ne olabilirim ya da neyi farklı yapabilirim ki tüm bunlar değişsin?

İşleyen bir durumu yaratmak için ortaya koyduğunuz kaç tane yargınız var? Bir sürü, az ya da tanrının bildiğinden çok!

Bununla ilgili var olan her şeyin godzilyon kerelerini yıkıp yaratımını tümüyle iptal eder misiniz? Right and Wrong, Good and Bad, POD and POC, All Nine, Shorts, Boys and Beyonds.

Seçtiğin hayatın işleyen halini ve kadın olarak yaşamayı yaratmak için hangi aptallığı kullanıyorsun? Bununla ilgili var olan her şeyi godzilyon kerelerini yıkıp yaratımını tümüyle iptal eder misiniz? Right and Wrong, Good and Bad, POD and POC, All Nine, Shorts, Boys and Beyonds.

Ve maskülen ve feminen arasında sürekli bir çatışma duygusunu yaratmak için hangi aptallığı kullanmayı seçiyorsun? Right and Wrong, Good and Bad, POD and POC, All Nine, Shorts, Boys and Beyonds.

Salon Katılımcısı:

Terimin sonunda, "seçiyorsun?" diye sordunuz. Ben "seçtiğiniz" derdim. Bunu demediğinizi fark ettim. Neden, söyler misiniz?

Gary:

"Seçtiğiniz" seçmenin gerekçesini haklılaştırır. Bu sabit bir bakış açısı. Şöyle demek: " Bunu seçiyorum, çünkü…." Sadece seçiyor olmak yerine, bir nedenle seçtiğine inanmayı tercih ediyorsun. Seçtiğin şey için bir sebep olmadığını görmen için çalışıyorum—sadece seçiyorsun. O yüzden "Seçiyor musun?" diye soruyorum.

Salon Katılımcısı:

Seni seviyorum, Gary! Bu o kadar çok küçük enerjiyi, ıvır zıvırı yok etti ki!

Salon Katılımcısı:

Bir sorum var. Erkekler gerçekten adi ve kötü mü?

Gary:

Hayır, gerçekte erkekler adi ve kötü değil.

Salon Katılımcısı:

O halde niye öylelermiş gibi gözüküyor?

Gary:

Çünkü adi ve kötü olmanın maskülen olduğu yalanına kandılar. Hayatınızı berbat eden erkekler hakkında kaç yalana kandınız? Çok, az ya da tonlarca?

Erkekler hakkında hayatınızı ve yaşamınızı kilitleyen kaç tane yalana kandınız?

Bununla ilgili var olan her şeyin godzilyon kerelerini yıkıp yaratımını tümüyle iptal eder misiniz? Right and Wrong, Good and Bad, POD and POC, All Nine, Shorts, Boys and Beyonds.

Salon Katılımcısı:

Babam üniversiteye gitmeme ve iyi bir stajerlik almama destek verdi. Ama kadınlarla alay ederdi. Ağlayan kadınlara gülerdi. Ve kız kardeşim okurken, onu görmeye gitmemeyi seçti. Erkeklerin ne olduğu hakkında sahiden yamuk bir fikir geliştirdim.

Gary:

Evet, herkes bunu yapıyor, hatta erkekler bile.

Erkek ve kadın arasındaki çatışmayı yaratmak için hangi aptallığı kullanıyorsun ve seçiyorsun? Bununla ilgili var olan her şeyin godzilyon kerelerini yıkıp yaratımını tümüyle iptal eder misiniz? Right and Wrong, Good and Bad, POD and POC, All Nine, Shorts, Boys and Beyonds.

Salon Katılımcısı:

Eğer bir taraf çatışmaya asılıyorsa ve öbür taraf bu sadece ilginç bir bakış açısı düşüncesinde ise, bu çatışmayı söndürecek kapasitede mi?

Gary:

Çatışmayı belirli bir derecede söndürür, ama ilişkiyi uzun sürede devam ettiremez. Bunu eski karımla yaşadım. "İlginç bir bakış açısı bu," derdim. Çatışma içinde olmazdım, böylece çatışma da olmazdı, ama bu onun dünyasında hiçbir şeyi değiştirmedi. Sorun şu ki, çoğunluk kadınlar, erkeği olduğu gibi görmek yerine, eğer onu değiştirirlerse daha iyi bir erkek olacağı gibi bir bakış açıları var.

Kaç kere bir erkeği alıp onu mükemmel bir resim olarak gördünüz?

Bununla ilgili var olan her şeyin godzilyon kerelerini yıkıp yaratımını tümüyle iptal eder misiniz? Right and Wrong, Good and Bad, POD and POC, All Nine, Shorts, Boys and Beyonds.

"DÜZELTMEK" İSTEDIĞIN BİR ERKEĞİ SEÇMEK.

Salon Katılımcısı:
Bu konuda bir sorum var. Düzeltmek ya da değiştirmek istediğin bir erkeği seçme dinamiğini ne yaratıyor?

Gary:
Çocukken "iyi" kötü bir oğlan bul diye öğretildi sana. Tüm romantik kitaplar kötü oğlan olarak görülen bir adam hakkındadır ve sana aşık olduğu için, içindeki hayvanı uysallaştırırsın ve senin sevgilin olur.

Vahşi hayvanı uysallaştırmaya çalıştığın her yeri, yıkıp yaratımını yok eder misin? Right and Wrong, Good and Bad, POD and POC, All Nine, Shorts, Boys and Beyonds.

Salon Katılımcısı:
Bu onu kurtarmakla mı ilgili? "Ona yardım edebilirim, onu düzeltebilir, daha iyi yapabilirim." Bir annelik şeyi mi? Kurtarmakla ilgili bir anne içgüdüsü mü?

Gary:
Annelikle ilgisi yok. Kadınlıkla ilgisi var. Sana öğretilen destek olmak ve tahtın arkasında oturmak—tahtın önünde değil. İş başında olmadan, iş başında olmak. Hiçbir şeyi

bilmeyen tatlı genç kadın olmayı taklit etmen gerekiyordu. Kadınlara verilen bu roller doğru değil. Gerçek bir kadınla alakası yok.

Bununla ilgili var olan her şeyin godzilyon kererlerini yıkıp yaratımını tümüyle iptal eder misiniz? Right and Wrong, Good and Bad, POD and POC, All Nine, Shorts, Boys and Beyonds.

BİR GÜN BENİM PRENSİM GELECEK

Bunlara bakıp ta "Bu delilik! Bunu neden seçeyim ki?" diyor musunuz? Bazılarınız diyor. Diyorsunuz ki: "Boş ver, bir ilişkiyle uğraşamam". Diğerleri diyor ki " Eh, bir gün doğru adam gelecek, bir gün prensim beni Sinderalla olmaktan çekip alacak."

Bununla ilgili var olan her şeyin godzilyon kererlerini yıkıp yaratımını tümüyle iptal eder misiniz? Right and Wrong, Good and Bad, POD and POC, All Nine, Shorts, Boys and Beyonds.

Salon Katılımcısı:
Ya bunların ikisi de aynı anda oluyorsa?

Gary:
Çoğunuz için bu ikisi de aynı anda geçerli. Böyle olacağı öğretildi size. Nihayet doğru adam gelecek ve her şey yoluna girecek. Hayır, bunların hiçbiri doğru değil. Sonsuz bir varlık olarak, sadece bir tane mi gerçek aşkınız olacak?

Salon Katılımcısı:
Hayır!

Gary:

Bu mantıklı değil. Çünkü sonsuz bir varlık olarak, istediğiniz şey, birliğiniz olur, istediğiniz şey "bir" olmaz.

Bununla ilgili var olan her şeyin godzilyon kerelerini yıkıp yaratımını tümüyle iptal eder misiniz? Right and Wrong, Good and Bad, POD and POC, All Nine, Shorts, Boys and Beyonds.

Çocukken sizin için tek bir gerçek aşk olduğu öğretildi. Bir gün prensinizi bulacağınız öğretildi. Bir gün doğru adam gelecek ve sizi sevilmeniz gerektiği gibi sevecek. Ve bir gün her şey mükemmel olacak. Bir gün hiçbir zaman gelmez, çünkü "bir gün" hiçbir zaman bugün değildir. Bir gün hiç bir zaman var olmadı, olmayacak ve var olamaz.

Kaç "bir günü" hala muradına erdirmeye çalışıyorsunuz? Bununla ilgili var olan her şeyin godzilyon kerelerini yıkıp yaratımını tümüyle iptal eder misiniz? Right and Wrong, Good and Bad, POD and POC, All Nine, Shorts, Boys and Beyonds.

Herhangi biriniz bu alanda bir değişim fark ediyor mu?

Salon Katılımcısı:

Evet!

Gary:

Bunlar bu gerçeğin deliliğini sürdürüyorlar. Erkekle kadın arasındaki çatışma, ilişki fikri ve evlilik. Seksin güzel, harika, la la olacağı fikri. Gerçekte, bunların hangisi var?

Gerçekte hiç var olmamış olan, var olmayan seks hayatı, romantik hayat, evlilik ve ilişki hayatını yaratmak için hangi aptallığı kullanmayı seçiyorsun?

Bununla ilgili var olan her şeyin godzilyon kerelerini yıkıp yaratımını tümüyle iptal eder misiniz? Right and Wrong, Good and Bad, POD and POC, All Nine, Shorts, Boys and Beyonds.

Sanki hiç soru sormuyorsunuz. "O çok güzel, harika ve iyi" diyorsunuz ama "bu benim için gerçekten çalışır mı?" diye sormuyorsunuz. Neye sahip olmanız konusunda sizin için çalışacak bir seçim yapmak yerine sonuca varıyorsunuz.

Sizlerin pragmatik feminist olmanızı istiyorum, savaşan İrlandalı, savaşan Kuzey Avrupalı, savaşan Viking, savaşan Latin ve her diğer olmanız gerektiğini düşündüğünüz milliyetteki kadın olmanızı istiyorum.

Bununla ilgili var olan her şeyin godzilyon kerelerini yıkıp yaratımını tümüyle iptal eder misiniz? Right and Wrong, Good and Bad, POD and POC, All Nine, Shorts, Boys and Beyonds.

Salon Katılımcısı:
Ben de erkek ile kadın arasında sürekli bir savaşma, çatışma hissediyorum. Kendimle sürekli bir çatışma içinde tutuyor bu beni.

Gary:
Evet, çünkü hem erkek hem de kadın olmuştun. Tüm her şey sizin için mümkün olabilmeli. Yapmadığın, ya da olmadığınız bir şey yok bir ya da başka bir hayatta.

Olduğunuz ya da yaptığınız her şeye ulaşabilmelisiniz, ama kendinizi bir kadın ya da erkek olarak tanımlamaya çalışırken, size açık olan şeylerin yarısını kapatıyor, yok ediyorsunuz. Eğer kendinizi bir erkek olarak tanımlıyorsanız, kadın yönünüzü kesip atıyorsunuz. Eğer kendinizi bir kadın olarak tanımlıyorsanız, maskülen tarifinizi kesip atıyorsunuz.

Kendinizin ne olduğunu tanımlamak için erkekler ve kadınlar hakkındaki bakış açılarına inanıyorsunuz, ama o tanımların sizinle, varlıkla, hiçbir alakası yok.

Salon Katılımcısı:
Evet, sanki erkeklere karşı savaşıyorum ve bunu yaptığım için kendimi yanlış buluyorum.

Gary:
Seçtiğin kadın ve erkek arasındaki çatışmayı yaratmak için hangi aptallığı kullanıyorsun?

Bununla ilgili var olan her şeyin godzilyon kerelerini yıkıp yaratımını tümüyle iptal eder misiniz? Right and Wrong, Good and Bad, POD and POC, All Nine, Shorts, Boys and Beyonds.

Geçmiş hayatınızda bir erkektiyseniz ve bir kadın olmanın daha kolay ve daha iyi olduğunu düşündüyseniz ve bu hayata kadın olarak geldiyseniz, "bir dakika, kadın olmak daha kolay değil. Erkek olmak daha iyi" dersiniz ve kendi kararlarınız ve seçimlerinizle çatışmaya girersiniz. Bu size ne kadar seçim verir?

Salon Katılımcısı:
Sıfır.

Gary:
Ve ne kadar yargı verir size? Tonlarca.

Bununla ilgili var olan her şeyin godzilyon kerelerini yıkıp yaratımını tümüyle iptal eder misiniz? Right and Wrong, Good and Bad, POD and POC, All Nine, Shorts, Boys and Beyonds.

İLİŞKİYE SAYGI VS. VAJİNAYA SAYGI

Bu Kadınlar Salon'undan almanızı istediğim şeylerden biri feminen tarafınıza, bunu erkeklerle bir problem yapma gerekliliği olmadan sahip olmanız. Erkeklerle hiçbir şey sorun olmamalı. Her şey bir seçim olmalı.

İlişkiye sonsuz saygıyı yaratmak için hangi aptallığı kullanmayı seçiyorsun?

Bununla ilgili var olan her şeyin godzilyon kerelerini yıkıp yaratımını tümüyle iptal eder misiniz? Right and Wrong, Good and Bad, POD and POC, All Nine, Shorts, Boys and Beyonds.

Bunun erkek versiyonu da söyle:

Vajinaya sonsuz saygıyı yaratmak için hangi aptallığı kullanmayı seçiyorsun?

Bununla ilgili var olan her şeyin godzilyon kerelerini yıkıp yaratımını tümüyle iptal eder misiniz? Right and Wrong, Good and Bad, POD and POC, All Nine, Shorts, Boys and Beyonds.

Bunun iki tarafı da herkesin üstünde oynuyor ve bu birçok karşıtlık, muhalefet yaratıyor. Onun vajinana tapmasını istiyorsun ve ilişkinize tapmak istiyorsun. Kadınlar her şeyin ilişki ile alakalı olduğu fikriyle eğitildi— çocuklarınızla olan ilişkiniz, eşinizle olan ilişkiniz.

Kadınlar ve erkekler farklı tanrılara tapıyorlar sonra da niye beceremiyoruz diye şaşırıyorlar.

İlişkiye sonsuz saygıyı yaratmak için hangi aptallığı kullanıyorsun ve seçiyorsun?

Bununla ilgili var olan her şeyin godzilyon kerelerini yıkıp yaratımını tümüyle iptal eder misiniz? Right and Wrong, Good and Bad, POD and POC, All Nine, Shorts, Boys and Beyonds.

Vajinaya sonsuz saygıyı yaratmak için hangi aptallığı kullanıyorsun ve seçiyorsun?

Bununla ilgili var olan her şeyin godzilyon kerelerini yıkıp yaratımını tümüyle iptal eder misiniz? Right and Wrong, Good and Bad, POD and POC, All Nine, Shorts, Boys and Beyonds.

Salon Katılımcısı:

İlişki sahibi olmamaya da sonsuz bir saygı var mı? Yoksa bu madalyonun öbür yüzü mü?

Gary:

Evet, bu madalyonun öbür yüzü. Eğer herhangi bir şeye saygı duyuyorsan, seçimle, olasılıkla ve soruyla var olmuyorsun.

İlişki için ya da ilişkiye karşı saygı ve vajina için ve vajinaya karşı saygıdan kurtulmalıyız. İkisi de muhalif bir bakış açısına saplanlanma problemi yaratıyorlar.

Salon Katılımcısı:

Ah, evet.

Gary:

İlişkiye sonsuz saygıyı yaratmak için hangi aptallığı kullanıyorsun ve seçiyorsun? Bu iki taraflı da olabilir. Bununla ilgili var olan her şeyin godzilyon kerelerini yıkıp yaratımını tümüyle iptal eder misiniz? Right and Wrong, Good and Bad, POD and POC, All Nine, Shorts, Boys and Beyonds.

Vajinaya sonsuz saygıyı yaratmak için hangi aptallığı kullanıyorsun ve seçiyorsun?

Bununla ilgili var olan her şeyin godzilyon kerelerini yıkıp yaratımını tümüyle iptal eder misiniz? Right and Wrong, Good and Bad, POD and POC, All Nine, Shorts, Boys and Beyonds.

Salon Katılımcısı:

Gary, ikinci soru, " Vajinaya sonsuz saygıyı yaratmak için hangi aptallığı kullanıyorsun?" benim için güçlü bir soru. Bunu açıklar mısın?

Gary:

Bir hayatının bir anında, büyük ihtimalle bir vajinaya sahip olmak istediğin kararını verdin.

Salon Katılımcısı:

O hayatta bir erkek olarak mı, ben?

Gary Douglas

MASKÜLENİ VE FEMİNENİ OLUŞTURAN NEDİR Kİ ZATEN?

Gary:

Evet, bir bakış açısını desteklemek ya da karşı çıkmak benim için histerik derecede komik. Bir ya da başka bir hayatta olmadığın, yapmadığın şey yok ki. Masküleni ve femineni oluşturan nedir ki zaten?

Salon Katılımcısı:

Bu benim bir sonraki sorumdu!

Gary:

Evet, onun için de bir prosesim var.

Kendini MEAZ gerçekliğinin, fiziksel gerçekliğin ve psikolojik deliliğin cariyesi olarak yaratmak için hangi aptallığı kullanıyorsun? Bununla ilgili var olan her şeyin godzilyon kerelerini yıkıp yaratımını tümüyle iptal eder misiniz? Right and Wrong, Good and Bad, POD and POC, All Nine, Shorts, Boys and Beyonds.

Kendini bir cariye yapınca, sanki MEAZ gerçekliğinin (maddenin, enerjinin, alanın ve zamanın gerçekliği), fizyolojik gerçeklik ve psikolojik deliliğin metresi oluyorsun, çünkü bu dünyada buna köle ve uşak olmuyor musun? Bu sanki bir sürü insan için seksin yaradılışı. Örneğin, bir madde, enerji, alan ve zaman gerçekliğinde kaç kere neşeli bir ilişkin oldu?

Salon Katılımcısı:

Ha-ha-ha.

Gary:
>Hemen hemen hiç! O ilişkilerin kaç tanesi senin fizyolojik gerçekliğinle ilgiliydi?
>Seks yaptığınız kaç kişi gerçekten seksten hoşlandı? Kaçı senin güzel, harika ve şahane olduğunu düşündü—çünkü öyle olduğun için?

Salon Katılımcısı:
>Pek çok değil.

Gary:
>Ve bir de insanların her tarz ilişkilerinde hareket noktası olan psikolojik delilik var.
>Çoğunluk insan seksüel heyecan yaratmak için yargı kullanır. Yargı genişleyen bir dünya yaratmanın yolu değildir. Bu yardımcı oldu mu?

Salon Katılımcısı:
>Şimdi tüm bedenimde bir çırpınma var. Enerji tümüyle berbat.

Gary:
>O yüzden bunu çalıştırıyoruz. Bedenlerinizi düzeltmemiz lazım ki hem bedenlerinizle hem de hayatta seçtiğiniz her şeyle daha fazla kolaylık yakalayasınız. Bu teleseminer dişi olmakla barışık, erkek gibi davranmayı seçmekle barışık, erkek ya da dişi gibi yaratmakla kolaylık bulmak/barışık olmak için. Şu anda çoğunuz bir ya da diğer tarafa karşı ya da onun yönünde çırpınıyor, mücadele ediyorsunuz. Bunu anlıyor musunuz?
>Bu gerçeklikteki hiçbir şey seksüel kimliğinizi yaratmakla ilgili değildir. Size söylenen ve satılan her şeye inanmak

daha üstün kılınıyor. Dünyadaki her şey size : "Bu böyle olmalı" diyor.

Bununla ilgili var olan her şeyin godzilyon kerelerini yıkıp yaratımını tümüyle iptal eder misiniz? Right and Wrong, Good and Bad, POD and POC, All Nine, Shorts, Boys and Beyonds

Salon Katılımcısı:
Gary, erkek ya da kadın olarak yaratmanın özgürlüğünden bahsettin. Bu konuda konuşacak mısın?

MANİPÜLE ETMEK VE BİLMEK

Gary:
Erkekler genelde düzdür/basittir. Birçok kadına göre daha direkttirler. Bom, bom, bom. İyi de yalan söylerler. Eğer kadınsanız, erkeklerin yalan söyleyeceğini öğrenirsiniz ve onlarla yüzleşmeye, onları kontrol etmeye ve doğruyu söylemeleri için manipüle etmeye çalışırsınız. Aslında, doğruyu söyletmeye çalışmamalısınız. Durumu kontrol etmek için doğruyu bilmek istiyorsunuz.

Kadın olmanın bir parçası, kadınolojinin bir parçası altıncı hisse sahip olmak. Erkeklerin sahip olmadığı bir algılamanız var, ama bu dünyada bu teşvik edilmez. Doğuştan gelen bu kabiliyetiniz teşvik edilmez. Bilebilmeliğinizi manipülasyon için bırakmanız beklenir, sanki farkındalık yerine, manipülasyon kontrolün kaynağı olabilirmiş gibi. Hayır. Farkındalıkla her şeyin üstünde kontrol kurabilirsiniz.

Salon Katılımcısı:

Manipülasyon ve bilmek üstüne biraz konuşabilir misiniz? Doğru anlamışsam, yalanı bilmek yerine manipülasyonu kullanıyorum ve kendi avantajıma kullanıyorum.

Gary:

Evet, bu gerçeklikte bize bu öğretildi. Her fırsatta farkındalığımızı kesmemiz öğretildi. Babanın söylediği her şeye inanman öğretildi mi? Evet. Babana güvenebileceğin öğretildi. Yani, her erkek güvenebileceğin bir erkek oluyor, değil mi?

Salon Katılımcısı:

Ya da, aslında tam tersi!

Gary:

Bu iki yöne de gider. İkisi de sana farkındalığın özgürlüğünü veremez. Farkındalığa nasıl gittiğinize bakıyoruz— güvendiğiniz ve körce inandığınız yere değil.

Kaçınız erkeklere körce inanmayı yaratmaya çalıştınız? Bununla ilgili var olan her şeyin godzilyon kerelerini yıkıp yaratımını tümüyle iptal eder misiniz? Right and Wrong, Good and Bad, POD and POC, All Nine, Shorts, Boys and Beyonds.

Ve kaçınız kadınlara körce inanmayı yaratmaya çalıştınız? "Bu benim kız kardeşim, bana bakacak". Eğer farkındalığınızı keserseniz, kadınlar erkekler kadar kötü ve hain olurlar eğer fırsat verilirse. Birisine nasıl fırsat verirsiniz? Farkındalığınızı keserek.

Bununla ilgili var olan her şeyin godzilyon kerelerini yıkıp yaratımını tümüyle iptal eder misiniz? Right and

Wrong, Good and Bad, POD and POC, All Nine, Shorts, Boys and Beyonds.

Salon Katılımcısı:

Dinde, dişi olarak bilmeyi erkeklere bırakmamız öğretildi. Erkek sahiptir, liderdir, otoritedir.

Gary:

Din, tüm erkeklerin tanrıya bağlandığı MEST gerçekliğinin bir parçası. Eğer penisin varsa tanrıya direkt hattın var. Vajinan varsa, tüm erkeklerin gerçekliğin tohumunu ektikleri bir deliğin var.

Bunun ortaya çıkardığı her şeyin godzilyon kerelerini yıkıp yaratımını tümüyle iptal eder misiniz? Right and Wrong, Good and Bad, POD and POC, All Nine, Shorts, Boys and Beyonds.

Fizyolojik gerçeklikte kadın olarak bir takım kapasiteleriniz var, erkek olarak birtakım kapasiteleriniz var. Aslında hepimizin kapasiteleri var ama hiçbirimiz bunları kullanmıyoruz. Önemli olan şey sadece o kapasitelerin bir kısmı değil tüm hepsinin size açık olduğu noktaya gitmek.

Salon Katılımcısı:

"Bir erkeğin lafı kanundur" geldi içimden.

Gary:

Tüm insanlığa işlenen tanrının erkek olduğu ve tanrının söylediği kanundur.

Seçtiğin hayatın işleyen halini ve kadın olarak yaşamayı yaratmak için hangi aptallığı kullanıyorsun ve seçiyorsun? Bununla ilgili var olan her şeyin godzilyon kerelerini yıkıp yaratımını tümüyle iptal eder misiniz? Right and Wrong, Good and Bad, POD and POC, All Nine, Shorts, Boys and Beyonds.

PRAGMATİK BİR FEMİNİST OLMAK

Salon Katılımcısı:
Bir süre önce "Dişiliğin pragmatisti olmanızı istiyorum" dediniz. Dişiliğin pragmatisti olarak davranmak nasıl olur, biraz daha anlatır mısınız?

Gary:
Dişiliğin pragmatisti olarak, dişi cazibenizi ve güzelliğinizi, kimseden bir şey almadan, her istediğinize sahip olmak için nasıl kullanacağınıza bakmaya niyetli olmalısınız. Yıllar önce anladım ki, kadınlar herhangi bir meslekte gücün kaynağı olduklarında daha çok ve daha özenli çalışıyorlar ve erkeklerden daha iyi olduklarını kanıtlamak için daha acımasız oluyorlar. Hep erkeklerden daha iyi olduklarını kanıtlamaya çalışıyorlar. Erkekleri geçmek için onlara açık olan farkındalığı kullanmıyorlar.

Sanki ondan daha iyi olmayı seçtiğin erkekten daha iyi olduğunu kanıtlamak için ondan daha iyi olmuyorsun. Bunun ortaya çıkardığı her şey veya hayal kırıklığına uğrattığı her şeyi yıkıp yaratımını yok eder misin? Right and Wrong, Good and Bad, POD and POC, All Nine, Shorts, Boys and Beyonds.

Salon Katılımcısı:

Pragmatik olmak demek; olanı görmek, olana bakmak. Bizi bunu görmekten mani tutan şey nedir? Görme yeteneğimizi ne bulandırılıyor?

Gary:

Çoğunlukla fantezide olmak, azmış olmak ve farkındalık haricinde her şey.

Hissetmek buluttur. Hissetmeyi farkındalıkla değiştirdiniz. Peki, hissetmeyi farkındalığa tercih ettiğiniz her yeri yıkıp yok eder misiniz? Right and Wrong, Good and Bad, POD and POC, All Nine, Shorts, Boys and Beyonds.

Pragmatik feminist olmak sizin için mevcut olan şeyleri kendi avantajınıza kullanmaktır. Mesela dekolteniz var. Bunu çok zeki olmayan bir adamla avantaj için kullanabilir misin?

Salon Katılımcısı:

Evet!

Gary:

Çok zeki bir adamla da kullanabilir misin?

Salon Katılımcısı:

Evet!

Gary:

Farkında olan bir adamla kullanabilir misin?

Salon Katılımcısı:

Evet.

Gary:
Hayır, kullanamazsın. Çünkü sizin bunu kullandığınızı bilir. Bu farklı bir gerçeklik yaratır.

Dişi ile erkek arasındaki çatışma hissini yaratmak için hangi aptallığı kullanıyorsun ve seçiyorsun? Bununla ilgili var olan her şeyin godzilyon kerelerini yıkıp yaratımını tümüyle iptal eder misiniz? Right and Wrong, Good and Bad, POD and POC, All Nine, Shorts, Boys and Beyonds.

Bilmiyorum farkında mısınız, ama tüm bu proseslerin bayağı bir elektriği var. Bu konulardaki bakış açılarınız; bu dünyayı çatışma içinde tutan ana yollardan birisi. Bu savaşı devam ettirmemizin yollarından biri. Şimdi bakış açılarınızı değiştirdiğiniz için bu konulardaki savaşınız duracak. Düşündüğünüzden daha güçlü olabilirsiniz!

APTALLIK VS. FARKINDALIK

Ben aptallıktan konuştuğumda, herhangi bir konuda aptal olacak kadar kendinizi bihaber kıldığınız yerlerden bahsediyorum. Tam farkındalık yerine aptallığı seçmek için kendinizi habersiz kılmanız gerekir. Eğer tam farkındalığınız varsa, yolda yürür ve "Şu herifle yatmak zevkli olur. Şu herif çok can sıkıcı olur. Şu herif bir ilişki için harika, ama yatakta can sıkıcı olur," dersiniz. Seçimlerinizin neler olduğu hakkında farkındalığınız olur ve ona göre seçebilirsiniz.

Kadın olarak, erkeklerden daha çok tercihiniz var. Biliyorum siz böyle düşünmüyorsunuz ama gerçek bu. Kadın olduğunuz için üstünde duracağınız bir kaide verilmiş size. Veya o kaideden inme seçimi verilmiş size. Ya da erkekleri tamamen kontrol etme seçimi verilmiş size. Bir başlangıç bağlamında bir erkekle herhangi bir şeyi yaratmak için bu üç seçeneğiniz var. Çoğunuz bunu görmüyorsunuz.

Salon Katılımcısı:
 Çoğumuz bizi seçmeyeni seçmeye mahkûm gibiyiz.

Gary:
 Tam da öyle. Bu çoğunluğun yaptığı bir şey. Erkekler de bunu yapıyor, ama zaman içinde kadınlar tarafından seçildiklerini öğrendiler. Kadınlar hala onları seçecek bir erkeği arıyorlar, ama aslında seçim kadınların, çünkü eğer kadın "gel buraya" derse, erkek "evet" der. Ama erkek "gel buraya derse" kadın "si..r git" der.

 Bununla ilgili var olan her şeyin godzilyon kerelerini yıkıp yaratımını tümüyle iptal eder misiniz? Right and Wrong, Good and Bad, POD and POC, All Nine, Shorts, Boys and Beyonds.

"ZIRHIMI İNDİRDİM"

Salon Katılımcısı:
 İlk evliliğimde, "seni değiştireceğim" yapıyordum. Bu işe yaramadı ve ben de derhal başka bir ilişkiye girdim. O beni istemiyordu ama ben onu istiyordum; bu da yürümedi. Üçüncü ilişkime "karşıma kim çıkarsa zihnimi açık tutuyorum" diyerek girdim. Nihayet bir ilişki buldum ve bu ilişkiyle çok mutlu ve rahatım. Çünkü zırhımı indirdim ve ilişkinin nasıl olacağı konusunda bir yargı oluşturmadım.

Gary:

Burada söylediğin en önemli şey, "zırhımı indirim" Çoğu kadın erkeklere karşı çoğunlukla kendilerini koruduklarını görmüyor.

Salon Katılımcısı:

Access Consciousness araçları ile kendimi bırakmayı öğrendim ve gördüm ki, böyle yapınca her şey bana doğru akıyor. Daha fazla bir özgürlük duygusu var ve kim olduğumla ilgili daha güvenli hissediyorum.

Gary:

Bu teleseminerin amacı her zaman bu seçeneğe sahip olduğunu anlamanı sağlamak. Hiçbir zaman zırhını kaldırmak zorunda değilsin, çünkü ne zaman zırhını kaldırsan, farkındalığa karşı bir kalkan kaldırıyorsun.

Seni yanlış seçimler yapacak kadar seni aptallaştıran birisine karşı zırhını kaldırdığın ve farkındalığını kestiğin her yeri yıkıp yaratımını yok eder misin? Right and Wrong, Good and Bad, POD and POC, All Nine, Shorts, Boys and Beyonds.

Salon Katılımcısı:

Sana kızgınım.

Gary:

Söylediğim bir şeyden mi?

Salon Katılımcısı:

Sen, erkek olarak bana, kadına, daha fazla seçeneğim olduğunu söylüyorsun.

Gary:

Ben bir erkek değilim. Ben sonsuz bir varlığım.

Salon Katılımcısı:

Ha-ha-ha! Teşekkür ederim!

Gary:

Nasıl bana erkek demeye cürret edersin? Ben sonsuz bir varlığım.

Salon Katılımcısı:

Gary, bu müthiş. Sana karşı zırhımı aldığımı gördüm, çünkü seninle de bu kadın-erkek şeyini yapıyordum.

Gary:

Evet, kontağımızın olduğu herkesle yapıyoruz bunu. Her zaman zırhımız kalkık, her zaman bir korumamız var, hep duvarlar ve bariyerler örüyoruz, tüm farkındalığa sahip olduğumuzu fark etmek yerine.

Kendini tam farkındalıktan uzak tutmak için kaç tane duvar seçiyorsun? Bununla ilgili var olan her şeyin godzilyon kerelerini yıkıp yaratımını tümüyle iptal eder misiniz? Right and Wrong, Good and Bad, POD and POC, All Nine, Shorts, Boys and Beyonds.

Sizin yerinizde olsam, bana karşı zırhımı kaldırırdım, çünkü ben sahiden kötü bir insanım. Aklımda tek bir şey var, o da sizi tam farkındalığa götürmek. Eğer bunu sahiden istemiyorsanız, en iyisi zırhınızı alın yoksa sizi çılgın bir geziye çıkaracağım!

Erkek ve dişi arasında çatışma hissini yaratmak için hangi aptallığı kullanıyorsun? Bununla ilgili var olan her şeyin godzilyon kerelerini yıkıp yaratımını tümüyle iptal eder misiniz? Right and Wrong, Good and Bad, POD and POC, All Nine, Shorts, Boys and Beyonds.

PERİ MASALLARI

Salon Katılımcısı:
    Benim gerçeğimde, erkeğe tapacaksın ve seni seçen o. Tüm peri masallarında olduğu gibi kadına aşık olan o. O her zaman çok parlak ve akıllı ve ben öyle bir erkeğe layık değilim, o halde nasıl beni seçer ki?

Gary:
    Vay, o bokun üstüne nasıl bir çikolata koyuyorsun? Eğer buna inanıyorsan cidden çok iyi bir çikolata olması lazım!

Salon Katılımcısı:
    Evet, o yüzden şimdi bunu temizlemek istiyorum.

Gary:
    İşte size bir proses.
    Seçtiğim, hiç çalışmayan peri masalı hayat ve yaşamı yaratmak için hangi aptallığı kullanıyorum? Bununla ilgili var olan her şeyin godzilyon kerelerini yıkıp yaratımını tümüyle iptal eder misiniz? Right and Wrong, Good and Bad, POD and POC, All Nine, Shorts, Boys and Beyonds.
    Sanki kadın erkeğin rolünü aldı. Peri masalları kadının rolünü alır zaten. Peri masalları "sonunda her şey iyi olacak ve sonsuza kadar mutlu yaşayacağım," demektir. Sonsuza kadar mutlu yaşayan kaç insan tanıyorsunuz? Bu yaşamak

değil! Sadece sonsuza kadar mutlu olacağımla olmaz. Sizin için uygun ilişkiyi yaratıp oluşturmalısınız ve bu da çoğumuza öğretilmeyen bir şeydir.

Ulaşmak istediğimiz nokta bu--- sizin için ise uygun şeyi yaratıp oluşturma noktası. İlerledikçe bu konuda daha çok konuşacağım. Ama önce, sizden biraz elektrik azaltmam lazım, çünkü kafeste kilitlisiniz. Kadınların bir yük olduğundan ve kafeste kilitli olduğundan bahsediyorsunuz ve bu gerçekliğin erkek ve dişi konusundaki bakış açısından hareket ettiğinizde böyle davranıyorsunuz.

Bununla ilgili var olan her şeyin godzilyon kerelerini yıkıp yaratımını tümüyle iptal eder misiniz? Right and Wrong, Good and Bad, POD and POC, All Nine, Shorts, Boys and Beyonds.

Salon Katılımcısı:

Eğer kadınların kafalarına "bir gün benim prensim gelecek" bakış açısı yazılmışsa; erkeklere ne öğretilmiş bir ilişki ya da eş seçmek konusunda?

Gary:

Öncelikle, erkeğe bir ilişki seçmesi öğretilmedi. Ona seks seçmesi öğretilmiştir—çünkü onun görevi gelecek kuşaklar için tohum sağlamak.

Salon Katılımcısı:

Hani peki "İyi bir kadın bul ve yuva kur?" Peki, bu ne?

Gary:

1950'lerden misin?

Salon Katılımcısı:
   Evet!

Gary:
   Okay, iyi! Çünkü 1950'lerde bu bakış açısı vardı.

Salon Katılımcısı:
   Yani artık yok mu diye düşünüyorsun?

Gary:
   Var olmadığını biliyorum. 1950'lerde büyüdüm ve insanların çılgınlıklarını yapıp bitirdiğini, evlenip çocuk sahibi olduklarını gördüm. Sonra boşandılar. Çocuklar, karılar ve kocalar hepsi sefillerdi. Kimse mutlu değildi. Sonsuza kadar mutluluk neredeydi? Seçimlerin konusunda pragmatik olmadığın sürece sonsuza kadar mutluluk olmaz.

   Fark ettim ki benim yaş grubumdaki insanlar harika bir ilişki seçiyor, ama beraber oldukları insanın da aynı şeyi isteyip istemediğine bakmıyorlar. Pragmatik feminizm gerçekten ne istediğinizi fark etmek ve başka kimsenin realitesine uymasa bile bunu yaratmaktır.

   Bunun herkes için ortaya çıkardığı ne varsa godzilyon kerelerini yıkıp yaratımını yok eder misiniz? Right and Wrong, Good and Bad, POD and POC, All Nine, Shorts, Boys and Beyonds.

   Bu MEAZ gerçekliği bunda bir doğruluk var diye yaratıldı. Buna tabi olmanız ve bunun için yaşamanız gerekiyor.

   Kendini MEAZ gerçekliğinin, fiziksel gerçekliğin ve psikolojik deliliğin cariyesi olarak yaratmak için hangi aptallığı kullanıyorsun, seçiyorsun? Bununla ilgili var olan her şeyin godzilyon kerelerini yıkıp yaratımını tümüyle iptal eder misiniz? Right and Wrong, Good and Bad, POD and POC, All Nine, Shorts, Boys and Beyonds.

Erkek ve dişi arasında çatışma hissini yaratmak için hangi aptallığı kullanıyorsun, seçiyorsun? Bununla ilgili var olan her şeyin godzilyon kerelerini yıkıp yaratımını tümüyle iptal eder misiniz? Right and Wrong, Good and Bad, POD and POC, All Nine, Shorts, Boys and Beyonds.

ERKEKLER VE KADINLAR ARASINDAKİ SAVAŞ

Eril ve dişi ya da cinsiyetler arasındaki çatışmanın yaratılmasının sebeplerinden biri de güçsüz insanlar yaratmaktır. Herkesi güçsüz tutmak için bir yoldur. Eğer bir erkek ya da bir kadın olarak olabileceğin her şeyi olsan, kimse güçsüz olmaz. Ve güçsüz olmak hiç kimsenin avantajına değildir. Yine de kaçınız bir çeşit erkeklerin ve belli bir tarz kadınların önünde kendinizi güçsüz hissettiğini fark etti?

Erkeklerin ve kadınların güçsüzlüğünü yaratmak için hangi aptallığı kullanıyorsun, seçiyorsun? Bununla ilgili var olan her şeyin godzilyon kerelerini yıkıp yaratımını tümüyle iptal eder misiniz? Right and Wrong, Good and Bad, POD and POC, All Nine, Shorts, Boys and Beyonds.

Salon Katılımcısı:
Gezegende savaşı yaratan bu çatışma mı?

Gary:
Evet ve kesinlikle erkekler ve kadınlar arasında savaş yaratıyor. Kadınlar, erkeklere onları güçsüz hissettiren

şeyler söylüyorlar ve erkekler, kadınlara onları güçsüz hissettiren şeyler söylüyorlar.

İlk evliğimin başlarında, evde altı aylık bebeğim ve karım vardı. Yıllardır görmediğim bir adam çıktı geldi. Ailesinin mirasına konmak için kardeşini öldürmek üzere Meksika mafyasını kiraladığı için polisin onu aradığını söyledi. Sonra da beni dışarıda yemeğe davet etti.

Derhal ondan kurtulmam gerektiğini anladım. "Gerçekten yemeğe gitmek istemiyorum, ama istersen arabamı kullanabilirsin," dedim. Biliyordum ki eğer ona $2000'lik arabamı verirsem çekip gidecekti ve benim bakış açımdan bu öldürmeye hevesli birinin ben, eşim ve çocuğumla evde olmasından daha iyi idi.

Karım bana çok kızdı. "Korkaksın. İşe yaramazsın. Senden nefret ediyorum," dedi. Benim bakış açımdan bakamıyordu. Bir katili öldürülmeden evinden nasıl kovarsın. Ben çatışmacıdan çok pragmatiğim.

Böyle olan her şeyin godzilyon kerelerini yıkıp yaratımını yok eder misiniz? Right and Wrong, Good and Bad, POD and POC, All Nine, Shorts, Boys and Beyonds.

HAYATINI YARATMAK VE OLUŞTURMAK

Salon Katılımcısı:

Eğer kendimize kadınlar veya erkekler demeyi bırakır ve erkekleri ve kadınları sonsuz bir varlık olarak görmeye başlarsak, onlar öyle davranmasa bile, bu dinamiği nasıl değiştirir?

Gary:

Kendine hala kadın veya erkek diye hitap edebilirsin. Bu kötü değil; referans noktasını değiştirmekle alakalı değil bu. Bu diğer insanın sonsuz bir varlık olduğunun farkına varmak ve bu sonsuz varlığın onun yaşamını—ve senin yaşamını—genişletecek bir şekilde mi hareket ettiğine bakmak. Çoğunuz kontrol edebileceğiniz insanları ya da sizi kontrol edebileceğini düşündüğünüz insanları ya da herhangi bir sebeple size kendinizi daha iyi hissettirecek ya da daha iyi gösterecek insanları seçiyorsunuz.

Yaşamın işleyen halini seçiyorsunuz sanki sizin arzuladıklarınızı yaratacak ve oluşturacakmış gibi. Ama olmuyor. Yaşamın işleyen hali sadece zaten var olanı oluşturur. Tüm işleyen haller sanki çalışacaklarmış gözüken otopilotları yaratmamızın yollarıdır. İşleyen bir haldeyken farkında olduğun bir seviyeden hareket etmiyorsun. Bir otopilot gibi işliyorsun.

Salon Katılımcısı:

Bu işleyen hallerden nasıl kurtuluruz? Hangi soruyu soralım? Ne olmamız gerekir?

Gary:

Pragmatik olmalısınız.

Salon Katılımcısı:

Pragmatik nedir? Hayatımda ben hiç pragmatik olmadım.

Gary:

Evet, oldun. Pratik olmak. Para kazanmak için her zaman pragmatiksin.

Salon Katılımcısı:

Evet, bu beni sıkmayan bir nokta. Parayı seviyorum, bedenimi seviyorum ve doğayı seviyorum. Bunların dışındaki her şey beni sıkıyor.

Gary:

Hayatını yaratıp oluşturmuyorsun. Yaşıyorsun ve seçtiğin hayatın ve yaşamanın işleyen halini kuruyorsun. Senin bakış açından sen zaten her şeyi hallettin. Tabii ki canın sıkılır: Bunun ötesinde farklı bir gerçekliğe gitmiyorsun.

Salon Katılımcısı:

Okey. Nasıl, ne zaman, nerede, ne, lütfen?

Gary:

Ne, nerede, ne zaman, nasıl değil. Bunu hangi sebeple seçmem?

Salon Katılımcısı:

Bunu soruyorum!

Gary:

Sordun mu: Can sıkıntısının ötesinde neyi seçebilirim?

Salon Katılımcısı:

Vay, bunu sormamıştım!

Gary:

Canın sıkılıyorsa, o zaman can sıkıntısından ötesini seç. Kötü bir ilişki içindeysen, Soru sor: Kimi seçebilirim ki bu ilişki içinde artık canım sıkılmasın? Eğer hayatında canın sıkılıyorsa, Soru sor: Can sıkıntısının ötesinde neyi seçebilirim?

Salon Katılımcısı:

Bayağı bir hafifledim, Gary!

Gary:

Tanrım! O yüzden bunu sana söyledim.

Salon Katılımcısı:

Seni seviyorum, Gary, teşekkür ederim!

Gary:

Hayatın ve yaşamanın işleyen halini seçmek için hangi aptallığı kullanıyorsun ve seçiyorsun? Bununla ilgili var olan her şeyin godzilyon kerelerini yıkıp yaratımını tümüyle iptal eder misiniz? Right and Wrong, Good and Bad, POD and POC, All Nine, Shorts, Boys and Beyonds.

Bir şeyi devamlı tekrar ediyorsan, şöyle sorun : Hangi işleyen halle yaşamaya çalışıyorum?

"Bu işlemiyor, bununla mutlu değilim, sahiden başka bir şey istiyorum, ama başka bir şeyi seçemiyorum" dediğinizde, anlamalısınız ki bu yaşamanın işleyen bir hali. Başka bir şey seçemiyorsunuz değil, seçmiyorsunuzdur.

Hayatın ve yaşamanın işleyen halini seçmek için hangi aptallığı seçiyorsun? Bununla ilgili var olan her şeyin godzilyon kerelerini yıkıp yaratımını tümüyle iptal eder misiniz? Right and Wrong, Good and Bad, POD and POC, All Nine, Shorts, Boys and Beyonds.

İşleyen hal; mümkün olduğunca çabuk ölüme giderken, yolda birkaç tane ilişki yaşamaktır. Bununla ilgili var olan her şeyin godzilyon kerelerini yıkıp yaratımını tümüyle iptal eder misiniz? Right and Wrong, Good and Bad, POD and POC, All Nine, Shorts, Boys and Beyonds.

BEDENİN SENİN İÇİNDE

Salon Katılımcısı:

Hayatlarımızı yaratmaktan, oluşturmaktan ve farklı seçimlerden bahsediyorsun ama biz hala bir dişi beden içindeyiz.

Gary:

Niye bunu söyledin, sanki bu üstünden gelemeyeceğin bir sınırlandırma gibi mi?

Diyorsun ki, "Ben bir dişi beden içindeyim." Dişi bir beden içinde misin—yoksa dişi beden senin içinde mi? Sen bir beden içinde değilsin. Bedenin senin içinde. Bu hayatında yapacak bir şeyin olsun diye yarattığın bir şey bu. Lakin niye bunu seçtin ve bu sonuca varmak için bunu nasıl yarattın—o kısmını ben bilemem—sadece sen bilebilirsin.

Salon Katılımcısı:

Benim bu bedenin içinde olmamla bu bedenin benim içinde olması arasında ne fark var?

Gary:

Sen sonsuz bir varlıksın. Senin sınırın yok, ama bedenin dış sınırı var.

Salon Katılımcısı:

Yani, bedenim benim içinde mi?

Gary:

Hiç sıkılmayan daha büyük bir varlık olabilir misin, bedeninle veya bedensiz veya hiç bir şeysiz?

Salon Katılımcısı:

Evet! Teşekkür ederim!

Gary:

Hayatın ve yaşamanın işleyen halini seçmek için hangi aptallığı kullanıyorsun ve seçiyorsun? Bununla ilgili var olan her şeyin godzilyon kerelerini yıkıp yaratımını tümüyle iptal eder misiniz? Right and Wrong, Good and Bad, POD and POC, All Nine, Shorts, Boys and Beyonds.

Bir dahaki teleseminer görüşmesine kadar bu çalışmayı yapmanızı istiyorum. Hangi noktadan işlediğiniz konusunda açıklığa kavuşmanız gerekiyor. Çoğunluğunuz daha büyük bir şey yaratmak istemiyor. Bir seçim veya bir olasılığa sahip olmak yerine belirli bir noktadan hareket etmek zorunda olduğunuz düşüncesiyle işliyorsunuz. Eğer dişiyi kucaklasam ve erkeği reddetmesem ve sonsuz varlığımı reddetmesem nasıl bir yaratım benim için mümkün olur diye sormak yerine, öyle bir noktadan hareket ediyorsunuz ki, kadın bedeni, sanki bu tek seçimmiş gibi.

Bununla ilgili var olan her şeyin godzilyon kerelerini yıkıp yaratımını tümüyle iptal eder misiniz? Right and Wrong, Good and Bad, POD and POC, All Nine, Shorts, Boys and Beyonds.

Kaçınız ruh arkadaşınızı, önemli diğerinizi, ikiz ateşinizi, diğer yarınızı veya eşleşen enerjinizi bir erkek bedeninde arıyorsunuz?

Salon Katılımcısı:
Beni tamamlayan birisi!

Gary:
İşte! Devasa!

Bununla ilgili var olan her şeyin godzilyon kerelerini yıkıp yaratımını tümüyle iptal eder misiniz? Right and Wrong, Good and Bad, POD and POC, All Nine, Shorts, Boys and Beyonds.

Sonsuz bir varlığın tamamlanmaya ihtiyacı olur mu? Ya da sonsuz bir varlık istediği herhangi birisiyle seks yapar ya da ilişkiye girer mi?

Salon Katılımcısı:
Kesinlikle, her yerde, her zaman.

Gary:
Onlardan yola çıkarak hareket edebileceğiniz tüm bu işleyen halleri yaratmaya çalışıyorsunuz hep.

Kaç sınırlandırmanın işleyen halini seçiyorsunuz? Bununla ilgili var olan her şeyin godzilyon kerelerini yıkıp yaratımını yok eder misiniz? Right and Wrong, Good and Bad, POD and POC, All Nine, Shorts, Boys and Beyonds.

Salon Katılımcısı:

Kadın olarak bedenlenmenin gerçek hazzının öğeleri nelerdir?

Gary:

Bir kadın ya da erkek olmak konusundaki tüm yargılarınızı atın.

Salon Katılımcısı:

Geçmişte bedenlerimize saplanmış tüm kararlar, yargılar, hesaplamalar ve sonuçlardan bahsettiniz. Bu öğeler burada nasıl çalışıyor anlatır mısınız?

Gary:

Eğer farkındalığını kesersen, insanların senin bedenine projekte ettikleri şeylerin farkında olmayacak kadar kendini aptallaştırıyorsun ve bu projeksiyonlar bedenine kilitleniyor ve zarar veriyor. Neler olup bittiğinin farkında olmaya niyetli olmalısın. Farkında olmalısın. "Bu adam bana şehvetle bakıyor. Bedenim bundan hoşnut mu? Oh! Bedenim şehvetle istenmekten hoşnut. İlginç!" En azından bedenin şehvetten zevk alabilir. Bir kadın olmak konusunda pragmatik olmak bu.

Birisi sana şehvetle bakıp bedenin bundan hoşlandığında ve bu konuda bir şey yapman gerektiğini düşündüğünde aradaki farkın farkındasınız. Çoğu insan birisine bakar sonra gözlerini kaçırır çünkü uzun bir süre birisine bakarlarsa bir şey yapmaları gerektiğini düşünür. Hayır. sadece bakıyorsun demek bu.

Bunun bir çaresini buldum. Eğer bir kadına uzun süre bakarsam ve o rahatsız olursa, "Vay, harika ayakkabılar, harika çanta. Nereden aldınız?" diyorum. Siz de şöyle diyebilirsiniz, "Çok mu spor yapıyorsunuz? Harika bir iş yapıyorsunuz" ya da" çok bira içiyor olsanız gerek!" Neler olup bittiğini kavramaya istekli olmanız lazım.

Salon Katılımcısı:
Birbirini tanımayan kadınlar ve erkekler karşılaşınca suratlarını çeviriyorsa ne oluyor? Rahatsız olmaktan mı çekiniyorlar?

Gary:
Çatışma.
Erkek ve dişi arasındaki çatışma hissini yaratmak için hangi aptallığı seçiyorsun? Bununla ilgili var olan her şeyin godzilyon kerelerini yıkıp yaratımını tümüyle iptal eder misiniz? Right and Wrong, Good and Bad, POD and POC, All Nine, Shorts, Boys and Beyonds.
Lütfen dikkat edin, bunu erkek ve dişi için söylüyorum. Bunlar bir erkek veya dişi bedene girdiğinizde olan şeyleri tanımlayan öğeler. Farkına varmalısınız ki "Ben bu bedeni giyiyorum, ama bu ben demek değildir."

"VAY, BUNU HİÇ DÜŞÜNMEMİŞTİM."

Salon Katılımcısı:
Şu anda erkek-dominant bir şirket kültüründe çalışıyorum ve bu yeni bir iş benim için. Sürekli bana rolümü nerede eksik yaptığımı göstermeyi görev edinmiş olan iki erkek müdürüm var. Sanki gençken babamla olan ilişkimi yaratıyormuşum gibime geliyor. Sahi bu arada

bu deli Access Consciousness'ı yapmaya başladığımdan beri babamla olan ilişkim dinamik bir şekilde değişti. Bu noktada donmuş gibi hissediyorum. Ne olabilirim veya neyi farklı yapabilirim ki bu beyler elimde hamura dönsün?

Gary:

Sana ne öğretmeye çalıştıklarını anlaman lazım. Eğer birinin senin hakkında iyi düşünmesini istiyorsan her zaman cevabını bildiğin bir soru sor. Sonra da "Vay, hiç bunu düşünmemiştim. Harika. Çok müteşekkirim," de.

O zaman sana nefes aldırırlar ve seni düzelteceklerine sana bilgi verirler. Onların bakış açısı bir genci daha iyi iş çıkarmaya hazırlamak. Senin kadın olmanla bir ilgisi yok. Sorun da bu. Onlara konudan haberin olduğunu gösterecek bir soru sormadın.

HER SEÇİM YARATIR

Salon Katılımcısı:

Bir kadın olarak bir ilişkide neler yapman gerektiği konusunda bir sürü kuralla büyüdüm. Her zaman erkeğin için hazır olacaksın. Güzel olacaksın, iyi yemek pişireceksin, evi temiz tutacaksın, elbiseleri yerli yerinde tutacaksın ve erkeği rahat ettireceksin. Doğru sözleri söyleyeceksin, doğru tavrı alacaksın ve onu neşelendirmek için, onu tutabilmek için doğru cevapları vereceksin.

Gary:

Açık ki sen 1950'lerde büyüdün!

Salon Katılımcısı:

Tüm bunlar biz kadınları bağımlı kılıyor, çünkü bu hikâyenin bir yerinde para kazanamayacağımız öğretildi; erkek tektir ve ilişkiyi korumak da çok iş gerektirir. Ben işte bu noktada kendimi kesip attım ve kendimden boşandım. Ve hiçbir ilişkiye girmemeye karar verdim.

Gary:

Şimdi bakalım. Bu bir karar, yargı, hesaplama veya bir sonuç mu? Evet, hepsi. Bu dişi gerçekliğin pragmatisti olmak değildir.

Bununla ilgili var olan her şeyi ve godzilyon kerelerini yıkıp yaratımını tümüyle iptal eder misiniz? Right and Wrong, Good and Bad, POD and POC, All Nine, Shorts, Boys and Beyonds.

Salon Katılımcısı:

O yüzden bu teleseminer dersine katıldım. Hala bir ilişki istemiyorum. Kendim olmak ve eğlenmek istiyorum. Çocuklarım dahil kimseye bakmak istemiyorum. Ama bu konuyu temizlemek istiyorum. Eminim şu anda kapadığım bir otoyol açılacak, çünkü hala kendimi öne koyacağıma hep başkaları için bir şeyler yapıyorum. Hala önce kendimi düşünmeyi ve kendim için yapmayı bilmiyorum.

Gary:

Öncelikle, önce kendini düşünmek ve kendin için yapmak değil bu. Birlik içinde birinci olabilir misin? Cevap hayır olacak. Bu her seçimin bir şey yarattığının farkında olmak. Seçerken soru sor: Bu benim ve herkes için iyi olacak mı?

Eğer birlik içinde birinci olmak istiyorsan o zaman rekabet içindesin. Ama kiminle rekabet ediyorsun? Kaçınız erkeklerle uyumlu bir birlik içinde olmak yerine onlarla rekabet ediyor?

Bununla ilgili var olan her şeyin godzilyon kerelerini yıkıp yaratımını tümüyle iptal eder misiniz? Right and Wrong, Good and Bad, POD and POC, All Nine, Shorts, Boys and Beyonds.

Salon Katılımcısı:

Şişman ve çirkin olduğum bakış açısından nasıl kurtulurum? Bunu POD, POC'luyorum ama hala yapışıyor bana. Ve nedir benim reddetme reaksiyonum "Seni seviyorum" sözünü duymaya?

Gary:

"Seni seviyorum"u gerçekten duyarsan, bunu alıp kabullenmek gerekecek, sen de bunu istemiyorsun.

Seçtiğin fizyolojik gerçekliği yaratmak için hangi aptallığı kullanıyorsun? Bununla ilgili var olan her şeyin godzilyon kerelerini yıkıp yaratımını tümüyle iptal eder misiniz? Right and Wrong, Good and Bad, POD and POC, All Nine, Shorts, Boys and Beyonds.

İşte bedeni hakkında sorusu olan herkes için iyi bir proses—çünkü fizyolojik bir gerçekliği seçtiniz. Siz yarattınız, o halde bunu tutmam gerekiyor diye düşünüyorsunuz. Hayır, tutmanıza gerek yok. Seçiminiz var.

Bu fiziksel realitenin ötesinde hangi fizyolojik realitenin fiziksel gerçekleştirmesini oluşturmaya, yaratmaya ve kurmaya şimdi muktedirim? Bunu engelleyen ne varsa hepsinin godzilyon kerelerini yıkıp yaratımını yok eder misin? Right and Wrong, Good and Bad, POD and POC, All Nine, Shorts, Boys and Beyonds.

Nasılsınız?

Salon Katılımcısı:
Harika. Bu sahiden harika.

Gary:
İyi! Hepinizin burada olmasına minnettarım. Hepinizi, kendinize karşı olabileceğiniz kadar iyi olduğunuz bir noktaya getirmek istiyorum, çünkü –kendinize değil-- başkalarına karşı iyi olmanız gerektiği gibi bir aptallığınız var. Hem başkalarına hem kendinize iyi olmalısınız. Herhangi bir sebepten değil, sadece hayatınızı daha kolaylaştırdığı için ve bu işte pragmatik dişilik.

Pragmatik dişi insanlar olmanızı istiyorum, feminist, şovanist değil. Eğer erkeklerden nefret ediyorsanız, onlara karşı şovenizm yapıyorsunuz. Bunların hiçbiri lazım değil.

Erkekle kadınların, birbiriyle savaştığı bu noktayı durdurmak istiyorum. O zaman kadınlar erkeklerine ne kadar cesur olduklarını kanıtlamaya zorlanmazlar ve erkekler de kadınlarını yanlış çıkarmaya gerek duymazlar ve herkes aslında bir seçimleri olduğunu anlar. Savaş bitirmek güzel bir şey. Kendi aramızda bunu yapabiliriz belki. Çok teşekkür ederim hepinize.

2
Gerçeği Değiştirmeyi Seçmek

Ya gerçeği değiştirmeye muktedirseniz— ve bunu seçmiyorsanız?

Gary:
　Selam bayanlar.

RUH EŞLERİ VE İKİZ ATEŞLER

Dain ile ben bugün Puja Radio Ağı'nda ruh eşleri ve ikiz ateşler üzerine bir show yaptık. Çok komikti, çünkü metafizik toplulukları, ruh eşlerini ve ikiz ateşleri bu gerçeklikte olması uygun olan şeyler olarak görüyorlar. Üzerlerindeki bu kadar gerilim ürkütücü şekilde inanılmaz. O showda kullandığımız prosesleri sizlerle de kullanacağım çünkü hepinize yardım edeceğini düşünüyorum.

İkiz ateş, ruh eşi, (hayatındaki) diğer önemli kişi, mitolojik varlık, prens ve prenses, senin için en uygun ve seni en çok tamamlayanı yaratmak için hangi aptallığı kullanıyorsun ve seçiyorsun? Bununla ilgili var olan her şeyin godzilyon kerelerini yıkıp yaratımını tümüyle iptal eder misiniz? Right and Wrong, Good and Bad, POD and POC, All Nine, Shorts, Boys and Beyonds.

Belli ki çocukken bazılarınız Sindrella, Rapunzel ve de olmanız gereken, ama onlar kadar itici olmadığınız için hiçbir zaman onlar olamayacağınız bir sürü varlık hakkında çok fazla hikâye okudunuz.

İkiz ateş, ruh eşi, (hayatındaki) diğer önemli kişi, mitolojik varlık, prens ve prenses, senin için en uygun ve seni en çok tamamlayanı yaratmak için hangi aptallığı kullanıyorsun ve seçiyorsun? Bununla ilgili var olan her şeyin godzilyon kerelerini yıkıp yaratımını tümüyle iptal eder misiniz? Right and Wrong, Good and Bad, POD and POC, All Nine, Shorts, Boys and Beyonds.

Asıl düşünce, ilişkinin amacı, senin için harika insanı bulmaktır. Sonsuz bir varlığın gerçekten harika bir tamamlayıcısı olur mu—yoksa sonsuz bir varlığın bunlardan bir sürüsü mü olur?

Kaçınızın sürekli sizin için doğru olanı arayan kopyalarınız var? Bununla ilgili var olan her şeyin godzilyon kerelerini yıkıp yaratımını tümüyle iptal eder misiniz? Right and Wrong, Good and Bad, POD and POC, All Nine, Shorts, Boys and Beyonds.

Aslında, var olmayan, senin için mükemmel olan birini arıyorsunuz. Bu senin kendini yargılamanı gerektirir mi—ya da kendini seçmeni?

Salon Katılımcısı:
   Yargılamak.

Gary:

Senin için mükemmel olanı bulamadığın için kendini yargıladığın her anı, tüm bunların hepsini yıkıp yaratımını yok eder misin? Right and Wrong, Good and Bad, POD and POC, All Nine, Shorts, Boys and Beyonds.

SEVMEKTEN YAŞA—SEVGİDEN (AŞKTAN) DEĞİL

Bugünkü showda Dain ile konuşurken anladım ki, sevmenin karşıtı nefret etmek değildir. Sevginin karşıtı yargıdır. Sevginin kendi karşıtı olarak nefrete ihtiyacı yoktur. Karşıt bir görüş olarak yargı gerektiriyor.

Hayatımızdaki karşıt güçler 1) sevgi ve yargı 2) önemseme ve nefret, 3) aptallık ve kabul etmektir. Bu üç karşıt güç karışıklık yaratır ve sizin için çalışacak şeyi seçmenize engel olur.

Salon Katılımcısı:

Sevgi ve yargının karşıt güçler olduğunu söylerken, hayatımda sevgi varsa, yargıda mı vardır demek istiyorsunuz? Bunu açıklar mısınız?

Gary:

Sevmekten—sevgiden (asktan) değil— yaşamayı istemelisiniz. Sevdiğiniz sürece yargılayamazsınız. Gerçekten severken o insanın yaptığı şeylere minnettar olursunuz. Ne kendinizi ne de öbür kişiyi yargılarsın.

Sevgiden yaşamaya çalışmayın. Severek yaşayın. Sevmekten hareket edersen, yargı ile hareket etmezsin. Sevmeyi bırakmak için yargılamanız gerekir; yoksa sadece seviyor olursunuz.

Gary:

Sevgi ve yargılama, önemseme ve nefret etme ve aptallık ve kabullenme karşıt güçlerini yaratmak için hangi aptallığı kullanıyorsun ve seçiyorsun? Bununla ilgili var olan her şeyi ve godzilyon kerelerini yıkıp yaratımını tümüyle iptal eder misiniz? Right and Wrong, Good and Bad, POD and POC, All Nine, Shorts, Boys and Beyonds.

Bu proses, düşündüğümden daha yoğun. Hadi bir kere daha yapalım.

Sevgi ve yargılama, önemseme ve nefret etme ve aptallık ve kabullenme karşıt güçlerini yaratmak için hangi aptallığı kullanıyorsun ve seçiyorsun? Bununla ilgili var olan her şeyin godzilyon kerelerini yıkıp yaratımını tümüyle iptal eder misiniz? Right and Wrong, Good and Bad, POD and POC, All Nine, Shorts, Boys and Beyonds.

Salon Katılımcısı:

Yargısız hiçbir ilişkim olmadı.

Gary:

Çoğunuzun olmadı, çünkü bu gerçeklikte yargısız ilişki "normal" değil. Neden yargılı bir ilişkiyi yargısız bir ilişkiden daha gerçek görüyoruz? Niye biliyor musunuz? Çünkü yargılı bir ilişki daha yoğun, O yoğunluğu neşe ve olasılık olan sevmeyi aramak yerine, aşk diye tanımlıyoruz. Gerçekten sevmek neşe ve olasılığı kucaklamaktır—yargıyı değil.

Salon Katılımcısı:

Bu gerçeklikte ilişkilerin nasıl olması gerektiğine göre beni yargılamayan bir partnerim var. Ama ben, ilişkimizi bu gerçeklikte ilişkiler nasıl olması gerekiyorsa ona uydurmak için, onu yargılıyorum.

Gary:

İyi karar. Hepimiz bu gerçekliğe göre sevgiyi yaratmak için aynı şeyi yapıyoruz. Yargının yoğunluğu, partnerlerimizle yarattığımız olasılıkların farkındalığı değil.

Kendi içinde ve partnerinde bunu yaratmak için yaptığın her şeyi, bunların hepsini yıkıp yaratımını yok eder misin? Right and Wrong, Good and Bad, POD and POC, All Nine, Shorts, Boys and Beyonds.

Sevgi bir sonuçtur; sevmek bir eylemdir. Sevgiden hareket etmeyi denemek yerine sevmekten hareket etmeniz lazım. Biriyle beraberken, bugün sevgi dolu bir hareketi nedir, sevmenin bir eylemi nedir diye bakın. "Sevgimi nasıl gösterebilirim bugün?" diye sormak sevgi dolu bir eylemdir.

Sevmenin dünyada aktif bir parçacık ve sevginin de, bir yargı olarak, bitirilmiş, sonuçlandırılmış bir parçacık olması gerektiğinin farkına varın. Eğer sevme eylemi içindeyseniz, yargılama eylemi içinde olamazsınız.

Seviyorsanız, her şeyi bitirdiğiniz düşüncesinden hareket ediyorsunuz. "Bu yeter. Bundan başka bir şey yapmama gerek yok," diye düşünüyorsunuzdur. İnsanların habire bunu yaptıklarını görüyorum. "Bu insanı seviyorum," diyorlar ve ilişkiyi bunun ötesinde yaratmayı bırakıyorlar. Sevme eylemi içine olmayı bırakıyorlar. Sevdiler; o halde, o iş bitti ve bundan başka bir şey yapmaları gerekmiyor.

Eğer tamamladıysan—"Onu seviyorum"—o zaman bu olmuş bitmiş bir iştir ve bu noktadan sonra hiçbir yaratım olmaz. Tek yapabileceğin artık sevmek/nefret etmektir. Tamamen neşeye ve olasılığa sahip olamazsın.

"Ben bu insanı seviyorum," dediğinde ne demek istiyorsun ki? Aşkın en büyük zorluklarından biri, sekiz trilyon godzilyon tanımının olmasıdır.

Sevginin sevmekle alakası olmayan tüm tanımlarınızı yıkıp yok eder misiniz? Right and Wrong, Good and Bad, POD and POC, All Nine, Shorts, Boys and Beyonds.

Salon Katılımcısı:

İnsanlarla ilişkiler hakkında konuştuğumda çoğunluk yürümeyen bir seri şeyden bahsediyor. "Bunun değeri nedir? Niye buna tutunuyorsun?" diye sorduğumda, "ama onu seviyorum," diyorlar.

"Bu ne demek? Anlamıyorum," açıklar mısınız, diye soruyorum.

Gary:

Çoğu insan sevdiklerinde her şeyin iyi gideceğine karar veriyorlar. Hâlbuki sevdin ve her şey iyi gitmeli düşüncesi bir yargıdır. Farkındalık değildir.

Vurguladığın yargıyı yaratmak için hangi farkındalıktan yoksunsun? Bununla ilgili var olan her şeyi ve godzilyon kerelerini yıkıp yaratımını tümüyle iptal eder misiniz? Right and Wrong, Good and Bad, POD and POC, All Nine, Shorts, Boys and Beyonds.

Pragmatik bir bakış açısından yaratmaya başlamanız ve sormanız lazım. Ne yaratmak istiyorum? Bir ilişki içindeyken hiç buna bakıyor musunuz? Ben hiç bakmadım. "Oh, onu mutlu etmek istiyorum. Onu ne kadar sevdiğimi bilmesini istiyorum," diye baktım ki bu "onu ne kadar sevdiğimi bilmesinin eksikliğini duyuyorum" demektir. Tek yaptığım bu eksikliği beslemekti. Kaçınız ilişkilerin olasılıklarını beslemek yerine eksikliklerini besleyerek hayatınızı geçirdiniz?

Böyle olan her şeyin godzilyon kerelerini, bunların hepsini yıkıp, yaratımını yok edermisin? Right and Wrong, Good and Bad, POD and POC, All Nine, Shorts, Boys and Beyonds.

Salon Katılımcısı:

Bana hep öyle geldi ki, insanlar, "ben bu insanı seviyorum,' dediklerinde, aslında "Bir şeye ihtiyacım var ve gerekli olduğuna karar verdiğim bu insandan bekliyorum onu." demek istiyorlar. Ama sevmekten konuşursak, "ver bana" kalitesinden çok, şükran duygusunun katılaştığı bir enerjisi var.

Salon Katılımcısı:

Sevgi ve sevmek konusunda söylediğin şey harikaydı. Teşekkürler.

Gary:

Hepinize sorularınız için teşekkür etmek istiyorum, çünkü onlarla bu gezegendeki kadınlar için, şu ana kadar hiçbir zaman var olmamış bir olasılıklar seviyesinin kapılarını açtınız. Lütfen bunu bilin. Bu konulara bakarak ve hareket noktanız olan aptallıkları değiştirmeye gönüllü olarak, bu dünya gezegeninde erkek ve kadınlar için hiç var olmamış daha büyük olasılıklara kapı açıyorsunuz. Bu telekonferans görüşmeleriyle yaratmaya çalıştığım da buydu ve aynen bu oluyor. Burada olduğunuz için her birinize minnettarım.

Salon Katılımcısı:
   Teşekkürler!

Gary:
   Sevgi ve yargı, önemseme ve nefret, aptallık ve alıp kabullenmenin karşıt güçlerini yaratmak için hangi aptallığı kullanıyorsun ve seçiyorsun? Bununla ilgili herşeyin godzilyon kerelerini yıkıp, yaratımını yok edermisin? Right and Wrong, Good and Bad, POD and POC, All Nine, Shorts, Boys and Beyonds.

"BU NEDİR?"

Salon Katılımcısı:
   Erkekler ve kadınlar arasındaki ilişkilere bakıyorum. Tango yapmak için iki kişi lazım, değil mi? Eğer yargı varsa, yargılayan erkekler mi ya da kadınlar mı olduğu fark eder mi? Eğer birisiyle ilişkim varsa ve bu yargıları ortaya çıkarıyorsa bu nasıl bir şeydir? Benim bunda rolüm ne?

Gary:
   Çoğu insan, nasıl olması gerektiğinden değil, nedir'den yola çıkarak yaratmaları gerektiğini anlamıyor. "Bu nedir?" den hareket etmelisiniz, "Bu konuda ne yargım var?" dan değil.

Bu yargılarla alakalı değildir; sizin hayatınızı genişleten şeyleri sevmekle alakalıdır. Pragmatik ilişkilerle alakalıdır. Bu tamamen başka bir evrendir. Pragmatik ilişki şudur:

- Burada ne çalışır?
- Bunun benim için, diğer insan için ve alakalı herkes için işlemesini nasıl sağlarım?

Pragmatik ilişkilerden hareket etmiyorsanız, yargılanabilir ilişkilerden hareket ediyorsunuzdur, onlar da, "onu seviyorum," "onu sevmiyorum" la alakalıdır. Sanki bir çiçeğin yapraklarını koparıp "beni seviyor; beni sevmiyor" demek gibi. Size sevip sevmediği konusunda bir karara varmak için yaprakları koparıyorsunuz.

Ya seven, önemseyen ve alıp kabullenen bir ilişkiniz olsaydı—ve farkında olmadığınız değil, nefret dolu değil, yargılı değil? Ama bu gerçek böyle çalışmıyor. O yargı, nefret ve aptallık olmadan aşık bile olamazdınız. Travma, drama ve bu gerçeklikte en değerli şeyler sayılan tüm şeylere sahip olamazdınız o zaman.

Sizin için işleyen bir pragmatik ilişki yaratmalısınız. Bunu yapacağınıza, başkalarının bakış açılarına göre ilişkiler yaratıyorsunuz.

İlişkilerini kendinin değil, başka insanların bakış açılarına göre yaratmak için yaptığın her şeyi yıkıp yok eder misiniz? Right and Wrong, Good and Bad, POD and POC, All Nine, Shorts, Boys and Beyonds.

Hepiniz bunu çokça yapıyorsunuz!

Salon Katılımcısı:

Kendi gerçeğinde artık yargılamadığın bir noktada mısın,—yoksa yargıladığın anda farkına varıp POD ve POC'luyor musun?

Gary:

Genellikle yargılamaya başladığım anda farkına varıyorum.

Bir süre önce benim için harika olan biriyle bir ilişkiye girmeyi düşündüm ve bir soru sordum, "ilişki onun için yürür mü?". "Vay, hayır!" çünkü benim için işleyecek ve onun için işleyecek ilişki birbirinden farklı iki şeydi. Bu pragmatik bir ilişkiye bakıştır. Bu sahiden öbür kişi için de işler mi? Hayır. Benim için işler mi?

Çoğumuz şunu yapıyoruz; "öbür insan için bunun işlemesini sağlayabilir miyim?" ya da " benim için işlemesini nasıl sağlarım?" diye ilişkiye bakıyoruz ve bunların iki farklı görüş olduğunu düşünüyoruz. Ya üçüncü bir bakış açısı varsa?

Herkes için her şeyin işlemesini sağlayacak ekstrem pragmatik bakış açılarını algılamana, bilmene, olmana ve alıp kabul etmene izin vermeyen her şeyi, yıkıp yaratımını yok eder misin? Right and Wrong, Good and Bad, POD and POC, All Nine, Shorts, Boys and Beyonds.

Salon Katılımcısı:

Bu üçüncü bakış açısına gelmek için, tahminimce iki taraf ta kendileri için neyin işleyeceği konusunda sorular sormalılar?

Gary:

Sadece bir kişinin soruları sorması gerekli ve o kişinin şunlara bakmaya istekli olması lazım:
- Bu nedir?
- Bununla ne yapabilirim?
- Bunu değiştirebilir miyim?
- Bunu nasıl değiştirebilirim?

Diyelim ki birisiyle bir ilişkiye girmeye karar verdiniz. Onun bir ailesi var. Aile de bu ilişkinin içinde mi?

Salon Katılımcısı:

Evet.

Gary:

Ailenin bu ilişki konusunda bir bakış açısı var mı? Ah tabi ki! İlişkin yüzünden senden belirli bazı şeyleri bekliyorlar mı ve bunları sana yansıtıyorlar mı?

Salon Katılımcısı:

Oh, evet.

Gary:

Peki, o zaman gerçek bir seçim şansın var mı,—yoksa diğer insanları ilişkine nasıl ekleyeceğinden yola çıkarak seçimlerini değiştirmek durumunda mısın?

Salon Katılımcısı:

İkincisi.

GELECEĞİ YARATMAK

Gary:

Her seçiminizin; yaratmak istediğiniz geleceği nasıl yaratacağını algılamaya istekli olmalısınız. Çoğumuz geleceği yaratmaya hiç bakmıyoruz çünkü bu gezegendeki birçok insan için bu bir gerçeklik değil.

Adı "Tanrılara karşı" olan risk üzerine bir kitap okumaya başladım. Riskin bazı şeyler tarafından yaratıldığından ve geleceği yaratan —olanaklılık değil de— olasılıklar olduğundan bahsediyor.

Olasılık başkalarının bakış açılarına uygun olarak en çok neyin olabileceğini matematiksel olarak belirlemektir. Senin ve diğer herkesin yargısına bağlı, seçimin ve olanaklılığın gerçekliği değiştirebileceği düşüncesine bağlı değildir.

Seçimin sahiden olanaklılıklar yarattığını anlamanız lazım. Ya gerçeği değiştirmeye muktedirsiniz—ve bunu seçmiyorsanız?

Kaç yerde herkesin kabul edip uzlaşıp anlaştığı olasılık için olanaklılık seçimiyle yaratmaktan kaçınmayı seçtiniz? Böyle olan her şeyin godzilyon kerelerini hepsini yıkıp yaratımını yok eder misiniz? Right and Wrong, Good and Bad, POD and POC, All Nine, Shorts, Boys and Beyonds.

Olanaklılıktan seçerseniz, daha önce hiç var olmamış başka bir yaratımın var olabileceğini görürsünüz. Bayanlar bu realitenin limitleri ötesinden yaratmaya istekli olmanızı istiyorum.

"Farklı bir gelecek için ne mümkün?" bakış açısı, ilişkilerinizde, sekste ve çiftleşmede, ya da hayatınızda yoktu. Daha önce hiç kimse üstünde kullanmadığım bir proses var. Sizler ilk olacaksınız.

Geleceği gerçekleştirme olasılıklarını yaratmak için hangi aptallığı kullanıyorsunuz, seçiyorsunuz? Böyle olan her şeyin godzilyon kerelerini, hepsini yıkıp yaratımını yok eder misiniz? Right and Wrong, Good and Bad, POD and POC, All Nine, Shorts, Boys and Beyonds.

BAKIŞ AÇINIZ SİZİN GERÇEKLİĞİNİZİ YARATIR

Seçimlerimizin geleceğimizi her türlü şekilde nasıl yarattığının farkına varmadan seçimler yapıyoruz. Yaptığımız her seçim yaratır. Uzun bir süredir seçimin yaratma olduğu konusunda konuşuyorum. Seçim doğruluk ya da bir yanlışlık değildir, ama bir yaratmadır.

Dünya gezegenindeki her şey yaratım elemanıdır. Yaptığınız her seçim bir şey yaratır. Bakış açınız kendi gerçekliğinizi yaratır; gerçekliğiniz bakış açınızı yaratmaz. Sizin için iyi olmayan biriyle bir ilişkiniz oldu mu hiç?

Salon Katılımcısı:
Bu konuda konuştuğunuzda seçmeye istekli olmadığım bir alanın enerjisi ortaya çıkıyor bende. Alandan yaratmıyorum, çünkü hiç bir sebebim, gerekçem ya da fikrim bile yok bunun ne yaratacağı konusunda.

Gary:
Evet, çünkü olasılığı aramaya çalışıyorsun.

Salon Katılımcısı:
   Evet, vay! Teşekkür ederim.

Gary:
   Sen, bir kadın olarak, bir erkekten daha eksik değilsin. Sadece erkekten farklısın. Kötü ya da iyi bir şekilde değil, sadece farklısın. Eşit seçimlerin var. Aslında, erkeklerden daha fazla seçimin var. Çünkü bir erkek, erkek olduğunu kanıtlamak için, kadınsı ya da eşcinsel olmadığını kanıtlamak zorunda. Biliyorum bu size pek anlamlı gelmiyor, ama doğru. Geçen gün bir bayan ofise geldi ve "Dain homoseksüel, değil mi?" dedi.
   "Hayır, aslında, değil. Niye homoseksüel olduğunu düşünüyorsun?" dedim.
   "Parmağımı kestiğimde üstüne yarabandı koydu ve o kadar iyi ve sevecen bir şekilde yaptı ki. Heteroseksüel olamaz, çünkü heteroseksüel bir erkek yara bandını yapıştırır ve "Nasıl oldu?" derdi.
   Özen gösterdiği için, bir erkek homoseksüel midir? Hayır. Maalesef bu tamamen bir yargı ve karardır ve doğru değildir. Emin olun, Dain'in homoseksüel olmasından memnun olacak bir sürü erkek var, ama değil. Sizler, kadınlar olarak, iyi ve sevecen değilseniz, dişi olarak değerlendirilmiyorsunuzdur. Bu sadece delilik.

HER SEÇİMİ BİR OLASILIĞIN KAYNAĞI YAPIN

Salon Katılımcısı:

Bir kadın olarak, daha çok seçeneğim olduğunu kabullenmek, her seçimin bana başka şeyleri açacağını kabullenmek midir diyorsun?

Gary:

Evet, her seçim olasılığa kapı açar. Her seçim bir sürü olasılık yaratır. Her olasılık ve seçim, bir grup olasılık yaratır. Her seçim yaptığında bir grup olasılık yaratıyorsundur.

Sadece bir fikri düşünerek bile; seçim yaratılır ve o seçimden on olasılık daha ortaya çıkar. Sonra, bir seçim daha yaparsın ve on daha olasılık ortaya çıkar. Birincisinde, bir seçim; bir grup olasılık yaratır ve ikincisinde diğer bir grup olasılık yaratır. Olasılık olarak yarattığın iki seçimi birbirine bağlanır. Böylelikle geleceğin dönencelerinin gerçekleştirilmesini, farklı bir olasılığın gerçekliğe gelmesini yaratmaya başlıyorsundur.

Her seçim yaptığında; birbirlerine bağlanan bu çoklaşmaları algılamaya başladığında, belki de senin ve tanıdığın hiç kimse için daha önce var olmamış olan farklı bir gelecek için farklı olasılıkları yaratmaya nasıl katkıda bulunduğunu görürsün.

Salon Katılımcısı:

Teşekkür ederim, bu harikaydı. Bir seçim yaptığında on olanak ortaya çıkar ve birini seçtiğinde birbirlerine bağlanırlar dediğinde, çok güçlü bir enerji hissettim. Her neyse bu, bunu ve bunların hepsinin bağlantısını bilmek istemiyorum. Bildiğim şeyi bilmiyormuşum taklidi yapmak hoşuma gidiyor.

Gary:

Hadi şunu deneyelim:

Seçtiğin seçimin yarattığı olasılıklar ağının farkında olmamayı yaratmak için hangi aptallığı kullanıyor ve seçiyorsun? Böyle olan her şeyi ve godzilyon kerelerini, hepsini yıkıp yaratımını yok eder misin? Right and Wrong, Good and Bad, POD and POC, All Nine, Shorts, Boys and Beyonds.

Her seçim bir sürü olasılık seti yaratır. Biz ise sürekli bir sonuca ulaşmaya çalışıyoruz, sanki bu bizim seçimimizi maddeleştirecek ve istediğimiz şeye ulaşmak için "doğru" bir bakış açısı yaratacakmış gibi.

Hepiniz biriyle bir ilişkiye girip, sonra sabit bir bakış açısına girip o ilişkinin nasıl dağıldığını tecrübe ettiniz. Niye dağıldı sanıyorsunuz? Çünkü "Onu seviyorum" seçiminin haricinde yaratmaya ve oluşturmaya istekli değildiniz.

Bir ruh arkadaşı ya da önemli diğerini bulduğunuzda, seninle alakası olmayan garip bir bakış açısından yaratmaya başlıyorsunuz ve ondan sonra artık mümkün olan şeyleri yaratamıyorsunuz.

Bu seçiminizi yaratımın sonu kıldığınız bir nokta. Hiçbir seçimi yaratmanın sonu yapmayın. Her seçimi olasılığın kaynağı yapın.

İki ateş, ruh arkadaşı, önemli diğeri, mitolojik varlık, prens ve prenses, senin için mükemmel insan ve mükemmel tamamlayıcıyı yaratmak için hangi aptallığı kullanıyorsun ve seçiyorsun? Böyle olan her şeyi ve godzilyon kerelerini,

hepsini yıkıp yaratımını yok eder misin? Right and Wrong, Good and Bad, POD and POC, All Nine, Shorts, Boys and Beyonds.

Kan, ter ve ilişkinin gözyaşlarını yaratmak için hangi aptallığı kullanıyorsun ve seçiyorsun? Böyle olan her şeyi ve godzilyon kerelerini, hepsini yıkıp yaratımını yok eder misin? Right and Wrong, Good and Bad, POD and POC, All Nine, Shorts, Boys and Beyonds.

Bir sürünüz bir ilişki içinde olmayı seçmediğinizden kendinizi yanlış kılıyorsunuz. Ya bir ilişki içinde olmamak kendiniz için seçtiğiniz en akıllıca şeyse?

Bir ilişki içinde olmayı seçmenin yanlışlığını yaratmak için hangi aptallığı kullanıyorsun ve seçiyorsun? Böyle olan her şeyi ve godzilyon kerelerini, hepsini yıkıp yaratımını yok eder misin? Right and Wrong, Good and Bad, POD and POC, All Nine, Shorts, Boys and Beyonds.

Bir ilişkiniz olmadığı için yanlış olduğunuz gibi bir bakış açınız var, çünkü anneniz, kız kardeşleriniz ve kız arkadaşlarınız hep size kötü bir ilişki içinde olmaya yüreklendiriyorlar. Gerçekten bir ilişki istemiyorsanız, o yüzden habire yanlış ilişkileri seçiyorsunuz. Gerçekten bir ilişki isteseniz, o zaman bunu yaratırdınız. Eğer gerçekten bir ilişki istemiyorsanız, bunun yanlış olan tarafı yoktur. Bir ilişki istemediğiniz için yanlış değilsiniz!

İlişki bir kavramdır; gerçeklik değildir. Seni tamamlaması için kimseye ihtiyacın yoktur. Bir ruh olarak kendinle tamsındır. Tam olmak için ilişki, aile, çocuklar, bir grup gibi şeylere ihtiyacın yoktur. Sen kendine özgün, tam bir varlıksın. Sadece sen gerçeksindir.

Kendini doğru yapmamak için yaptığın her şeyi yıkıp yok der misin? Right and Wrong, Good and Bad, POD and POC, All Nine, Shorts, Boys and Beyonds.

PEKİ, İLİŞKİ NEDİR?

Salon Katılımcısı:
İlişkinin senin için anlamı ne, sorabilir miyim?

Gary:
İlişki ikinizin de gerçekliğini ve gündemini genişleten pragmatik bir beraber yaşamadır. İlişki yargısızca rahatça beraber yaşayabileceğin bir yerdir. "Kendi payını temizlemiyorsun", "payına düşeni yapmıyorsun", "paylaşmıyorsun" gerekliliklerinde değil, olasılıklar içinde beraber yaşayabileceğiniz bir yerdir. Paylaşmak birini yargıladığın bir alan yaratan bir kavramdır, biriyle beraber yaşadığın bir alan değil.

Yargılamaya gittiğin an, bir varlık olarak sen, var olmaktan çıkarsın. Bir var olma ve yargı aynı evrende var olamazlar. Varlık şükranın bir elemanı; yargı ise yıkımın elemanıdır. Şükranla yıkım aynı evrende olamaz. Biri yaratım, diğeri ise yıkımdır.

Salon Katılımcısı:
Sanki ilişki sözünü atıp, kurtulmak istiyorum. Onu başka bir şey olarak adlandırmak istiyorum. "İlişki" istemiyorum.

Gary:
"Bir ilişki istemiyorum" demek, bir ilişki eksikliğim yok demek, o da bir sürü ilişkim var demektir, ve bunların çoğu da kötü ilişkilerdir.

Salon Katılımcısı:
Evet.

Gary:
Peki, neden kötüler?

Salon Katılımcısı:
İlişkilerde kendimi göstermiyorum. Hiçbir ilişkimde olduğum kişi olarak var olamıyorum.

Gary:
İlişkilerinde olduğun her şey niye olamıyorsun?

Salon Katılımcısı:
Diğer insanlar beni alıp kabul etmiyorlar ya da beni anlamıyorlar.

Gary:
Seni anlamalarını niye bekliyorsun ki? Başka hiç kimseye ihtiyaç duymadan senin için mümkün olan her şeye sahip olmaya gönüllü olsan nasıl bir şey olurdu acaba?

Salon Katılımcısı:
Harika olurdu bu.

Gary:
Evet, bu tamamen farklı bir şey yaratırdı. Farklı olanaklara bakmaya gönüllü olmalısın.

Tamamen pragmatik ilişkisel bir gerçekliğin yokluğunu yaratmak için hangi aptallığı kullanıyorsun ve seçiyorsun? Böyle olan her şeyi ve godzilyon kerelerini, hepsini yıkıp yaratımını yok eder misin? Right and Wrong, Good and Bad, POD and POC, All Nine, Shorts, Boys and Beyonds.

Hepinizin bunu bir tekrarlama listesine koyup en az otuz gün dinlemenizi istiyorum. Eğer bunu yaparsanız bu alanı temizler ve yapışmış noktalarınızı silersiniz ve başka olasılıklara daha kolaylıkla geçersiniz. Bunu bilgisayarınıza koyun ve tekrar tekrar uyurken devamlı çalın. Sanki bilinçaltı programlanması gibi—sadece tabii aslında bilinçaltı silme programlaması.

Tamamen pragmatik ilişkisel bir gerçekliğin yokluğunu yaratmak için hangi aptallığı kullanıyorsun ve seçiyorsun? Böyle olan her şeyi ve godzilyon kerelerini, hepsini yıkıp yaratımını yok eder misin? Right and Wrong, Good and Bad, POD and POC, All Nine, Shorts, Boys and Beyonds.

İki ateş, ruh arkadaşı, önemli diğeri, mitolojik varlık, prens ve prenses, senin için mükemmel insan ve mükemmel tamamlayıcıyı yaratmak için hangi aptallığı kullanıyorsun ve seçiyorsun? Böyle olan her şeyi ve godzilyon kerelerini, hepsini yıkıp yaratımını yok eder misin? Right and Wrong, Good and Bad, POD and POC, All Nine, Shorts, Boys and Beyonds.

SEÇIME BAĞLI ÇİFTLEŞME

Bir sürünüz için saldırganca gelebilecek bir şey söyleyeceğim. Çoğunuz bir ilişki arıyorsunuz—ve aslında bedeninizin gerçekten istediği bol miktarda çiftleşmektir.

Bedeniniz ilişkiden çok çiftleşme ister. Ancak kadın olmanın, çiftleşme değil de, ilişki gerektirdiğine karar verdiniz.

Böyle olan her şeyi ve godzilyon kereleri, hepsini yıkıp yaratımını yok eder misin? Right and Wrong, Good and Bad, POD and POC, All Nine, Shorts, Boys and Beyonds.

Salon Katılımcısı:
Çiftleşmeye neden direniyorum?

Gary:
Direndin mi?

Salon Katılımcısı:
Evet.

Gary:
Eğer çok fazla çiftleşmek istersen kadın olarak kabul edilmezsin. Bu gerçeklikte çiftleşme isteği erkeksel bir özellik, kadınsal bir özellik değildir.

Bu konuda belirlediğin ve karar verdiğin her şeyi, bunların hepsini yıkıp yaratımını yok eder misin? Right and Wrong, Good and Bad, POD and POC, All Nine, Shorts, Boys and Beyonds.

Salon Katılımcısı:
Çiftleşme konusunda bir sorum var. Ta ki, Access Consciousness'a gelene kadar ve bunun bir gereklilik değil de bir seçim olduğunu anlayana kadar, hep çiftleşme isteğim vardı, bu istek sona erdi. İlgimi kaybettim.

Gary:

Çiftleşmenin gerekliliği yerine, tercihle çiftleşme. İnsanların çiftleşmeyi yaratmak için yargı kullandıklarını anladıkça, direkt çiftleşmeye gidersen ve bunu yargısız yaparsan sanki bir şeyi kaçırıyormuşsun gibi bir his oluşur.

Salon Katılımcısı:

Anlamadım.

Gary:

Diyelim ki hayatında seninle çiftleşmek isteyen bir erkek var ve sen de yargıda bulunmuyorsun. Eğer sertleşmek için yargı kullanıyorsa, sertleşemez. Çünkü sen onu cinsel olarak tahrik etmek için yaptığın şeyin yanlışlığını yeterince yargılamıyorsundur.

Bu durumda bir seçeneğin var: Onu sertleştirmek için bu evrene ne kadar yargı bırakmalısın—veya onu kendini tutamayacak kadar tahrik etmek için ne kadar kontrol kullanman gerekli?

Bunun ortaya çıkardığı ya da aşağıya indirdiği ne varsa, hepsini yıkıp yaratımını yok eder misin? Right and Wrong, Good and Bad, POD and POC, All Nine, Shorts, Boys and Beyonds.

Yargı bir kontrol sistemidir. Bunu hepiniz anlıyor musunuz? Bir seçiminiz var. O insanın yargılamasına müsaade edersiniz, onun için yargı yaratırsınız veya yeterince kontrol yaratırsınız ki yargısı onun bedenine olan talebinizin üstüne çıkmasın—ona değil, onun bedenine olan talebiniz.

Salon Katılımcısı:
Nasıl bir kontrolden bahsediyorsun?

Gary:
Ona bakıp "Bu herifi nasıl kontrol edeyim de öyle bir azsın ki istediğim an isteğim şeyi bana vermekten başka seçimi olmasın?", diye sormalısınız.

Özgün bir enerji olmanız gerekir. Adam istese de istemese de vermesini gerektiren bir enerji. Sizi arzulaması için ne gerekir diye düşünmek yerine, onun arzu sistemini geçersiz kılmalısınız. Kadınlara bu seviyede bir kontrol sahibi olmaya müsaadeleri olmadığı ve buna sahip olmamaları gerektiği söylenmiştir.

Böyle bir kontrole sahip olmamanız gerektiğini, bunu kullanmamanız gerektiğini, bu kontrole sahip olamayacağınız ve bu kontrolün ne olduğu konusunda hiçbir fikriniz olmaması, ve bu kontrole sahip olup ta bunu seçmediyseniz, çünkü bu hiç kadınsı olmazdıyı satın aldığınız her anı yıkıp yok eder misiniz? Right and Wrong, Good and Bad, POD and POC, All Nine, Shorts, Boys and Beyonds.

Salon Katılımcısı:
Egemenlik, domine etmek diye yargılanan şey bu mu— ve bu yüzden mi biz dışlandık?

Gary:
Evet, siz dominant ırk/tür olmamaya çalıştınız, çünkü erkeklerin dominant tür oldukları size söylendi. Bu gerçekten doğru mu? Ve sahiden dominant bir tür var mı?

Yoksa, ihtiyaçlarımız, arzularımız ve isteklerimize göre hepimizin dominant olduğu anlar mı var?

Bunu seçmene engel olan ne varsa her şeyi yıkıp yaratımını yok eder misin? Right and Wrong, Good and Bad, POD and POC, All Nine, Shorts, Boys and Beyonds.

TÜM SEKSÜELLİK

Örneğin, eşcinsel bir oyun oynamak eğlenceli olur diye düşünen kadınlar, eğer bedeniniz bunun sizin için çalışacağını söylüyorsa lütfen bunu denemeye gönüllü olun. "Eşcinsel var, eşcinsel olmayan var" gibi bir bakış açısına sahip olamazsınız. Bu bir yargı, ve yargınız varsa, sevemezsiniz, bu da demektir ki önemseyemezsiniz.

Anlamalısınız ki yargısız bir varlık olarak tüm bir dünya var sizin için. Tüm seksüellik bir omni-seksüel gerçeklik, yani "Gerçek bir cinselliğim yok. Bir bakış açım yok. Her şeyi yapabilirim." Pan-cinsellik de diyebilirsiniz ki bu da hepsini yapıyorsunuz demektir. Androjenlik omni-cinsellik değil. Omni-seksüellik te değil, bu yoksa bir yargı olurdu.

Bu senin ve bedeninin olduğu enerji olmak, bu da varlıkla alakalı.

Bu bir seçim; neyi alıp kabullenmeyi seçiyorsan.

Böyle olan her şeyi ve godzilyon kerelerini, hepsini yıkıp yaratımını yok eder misin? Right and Wrong, Good and Bad, POD and POC, All Nine, Shorts, Boys and Beyonds.

Salon Katılımcısı:

Eşleri veya partnerlerinin tüm kararları almasına müsaade eden ve kendi farkındalıklarına ve isteklerine rağmen hep erkeklerin dediğini yapan kadınları sertçe/ haşince yargılamayı durdurmak için ne gerekli? Bunu değiştirmek için nasıl bir katkı olabilirim? Ve sonsuz bir varlık bunu neden seçer? Bunun bir yargı olduğunu düşünüyor musun?

Gary:

Hayır, tatlım, bu bir yargı değil bir farkındalık. Seni seviyorum, ve sen bunun farkındasın. Partnerini mutlu kılmak için kendini boşaman bir delilik. Bu seni mutlu ediyor mu? Eğer ediyorsa, daha da yap. Eğer etmiyorsa farklı bir şey yap.

Böyle olan her şeyi ve godzilyon kerelerini, hepsini yıkıp yaratımını yok eder misin? Right and Wrong, Good and Bad, POD and POC, All Nine, Shorts, Boys and Beyonds.

BEDENİN BİR BAKIŞ AÇISI VAR

Salon Katılımcısı:

Sonsuz bir varlık olarak niye ikili bir karakterim var, ruhum ve fiziksel ben?

Gary:

İkili bir karakter değil. Sadece bedenin ve senin farklı bakış açılarınız var. Sen bedeninin senden farklı bir bakış açısı olduğunu görmek istemiyorsun. Bedenin senin içinde; sen bedenin içinde değilsin. Yani, ikili bir karakter değil. Sadece bedenin hayatı fizyolojik bir perspektiften tecrübe ediyor, ve sen psikolojik bir perspektiften tecrübe ediyorsun. İşte size tekrar listesine koyacağınız bir kaç proses:

Fizyolojik gerçekliğin eksikliğini yaratmak için hangi aptallığı kullanıyor ve seçiyorum? Böyle olan her şeyi ve godzilyon kerelerini, hepsini yıkıp yaratımını yok eder misin? Right and Wrong, Good and Bad, POD and POC, All Nine, Shorts, Boys and Beyonds.

Hangi bambaşka bir fizyolojik gerçekliğin fiziksel gerçekleştirmesini yaratmaya, oluşturmaya ve kurmaya simdi muktedirim? Bunun ortaya çıkmasına engel olan ne varsa onların godzilyon kerelerini, hepsini yıkıp yaratımını yok eder misin? Right and Wrong, Good and Bad, POD and POC, All Nine, Shorts, Boys and Beyonds.

Salon Katılımcısı:

Üreme sistemimi bedenimin sağlığı ve daha zevkli seks için yeniden canlandırmak isterim. Hangi soruyu sormam lazım?

Gary:

Niye beden sağlığı ve daha zevkli seksi seçiyorsun? Neden senin için daha eğlenceli ve neşeli bir hayat yaratacak bir şey istemiyorsun? Bu bir soru.

Bugün ne olabilir, ne yapabilir, neye sahip olabilir, ne yaratabilir veya oluşturabilirim ki sonsuza kadar hayatımda daha fazla neşe, kolaylık, seks ve zevk yaratsın? Bunun ortaya çıkmasına engel olan her ne varsa onların godzilyon kerelerini, hepsini yıkıp yaratımını yok eder misin? Right and Wrong, Good and Bad, POD and POC, All Nine, Shorts, Boys and Beyonds.

SEKS VE ALIP KABUL

Salon Katılımcısı:
Kendimizin bir parçasını boşadığımız için mi sekse ilgiyi kaybediyoruz?

Gary:
Alıp kabul etmenin bir parçasını kaybettiğiniz için. Seks ancak tamamen kabul edebildiğiniz zaman olur.

Alıp kabul etmenin hangi parçasını böyle bir yoğunlukla azaltıyorsun ki seçebileceğin seks ve çiftleşmenin neşesini yok ediyorsun? Böyle olan her şeyi ve godzilyon kerelerini, hepsinin yıkıp yaratımını yok eder misin? Right and Wrong, Good and Bad, POD and POC, All Nine, Shorts, Boys and Beyonds.

Salon Katılımcısı:
Seksi istememek ya da arzulamamak bu benim yaptığım bir seçim mi?

Gary:
Evet, bir seçimdir ve genelde eğer birisiyle seks yaparsan onunla tekeşli bir ilişki içinde olman gerektiği kararını vermene ve bu sonuca varmana bağlıdır Tekeşli bir demektir. Tekeşli bir ilişki içindeyseniz, ilişkide tek bir kişi vardır, bu da öbür insan demektir, sen değilsin. İçinde senin de dahil olduğun bir ilişki istiyorsan, çokeşli bir ilişki istiyorsun.

TACİZKAR İLİŞKİLER

Salon Katılımcısı:
   Lütfen bir ilişkinin ne zaman tacizkar olduğu konusunda konuşur musunuz, özellikle o kadar ustaca yapılan ve bunun taciz olduğunu anlayamayabileceğimiz durumlardan bahseder misiniz?

Gary:
   Tüm tacizkar ilişkiler aslında böyle. Eğer birisini sevdiğiniz sonucuna varmışsanız, ne yaptıklarını sorgulamazsınız.
   Eğer biri size eleştiriyorsa bu sevmek değil. Bu bir sonuçtur, bir olasılık değildir. Farkındalık içinde olmanız ve sorular sormanız gerekir. Her gün yargılandığım bir ilişki içindeydim. Hatta bir hipnozcuya gittim bu insan bana dokunduğunda içime kapanmayı bırakayım diye. Bana her uzandığında kendimi geri çekiyordum. Niye kendimi geri çektiğimi bilmiyordum.
   Sadece ilişki bittikten sonra anladım ki kendini geri çeken ben değildim; bedenim tacizden kendini geri çekiyordu. Bir ilişki içinde nerede tacize uğradığınız konusunda net olmanız gerekir. Artık seks istemediğinizi düşündüğünüzde, ya da seksüel istek yaratmak için diğer insanın yargılarını kullandığınızda, tacizkar bir ilişki içindesiniz demektir. Eşiniz ya da partnerinizle olmak yerine başka insanlarla beraber olmak daha eğlenceli ise, tacizkar bir ilişki içindesiniz. Eğer diğer kişinin sizden daha akıllı olduğunu düşünüyorsanız, tacizkar bir ilişkiye

giriyorsunuzdur. Sizden daha akıllı ya da daha farkında olan başka kimse yoktur.

Salon Katılımcısı:

Bazen partnerime dokunurken ya da o bana dokunurken; ellerimde, kollarımda ve bedenimde acılı, yoğun bir ağrı hissediyorum.

Gary:

Acı mı? Ya da istemediğin seviyede bir yoğunluk ve farkındalık mı? Onun bedenindeki acının mı farkındasın? O farkındalığı istiyor musun?

Farkındalıktan kaçınıyorsun, o yüzden buna acı diyorsun. Ne zaman bir şeyi acı ya da acı çekmek olarak tanımladığında, problem, travma veya drama olarak tanımladığında, ondan kaçınmaya çalışıyorsundur. Kaçınmak yerine şunları sormalısın:

- Bu nedir?
- Bununla ne yapabilirim?
- Bunu değiştirebilir miyim?
- Bunu nasıl değiştirebilirim?

Bu yolu izlemelisin.. Ya bunu değiştirmenin tek yolunun onunla seks yapmak olduğunu bilseydin? Bunu yapmaya gönüllü müsün?

Salon Katılımcısı:

Bu benim için iyi olur mu (benim önemsenmem demek olur mu?)

Gary:

Bunun benim krallığım ve bizim krallığımızla ne alakası var?

Salon Katılımcısı:

Benim krallığım ve bizim krallığımız arasındaki fark nedir?

Gary:

Benim Krallığım ve Bizim Krallığımız tamamen farklı iki evren. Benim Krallığım senin bir karara varmaya çalıştığın yerdir. Bizim Krallığımız ise her bir ve her şeyin nasıl birbiriyle etkileşimde olacağının farkında olmaktır.

Salon Katılımcısı:

Herşey konusunda aklı başında davranmaya çalışarak bunu mu yapıyorum?

Gary:

Benim Krallığımı yapıyorsun. Bu evrende var olan tek kişi benim ve dünya benim çevremde donuyor diyorsun. Bu senin için uygun mu? Başka bir şey seçebilirsin.

SEKSÜEL ŞIFA

Salon Katılımcısı:

Sekste Bizim Krallığımız konusunda daha fazla konuşabilir miyiz?

Gary:

Bir sürünüz bunu bilmek istemiyorsunuz ama seksüel şifacısınız. Benim bunu söylediğimi duyduğunuzda kendinizi daha hafif hissetmişseniz seksüel şifacısınızdır. Bunu kabullenirseniz kendinizi daha iyi hissetmeye başlayacaksınız.

Seksüel şifacı olduğunuzu kabul etmezseniz, acı yaratmak için bunu kendinize karşı bir silah olarak kullanmaya başlarsınız. Kabul etmeniz lazım. Etmezseniz, her şeyi daha iyi yapacak biriyle bir ilişki seçmek yerine, hep seksüel şifaya ihtiyacı olan bir erkek seçersiniz ve kendi gerçekliğinizin hesabında hep kendinizi dışlarsınız.

Salon Katılımcısı:

Eğer seksüel şifacı olduğunu kabul edersen, birine şifalandırmak için onu seçme zorunda hissetmezsiniz mi demek istiyorsunuz?

Gary:

Evet.

Salon Katılımcısı:

Bu nasıl olur?

Gary:

Yargınız bir seksüel şifacı olmamanız gerektiğini söylüyordur. Eğer seksüel şifacı olduğunuzu kabul etmezseniz, seksüel şifaya ihtiyacı olan insanları heyecan verici bulursunuz. Başka ne mümkün diye bakacağınıza biriyle seks yapma seçimine meyilli olursunuz. Seksüel şifa kapasiteniz varsa ve bunu kabullenmezseniz, sizle beraber olmayı tercih ettiğiniz birini değil de, hep sizi kullanan ve sizden alan birini bulursunuz.

Seksüel şifacı olduğunuzu kabullenirseniz, aşağıdaki soruları sorabilirsiniz:
- Bu insanın seksüel şifaya ihtiyacı var mı?
- Bu benim tek tercihim mi?

Salon Katılımcısı:

Diyelim mi seksüel şifacı oluğunuzu kabullendiniz ve seks yapmak istediğiniz biriyle tanıştınız. "Bu insan seksüel şifa istiyor mu?" diye sordunuz. Eğer, cevap evetse, "Başka ne mümkün? diye sorun. Bu insanla talep ettiği seksüel şifayı vermeden çiftleşmek mümkün mü?

Gary:

Hayır. Soruyu sorma biçiminde bir kaçış yancümlesi var. Sormadığın soru şu: Bunu gerçekten yapmak istiyor muyum?

Bu soru sormanın nasıl inceden çalıştığını gösteren bir örnek size. Bir bayan beni arayıp, "Seni Obama ile görüştürebilirim," demişti.

Ben hayır dedim.

O da, "Sadece şu kadar para" dedi.

Ben hayır dedim.

"Niye?" diye sordu.

"Bunu yapacak param yok," dedim.

"İstersen sana ödünç veririm." dedi.

"Konu bu değil," dedim.

"Eğer onunla görüşürsen dünya değişir mi?" diye sordu.

Bana cevap evet geldi, ve "Peki, yaparım," dedim. Parayı ödedikten sonra, başkan Obama'yı göreceğim düşüncesiyle Austin, Texas'a gittim. Ama uçağımız üç saat rötar yaptı ve onunla görüşmeye zamanında yetişemedim.

"Oo, ilk başta farkında olduğum enerji buydu ama "onunla görüşmek dünyayı değiştirir mi?", "Parayı ödemem olur mu?" sorularına yöneldiğimde bunu kabullenmek istemedim. "Sahiden oraya gidebilecek miyim?" diye sormadım. Aslında başından beri hayırdı cevap, ama fark etmedim çünkü daha fazla soru sormaya gönüllü değildim.

Bu yüzden soru sormanız lazım. "Bu insanla seks yaparsam, sahiden bu ona şifa verir mi? İhtiyacı olabilir, ama bu onun alıp kabul edeceği anlamına gelmez. Seks yaptığınız insanlar sizi alıp kabul edebiliyor mu? Yoksa sadece sizden alıyorlar mı? Senin ona şifa vereceğini düşünüyorlar, o yüzden katkıda bulunmuyorlar. Şunu anlamalısınız ki; seksüel olarak şifa verme kabiliyetiniz var ve başkalarına şifa verme ihtiyacınız onların sizi alıp kabul edecekleri anlamına gelmez.

"İYİ SEKS" VS. GENİŞLETİCİ SEKS

Salon Katılımcısı:
Seksten sonra kocam ortalıkta ordan oraya hoplayıp duruyor ve bense sadece yatağa geri dönmek istiyorum.

Gary:
Onun için seks üretici, senin içinse bir bitirici bir eylem. Sen daha çok erkek gibisin. Seksüel orgazm yaratmak için

ne kadar adrenalin kullanıyorsun? Bir sürü mü, azcık mı ya da mega tonlarca mı?

Salon Katılımcısı:
Mega tonlarca gibi geliyor, ama bu pek anlamlı değil.

Gary:
Böyle olan her şeyi ve godzilyon kerelerini, hepsini yıkıp yaratımını yok eder misin? Right and Wrong, Good and Bad, POD and POC, All Nine, Shorts, Boys and Beyonds.

Pek mantıklı değil, çünkü bunun "mantık" anlamıyla alakası yok. Çoğu insan orgazmı bir adrenalin pompası yaratarak oluşturur. Açık ki kocan orgazm yaratmak için bir adrenalin pompası yaratmıyor. Daha genişliyor ve hayatında daha çok var oluyor. Eğer olmayı seçiyorsan, seks ve çiftleşme hediyedir. Ama onun ihtiyaçlarına karşılamak istiyorsan ve belirli bir şey yapmaya çalışıyorsan, o zaman orgazma ulaşmanın en kolay yolu bedenini tüketen bir adrenalin pompası yaratmaktır. "İyi seks" diye insanların çoğu bunu öğrendi.

Bir kasılma yaratmanın en büyük kaynağı adrenalindir. Sözde, kaçış ya da kavga moduna girmenin yolu. Eğer kasılırsanız, içinize çekilirsiniz ve böylece herkesle kavga etmeye hazır olursunuz. Ve eğer kasılmayı orgazm yaratmak için kullanıyorsanız, partnerinizle beraber değilsinizdir. Partnerinizden ayrılırsınız, onun ve kendi seksiniz içinde genişleyemezsiniz. Sanki seks bir bitirme olmalıymış gibi onun bitişini oluşturabilmek için tam tersine seksten kasılırsınız. Böyle yaptığınızda, seksten sonra enerjik ve işe gitmeye hazır hissetmeniz gerekirken, yorgun düşer ve uyuya kalırsınız. Çoğunluk erkekler porno filmleri seyrederek böyle yapmaları gerektiğini öğrenmişlerdir. Eğer kasılırlarsa, orgazm yarattıkları bilgisi öğretildi. Bu yüzden kasılmanın ardından uyuya kalırlar. Bu da pek çok kadın için çıldırtıcı bir şeydir. Hâlbuki, orgazma ulaşmak için genişlemeyi seçersen, işe gitmeye hazır, ayağa fırlayıp oynamaya hazır olmak ile sonuçlanır bu. Böyle olan her şeyi ve godzilyon kerelerini, hepsini yıkıp yaratımını yok eder misin? Right and Wrong, Good and Bad, POD and POC, All Nine, Shorts, Boys and Beyonds.

Salon Katılımcısı:
Biraz daha seksin genişletici özelliğinden bahseder misin, Gary?

Gary:
Seksin genişletici özelliği şu; seksin amacı orgazma sebep veren adrenalin yaratmak değil, hayatın ve yaşamanın orgazmik kalitesini yaratmaktır. Bu da neşe ve olasılıkların seçimiyle alakalıdır.

Sadece kendini değil partnerini da getirmelisin. Ya partnerini seks aracılığıyla daha büyük olasılıkların olduğu bir yere götürme yönüne baksaydın? Seks ve çiftleşme daha büyük olasılıklar yaratmaktır, bitirmek değildir. Adrenalin pompasıyla alabileceklerinin en iyisi Fransızlar tarafından satılıyor zaten.

Salon Katılımcısı:
Yüzleşme ya da yargılama yaptığımda, sanki şifacı olduğumu kabullenemiyorum.

Gary:

Eğer tam farkındalığı kabullenemezsen, başkalarında bir farkındalık yaratmak için yüzleşme kullanmaya çalışırsın. Ya bir sonuca veya yargıya varmak yerine tamamen farkında olsan ve soruda kalsan? O yüzleşme noktasına geldiğinde kabul etmeyi zorlamaya çalışıyorsun. Bir sürü insan bunu hem seks ve çiftleşmede hem de ilişkilerde yapıyor. Yüzleşme yoluyla farkındalığı zorluyorlar ve diğerinin kabullenmesi için güç kullanıyorlar. Bu insan benim sunduğum neyi kabullenebilir diye sormalısınız.

Bilincinizin gerçeği geçmesine istekli olmalısınız. Dain'in Kendin Ol Dünyayı Değiştir kitabında, kendin olduğunda nasıl alanı geçtiğinizi ve çevrenizdeki herkesi değiştirdiğinizden bahsediyor. Ya bunu, seks ve çiftleşmede, ilişkilerde ve hayatınızdaki her şeyde yapsanız? Ya geçirgen olsanız ve farklı bir gerçekliğe doğru tamamen siz olsanız?

Salon Katılımcısı:

Böyle geçirgen olduğum anlarım oldu ve harikaydılar.

Gary:

Sana bir soru sorabilir miyim? Niye bu leziz hayatı hep yaşamıyorsun?

Salon Katılımcısı:

Yargılar ortaya çıktı. Yargılar beni bu leziz hayatı yaşamaktan alıkoyuyor.

Gary:

Yargı sadece yargıdır. Lezzeti seçin başkası seçse de seçmese de. Başkalarının yargıları yerine, yaşamanın lezzetini seçin. Çünkü yaşamın lezzetliliği ve bilincin geçirgenliği, yargıların ötesindedir ve olanaklar yaratır. Bu insanın yapması gereken bir seçimdir, yaşaması gereken bir yer değildir. Yargıdan hareket edersen, sadece insanların yaşadığı noktalara gidersin—olasılıkların seçimine değil. Böyle olan her şeyi ve godzilyon kerelerini, hepsini yıkıp yaratımını yok eder misiniz? Right and Wrong, Good and Bad, POD and POC, All Nine, Shorts, Boys and Beyonds.

Teşekkürler hanımlar, harikasınız. Sahiden de ne kadar olağanüstü olduğunuzu anlamınızı istiyorum, çünkü böyle olarak dünyayı değiştirebilirsiniz. Haftaya görüşürüz. Hoşçakalın!

3
Sahiden kim olduğunuzun farkına varmak.

Bir kadın bedeni seçtiniz. Bu kadın mısınız demek? Ya da bir kadın bedeni olan sonsuz bir varlık mısınız? Eğer bir kadın bedeni olan sonsuz bir varlıksanız, o zaman size bir silah ve bir araç olanın avantajlarını kullanmanız gerekmez mi?

DEĞİŞİM VS. FARKLI BİR ŞEY YAPMAK

Gary:

Merhaba hanımlar. Değişim ve farklı bir şey yapmak arasındaki farktan konuşmak istiyorum. Çünkü maalesef çoğu kadın, bir ilişki içindeyken tamamen farklı bir şey yapmak yerine, erkekte çalışmayan şeyleri düzeltmeye ya da değiştirmeye çalışıyorlar.

Bir gün Dain hayatındaki bir durumdan bahsediyordu. "Bunu değiştirmek için ne yapacağım?" diye sordu.

"Niye değiştirmeye uğraşıyorsun ki? Çalışmıyor. Başka bir şey yap," dedim.

"Bunu yapılmaz. Çalışmayan şeyi düzeltirsin," dedi Dain. Ne?" dedim.

Bu konuşma tüm Access Consciousness'ı değiştirdi, çünkü ben işlemeyen bir şeyi düzeltmek ya da değiştirmek istedikleri varsayımından değil de insanların başka bir şey istedikleri varsayımından hareket ediyordum.

Bu ırkın kadınları olarak, oyuncak bebekleriniz olacak, elbiselerini değiştireceksiniz ve sonra onlar farklı olacak diye eğitildiniz. Aslında farklı değiller. Sadece değişik elbiseleri var.

Kadınlar değişiklik aramayı öğrendi—farklıyı değil. Eşinizle bir durum varsa, onu değiştirmeye çalışırsınız. Hiçbir zaman istediğinizi yaratacak sorular sormazsınız: Tüm bunları farklı bir realiteye dönüştürmek için ne olabilirim ya da neyi farklı yapabilirim? İşte bu farklı bir alandan hareket etmektir.

Salon Katılımcısı:
Değişiklik ve farklı tanımları arasındaki fark nedir?

Gary:
Sandalyedeki pozisyonunu değiştir.

Salon Katılımcısı:
Benim için bu hareket et demek.

Gary:
Değişiklik hareketle ilgilidir. Farklı ise farklı bir olasılık, farklı bir gerçeklik, farklı bir seçim ve farklı bir sorudur.

Eğer birisiyle farklı bir gerçeklik yaratmak istiyorsan, farklı bir gerçeklik yaratmak için ne yapman ve nasıl farklı olman gerekiyorsa öyle olursun. Özellikle bir ilişki için, "başka bir gerçeklik yaratmak için ne olabilir ya da neyi farklı yapabilirim?' diye sorun.

Konu mutlu olsun diye onu değiştirmek değildir. Eğer birini değiştirmeniz gerektiğini düşünüyorsanız, o kişiyi ya mutlu etmeye, ya üzmeye çalışıyorsunuz ya da bir şeyle yüzleşmesini istiyorsunuzdur. Hayır, onu değiştirmek istemeyin; farklı bir gerçeklik— farklı bir olanak isteyin.

Salon Katılımcısı:

Bir önceki telekonferansta istediğini elde etmek için bir erkeği kontrol etmekten bahsettin, bunun olunan bir enerji olduğunu söyledin. Bununla ne kastettiğini açıklar mısın?

Gary:

Farklı olmayı ve farklı yapmayı istemelisiniz, farklı olarak. Farklı olarak hala bir şeyi değiştirmeye çalışmaktır. İstediğini elde etmek için ne kadar gerekiyorsa o kadar farklı olmayı ya da yapmayı istemelisiniz.

Şöyle sorabilirsiniz: Bugün ne olabilir ya da neyi farklı yapabilirim ki bu erkekle benim kontrolümde, istediklerime sahip olduğum, gerçekten istediklerimi aldığım farklı bir gerçeklik yaratılsın?

YÜZLEŞME İŞE YARAMAZ

Salon Katılımcısı:
 Lütfen beni çekingen kılan ve yüzleşmeden kaçındıran neyse bunu kitlesel olarak değiştirmek için bana yardım eder misin? Korku ile geri çekilmeyi ve kasılmak yerine mutlulukla kendim olmayı istiyorum ve kimsem onu genişletmeyi istiyorum. Kimi kez neredeyse kendimi paralize olmuş hissediyorum.

Gary:
 Yüzleşmeyi beceremiyorsun çünkü cehennemden gelen şeytan kaltak olmak istemiyorsun ve yüzleşmeyi gerektirmeyen farklı bir şeyi nasıl seçebileceğini görmek istemiyorsun.
 Yüzleşme ise yaramaz. Senin kaçış ya da kavga moduna girmeni gerektirir. Yüzleşmeden büzülmek tam da yüzleşmenin kendisidir. Korkun yok; felci falan değilsin, tamam mı?
 Soruyu kullan: Tüm bunları farklı bir gerçeklik yapacak ne olabilirim ya da neyi farklı yapabilirim?

KADINLAR BOL MİKTARDA SEKS İSTER

Salon Katılımcısı:
 Geçen hafta aslında çoğunluk kadınların ilişki değil de, bol miktarda seks istediklerini söylediniz. Ben "vay evet!', bu doğru geliyor." dedim. Bu pragmatik olarak nasıl işler; çünkü bize bu şekilde öğretilmedi?

Gary:

Niye sana söylenen her şeye inanıyorsun?

Salon Katılımcısı:

Bu harika bir soru. Şimdi farkına varıyorum, aslında bol bol seks istiyorum, bir ilişki değil. Bu, dünyada nasıl şekillenir?

Gary:

En kolay yolu senden en az yirmi yaş daha genç bir erkek bulmaktır. Seninle seks yapacak ve sana minnettar olacaktır; çünkü kendi yaşındaki kızlar onunla seks yapmaz. Onlar evlenmek ister. Seksten sonra "Vay, harikaydı. Umarım tekrar seninle eğlenebilirim." de.

"Sahi mi?" diyecektir ve onu aradığında müsait olacaktır.

Şöyle de sorabilirsin: Bir taahhüt olmaksızın bol miktarda seks yapmak için ne olmam ya da neyi farklı yapmam gerekir?

Salon Katılımcısı:

İşin başından " Seks arıyorum, ilişki değil,' gibi bir şey söylemeyi mi kastediyorsun?

Gary:

Hayır. Hiçbir zaman dürüst olmayın bir erkeğe. Derdiniz nedir sizin?

Salon Katılımcısı:

O yüzden soruyorum. Bu yeni benim için.

Gary:

Evet, anlıyorum. Hepinize dürüstlüğün en doğru politika olduğu söylendi. Hayır. Yalan söylemek en iyi politika. Duymak istediklerini söyle. Ne duymaları gerektiğini düşündüğün şeyi söyleme.

Eğer sana göre ne duymaları gerekiyorsa onu söylersen; kendi bakış açını, kendi doğrunu, kendi gerçekliğini söylüyorsundur. Kendi doğrunu, kendi gerçekliğini söylediğin her seferinde senden kaçmak zorundalar. Bunun için bir yerleri (müsaadeleri) yoktur. Onların duymak istediklerini söylersen, bunun için yerleri olur ve seninle farklı bir olasılık ve farklı bir seçimleri olabileceklerini fark ederler.

İnsanların ne seçeceklerinin farkında olmalısınız. O yüzden şu soruyu sorun: Bu insanlar neyi duyabilir?

"Ben ne istiyorum?" diye sorma. Bu bir soru değil. " Bu adamdan ne isterim?" bir soru değil. Onun yerine söyle soru sor:

- Bu eğlenceli olur mu?
- Bu kolay olur mu?
- Benim için işe yarar mı?

Bunlar gerçek sorulardır. Ama gerçek soruları sormak yerine bir fantezi ya da ideal bir sahneyi gerçekleştirecek birini arıyoruz. Romantizmin, seksin, çiftleşmenin ve ilişkilerin romantik ve ütopik idealini yaratmak için hangi aptallığı kullanıyorsun? Böyle olan her şeyi ve godzilyon kerelerini, hepsini yıkıp yaratımını yok eder misin? Right and Wrong, Good and Bad, POD and POC, All Nine, Shorts, Boys and Beyonds.

İdeal bir sahne bir şeyin amacına ulaşması fikri ile ilgilidir. Bunu yargıyla var etmeye zorluyorsun; eğer ütopik ideallerin varsa yargı yapıyorsun. Bir ilişkinin yaratılmasının kaynağı olarak niye yargıyı kullanasın ki? Çünkü dünya gezegeninde normal olan budur. İşe yaramaz, ama normaldir.

YARGILAR VE SONUÇLAR

Salon Katılımcısı:
Seks sırasında kafandaki sonuç oyununu yıkmak için ne yapıyorsun?

Gary:
Seçtiğin sonuçları yaratmak için hangi aptallığı kullanıyorsun? Böyle olan her şeyi ve godzilyon kerelerini, hepsini yıkıp yaratımını yok eder misin? Right and Wrong, Good and Bad, POD and POC, All Nine, Shorts, Boys and Beyonds.

Bu sabah kalktığımda seks konusunda bir yargım vardı. "Bu da ne?" diye sordum. Sonra hatırladım ki bir kadına dokuz aylık torunumun resmini göstermiştim. Oğlan çıplaktı, yerde emekliyordu, hayaları aşağıya doğru sarkık bir durumda. Kadın dehşete kapılmıştı. Hala aklımda, nasıl olur da böyle hayaları sarkarken küçük bir çocuğun çıplak resmi gösterilirdi.

Erkeklerden hoşlanmıyor, o yüzden bunu kaldırmak onun için zordu. Ama bu birisinin bir bakış açısıyla kafama girdiğinin göstergesiydi ve eğer onların bakış açısının benim olmadığını kabullenmezsem, habire benim bakış açım diye düşünmeye çalışıyorum ve sonuca varmaya çalışıyorum.

Seçtiğin sonucun, sonuçlandırman gereken sonucun yaratılması sonucunun sonucunu yaratmak için hangi aptallığı kullanıyorsun ve seçiyorsun? Böyle olan her şeyi ve godzilyon kerelerini, hepsini yıkıp yaratımını yok eder misin? Right and Wrong, Good and Bad, POD and POC, All Nine, Shorts, Boys and Beyonds.

Eğer bir şeyi sonuçlandırıyorsanız, o bir yargı mı yoksa bir seçim midir? Bir yargıdır.

"BUNU DENEDİN Mİ? BEN ÇOK SEVİYORUM!"

Salon Katılımcısı:
Yatakta kendisini ya da sizi yargılayan bir partneriniz varsa ondan istediklerinizi yapmasını istemek için içinizde nasıl bir alan buluyorsunuz?

Gary:
Öncelikle, onlardan isteklerinizi istemeyin. "Bunu hiç denedin mi? Ben çok seviyorum!" deyin. Çoğu erkek, size zevk verecek şeyleri yapmaya çalışır. Onlara, bir kadın için bir şey yapmanın onları değerli ve gerçek kıldığı öğretildi. İşleri bu. Yapman gereken tek şey "Bunu hiç denedin mi?" Eğer evet, derse, "Allah'ım, birileri bunu bana yaptığında çok hoşuma gidiyor." deyin. Bu bir talepte bulunmadan manipüle etmektir.

Eğer bir erkeğe, "bana oral seks yapar mısın" derseniz ve o da, "ben kadınları yalamayı sevmiyorum," derse istediğinize ulaşamayacaksınız – çünkü o bu konuda bir sonuca varmış. Tabii ki, bir erkekten oral seks istediğinizde ben bundan hoşlanmıyorum derse, o erkekten her zaman kurtulabilirsiniz.

Salon Katılımcısı:

Ben bir erkeğe oral seks yapmaktan rahatsız oluyorum. Bir iki kere yaptım ama hoşlanmadım. Kötü ya da kirli oluyormuşum gibime geliyor.

Gary:

Yıllardır bu bir yanlışlık olarak görüldü. Bir erkeğin önünde eğilmek yapabileceğin en büyük yanlışlık olarak görüldü. Aslında bir sürü kadın bundan hoşlanıyor çünkü bu aslında erkeklerin kendilerine alıp kabul etme izni verdikleri az şeylerden biridir.

Ama maalesef, erkeklerin yüzde sekseni, bir kadın önlerinde eğildiğinde, kendilerine bunu alıp kabul etme müsaadesi vermiyorlar. Ve siz de onlar oral seks için aşağı doğru indiklerinde bunu alıp kabul etmiyorsunuz.

Seçtiğin fellatio (erkeğe oral seks) ve cunnilingus (kadına oral seks) yaratmak için hangi aptallığı kullanıyorsun? Böyle olan her şeyi ve godzilyon kerelerini, hepsini yıkıp yaratımını yok eder misin? Right and Wrong, Good and Bad, POD and POC, All Nine, Shorts, Boys and Beyonds.

Hanımlar, geçmiş yaşamınızda kaç kere erkektiniz ve bir kadın size oral seks yaparken boğuldu, tükürdü, kustu ve bunun birisine yapılacak en iğrenç şeylerden biri olduğuna karar verdiniz? Böyle olan her şeyi ve godzilyon kerelerini, hepsini yıkıp yaratımını yok eder misin? Right and Wrong, Good and Bad, POD and POC, All Nine, Shorts, Boys and Beyonds.

Seçiminizin ne yarattığından habersiz olma seçimini yapmış olmalısınız. Hangi yöne gidiyorsanız, bunun çevresinde bir şey yaratmışsınızdır ve bunun bayağı bir ağırlığı var.

ERKEKLERİ TAHRİK ETMEK

Salon Katılımcısı:

Son konuşmada, erkekleri seksüel olarak heyecanlandırmak için kontrol kullanmaktan bahsettiniz. Çoğunluğun seksüel heyecan yaratmak için yargı kullandığını da söylediniz. Erkekler yargı yerine kontrol kullanarak nasıl tahrik edilir konusunda konuşur musunuz?

Gary:

Erkekler kontrol edilmeyi sever. Kadınlar "Tatlım benim için şunu yapar mısın?" der. Erkekler tüm hayatları boyunca bunun için eğitilmişlerdir. Ama erkeklerden yapmalarını istediğin şeyler konusunda seçici olman lazım. Ve onlara "tatlım" demeyin. "Âşığım" diye hitap edin. Böyle yaparsanız, onlar da istediklerini vermeye başlarlar, çünkü hitap şeklinin kontrolü ile onları tahrik edersiniz.

Bir erkeğe damızlık atmış gibi hitap etmelisiniz. Gidin ve damızlık atların nasıl yetiştirildiğini görün. Dişi attan dişi ata götürürler damızlık atı, dişi atlar istemez, sonunda bir dişinin yanında ikisi de çok heyecanlanır. Sonra damızlık atı onu isteyen bu dişi ata götürürler. Götürdükleri anda at ereksiyona girer. Hazırdır ve istenileni verir.

Erkeği bir damızlık at olarak görün. Kızıştırmanız lazım. Dışarı çıkarın, sokakta yürüyün, "Bu kızla seks yapmak ister misin? Tatlı sayılır. Güzel bir kadın. Seksi gözüküyor." 50 metre uzaklaşmadan, yatağa girmeye hazırdır, hemen eve götürüp kullanabilirsiniz.

Salon Katılımcısı:
Erkeğin tahrik oluşunu yargısızca kontrol etmekten biraz daha bahseder misiniz?

Gary:
Birisi için en tahrik edici şey birinin ona yargısız bakmasıdır. Ama tahrik olmak için yargıya ihtiyacı olan erkekler vardır. Bir arkadaşım var, bir kadının onun ne yapması gerektiği konusundaki yargısı olmadan ereksiyona ulaşamıyor. Onun için bir kadının yargısı seksüel heyecanın kaynağıydı.

Beraber olduğunuz adama bakıp "Bu adam tahrik olmak için yargıya ihtiyaç duyuyor mu? Onu taştan daha da sertleştirecek hangi yargıda bulanabilirim?" diye sormalısınız. Bu noktada anlamalısınız ki ilişki ya da sekse çalışan kişi sizsiniz. Olanı yaratan sizsiniz. Çoğu kadın kontrolün onlarda olduğunu, ipleri onların tuttuğunu, onların asıl saldırgan olduğunu düşünmek istemiyor.

Bir sürü kadın tanıyorum, evlendikten sonra şu soruyu soruyorlar, "Niye kocam peşimden artık koşmuyor?"

"En başından beri sizin peşinizden koştu mu ki?" diye soruyorum.

Eh, tam da değil" diyorlar.

"O halde niye şimdi yapacağını varsayıyorsunuz?" diye soruyorum.

"Çünkü yapmalı," diye cevap alıyorum.

"Yapmalı"nın neresi sorudur? Bu bir soru değildir! "Oğlanı tahrik etmek için ne gerekli?" bir soru. Beraber olduğunuz kişiye bakıp onu neyin tahrik edeceğini görmelisiniz.

KADINLAR EVRENDEKİ EN REKABETÇİ VARLIKLARDIR

Salon Katılımcısı:
Kadınlar çevrelerinde erkekler olduğu zaman kendi aralarında çok rekabetçi görünüyorlar, bunu biraz açıklar mısınız?

Gary:
Sen, kadın olarak, bir erkekten daha rekabetçisindir. Kadınlar evrendeki en rekabetçi varlıklardır. Bu beraber doğdukları ilkel bir içgüdüdür. Niye? Çünkü kısmen en iyi dölü yapıp ırkın gelişimini sağlamak için en iyi erkek için rekabet etmeye genetik olarak koşullandırılmışlardır. Erkekler sadece sperm vericisidir. Kadınlar hep en iyi erkeği seçerler. Hayvanlar aleminde eşleri erkek seçmez, kadın seçer.

Erkekler çevrelerindeyken kadınlar daha da rekabetçi olup birbirlerini arkadan bıçaklarlar. Hiçbir zaman böyle olmadığınızı görmedim. Kadınların birbirleriyle konuştuklarını, arkadaşça davrandıklarını, tatlı ve sevecen olduklarını gördüm, sonra erkekler geldiğinde bunlar bitiyor ve sert bir rekabet başlıyor. İşte bu böyle çalışıyor.

Bu konuda kabullenmekten başka yapabileceğiniz bir şey yok. Bu durumda seçebilirsiniz: Peki, böyle davrandıklarında bu kadınlarla beraber olmak istiyor muyum? Bir erkek geldiğinde yapabileceğin bir şey daha vardır. Kadınlara bir grup halinde hitap etmek ve "hanımlar" demek. Böyle yaparsanız erkeğin önünde hanım olduklarını kanıtlamak için davranışlarını değiştireceklerdir. Buna kontrol olmadan grubu kontrol etmek denir.

ERKEK VE DIŞI PROGRAMLAMASI

Salon Katılımcısı:
Tüm erkek programlamasını ve kadın olmakla duyduğum güven açığının kilidini çözecek hangi soruları sorabilirim?

Gary:
Erkek ya da dişi tarafı dünyadaki kadın veya erkek olarak tecrübelerimize bağlı olarak seçiyoruz. Kiminiz geçmiş hayatlarda bir erkek oldunuz, kimilerinde kadın. Kimi zaman, belirli bir takım insanların yanında erkek programlaması ortaya çıkar—ve başka insanların çevresinde de kadın programlaması. Farklı insanlar senin erkek ve dişi programlamanı teşvik eder. Eğer tüm programlamadan kurtulmuş olsan, sadece o an için, zevk olsun diye yaratabilirdin.

Gerçekten seçebileceğin kadın olmayı önlemek için hangi aptallığı kullanıyorsun? Böyle olan her şeyi ve godzilyon kerelerini, hepsini yıkıp yaratımını yok eder misin? Right and Wrong, Good and Bad, POD and POC, All Nine, Shorts, Boys and Beyonds.

Bir kadın bedenini seçtin. Bu kadın mısın demek? Yoksa bir kadın bedeni olan sonsuz varlık mı? Eğer kadın bedeninde bir sonsuz varlıksan o zaman bu bedenin bir silah ve bir araç olarak sana verdiği avantajları kullanman gerekmez mi? Genelde o silahları ve araçları kullanmazsınız, çünkü kadın olmanın ne anlama geldiği konusunda, kadın olarak ne olmanız ve kadın olarak ne olmadığınız konusunda karara, sonuca ve yargıya vardınız.

Kadın olmak konusunda ne yargınız var? Böyle olan her şeyi ve godzilyon kerelerini, hepsini yıkıp yaratımını yok eder misin? Right and Wrong, Good and Bad, POD and POC, All Nine, Shorts, Boys and Beyonds.

Bir kadın olmakla ilgili olarak, kendi hakkınızda ne yargınız var? Böyle olan her şeyi ve godzilyon kerelerini, hepsini yıkıp yaratımını yok eder misin? Right and Wrong, Good and Bad, POD and POC, All Nine, Shorts, Boys and Beyonds.

Bir kadın olmakla ilgili olarak, seks konusunda ne yargınız var? Böyle olan her şeyi ve godzilyon kerelerini, hepsini yıkıp yaratımını yok eder misin? Right and Wrong, Good and Bad, POD and POC, All Nine, Shorts, Boys and Beyonds.

Bir kadın olmakla, seks konusunda kendiniz hakkında ne yargınız var? Böyle olan her şeyi ve godzilyon kerelerini, hepsini yıkıp yaratımını yok eder misin? Right and Wrong, Good and Bad, POD and POC, All Nine, Shorts, Boys and Beyonds.

Salon Katılımcısı:
Bir kadın bedeninde sonsuz bir varlık olduğumu anlıyorum ama yine de benim için ikisi arasında bir ayrılık var.

Gary:

Sonsuz varlığı, cinsellik, seksüel olmak ve bir beden olarak mı tanımladın? Ya da sonsuz varlığı bedensiz olmak olarak mı tanımladın? Eğer bedenin yoksa bir ilişkin olamaz. Ve kendinle de bir ilişkin olamaz, çünkü bu kendine sahip olamazsın demek. Bedensiz olmak sen olmamaktır.

BU KİMİN YARGISI?

Salon Katılımcısı:

Ta ki hep kasılan partnerler seçtiğimi ve onların kasılmalarını algıladığımı fark edene kadar, sekste hep kasılan olduğumu düşündüm.

Gary:

Ne sıklıkla bir yargının sana ait olduğunu varsayıyorsun? Bir yargıyı hissediyorsan, bir yargıyı algılıyorsan, otomatik olarak senin olduğunu varsayıyorsun. Soruya gidip, soracağına; bu soruları sor:
- Bu kimin yargısı?
- Ne yapmam lazım?
- Ne yapmak istiyorum?
- Bu nasıl olur?
- Burada hangi tercihlerim var?

Bu soruları sormak niye önemlidir; soru olasılık yaratır ve seçim potansiyeli yaratır. Potansiyel olasılıkla kesiştiğinde, yeni bir gerçeklik yaratılabilir.

Seks, çiftleşme ve yargı konusunda yeni bir gerçeklik yaratacak hangi soruyu ve seçimi sormuyorsun? Böyle olan her şeyi ve godzilyon kerelerini, hepsini yıkıp yaratımını yok eder misin? Right and Wrong, Good and Bad, POD and POC, All Nine, Shorts, Boys and Beyonds.

Bir soru yaratınca, bir sürü olasılık yaratırsın. Bir olasılıkla her karşılaştığında yeni seçimler yaratırsın. O sorduğun soruyla yarattığın yeni olasılıkla bir şey seçtiğinde, yeni bir gerçeklik yaratacak bir anın vardır. Soru bir sürü olanak yaratır.

Sana "bir erkek şöyledir böyledir" diye sonuçlandırmak öğretilmiştir. Sahiden bir erkek bu mu? Hayır.

Erkekler konusunda ne yargın var? Böyle olan her şeyi ve godzilyon kerelerini, hepsini yıkıp yaratımını yok eder misin? Right and Wrong, Good and Bad, POD and POC, All Nine, Shorts, Boys and Beyonds.

Erkeklerle ilgili olarak kendi hakkında ne yargın var? Böyle olan her şeyi ve godzilyon kerelerini, hepsini yıkıp yaratımını yok eder misin? Right and Wrong, Good and Bad, POD and POC, All Nine, Shorts, Boys and Beyonds.

Erkeklerle seks yapmak konusunda ne yargın var? Böyle olan her şeyi ve godzilyon kerelerini, hepsini yıkıp yaratımını yok eder misin? Right and Wrong, Good and Bad, POD and POC, All Nine, Shorts, Boys and Beyonds.

Erkeklerle seks yapmak konusunda kendi hakkında ne yargın var? Böyle olan her şeyi ve godzilyon kereleri, hepsini yıkıp yaratımını yok eder misin? Right and Wrong, Good and Bad, POD and POC, All Nine, Shorts, Boys and Beyonds.

Şimdi anlıyorum insan ırkı için seks ve çiftleşme niye bu kadar zor. Herkes yapıyormuş gibi yapıyor, ama aslında kimse yapmıyor. Dünyanın çoğunluğu seks yaptığını iddia ediyor, ama seks yapmıyor. Hepsi bir taklit.

ACI VE YOĞUNLUK

Salon Katılımcısı:
   Yargı proseslerini yaparken tüm cevaplar bana acı gibi geldi. Bundan nasıl çıkabilirim?

Gary:
   Yoğunluğu acı olarak yaratmak için hangi aptallığı kullanıyorsun ve seçiyorsun? Böyle olan her şeyi ve godzilyon kerelerini, hepsini yıkıp yaratımını yok eder misin? Right and Wrong, Good and Bad, POD and POC, All Nine, Shorts, Boys and Beyonds.

   Eğer bir şey yoğun ise, bu acıdır gibi garip bir bakış açımız var. Yoğunluğun acıya eşit olduğu düşüncesindeyiz. Bunu böyle yaratmaya çalışıyoruz—ama yoğunluk acı olmak zorunda değil. Muhtemelen yoğun bir şekilde algıladığınızın farkında değilsinizdir. Yoğun algı acıtır mı? Evet. Niye? Çünkü onu acı diye tanımlamışsınızdır. Aslında acı olduğu için değil.

   Gerçekten acı olmayanı acı olarak tanımladığın her şeyi yıkıp yaratımını yok edermisin? Right and Wrong, Good and Bad, POD and POC, All Nine, Shorts, Boys and Beyonds.

   Bir sürü insan yoğun olan her şeyi acı olarak görüyorlar. Bu niye değerli ya da geçerli olsun ki?

   Neden olduğunu bilmek ister misiniz? Bir problemin ve bir acının yoğunluğunu tutmanın yolu ona bu nedir diye bakmak değil, ona ne olduğuna karar verdiğin olarak bakmaktır. Bu bir sonuçtur. Bunun farklı nasıl bir şey olacağına bakmak yerine, ne olduğu konusunda bir sonuca varmaya çalışıyor ve sonucun konusunda konuşuyorsun. Onu değiştirmek istiyorsun, ama farklı bir şey yapmak istemiyorsun. İçinde acının olması gerekmeyen farklı bir gerçeklik yaratacak farklı bir şey yapmak yerine; daha az acı olsun diye, acıyı değiştirmek istiyorsun. Değiştirmeye çalışmayın. Farklı bir gerçeklik istiyorsunuz. Onu değiştirmek, onu olduğundan daha az kılar, hayatında farklı bir şeyin ortaya çıkmasını sağlamaz. Bu bakış açısından farklı olan bir gerçeklik yaratamıyorsanız, onun yerine soru sorun: Burada farklı bir gerçeklik yaratacak ne yapabilirim ya da nasıl farklı olabilirim?

Bu soru hayatınızı kolaylaştıracaktır. Bir sürü insan bunun hayatlarını daha kolaylaştıracağını fark etmiyor, o yüzden de bunu tercih etmiyorlar.

Neyi seçtiğinizin farkında olmayı istemelisiniz. Soru sorun:

- Ne yapıyorum burada?
- Farklı olmak için neyi seçebilirim?

Bu, bir şeyi sadece değiştirirken, farklı bir şey yaptığınız düşüncesinden çıkmanın yoludur.

Salon Katılımcısı:
Daha, daha da yoğunluk hissetmeye istekli olduğunuzda bu ne yaratır?

Gary:
Daha daha da olasılık yaratır. Yoğunluk bir sorudur bir sonuç değildir.

Salon Katılımcısı:
Yoğunluk nedir? Bende yoğunluk yok sanırım.

Gary:
Çok yoğunsun. Sor bu insanlara bakalım senin gıcık biri olduğunu düşünüyorlar mı? Yoğunluğu ta ki acı verici noktaya getirirsen hem başkaları hem senin için acı verici olabilir. Yoğunluk hiçbir şeyi kaybetmemeyi sağlamanın bir yoludur.

Seçebileceğin geleceğin olasılık sistemleri yerine geleceğin olasılıklar yapısını yaratmak için hangi aptallığı kullanıyorsun. Böyle olan her şeyi ve godzilyon kerelerini, hepsini yıkıp yaratımını yok eder misin? Right and Wrong, Good and Bad, POD and POC, All Nine, Shorts, Boys and Beyonds.

Dünyada olup biten birçok şey, kaybetmekten sakınmakla ilgilidir. Bir ilişkiye girdiğinde kaybetmekten sakınıyorsundur. Eğer o insanı bir saniyede bırakabileceğin gibi bir bakış açın olsaydı, o insan hep seninle beraber olmak isterdi. İnsanları kaybetmek istemiyorum gibi bir bakış açın olduğunda, onlara yoğun bir şekilde tutunursun, bu da onları senden uzaklaştırır. Başımız bu şekilde derde girer. Seçmek yerine talep etmeye başlarız.

Eğer bir erkeği yoğun bir şekilde talep ederseniz, onu uzaklaştırırsınız. Benimle seks yapmıyorsun ve ben benimle seks yapmanı istiyorum" derseniz, sizden uzaklaşır. Daha çok yerine, daha az seks yapmak ister.

BİR ERKEĞİN BEDENİNİ TALEP ETMEYİ YARATMAK

Salon Katılımcısı:
Bu bir erkeğin bedenini talep etmeyi yaratmak konusunda söylediklerinden farklı mı?

Gary:
Evet. Bir erkeğin bedenini talep etmeyi yaratmak ve bunu onun evrenine koymak şu demektir, "Ooh, hareket ediş tarzını çok seviyorum. Görünüşünü seviyorum. Elbiselerini çıkarır ve sana bakmama izin verir misin?" Ya da ona özellikle hayranlık duyduğunuz bir şey yaptırmaktır. Fark ettim ki kadınlar erkeklerin bedenlerinde farklı kısımlara hayranlık duyuyorlar. Bazı kadınlar bacakları seviyor. Bazı kadınlar popoları seçiyor. Bazı kadınlar pazıları seviyorlar. Bazı kadınlar tricepleri seviyorlar. Bazı kadınların hoşlandıkları başka kısımlar var. Hoşlandığın kısmı görmeyi istemelisin. Bir hanım tanıyordum sevgilisinin sağa dönmüş halini görmeyi seviyordu, ama sola değil. Adam ayakta dururken, sağ tarafa bir şey koyup, "Lütfen benim için bunu yapar mısın?" derdi. Adam yapınca da " Bunu yapmanı çok seviyorum. O kadar seksi ki. Ne zaman bunu yaptığını görsem seks yapmaktan başka şey düşünemiyorum" derdi. O adam habire tahrik durumdaydı. İstediğin bir şeye uysun diye değişmesini talep etmek yerine bedenine talep yaratmak budur.

Salon Katılımcısı:

Eğer genç bir erkeğe, "Hey, harika seks için teşekkür ederim dediğinde" tamamen alıp kabul edebiliyor. Ama yaşlı bir erkeğe aynı şeyi söylediğinde, alıp kabul etmiyor. Genç erkek gibi niye bunu alıp kabul edemiyor?

Gary:

Genç adam buna şu bakış açısından bakar " Vay. İyi olmalıyım." Yaşlı adam ise şunu düşünüyordur, "Aman Allah'ım, acaba söz verdiğimi bilmediğim bir şeye söz mü verdim." Yaşlı adam, bir kompliman yaptığınızda, yapıp yapamayacak olsa bile, ya bir şey yapması gerektiğini, ya da bir şey vermesi gerektiğini sanır.

Salon Katılımcısı:

Genç bir erkekle, bu, sanki fırızbi oynamak gibi bir şey. Hoşçakal derken "Harika seks için teşekkürler" demenin başka bir yolu var mı?

Gary:

"Bu çok eğlenceliydi. Bu kadar genç olduğun için müteşekkirim" dersin. O zaman "Vay, demek hala bir damızlığım" diye düşünür ki, aslında bir sürü erkek böyle düşünmekte zorlanır.

Salon Katılımcısı:

Erkekler konusunda ne kadar çok yargım olduğunu fark ediyorum.

Gary:

Önünüzde ne varsa onu görmüyorsunuz. Her şeye, içinize işlemiş yargı filtrelerinden bakıyorsunuz. Bayanlar, kaçınız erkeklerden hoşlanmamaya koşullandığınızın farkındasınız? Anneniz erkeklerden hoşlanır mıydı? Teyzeniz erkeklerden hoşlanır mıydı? Anneanneniz erkeklerden hoşlanır mıydı? Ya da hepsinin erkeklerden hoşlanmanın yanlış birşey olduğu konusunda temel bir hissi mi vardı?

Pek çok kadın erkeklerden hoşlanmaz. Bir kadının bir erkekten hoşlanıp hoşlanmadığını bir erkeğin bedenin farklı kısımlarının kokusunu sevip sevmediğinden anlarsınız.

Salon Katılımcısı:

Erkeklerin bedenlerinin farklı kısımlarının kokusunu sahiden seviyorum, ya da çoğu erkeğin.

Gary:

Kokusunu sevdiklerinle takılmak istersin, diğerleriyle değil.

Salon Katılımcısı:

Bu erkeklerden gerçekten hoşlanıyorum mu demek?

Gary:

Maalesef, evet, hoşlanıyorsun. Üzgünüm.

Salon Katılımcısı:

Bu yüzden mi sürtük diye adlandırılıyorum?

Gary:

Umarım öyledir. Sürtükler gergin bakirelerden daha çok eğlenirler. Bu teleseminerde onlardan birinin olduğunu sanmıyorum zaten.

Salon Katılımcısı:
Böyle olması için en azından biraz seks yapmam gerekir.

Gary:
Hayır, sürtük olmak için seks yapman gerekmiyor. Ve eğer bunu tercih etmek istersen istediğin kadar seks de yapabilirsin.

Salon Katılımcısı:
Koku duygusu farkındalığın başka bir şekli mi? Bir yargı mı? Duyarlı olduğum bir takım kokular var. Eğer sevgilim duş almazsa kokuya dayanamıyorum. Erkeklerden nefret mi ediyorum? Bu değiştirilebilir mi?

Gary:
Koku farkındalığın bir parçasıdır. Pragmatik olmalısınız. Seks yapmadan önce sevgilinizle beraber duşa girin.

"KIKIRDAYAN BİR KIZ ÖĞRENCİYE DÖNÜYORUM"

Salon Katılımcısı:
Ne zaman seks yapmak istediğim bir erkeğin çevresinde olsam, kıkırdayan bir öğrenci kıza dönüşüyorum.

Gary:
Bir erkekle seks yapma konusunda soru sor: Kim daha kolaylıkla olur ve kimden öğrenebilirim?
Erkeklerin çevresinde kıkırdayan bir öğrenci kıza dönüyorsan, bir öğrenci olduğunda neyi seçiyorsan,

muhtemelen hala onu seçiyorsun demektir. O erkeklerden kaçı sahiden tanımak isteyeceğin erkek çıktı?

Seçtiğin kıkırdayan öğrenci kızı yaratmak için hangi aptallığı seçiyorsun? Böyle olan her şeyi ve godzilyon kerelerini, hepsini yıkıp yaratımını yok eder misin? Right and Wrong, Good and Bad, POD and POC, All Nine, Shorts, Boys and Beyonds.

İNSANLARIN SEÇTİĞİ HERŞEYDEN SEN SORUMLU DEĞİLSİN

Salon Katılımcısı:

Bir şeyi nasıl seçtiğin ve yarattığın konusunda konuşabilir misin? Örneğin, biri kötü ve kaba davranıyorsa, soruyorum, "Ben bunu nasıl seçiyor ve yaratıyorum" diye soruyorum ve nerede her şeyi yanlış yaptığımı düşünüyorum.

Gary:

O gerçekliği değiştirmeye çalışıyorsun ve bir başkasının kötü olduğu olgusunu değiştirmeye çalışmak için neyi yanlış yaptığını bulmaya çalışıyorsun. Hayır. O kişi kötüydü. O kadar. Sanki eğer niye olduğunu bilirsen tekrar olmayacak gibi, bunların sebebi ve gerekçelerini arıyorsun.

Bunu yapmak yerine, soru sor: Farklı bir gerçeklik yaratmak için ne olabilirim veya farklı ne yapabilirim?

Salon Katılımcısı:

Eğer biri beni suçlar veya yargılarsa, reaksiyon gösteriyorum. "Bunu ben yarattım" a giriyorum.

Gary:

Sen yaratmadın bunu. Tüm hayatın boyunca herşey ve herkes için sorumluluk almaya çalışıyorsun. İyi haber şu ki, bir tanrısın—ama sahiden kötü bir tanrı, çünkü onları yargılayacağına kendini yargıladın. Bunu bırakıp insanların her seçtikleri şeyden senin sorumlu olmadığını algılayan sonsuz bir varlık olabilirsin. Her şey bir seçimdir. Seçim tüm yaratımın asıl kaynağıdır. Yaptığın her seçim bir şey yaratır. Olan her şeyden senin sorumlu olduğunu varsaymayı niye seçersin ki?

Farkında mısınız bir cevabın yok. Ama gidip her şeyden niye senin sorumlu olduğunun sebebini arıyorsun, ki bu da bir seçimdir.

Benim aptallığımı yaratmak için hangi aptallığı kullanıyor ve seçiyorum? Böyle olan her şeyi ve godzilyon kerelerini, hepsini yıkıp yaratımını yok eder misin? Right and Wrong, Good and Bad, POD and POC, All Nine, Shorts, Boys and Beyonds.

Salon Katılımcısı:

İyilik kavramını biraz daha açar mısınız ve yaralanmadan ve aptal rolü oynamadan kendime ve başkalarına karşı iyi olmama nasıl müsaade edebilirim?

Gary:

Burada bir sorun var. Gerekçeler yaratıyorsun. İnsanların seni niye anlamayacakları, niye senin salak olduğunu düşünecekleri, niye senin aptal olduğunu düşüneceklerinin tüm sebeplerini arıyorsun. Niye seni seçtiklerine ve seçmeye devam ettiklerine şaşıracaklarını düşünüyorsun.

Tüm kabullenme içinde olmadığında yaptığın şey budur. Farklı bir şey yapmıyorsun. Soru sor: Bugün kendime ve dokunduğum herkese tam kolaylıkla iyi olmama müsaade etmek için ne olabilirim ya da yapabilirim?

On Emir CD setini dinlemenizi tavsiye ederim. Özgürlüğünüzün anahtarıdır.

ALIP KABUL ETMEYE KARŞI OLAN BARİYERLERİ İNDİRMEK

Salon Katılımcısı:

İnsanları alıp kabul etmeye karşı bariyerler nasıl indirilir ve reddedilmeyle nasıl başa çıkılır konusunda biraz konuşur musunuz?

Gary:

Eğer reddedilmeyi alıp kabul etmekten endişeleniyorsan, seni reddedecek birini çekersin. Çünkü alnının ortasında kocaman bir işaret "beni reddet" diyordur. Sanki çocukken birinin sırtına "Vur bana" diye yazı asması gibi. Herkes o kişiye vurur ve sen de bunun çok komik olduğunu düşünürdün.

Eğer "beni reddet" işareti koyuyorsan sırtına, belki insanlar seni reddedince bunun bir yanlışlık olduğunu varsayacağına, bunu komik bulabilirsin. Savunmasız olmaya biraz daha istekli olmalısın. Savunmasız olmak açık bir yara olmaktır. Yani hiç kimseye ya da birşeye karşı bir bariyer koymamaktır.

Geçen sene Ricky Williams ile büyük bir etkinlik yaptıktan sonra, benim hakkımda korkunç bir takım gazete yazıları çıktı. Bir tanesi, kadın ve erkeklere tüm beden orgazmı veren bir kültün karizmatik, zengin ve kötü kurucusu olduğumu yazdı. "Bu hangi sebeple senin ilgini çeken bir şey olmaz?" dedim. Basında ulusal seviyede yerden yere vuruluyordum. Bunun tek kötü tarafı beni her seferinde yargıladıklarında, hazineme bir $5000 daha girdi. Tahminime göre şu ana kadar basında çıkanların ardından yarım milyon dolar daha kazanmış olmam lazım.

Bu benim işime yarıyor. Herhangi bir şeyde başarılı olmak için yerden yere vurulmaya istekli olmalısınız. Kıyma gibi kıyılmaya istekli olmalısınız. Yargıyı alıp kabul etmeye istekli olmalısınız.

Basının tüm dünyası tamamen sansasyonellik üstüne kuruludur. Dünyanın bilincinden tek isteğim, kafalarına bir cam kavanoz geçsin, sadece sansasyonellik yaptıklarında gazetecilik kariyerleri bitsin. Gerçek haber vermeye başladıklarında belki gerçek haber yapacak insanlar olur dünyada.

Salon Katılımcısı:
Hoşuma giden bir adamla tanıştığımda, hemen arkadaşlarım ve ailem benim ve bu insan hakkında ne düşünür diye düşünüyorum. Bu anında hemen oluyor. Suratıma yargıyla bir tokat iniyor. Bu konuda nasıl soruda kalabilirim?

Gary:
Soru sor: Gerçekte olduğum sürtük olmak için hangi enerji, alan ve bilinç olabilirim?

Sürtükler, erkek arkadaşlarını ebeveynleri ve arkadaşları ile tanıştırmak için evlerine götürmezler. Sadece erkek arkadaşlarını önce kullanır sonrada atarlar. Bu bir yargıdır demiyorum. Eğer bir sonuca varmak yerine birisiyle o anda olma tercihine sahip olmak istiyorsan, gerçekten olduğun küçük pis sürtük olmaya gönüllü olmalısın. Eğer bu soruyu sorarsan yargıdan çıkarsın.

Salon Katılımcısı:
Bir çiftleşme içindeki iki insan da seksüel şifacı ise ve her ikisi de alıp kabul ediyorsa nasıl bir şey olur?

Gary:
Senin alabileceğinden çok daha fazla haz olur.

Salon Katılımcısı:
Eğer iki kişi de seksüel şifacı ise ve sen alıp kabul ediyorsan ama diğer kişi edemiyorsa, o zaman nasıl bir şey olur bu?

Gary:
Bu demektir ki canın sıkılmış ve eve gitmek istiyorsundur. Diğer kişinin alıp kabul etmemesi soğutucu bir şeydir. Eğer biri alıp kabul etmeye istekli değilse seni ve bedenini kapatır. Eğer biri sahiden alıp kabul etmeye istekliyse, bedenin daha az isteksiz değil daha istekli olur.

Salon Katılımcısı:
Eğer alıp kabul etmeyen biriyle berabersen ve buna olasılık varsa, onun daha çok alıp kabul etmesi için ne sorabilirsin?

Gary:

Soru sor: Senin gözlerini bağlayabilir miyim? Seni bağlayabilir miyim? Seni tüyümle gıdıklayabilir miyim?

Çoğu erkek alıp kabul etmeyi bilmez. Nasıl yapacaklarını bilemezler. Onları bağlayıp alıp kabul etmekten başka çareleri olmaz hale getirmek bunun için harika bir yoldur. İkinci el dükkâna git ve birkaç ipek kravat, bir göz maskesi ve sahiden hoş bir devekuşu tüyü al.

SENİN KADİR(YETENEKLİ) OLDUĞUN ŞEYLERİ DİĞER KİŞİ ALIP KABUL EDEBİLİR Mİ?

Salon Katılımcısı:

Gençken günde dört kadınla birlikte olduğunu söyledin? Sizinle sadece seks yapmak isteyen ve bir ilişki istemeyen kadınlarla beraber olurken ne işe yarardı?

Gary:

Öncelikle, esrar içerdim. Her kadınla yatmadan önce iki esrar sigarası içerdim ki onun yargılarını veya ihtiyaçlarını duymayayım diye. Bunu artık tavsiye etmiyorum. Ama onların ihtiyaçlarını duymamak için benim yapmam gereken oydu.

Bir taahhütte girmek istemiyordum, ama onlara karşı taahhütsüz de değildim. Onların erkek arkadaşı olacağımı da olmayacağımı da söylemezdim. "Dur bakalım ne olacak?" gibi bir bakış açım vardı, çünkü ne zaman birine taahhütte bulunsam hep korkunç şeyler oldu.

Bir bayan benim evime taşınmıştı. Taşındığı gece, elimi bedeninin üç inç (10 cm kadar) üstünde gezdirdim ve bedeninden elime şimşekler çaktı. Sabah kalktı, çekti gitti ve bir daha benimle konuşmadı. Onu korkutmuştum, ama bunu anlamamıştım. Sevdiğin ve özen gösterdiğin insanlarla büyü yapamayacağını bilmiyordum. O zaman bunun farkında olmak istemiyordum.

Bundan sonra tekrar böyle bir evren yaratmak istemedim. Kadir olduğum şeyleri onlara vermeye çalışmak yerine, geri durup kimin benim kadir olduğum şeyleri alıp kabul edeceğini görmeyi bekledim. O tür bir ilişki yaratmak için yapabileceğiniz şeylerden biri budur. Geri durup bekleyin, biri sizin yeteneklerinizi alıp kabul edebilecek mi? Alıp kabul edemeyeceklerse onlara kadir olduğunuz şeyleri vermeye çalışmayın.

Bu birçok kadın için zordur. Gerçekte kadınlar erkeklerden çok daha agresiflerdir ama bunu fark etmezler. Zannediyorlar ki utangaç ve çekingen olmaları gerekir. Kadınlar sessiz olabilir, ama "utangaç ve çekingen olmak" kadınsal özellikler değildir.

"Utangaç ve çekingen" olmak bir erkeğin özellikleridir. Erkekler utangaç ve çekingen olmaya çalışırlar çünkü uzun boylu, esmer, yakışıklı ve sessiz olmaları gerektiği gibi bir bakış açıları var. Ama çoğu erkek uzun boylu, esmer ve yakışıklı değildir. Sadece utangaçtır. Erkeklerin kendilerine kadınlara göre çok daha az inancı var.

DEĞİŞİMİN FISILTISI

Salon Katılımcısı:

Sanki rüzgârda değişimin bir fısıltısı var anlayamadığım. Daha önce bilincin tüy hafifliğindeki dokunuşundan bahsettiniz. Bunun ötesinde, şimdi bilince ulaştırılabilecek başka ne var?

Gary:

Var olmaya başlıyor, bu olan o yüzden değişimin fısıltıdır. Tanımlanamaz. Tanımlanamaz olan bir şey seni hapsedemez. Ama her tanım seni hapseder. Tanımsızlık hapsedememektir. Bu gerçekliğin özünün ne olduğunu açıklayacak bir sonucu aramaktansa bunu (tanınmsızlığı) sorun, isteyin.

Salon Katılımcısı:

Geleceğin olasılıklarının fısıltılarından biraz daha bahseder misiniz?

Gary:

Geleceğin fısıltısı, hayatında ortaya çıkacak şeylerin enerjisini hissetmektir. Sen bu enerjiyi maddeleştirmeye, katı ve gerçek yapmaya çalışıyorsun. Sanki katı ve gerçek yaparsan onu gerçekleştirecekmişsin gibi düşünüyorsun. Zaten bu gelecekleri, bu fısıltıları yaratan seçimleri sen yaptın. O fısıltıları takip etmelisin ve hangi şekille gerçekleşeceklerini sana göstermelerini beklemelisin. Bunu yapmazsan, zaten yarattığın şeyleri alıp kabul etmek yerine, yaptığın şeyleri sürekli yargılarsın.

Salon Katılımcısı:

Bunu nasıl yapıyorum?

Gary:

Aslında nasıl değil. Şunu fark etmek gerek: Gerçekliğimin ve bilincimin kenarındaki bu detay ne? Geleceğin fısıltılarını en iyi şöyle tanımlayabilirim; sanki farklı bir olanağın bir öpücüğü ya da bir okşaması gibi.

Salon Katılımcısı:

Bazen bu fısıltıları duyduğumda bir şeyler yapmam gerektiği hissine kapılıyorum.

Gary:

Sadece soruya gitmen gerek: Şimdi ya da sonra?

Salon Katılımcısı:

Ne yapmak gerektiği konusunda daha açıklık kazanmak için mi?

Gary:

Açıklık ne yapmak gerektiğiyle ilgili değildir. Belli ki zaten bunu yaratıyorsun, yoksa geleceğin fısıltılarını duymazdın. Zaten var olmaya başlıyor. Olması için birşey yapman gerektiği gibi bir sonuca atlıyorsun. Onu oldurtacak neyse onu sen zaten yaptın. Sadece ne yaptığını bilmiyorsun. Affedilemeyecek sonuçsuzluk noktasında olman lazım. Onun yerine sonuca varmak istiyorsun, çünkü soruya gidip olasılıklar yaratmaya devam etmek yerine, sonuca varırsan, onu durdurabilirsin. Sorular olasılık yaratır. Seçim potansiyel yaratır. Bir potansiyel bir olasılıkla kesiştiğinde yeni bir gerçeklik yaratılabilir. Bunlar geleceğin fısıltılarıdır—evrende potansiyelin olasılıkla kesiştiği yerlerdir. Ondan sonra olanı sen yaratıyorsun.

Salon Katılımcısı:
Çoğu zaman geleceğin fısıltılarının farkındayım. Sonra "ama hemen şimdi olmadı" diyorum.

Gary:
Sonuca gidiyorsun, o yüzden size o sonuç prosesini verdim. Bir sonuca varırsan, x, y veya z olmalı diye düşünüyorsun. Sorudan çıkarsan, geleceğin fısıltıları susar, dağılır ve gider.

O yüzden seçim, soru, olasılık ve katkı elemanlarını kullanmanız lazım.

Sonsuza dek ve özellikle seks, çiftleşme ve ilişkiler konusunda, kontrol dışı, tanım dışı, sınır dışı, form, yapı ve önem dışı, doğrusallık ve merkezlilik dışı olmak için hangi enerji, alan ve bilinç olabilirim? Bunun ortaya çıkmasına izin vermeyen her şey ve godzilyon kerelerini, hepsini yıkıp yaratımını yok eder misin? Right and Wrong, Good and Bad, POD and POC, All Nine, Shorts, Boys and Beyonds.

Bir sonuca varmak hayatına bir katkı mıdır? Hayır. Her olasılığı, seçimi ve soruyu yok eder. Eğer sonuca varırsan, geleceğin olarak yaratmaya çalıştığın her şeyi durduruyorsundur. Her zaman seçim ve olasılığa yönelmelisiniz.

Eğer bir gelecek yaratmak istiyorsanız farklı bir şey seçmeniz gerekir. Fark alan yaratır. Değişim sonuç ve daralma yaratır.

Tamam, bayanlar, bu gecelik bu kadar. Bir dahaki sefere görüşmek üzere!

4
Senin için Çalışan bir İlişki Yaratmak

Senin için sahiden çalışan birşey yaratmak için bu gerçeklikte ilişkinin ne olduğu konusundaki bakış açısının ötesine geçmen gereklidir.

Gary:
Selam bayanlar.

OLANAK YAPILARI VS. OLASILIK SİSTEMLERİ

Salon Katılımcısı:
Bir erkeğin bana yalan söylediğini anladığımda, onunla yüzleşmek istiyorum. Yalan söylediği enerjisini aldığımda, bunu kabullenmesini istiyorum. Biliyorum bu kontrol.

Gary:

Hayır. Bu kaltaklıktır. Eğer istiyorsan kaltak olmaya hakkın var ve eğer bir erkeği kendinden uzaklaştırmak istiyorsan, bu onun yoludur. Eğer yalan söylediğini biliyorsan, sınırını aşan bir yalanını yakalayıp onu mahvedebilir, tozunu çıkarıp, istiyorsan öldürebilirsin. Ama erkeği tutmak istiyorsan, yalan söylediğini kendinden başka kimseye kabul ettirmeye çalışma. Sana yalan söylediğini bildiğini hiçbir zaman suratına söyleme. Tatlı tatlı bak, gülümse ve "Oh, tatlım," de.

Böyle yaparsan, kendini senin tahmin edemeyeceğinden daha çok suçlu hisseder ve üç gün içinde ondan bir hediye alırsın.

Bir hediye istediğinde bunu yap—çünkü erkekler gezegendeki en zeki varlıklar değildir. Yapman gereken tek şey, "Bak! Güzel değil mi? benim olmasını ne kadar çok isterdim. Keşke param olsa. Eh ne yapalım" deyip oradan uzaklaş.

Erkeklerle ne yapmak gerektiğini anlamaya çalışırken, olasılık yapılarını anlamaya çalışıyorsunuz. Eğer yalan söyleme olasılığı var diye düşünüyorsanız, o zaman bir olanaklılık içinde değil, yargı içinde yaşıyorsunuz.

Olasılıklar, riskten kaçınmak, riski elimine etmek ve durdurmak için yaptığımız şeylerdir. Olasılıklar kaybedeceklerinizdir. Her zaman bir risk, bir tehlike vardır ve her zaman kötüye gidecek bir şey var düşüncesidir. Böylece hayatımızı farklı risklerden kaçınmak için harcıyoruz ve bu süreçte olanaklılıkları ve seçimleri yok ediyoruz. Bu telekonferanslarda sorulan soruların bir sürüsü kaybetmenin olasılığı veya bir problem var olasılığı üstünedir. Sizler için bir proses buldum:

Sizin için bir ilişkinin çalışmasına müsaade edecek olanak sistemleri yerine, bir ilişkide kaybetmenin olasılık yapılarını yaratmak için hangi aptallığı kullanıyorsunuz, seçiyorsunuz? Böyle olan her şeyi ve godzilyon kerelerini, hepsini yıkıp yaratımını yok eder misin? Right and Wrong, Good and Bad, POD and POC, All Nine, Shorts, Boys and Beyonds.

Bu para ile de çalışır. Kaybetme korkusu ile, bundan başka bir şeyimiz olmayacak diye ve bundan başka seçimimiz olmayacak diye sahip olduğumuza tutunmaya çalışırız. Bunların hiçbirinin gerçek seçim, gerçek olanaklılık ve gerçek soruyla alakası yoktur. Gerçek olanaklılık ve seçimin olduğu bir yerde olmamız gerekir. "Burada kaybetme şansım nedir? " demek yerine "Bundan başka neler mümkün?" diye sormalıyız.

KAYBETME OLANAĞI

Salon Katılımcısı:
Şimdiki ilişkimin birinci yılını doldururken, bir erkekle ilgili olarak aldatma konusunda güvensiz bir enerjiye girdim. O zamandan beri sürekli bir şüphe enerjim var. Bu nedir?

Gary:
Bu kaybetme olasılığı. Bir ilişkinin yürüyeceği ya da yürümeyeceği olasılığı fikrine takılıyoruz. Bu insanların ölçme tartma yapması.

Senin için sahiden işe yarayan bir şey yaratmak için, bu gerçekliğin bir ilişkiye bakış açısının ötesine geçmelisin. Şimdi insanlar işleyen ilişkilerden çok işlemeyen ilişkiler yaratıyorlar. Niye? Çünkü bir problem çıkacağının, bir kayıp olacağının, birşeylerin kötüye gideceğinin, bir yalan veya aldatma olacağının olasılığını arıyorlar. Olasılık yapılarını yaratıyoruz çünkü her şeyi ölçüp tartabileceğimizi ve yeterince doğru ölçüp tartarsak kaybetmeyeceğimizi düşünüyoruz.

Bu yüzden bir sürü insan bir ilişkiye girdikten sonra evleniyorlar, sonsuza kadar mutlu yaşamak için, sanki ilişkinin amacı sonsuza kadar mutlu yaşamakmış gibi.

İlişkinin gerçek amacı nedir? Senin rahatlığını ve olanaklılıklarını artırmaktır. Böyle olması gerekir. Ama bir sürü insan bunu hayatta kalabilirliklerini arttıran bir şey olarak görüyor. İlişkilere hayatta kalmak bakış açısından bakmayı bırakın ve serpilin. Soru sorun:

+ Şimdi bu ilişkimiz var madem, başka ne mümkün?
+ Daha önce yaratmadığımız ne yaratabiliriz?

Böyle yapınca tamamen farklı bir olanaklılık ve tamamen farklı bir evren yaratıyorsunuz.

Senin seçmene müsaade edecek olanaklılık sistemleri yerine, kaybetmeyeyim diye bir ilişkinin olasılık yapılarını yaratmak için hangi aptallığı kullanıyorsun ve seçiyorsun? Böyle olan her şeyi ve godzilyon kereleri hepsini yıkıp yaratımını yok eder misin? Right and Wrong, Good and Bad, POD and POC, All Nine, Shorts, Boys and Beyonds.

Salon Katılımcısı:
Kaybetmekle neyi kastettiğinizi biraz daha anlatır mısınız?

Gary:
Kaybetmek insanlarda ne yanlış var, ya da neyi yanlış yapıyorlar diye bakmaktır. Ya da sana nasıl yalan söyleyecekler diye bakıyorsundur. Herkes yalan söyler. İnsanlar kendilerine başkalarının söylediklerinden daha fazla yalan söylerler; başkalarına kendilerine söylediklerinden daha az yalan söylerler. Birisi yalan söyleyecek mi? Tabii ki. Çünkü insanların kendileriyle ilgili illa da doğru olmayan bir takım fikirleri vardır.

Bir arkadaşım vardı, her zaman temiz ve düzenli olduğunu düşünürdü. Aslında, tam bir çamurdu, ama kendi standartlarına göre temiz ve düzenliydi. Her şeyi düzgün ve organize tuttuğu için kendini temiz ve düzenli görüyordu. Ama evi pisti. Düzgün ve organize olmak onun için temiz olmaktı. Farklı bir gerçeklik.

Bir keresinde; çocukların ardından oyuncaklarını toplamadım diye hizmetçilerim beni işten kovdu. "Evin bizim temizlememiz için çok pis, işi bırakıyoruz" dediler.

"Ne demek istiyorsunuz pis diye? Daha siz gelmeden bir gün önce elektrik süpürgesi ile temizledim", dedim.

" Ama pis," dediler.

"Nesi pis dedim?"

"Yerdeki tüm bu oyuncaklar," dediler.

O dağınıklık demek. Pis demek değil. İnsanların dağınıklık, pislik, iyi, kötü diye, ya da bir ilişkide ne uygun ne değil diye, kendi standartları var ve hiçbir şeyi başka türlü göremiyorlar. O yüzden biriyle beraber yaşamaya başlarsanız, "Beraber olduğum bu insanda neyi değiştirmek istiyorum?" bakış açısından değil de "Bu gün ne yaratabilirim ve ne oluşturabilirim?" bakış açısından hareket etmek çok önemlidir. Yoksa sadece yaratıp oluşturarak biriyle nasıl yaşadığını değiştirebilirsin, başkasını değiştiremezsin.

"ONU DÜZELTEBİLİRİM"

Bir sürü kadın tanıdım; bir erkeği seçiyorlar ve "Evet, peki. Birtakım sorunları var, ama ben onu düzeltebilirim," diyorlar. Ne? Niye düzeltilecek bir ev alıyorsunuz? Çok iş isteyen eski bir eve taşınacaksınız. İnsanlar böyle öbür kişiyi düzeltip onu iyi bir insana çevirecekleri gibi delice bir şey yapıyorlar.

Eski karım hep şöyle söylerdi, "Gary'le tanıştığımda eski bir araba gibi giyinirdi." Bunun ne demek olduğunu hep merak etmişimdir. Temelde iyi giyinmediğimi söylemek istiyordu. Gerçek şu ki onunla tanıştığımda hiç param yoktu. Bir ilişkiden çıkmıştım ve para kazanmak için kıçımı kasıyor, ve çocuğuma bakmak ve sorumluluklarım için elimden gelen her şeyi yapıyordum. Elbiselere para harcamıyordum. Sekiz sene boyunca hiçbir yeni elbise almadım. Yani stil olarak zamanın gerisindeydim.

Onun bakış açısından, stil yoksa yaşamın anlamı yoktu. Para kazandıkça, benim gardırobumu yenilerdi. Kendininkini benimkine göre üç kat daha hızlı yenilerdi, ama yine de beni de yenilerdi. Onu küçük düşürmeyeyim diye bana elbiseler alırdı, çünkü ben onun için düzeltilmesi gereken biriydim.

KADINLAR SALONU

Eğer erkeğine düzeltilecek birşey olarak davranırsan, er geç isyan edecektir. Çünkü hiçbir erkek başkalarının önünde sürekli sen onu almadan önce daha az bir şey olduğunu duymak istemez.

Bir sürü kadın bunu yapıyor. O kadınlar aslında erkekleri sevmiyor. Giyinişini yenilemesini mi istiyorsun? Tabii. Becerebilecek misin? Tahminen hayır. Beraber olduğun insanla beraber olmaya istekli olun, onu olması gerektiğini düşündüğün bir şeye dönüştürmeye değil. Bulduğun kişiyle mutlu değilsen, senin için yeterince iyi giyinmiyorsa, onu düzeltmeye çalışmak yerine bırakın ve başkasını bulun.

Erkeklerin kadınları düzelteceğim gibi bir illüzyonu yoktur. Zaten bu konuda hiç şansları olmadığını bilirler. Zevkleri ne kadar iyi olursa olsun, hiçbir kadına onların seviyesine gelmeyi seçtiremezler. Kadınlar ve erkeklerin nasıl farklı şeyleri islediklerini anlamalısınız.

Senin seçmene müsaade edecek olanaklılık sistemleri yerine kaybetmekten kaçınmak için ilişkinin olasılık yapısını yaratmak için hangi aptallığı kullanıyorsun? Böyle olan her şeyi ve godzilyon kerelerini, hepsini yıkıp yaratımını yok eder misin? Right and Wrong, Good and Bad, POD and POC, All Nine, Shorts, Boys and Beyonds.

BAŞARI OLANAKLILIĞI (POTANSİYELLİĞİ)

Salon Katılımcısı:
Başarının elemanlarından bahseder misiniz?

Gary:
    Bu olasılık yapılarına yöneldiğiniz başka bir yerdir. Yani, başarının olanaklılığı (potansiyelliği) değil, başarının olasılığı fikrine sahipsindir. Başarının olanaklılığı (potansiyelliği) noktasından geldiğinde hep soruda kalırsınız.

    Eğer ilişkinizle sürekli soruda kalırsanız işlerin işlemesini değiştirebilirsiniz. Bir şeyin işleyip işlemediği konusunda hiçbir zaman bir sonuca varamayacaksınız. Bunun derhal değişmesine müsaade etmek için bugün ne olabilirim ya da farklı ne yapabilirim? diye soruyor olacaksınız.

    Sonuç yerine soru noktasından hareket ettiğinizde, olanaklılığın yaratıcı kıyısına geleceksiniz ve daha önce hiç var olmayan bir şeyi yaratmaya kadir olacaksınız.

    İlişki için referans noktanız; başka herkesin yaptığı her şeydir. İşliyor mu? Hayır. Ama bu senin referans noktan. Bu gerçekliğe uymayan bir ilişki yaratmaya gönüllü olmalısın. İşte sizin tekrarlama listesine koymanız gereken bir proses:

    Bu gerçekliğin ötesinde bir ilişkinin hangi fiziksel gerçekleştirmesini oluşturmaya, yaratmaya ve kurmaya şimdi kadirsiniz? Böyle olan her şeyi ve godzilyon kerelerini, hepsini yıkıp yaratımını yok eder misiniz? Right and Wrong, Good and Bad, POD and POC, All Nine, Shorts, Boys and Beyonds.

    Bunu on gün boyunca dinleyin ve bakın bakalım ne kendini gösterecek. Farklı olasılıkların farkına varmaya başlayacağın bir noktaya gelmelisiniz.

    Senin seçmene müsaade edecek olanaklılık sistemleri yerine kaybetmekten kaçınmak için ilişkinin olanak yapısını yaratmak için hangi aptallığı kullanıyorsun? Böyle olan her şeyi ve godzilyon kerelerini, hepsini yıkıp yaratımını yok eder misin? Right and Wrong, Good and Bad, POD and POC, All Nine, Shorts, Boys and Beyonds.

ON SANİYELİK ARTIŞLARDA YAŞAMAK

Her ilişkiyle, yaşamak için on saniyeniz var. Eğer hayatınızı on saniyelik artışlarda yaşarsanız o zaman bir sonuca ya da yargıya varamazsınız çünkü her on saniye yeni bir şey yaratır. O on saniye içinde yaşamalısınız; eğer iyi bir ilişkiyse sonunda kötüden çok iyi olacaktır demek yerine her şeyi dengeleyebileceğiniz olanak yapılarından yola çıkarak bir sonuca varmaya çalışmalısınız. Bu öncelikle sizin ilişkinizin yapısına birşey yapamaz, çünkü olanaklılık (potansiyellik) yaratmakla ilgili değildir. Bu uzun vadede işleyecek ve sonunda en iyisi bu olacak diye bir karara vardığınız bir yapıyı yaratmaktır. Bunlar konusunda sonuca varıyoruz ve bunların hiç biri de bize sahici bir seçim sunmuyor.

Salon Katılımcısı:

Erkekler ve kadınlar konusundaki sıkıntımı nasıl temizlerim? Bu durum ben gençken, ebeveynlerim benim kariyer hayatımın nasıl olacağına karar verdiklerinde başladı. Bunların hepsi benim rızam olmadan yapıldı. Bu telekonferans gerçekte kim olduğumun temellerini sarsıyor. Artık seçimlerimin gerçekten benim olduğunu düşünmüyorum.

Gary:

Doğru veya gerçek olduğuna karar verdiğin her şeyin bir yalan veya bir implant olduğunu anlamalısın. Peki, her şey yalan ya da implantsa, nereden başlayacaksın? şununla başlayacaksın:

- Bugün ne istiyorum?
- Bu on saniye içinde ne seçerim?

Kendine güvenmeyi öğrenmek için bu noktadan hareket etmeye başlamalısın. Erkeklere ve kadınlara güven duymamanın sebebi kendine güven duymuyor olmandır. Eğer kendine güvenseydin, güvenilir olmadıklarını bilebilir ve farklı bir olanaklılığa (potansiyelliğe) sahip olabilirdin.

BİR İLİŞKİDE İSTEDİKLERİNİ ALIP KABUL ETMEK

Salon Katılımcısı:

Kadınların yüzde doksanının erkeklerden nefret ettiğinden ve erkeklerin yüzde doksanının kadınlardan nefret ettiğinden bahsettiniz. Ama yine de hepsi bir tanesine sahip olmak istiyor. Bu telekonferansta bunun değişebileceği olasılığını hissediyor musunuz?

Gary:

Evet. O yüzden bu telekonferansları yapıyorum. İnsanların hareket noktaları olan bu sürekli öfke, hiddet, gazap ve nefret durumunun gitmesini ve sizlerin bir ilişkide istedikleriniz olmak ve onları alıp kabul etmek konusunda bir referans noktasını öğrenmenizi istiyorum.

Salon Katılımcısı:
Bu öğrenilen bir şey mi? Yoksa varlıkların özünde ve tercihlerinde mi var bu?

Gary:
İlişkiler hakkındaki her şey öğrenilir. Ve de hepsi kötü öğrenilmiştir. Aptal insanlar tarafından aptal ilişkiler konusunda eğitildiğiniz için, sizin de ilişkiniz aptalca olacaktır. Bu şekilde onların ilişkisinin aptalca olmadığı fikri kanıtlanmış olacak. İnsanlar size kötü ilişkileri öğretirler ve sindirirler, çünkü onlarınki kadar kötü bir ilişkin olursa, olabileceklerin en iyisi bir ilişkilerinin olduğu kanıtlanmış olur. Olanak şu ki, senin de ilişkin kötüyse, onların ilişkileri düşündükleri kadar kötü değil demektir.

Salon Katılımcısı:
Bir ilişkide değilim. Çünkü kendimle gayet mutluyum, ve değerinden çok derdi var gibi geliyor. Bir ilişkiyi dışlamıyorum ama dahil de etmiyorum.

Gary:
Senin tanımladığın şey senin için bir ilişkiyi alıp kabul etmeye gönüllü olduğun noktadır. Bir ilişki içinde olmamaktan tamamen mutlusun. Bu noktada, senin için işleyecek bir ilişki hayatına girse, farkında olur musun? Sorulacak soru bu. Eğer bağımsızsan, yeterli paran varsa ve işlerin iyi gidiyorsa, muhtaç evreninden çıkarsın ve "Başka ne mümkün?" noktasına gelirsin. Senin için işleyecek, eğlenceli olacak, ajandanı, gerçekliğini ve olanaklarını genişletecek, bir ilişkiyi yaratabilecek sorgulayan evrendesindir. Şehvet yüzünden ilişkiye girmeyeceksin. Kazayla sürükleneceksin.

Seninle zaman geçirmekten hoşlanan ve sana değer veren birini bulacaksın. Maalesef, eğer çoğu kadın gibiysen, "O sadece bir arkadaş," diyeceksin. Hayır, o bir arkadaş değil, bir olanaklılıktır.

Çoğu kadın, onlarla konuşmaktan, zaman geçirmekten hoşlanan bir adam bulur bulmaz, "eğer benimle takılmayı istiyorsa mağlup, başarısız birisidir" Ne? Sen kendinle takılmaktan hoşlanıyor musun? Soru bu olmalı. Eğer kendinle takılmaktan hoşlanıyorsan, farklı bir şekil seçebileceğin bir yerdesin.

SINIRLAYICI SEÇİMLER

Salon Katılımcısı:
Gücümü benden alan sınırlayıcı seçimlerimle şaşkına dönmüş durumdayım.

Gary:
Bir kere daha tekrar ediyorum, bunlar olasılık yapılarıdır. Kaybetmemeyi sağlamak için olasılık yapıları içinde hareket etmenin bir yolu olarak sınırlayıcı seçimler yaratıyorsun.

Senin seçmene müsaade edecek olanaklılık(potansiyellik) sistemleri yerine kaybetmekten kaçınmak için ilişkinin olasılık yapısını yaratmak için hangi aptallığı kullanıyorsun? Böyle olan her şeyi ve godzilyon kerelerini, hepsini yıkıp yaratımını yok eder misin? Right and Wrong, Good and Bad, POD and POC, All Nine, Shorts, Boys and Beyonds.

Salon Katılımcısı:

Birkaç gün önce parkta bir adam bana bakıyordu. Bana yaklaşmaya çalışacağını hissettim, bedenim ve varlığım adamın ürkütücü olduğunu hissetti. Yaklaşmasını POC POD'ladım ve yaklaşmadı bana. Çok ısrarcı olan bir adamı uzaklaştırmak için hangi pragmatik aracı kullanabiliriz?

Gary:

POC/POD'lamak en harika şeydir. Farkındaydın ve tam da ne gerekli olduğunu biliyordun.

Evlenmek isteyen bir kadınla konuşuyordum. "Ne tip erkekler buluyorsun?"

"Tek bulduklarım barlara giden ürkütücü tipler."

"Evlenmek istiyorsan niye bara gidiyorsun?" diye sordum.

"Ee, eğer bara gitmezsem nasıl erkek bulacağım?"

Yakınlarındaki en şık otele öğleden sonra çayı için git ve bir kitap aç. Hoş bir elbise giy, biraz göğüs dekoltesi olan ve harika bir yüksek topuklu ayakkabı. Bacak bacak üstüne at, ve otururken ayağını azcık aşağı yukarı salla.

Bu erkeğin ilgisini çeker. Sana gelip ne okuduğunu sorduğunda, " Bu ilginç kitabı okuyorum sadece," de. Seçtiğin, seni ilgilendiren bir kitap olsun yanında ama aşk romanı değil. Aşk romanı olursa adamı uzaklaştırırsın, çünkü senin bir ilişki aradığını düşünür.

Grinin elli tonu kitabını okuyup da bir erkek elde edeceğinizi sanmayın. İşin zevki zengin bir adam getirebilir. "İş konusunda mı okuyorsun?" Ve sen de "Evet, işi çok seviyorum. İşadamlarını çok seksi buluyorum," diye cevaplayacaksın. Eğer ilgileniyorsan adamla seksi kelimesini kullanmaktan korkma.

Eğer ilgilenmiyorsan, kibar ol, konuş onunla ve "Benimle bir içki içmeye gelir misin bir zaman?" diye sorduğunda, şöyle de "Oh çok teşekkür ederim tatlım, ama ben çıkmam. Direk olarak evlenirim ve işin başında $500,000lik garanti bonosu isterim." Daha sen anlamadan, arabası jant atarak kaçacaktır. Bir bayan bana, "Eğer insanlara bunu yapmasını söylüyorsan o zaman onlara CPR yapmasını da öğretmen lazım," dedi. Bunu bir adama söylemiş, adam da neredeyse bayılmış. Yani adam kalp krizi geçirebilir. Ama kalp krizi geçirecek kadar yaşlıysa, size eve götürecek kadar da yaşlıdır ve... Neyse boş verin. İşte bunu yaparsınız.

KAVGA EDECEK HİÇBİR ŞEY YOK

Salon Katılımcısı:

Erkeklerle olan kavgamın daha çok farkına vardığımdan ve bunu bırakmayı seçtiğimden beri hayatımda daha çok huzur ve kolaylık var. Bariyerlerim aşağı indi. Daha iyiyim. Ama yine de biraz kafam karışık. Bana yardım eder misin? Birkaç zaman önce size iş yerinde birkaç zorba erkeğin olduğundan bahsetmiştim. Sanki Amazon modundaydım ve bedenimde silahlar vardı. Onları toza çeviriyordum.

Sanırım şöyle bir şey söylemiştiniz. "Niye kendini bu yüzden yanlış olarak görüyorsun? O anda tam da bunu yaratman gerekiyordu. Niye durdun? Bu seksi değil mi?" Bu konuştuklarımızın ışığında bu söylediklerinizi biraz daha açıklar mısınız? Savaşçı olmamak bizim için daha mı iyi?

Gary:

Savaşçı olmamanın daha iyi olduğu-bu bir varsayım. Bazen savaşçı olmak o anda tam da gereken şeydir. Tümden seçime sahip olmak için herhangi bir şeyi ya da her şeyi olmaya, yapmaya, sahip olmaya, yaratmaya ve oluşturmaya istekli olmalısınız.

Gerektiği gibi her şeyi ya da hiçbir şeyi hiçbir zaman olmamayı, yapmamayı, sahip olmamayı, yaratmamayı ve oluşturmamayı yaratmak için hangi aptallığı kullanıyorsun ve seçiyorsun? Böyle olan her şeyi ve godzilyon kerelerini, hepsini yıkıp yaratımını yok eder misin? Right and Wrong, Good and Bad, POD and POC, All Nine, Shorts, Boys and Beyonds.

Salon Katılımcısı:

Kavga etmediğim zaman da kavga etmekle aynı dedin, çünkü bunu üstünlük varsayıyorum.

Gary:

Bunu dediğimi sanmıyorum. Sana bir soru sormuştum: Bunu yaptığında kendini üstün görüyor musun? Daha az olmamak için kendini böyle mi yeterince üstün kılıyorsun? Eğer daha az olmadığını kanıtlamaya çalışıyorsan, seçim yerine üstünlük yaparsın. Seçim demek; istediğinde kılıcını çekip, boğazları kesebilmektir, bunu tercih ettiğin kadar nazikçe yapabilirsin. Bazen boğazını hızlıca kesmek gayet iyi, nazik bir şeydir. Bazı insanlar bunu hak ediyor.

Salon Katılımcısı:

Eğer ilginç bir bakış açısı ile bakarsam o zaman savaşacak hiçbir şey yok.

Gary:

Ana nokta da bu. Savaşacak hiçbir şey yok. Peki, kavga etmiyorsanız, başka ne seçimleriniz var.

Salon Katılımcısı:

Öldürmeye gönüllü olmadığımı da söylediniz; kötü olduğumda seksi olduğumu ve habire acınacak haldeymiş gibi davrandığımı ve öyle yaptığımda bundan nefret ettiğinizi söylediniz.

Gary:

Üstün insan olarak davrandığında, daha fazlasını çekemem diyen olduğunda, "Bana bulaşma" diyen olduğunda, "Uhu uhu, zavallı ben. Kimse beni sevmiyor; herkes benden nefret ediyor. En iyisi gidip solucan yiyeyim" olmaktan daha seksidir. Bu hiç tahrik edici değildir. Acınacak biri gibi olduğunda, o an kendin olamadığın tek andır.

TÜMDEN SEÇİMDEN HAREKET ETMEK

Salon Katılımcısı:
İyi ya da kötü nasıl görünür?

Gary:

Anına göre, ihtiyaca, isteğe, beraber olduğun insanların taleplerine göre iyi ya da kötüsündür. Tercih ettiğin gibisin çünkü tamamen seçimden hareket ediyorsundur.

Hiçbir şeyi ve herşeyi istediğin şekilde hiçbir zaman olmamayı, yapmamayı, sahip olmamayı, yaratmamayı ve oluşturmamayı yaratmak için hangi aptallığı kullanıyorsun ve seçiyorsun? Böyle olan her şeyi ve godzilyon kerelerini, hepsini yıkıp yaratımını yok eder misin? Right and Wrong, Good and Bad, POD and POC, All Nine, Shorts, Boys and Beyonds.

Salon Katılımcısı:
Bu bir erkeğin içindeki o küçücük iyi noktayı bulup ortaya çıkardığımız yer midir?

Gary:
Pek değil. İnsanların içindeki hem iyiye hem kötüye bakmaya başlayın ve size ne gelecekse, geldiği zaman geleceğini anlayın ve sadece iyiyi ya da şefkati ortaya çıkarmaya çalışmayın. Beraber olduğunuz insanı almaya gönüllü olmalısınız. Yoksa uğraşmayın.

İLİŞKİN DAHA ÇOK KONFOR YARATIYOR MU?

Salon Katılımcısı:
"Gerçek, hayatımda bir ilişki istiyor muyum?" diye sordum. Cevap evetti. Sonra, "Gerçek, bir ilişki gündemimi genişletir mi?" diye sordum. Hayır geldi.

Gary:
İlişkiler illa da gündemini genişletmekle alakalı olmak durumunda değildir. Bu gerçeklikte, herkes sana bir ilişkinin gündemini değiştireceğini söylüyor. Maalesef, çoğu insan ilişkiyi çok kasılmış bir yerden yaşıyor ve bu onları hapsedip seçtikleri her şeyi sınırlıyor.

Salon Katılımcısı:

Eğer bir ilişkinin rahatlık yaratırsa nasıl harika olabileceğinden bahsettiniz. Bu nasıl bir şeydir anlatır mısınız?

Gary:

Çoğu insan bir ilişkiden birşey alacakları düşüncesiyle o ilişkiye giriyorlar. İstedikleri bir şeyi getirecek ya da hayatları için birşey yapacak diye düşünüyorlar. Ya da sonsuza kadar aşık olacaklar veya sonsuza kadar mutlu yaşayacaklar diye düşünüyorlar. Eğer bir ilişkiye rahat olduğu için giriyorsan, önünde bambaşka bir evren açılabilir.

Yıllar önce oda arkadaşlarıyla yaşadığımda, insanlar oda arkadaşı olmak için gelir görüşürlerdi. Onlara kirayı söyler ve "Bana kendinden bahset derdim."

"Sahiden temiz ve düzenleyim. Yemeğimi başkalarıyla paylaşmaktan memnun olurum ve işleri hallederim," derlerdi.

Bunları söyleyenlerin temiz ve düzenli olmadığını, iş yapmadıklarını, benim tüm yemeğimi yediklerini, ben onlarınkini yediğimde sinir olduklarını fark ettim.

Olan şuydu, evime görüşme için geldiklerinde çevrelerine bakar ve ne olmaları gerektiğini görürlerdi. Evimin temiz ve düzenli olduğunu görüp, "Çok temiz ve düzenliyim," demişlerdi. İlişkilerde olan da budur. İnsanlar sizin hayatınızda olmalarını onaylamanız için ne olmaları gerektiğini görmek için çevrelerine bakarlar.

Eğer gerçekten bir ilişki içinde neler olacağını anlamak istiyorsanız, yapmanız gereken şey, o insanın evine gidip nasıl yaşadığını görmeniz. Eğer evine girip sahip oldukları her şeyle yaşayabilirseniz ve bununla rahat olursanız, bir ilişki yaratmak için sahiden iyi bir şansınız var demektir.

Eğer dekore ediş tarzlarından nefret ederseniz, evlerinin durumundan nefret ederseniz, nasıl yediklerinden nefret ederseniz, dolaplarını nasıl tuttuklarından nefret ederseniz, bunların herhangi birinden nefret ederseniz, o zaman ilişkide rahat olamazsınız.

Çoğumuz bizim için neyin işleyeceği konusunda hiç araştırma yapmıyoruz. Hiç birisiyle yaşayıp fark ettiniz mi, size irite etmeye başlayan şeylerin aslında hep yaptığı şeyler olduğunu ama onu o kadar çok sevdiğiniz için sorun olmayacağını düşündüğünüz şeyler olduğunu. Hiç fark ettiniz mi? Bunlar biraraya geldiğinizde kötü olduğunu düşünmediğiniz şeylerdi, ama yine de bunlarla gerçekten yaşamaktan rahat olacağınız şeyler değildi. Bu yüzden sormaya başlamalısınız: eğer bir ilişki olacaksa kiminle yaşamak benim için rahat olur?

Salon Katılımcısı:
Müsaade etmek bununla nasıl alakalı?

Gary:
Biriyle yaşarken müsaadeden çok rahatlık istersiniz. Eğer rahatınız varsa, müsaadeniz de olur her zaman. Eğer rahat değilseniz, hiçbir zaman müsaadeniz de olmaz.

Sevmediğin bireyin üstesinden gelmek için müsaadeyi kullanamazsınız. Müsaade bu değildir. Müsaade "İlginç bakış açısı"dır. Eğer bir insanın yaşam tarzıyla yaşayabileceğinizi anlarsanız, bu hiçbir zaman bir sorun olmaz.

Dain ve ben bir evi paylaşıyoruz. Birçok insanın böyle düşünmesine rağmen "beraber yaşamıyoruz" çünkü bir çift değiliz. Noel partimizde bir komşu, "evli misiniz?" diye sordu.

"Hayır, sadece bir evi ve bir işi paylaşan ve çok şeyi beraber yapan heteroseksüel iki adamız." dedim.

Dain'in kendi odası var ve orayı istediği gibi dekore eder. Ben ise evin diğer kısımlarını dekore ediyorum sanırım. Bunun onun için kolay olmasının haricinde herhangi başka bir sebepten değil. Evde tutmayı seçtiğim şeyler konusunda gayet rahat. Bazen, "O şey biraz çirkin" der ve ben de, "Okey" derim ve onu atarım. Niye? Çünkü onunla beraber yaşamak benim için rahat. Bir sürü şey yapan sekiz milyon makinesi var. Margarita makinesi, espresso makinesi ve bir Vitamix mikser. Benim yapmam gereken tek şey onları hangi dolaba koyacağımı bulmak.

Onunla yaşamak rahat çünkü en azından görünüşte temiz ve düzenli şeyleri seviyor. Eğer bir çekmece ya da dolap içi darmadağınık ise bu onun için sorun değil. Bu benim için de kabul edilebilirdir. Görüntüsü güzel olduktan sonra, dolabın içindeki beni rahatsız etmez, çünkü onu düşünmem.

Dain'le ilk tanıştığımda kendi dairesi vardı. Evine gittim ve orada rahat ettim. Birşey konusunda rahat olmak ne demek? İnsanların hayatlarında yarattıkları enerji eşyalarına ve mobilyalara yansır. Çevrelerindeki şeyleri hayatlarında bir huzur duygusu yaratmak için kullanırlar. Eğer beraber olduğunuz insanla rahatsanız harika bir ilişkiniz olması daha mümkün.

MÜSAADE NE ZAMAN İŞİN İÇİNE GİRER?

Bir insandaki iyiliği ve özeni görmek istiyorsunuz. İlgilendikleri ve ilgilenmedikleri şeyleri bilmek istiyorsunuz. Müsaade sizin sevmediğiniz birtakım şeyleri sevdiğini gördüğünüzde işin içine girer. Örneğin, Dain okçuluğa başladı ve garajımızı bir ok atıcılık galerisine çevirdik. Bahçeye böcekler koyduk vursun diye. Benim için çok komikti çünkü çok zevk alıyordu. Benim okçuluğa bir ilgim yok ama onun kendinden zevk almasından memnundum. İşte farklar konusunda müsaade burada işin içine giriyor.

Diğer kişinin yapmak isteyip de senin yapmak istemediğin şeyleri fark ediyorsun ve onlar için memnun oluyorsun. Onlar için bu kadar değeri olan, ilgilerini bu kadar çeken bir şeyleri olduğu için mutlu olmanın ruh zenginliği var.

Salon Katılımcısı:
Bugün gerçek iyiliğin tamamen müsaade olduğunu fark ettim.

Gary:
Evet. Gerçek iyilik tamamen müsaade etmektir. Ama bundan da fazladır. Gerçek iyilik, daha da fazla olmaya, daha da fazla sahip olmaya gönüllü olmaktır. Kendine karşı iyi olman gerektiğinin farkına varmaktır-başkalarına değil. Eğer sabah kalkıp aynaya baktığınızda kendinizi ve bedeninizi yargılıyorsanız, kendinize karşı iyi misiniz? Hayır ama çoğunluk insan bunu yapıyor. "Yaşlanıyorum, sarkıyorum," gibi şeyler söylüyorlar. Bunun yaratmakla alakası ne?, "Ah! Bunu değiştirmek için ne gerekli?" diye sormalısınız.

Kırkında gözüktüğüm anlar olduğunu keşfettim ve 10 dakika sonra 70inde gözüktüğümü keşfettim. Bu nasıl oluyor? Bu bedenlerimizin nasıl göründüğünün yaratımıyla bir alakamız olduğu anlamına mı geliyor? Evet, var!

HÜMANOİD KADIN DÜNYAYI FETHETMEK İSTİYOR

Salon Katılımcısı:

Dişi Hümanoid bedenden ve bundan nasıl tamamen zevk alınabileceğinden ve avantajımız için nasıl kullanabileceğimizden bahseder misiniz?

Gary:

Öncelikle, hümanoid bir kadın olarak dünyayı fethetmek istiyorsun. Bu demektir ki, eğer dişi hümanoid bedene sahip olma müsaadesini kendine verirsen ,bedenin herkesi fethedebilecek şekilde dizayn edilmiştir. Soru sor: Bu bedenle kimi fethedebilirim? Sonra çevrene bak bakalım kim senin için kendini vermeye hazır. Eğer sen onları fethetmeye razıysan kendilerini sana verecek adamlar her zaman vardır.

Salon Katılımcısı:

Fethetmekle ne kastediyorsunuz?

Gary:

Fatih olmak, kontrol etmeden kontrol etmektir, talep etmeden farklı bir olanağa davet etmektir ve fethedilenin sınırlarının ötesinde yaratmaktır. O yüzden bugün kimi fethedeceğini bilmek istemeniz gerekir. "Bu bedenle kimi fethedebilirim?" sorusunu sormak sizin hayatınızın parçası olmak isteyecek insanı size göstermeye başlar. Bu demek değildir ki o insanı isteyeceksin. Bu tarz bir insanla muhtemelen başarılı olacaksın demektir.

Fethetmek daha baskın alana sahip olmak demektir, ama o kişinin tercihlerine baskın gelmen gerekmez. Bir fatih gelir ve senin olduğun gibi olmana müsaade eder ama her şeyin işleyişini temelden değiştirir.

Hümanoid kadınlar dünyayı fethetmek isterler. Dünyaya hükmetmek isterler. Siz, hümanoid kadınlar olarak, bunu yapmak istiyorsunuz. Hümanoid kadınlar zayıf ve geride durup hiçbir şey yapmayacak acınacak çöp yığınları değildir. Eğer fethetmeye gönüllüysen, daha büyük bir şey yaratabilirsin.

İnsan kadınlar ise, tünemek için kontrol isterler, ama fethetmek istemezler. Erkekleri zayıflatmak isterler.

Hayatınızda hiç tamamen baskın olan bir erkek ya da kadın oldu mu hiç? Bundan hoşlandınız mı? Hayır, çünkü razı oldular, karşı çıkamadılar. Razı oldular veya bıraktılar. Fethetmediler.

Lütfen hükmeden bir kapasiteniz olduğunu fark edin— ama gerçek bir lider emir vermez. Emir veren insanlar talepte bulunurlar. Diğerlerinin onlara razı olmasını, boyun eğmesini isterler. Razı olmak pes etmek, teslim olmak, beyaz bayrak çekmek demektir. Sen, bir hümanoid kadın olarak, insanların sana boyun eğmesine her zaman sinir olacaksındır, çünkü sana teslim olan insanları sevmiyorsundur. Seninle savaşan insanları da sevmiyorsun, ama pes edenleri de istemiyorsun, çünkü çabuk pes ediyorlarsa, değerleri yoktur. Pes etmemeye istekli olmaları onları değerli kılan şeydir.

Salon Katılımcısı:

Eğer insan kadınlar erkekleri zayıflatmak istiyorlarsa, insan erkekler kadınlara ne yapmak istiyor?

Gary:

İnsan erkekler; kadınlara önemsemeyerek ve hükümsüz kılar şekilde davranırlar. Kadınları tam tersi olarak yaratırlar ki karşı cins çekimlerini bu yolla yaratabilsinler. İnsan gerçekliği diğer cinsi yargılamaktır.

İnsan erkekleri, "kadınlarla yaşayamazsın, onlarsız da yaşayamazsın." derler.

Salon Katılımcısı:

En büyük zorluklarımdan biri, üstün gözükmeden bildiğim şeyleri bilişsel olarak söze dökebilmektir. Bu kapasiteyi güçlendirmek için ne gerekir?

Gary:

Sessizlik. İnsanlara farkında olduğun şeyi söylememeye ve bilişsel olarak söze dökmemeye istekli olmalısın. Farkındalığa bir tek kendin için sahip olmalısın başkaları için değil. Sadece benim için, sadece eğlence için sahip olmalısın, hiçbir zaman kimseye söylememelisin.

BİR ERKEĞE NASIL YAKLAŞILIR

Salon Katılımcısı:
Bir erkekle birşeyi tartışmak istiyorsan nasıl yaklaşmalıyız?

Gary:
Bir erkekle birşeyi tartışmak istiyorsan, "Tatlım, ….. düşünüyordum" dersin.

Hiçbir zaman bir erkeğe , "konuşmalıyız" veya "seninle konuşmak istiyorum" diye yaklaşmayın çünkü bu erkeği ölümüne korkutur. " Tatlım, konuşmamız lazım" demek " Birazdan hayâların kesilecek. Sen yanlışsın ve bunun bedelini ödeyeceksin" demektir.

"Bu konu hakkında düşünüyordum da, sen ne düşünüyorsun?" diye başlarsan bir tartışma yaratabilirsin ve böyle yapmalısın. Tartışmayı yaratmalısın.

Bir erkeğe erkenden "konuşmamız lazım." gibi bir uyarı vermeyin. Erkeklerin kadınlara göre farklı sinyalleri vardır. Bir erkek için bu kavga başlamak üzere, beyaz bayrağı derhal çıkarmak lazım sinyalidir.

Teslim olman lazım çünkü sen erkeksin ve yanlışsın. Bir erkeğin dünyasında bu böyle çalışır. Gerçekten beraber olmak istediğin bir erkekle birşey yaratmak istiyorsan bunun böyle olduğunu bilmelisin.

Dain benim adamım. İkimiz de "düşünüyordum…." diyoruz böylelikle diğer kişi beyaz bayrağını kapması gerektiğini düşünmüyor. Erkeğinize "konuşmalıyız" gibi bir yorumla gitmeyin. Onun yerine arka kapıdan içeri girip, "Tatlım, bu konuda şöyle düşünüyordum. Sen ne düşünüyorsun? Bu konuda ne hissediyorsun?" deyin.

Başka iyi bir taktik de, "Bu konuda şöyle düşünüyordum, ama birşey eksik geldi. Benim burada görmediğim ne var sen bir bakar mısın?" Bu şekilde, onunla yüzleşmek yerine, erkeğin birşeye bakmasını sağlarsın. Çoğu insan ilişkide yüzleşmeye çalışıyor, sanki yüzleşirse karşısındakinin dürüst olmasını sağlayacak. Yüzleşmeden hiçbir zaman dürüstlük çıkmaz. Kavga çıkar. Diyalogu şu şekilde başlatabilirsiniz. "Ben düşünüyorum....Sen ne düşünüyorsun?" Eğer bir yüzleşme durumu yaratırsan, zavallı adamın seninle kavga etmesi dışında başka bir yolu kalmaz.

RÜYALAR, KÂBUSLAR, TALEPLER, ARZULAR VE HAYATIN GEREKLERİ

Salon Katılımcısı:
Benimle beraber yaşayan sevgilimle iki dakikalık bir seks hayatım var. Çok talepkâr olduğumu ve dışsal orgazm olmak için çok zaman ve çok okşama istediğimi söylüyor. Şimdi neredeyse seksten kaçıyorum. Bunu değiştirmek için ne yapabilirim ve yeniden nasıl orgazmik seks yapabilirim?

Gary:
Kurtul ondan. Aptal o. Yeni bir sevgili bul. Sana bedenini ve ruhunu besleyen bir erkek lazım.

Salon Katılımcısı:
Sadece içeri girmeyle nasıl orgazm olabilirim?

Gary:

Bu çok mümkün değil. Kadınların bedenleri içeri girmekle orgazm olmaya göre tasarlanmamışlardır. Çoğu orgazm klitoristen gelir, çok da hassas olmayan vajinanın içinden gelmez. Vajina içinde hassas olan birkaç nokta vardır, ama hepsi o kadar hassas değildir. Bedenin çocuk doğurmaya ve vajinandan bir bowling topunu fışkırtmak üzere tasarlanmış.

Bir kadına iyi davranmayı bilen bir erkek bulun. Kadınların bedenlerini öğrenen çok erkek yoktur. Yatağa girmeden sorular sorun. "Seksin en sevdiğin kısmı nedir?" diye sorun. Eğer "senin üstünde aşağı inmek" demezse büyük ihtimalle iyi bir sevgili olmayacaktır, çünkü seks yapmasının temel yolu, "içeri sokarım ve mutlu olur."dur. Ve genelde kadını mutlu edecek şey bu değildir.

Salon Katılımcısı:

Günde on dört saat çalışıyor. Ben on iki saat çalışıyorum ve bakmam gereken çocuklarım ve bir evim var. O ne zaman yatarsa, ne yapıyorsam bırakıp yatmamı istiyor ve ben de bunu seçmiyorum. Bedenim de dokunuşundan hoşlanmıyor. Dokunuşu besleyici gelmiyor.

Gary:

Bedenin onun dokunuşundan hoşlanmıyor çünkü erkeğin seni yargılıyor. Bunu sen doğru yapmıyorsun— ama o yapıyor— diye seni yargılıyor. Yargısal insanlarla bir ilişkiye girdiğinizde, bedeniniz onlardan uzaklaşma ve onlara dokunmama eğiliminde olur.

Hayatına başka birini al. Bu adam sana istediklerini vermeyecek. Eğer bedenin için besleyici olmakla ilgilenmiyorsa ve o yatarken senin de yatmanı istiyorsa, yaptığı tek şey kontrolcü bir femme fatale olmak.

Bir sevgili, bir arkadaş ve bir hayat arkadaşının hangi fiziksel gerçekleştirmesini oluşturmaya, yaratmaya ve kurmaya şimdi kabilsin? Bunun ortaya çıkmasına müsaade etmeyen her şey ve godzilyon kerelerinin hepsini yıkıp yaratımını yok eder misin? Right and Wrong, Good and Bad, POD and POC, All Nine, Shorts, Boys and Beyonds.

Hayatının rüyalarını, kâbuslarını, taleplerini, arzularını ve gerekliliklerini yaratmak için hangi aptallığı kullanıyor, seçiyorsun? Böyle olan her şeyi ve godzilyon kerelerini hepsini yıkıp yaratımını yok eder misin? Right and Wrong, Good and Bad, POD and POC, All Nine, Shorts, Boys and Beyonds.

Bir şeyin nasıl olması gerektiği konusunda hayallerin var. Bazı şeylerin nasıl ortaya çıkacağı konusunda kâbusların var. Taleplerin var ve "Bunu bir kere halledersem, herşey iyi olacak" diyorsun. Çok seyrek yapsalar da insanlardan arzuladığın şeyler var. Bir de gerekliliklerin, ihtiyaçların var. Bunlar gerçekten yapmak istemesen de yapmak zorunda olduğunu düşündüğün şeyler, ama yapman gerek diye düşünüyorsun çünkü sana yapman gerektiği söylendi.

Salon Katılımcısı:
"Burada ne olmam gerekir?" i mi sormak gerekir?

Gary:

Burada ihtiyaç bir gerekliliğe dönüşüyor. Burada istediğin gibi işler yürümüyor. Burada bir rüya, bir kâbus, bir arzu ve bir gereklilik yaratıyorsun. Bunlar sanki her şey iyi gidecek diye yaptığımız şeyler hayatımızda.

Kızım Grace bebeği ile bizi ziyarete geldi, ve ben "evde çok iş var, ve kızım hiçbir şeyi temizlemiyor, hiç birşey yapmıyor." diye düşünüyordum.

Sonra çocuğa beş saat ben baktım. Anladım ki aslında kızın yataktan çıkması bile mucize. Bir bebeğinizin olması...... Bayanlar; bunu yapıyor olmanız bana olağanüstü geliyor. Nasıl becerdiğinizi bilmiyorum. Ona bakan biri yok ve habire çocuğuna bakıyor. Birden bire kızdığımı düşündüğüm her şey gitti, çünkü bu konuda bir açıklık kazandım.

Şu prosesi yapmak isteyebilirsiniz:

Bununla ilgili olarak sonsuza kadar bana açıklık ve kolaylık sağlayacak hangi enerji, alan ve bilinç olabilirim?

Salon Katılımcısı:

Sanki diğer insanın gerçekliği bize empoze edilmiş gibi. Ama onların ne istediğini sorarsak, daha mı kolay olur?

Gary:

Kısa bir süre onun (Grace'in) işini yapınca neye ihtiyaç duyduğunu anladım. Birinin ona bakmaya istekli olduğu hissine sahip olma ihtiyacının nereden geldiğini anladım. O zamandan beri ona daha iyi bakmaya istekliyim. İhtiyacının farkında olmadığı konularda da ona yardımcı olmaya istekliyim.

"Bununla ilgili olarak sonsuza kadar bana açıklık ve kolaylık sağlayacak hangi enerji, alan ve bilinç olabilirim?" diye sorsanız, kafanızın karışık olduğu bir sürü noktayı çözersiniz. Düşündüğümüz, alıp kabul ettiğimiz şeyler ve hissettiğimiz ve gerçekten olan şeyler arasında bir ayrım vardır. Garip noktalar vardır, farklı olan şeyleri aynı yapmaya çalıştığımız, böylelikle kendimiz ve kendimiz olmamak arasındaki ayrımı fark etmek yerine sonuca varıyoruz.

Ne olduğun ve senden gereken ve senden talep edilen arasında anlamadığın kaç fark var? Böyle olan herşeyi ve godzilyon kerelerinin hepsini yıkıp yaratımını yok eder misin? Right and Wrong, Good and Bad, POD and POC, All Nine, Shorts, Boys and Beyonds.

Hayatının rüyalarını, kâbuslarını, taleplerini, arzularını ve gerekliliklerini yaratmak için hangi aptallığı kullanıyor, seçiyorsun? Böyle olan her şeyi ve godzilyon kerelerinin hepsini yıkıp yaratımını yok eder misin? Right and Wrong, Good and Bad, POD and POC, All Nine, Shorts, Boys and Beyonds.

GÖZ ÖNÜNE ALMADIĞIN NE MÜMKÜN BURADA?

Salon Katılımcısı:
İşleyen bir noktadan işlemekten mi bahsediyorsunuz?

Gary:
Olduğunuz herşey olmalısınız ve bu gerçekliğin yapılarından etkilenmeden bu gerçekliğin yapıları içinde işlemelisiniz? Bu herşeyden çok olasılık yapıları ile ilgili.

Eğer bir kavgadan kaçınıyorsanız, bir kavganın olasılık yapılarına bakıyorsunuz ve bunlardan kaçınıyorsunuz demek yerine: "Burada gözönüne almadığım başka ne mümkün?" sorusunu sorun. Birşeyi gerçekten değiştirmek istiyorsanız, bakmadığınız şeylerle ilgili bu soruyu sorun. Grace ile bunu yaptım ben.

Çocuğa bakınca, anladım ki hiçbir yardım almadan ona 7/24 bakıyor. Kimse onun yanında değil ve bakıldığını hissetmeye ihtiyacı var. Beslenmeye ihtiyacı var; sürekli ayakta olmaktan dinlenmeye zamanı olacağını hissetmeye ihtiyacı var. Yapabileceğim kadar çocuğa bakmaya başladım. Bunu yapmaya devam edeceğim, çünkü bunun onun için ne kadar gerekli olduğunu anladım.

Hayatının rüyalarını, kâbuslarını, taleplerini, arzularını ve gerekliliklerini yaratmak için hangi aptallığı kullanıyor, seçiyorsun? Böyle olan her şeyi ve godzilyon kerelerinin hepsini yıkıp yaratımını yok eder misin? Right and Wrong, Good and Bad, POD and POC, All Nine, Shorts, Boys and Beyonds.

Salon Katılımcısı:
Bu proses bir erkeğin sana bakacağı fantezisini de temizler mi?

Gary:
Umuyorum. Belirli bir yerde kadınlar, "Bir gün benim prensim gelecek" diye düşünüyorlar. Habire bunu yaptıklarını gördüm. Birilerinin sahiden bize bakacağını düşünmüyorum. Ne gerekiyorsa kendimizin çaresine bakmamız gerekiyor.

İki arkadaşım evleniyor. Erkeğin hep birisi bana bakacak diye bir bakış açısı vardır. Kadının da birisi bana bakacak diye bir bakış açısı var. Her ikisi de kendilerine bakacak birini arıyorsa bu ilişki nasıl yürüyecek bilmiyorum. Olacakları görmek ilginç olacak.

GERÇEKTEN İSTEDİĞİN NEDİR?

Salon Katılımcısı:
   Ergin hayatımda hep kendime ben baktım. Birisinin bunu yapmasına hiç ihtiyacım olmadı. Şimdi öyle bir noktadayım ki bunu hayatıma davet etmek istiyorum. Bana bahçede yardım edecek birinin olması ve benim canım istemediği zaman bulaşıkları yıkayacak birinin olması hoş olurdu.

Gary:
   Bunun adı bir hizmetçi ve bahçıvandır. Onları tutabilirsin. Gerçekten istediğin nedir?

Salon Katılımcısı:
   Bir partner.

Gary:
   Gerçekten bir partner mi istiyorsun? Bunu düşündüğünü istediğini anlıyorum.

Salon Katılımcısı:
   Ne istediğini nasıl anlarsın?

Gary:
   Şu soruları sorarsın:

- Eğer birisiyle beraber olsaydım, hayatım nasıl olurdu?
- Beş sene içinde hayatımın nasıl olmasını isterim?
- On yıl içinde?
- Hayatımın nasıl olmasını isterim?
- Hayatımın beş sene içinde nasıl olmasını isterim?
- On yıl içinde?
- Hayatımın nasıl olmasını isterim? Bu olacakların imajı değildir. Olacakların enerjisinin farkında olmaktır. Çevrene bak ve senin biriyle sahip olmak istediğin şeye sahip olan birisini bul. Hiç sahip olmak istediğin bir ilişki gördün mü? Hayır. O zaman kendin için bir tane yaratmalısın. Şunla başla: Partnerimle hayatımın nasıl olmasını isterim?

Yeterince para kazanıyorsun. İstersen bir partner kiralayabilirsin. Oyuncak bir erkeğe para ödemeye gönüllü müsün? Burada ne yaratmak ve oluşturmak istiyorum? sorusunu sormak yerine, bunun eğlenceli olmayacağı sonucuna vardın bile.

Herhalde dünya gezegenindeki en delice nokta bu. O yüzden bu telekonferansları yapıyoruz.

Seçebileceğin, seçmek istediğin, seçsen bir ilişki yaratacak şeylerin farkındalığının tümden bilinçsizliğini yaratmak için hangi aptallığı kullanıyorsun? Böyle olan herşeyi ve godzilyon kerelerinin hepsini yıkıp yaratımını yok eder misin? Right and Wrong, Good and Bad, POD and POC, All Nine, Shorts, Boys and Beyonds.

Sahip olmayı istediğimi düşündüğüm ilişkilere çevremde baktım. Onlar için işleyen harika ilişkileri olan birtakım insanlar gördüm, ama bu ilişkiler benim istediğim ilişkiler değildi. Biz bu bakış açısından bakmıyoruz. Benim için harika bir ilişki ne olurdu?

Sonunda anladım ki benim hayatımda, tüm dünyayı gezmeme müsaade edecek ve geri dönüp dönmeyeceğim konusunda bir fikri olmayan birinin olması lazım. Kaç kişi bunu yapmaya isteklidir? Tahminen hiç kimse. Benim tamamen özgür olmama ve istediğim her şeyi yapmama müsaade edecek birinin olması lazım. Maalesef bu tanıma Dain uyuyor, ama seksüel olarak uymuyor, çünkü bunu yapmak istemiyor.

Salon Katılımcısı:

Buna bu şekilde bakarsan, hiçbir zaman bir ilişki bulamayacağın sonuca varmaktan nasıl kendini alıkoyuyorsun?

Gary:

Niye dert ediyorsun ki? Eğer hiçbir zaman bir ilişkim olmayacak sonucuna varırsan, olacak olanda tam da odur zaten. Hiçbir zaman bir ilişkin olmayacak. Fark eder mi?

Fark etmeyecek şeyleri fark edermiş gibi yapmaya çalışıyoruz. Bir ilişkinin yürümesi için, her bir insanın tamamen kendisi olmasına müsaade eden ve farklı olanaklar yaratan birşey olması lazım. Hayatınızı nasıl yaratmak istediğinizi bilmeniz lazım. Beş yıl içinde hayatınızın nasıl olmasını istediğiniz konusunda net misiniz? şununla başlayın:

- Beş yıl içinde hayatımın nasıl olmasını isterim?
- On yıl?
- Yirmi yıl?

- Bu yolculukta sahiden benimle beraber birinin olmasını ister miyim?

Farkına vardım ki bu yolculukta benimle beraber birinin olması benim için fark etmiyor. Birisi gelse de gelmese de gideceğimi anladım. Şimdi, farklı alanlarda ve zamanlarda benimle bazı şeyleri beraber yapmak isteyen insanlar var. Bu bir ilişki ihtiyacını öldürüyor çünkü o on saniye içinde bir ilişkim var. Bu şekilde bir ilişkiye ihtiyacınız olduğunu düşünmeden başkalarıyla ilişkiler kurabilirsiniz. Ve de farklı olanaklar yaratma şansınız olur.

Soru sorun: Eğer bir ilişkim olacaksa, nasıl olmasını isterim? Sahiden harika olduğunu düşündüğüm çok az ilişki gördüm. Harika ilişkileri olan arkadaşlarım var, ama hiç seks yapmıyorlar. Çok harika seksüel ilişkileri olan arkadaşlarım var ve sürekli kavga ediyorlar. İstedikleri herşeye sahip olan ve hayatlarında mutsuz olan arkadaşlarım var. Heyecan verici değil. Herşeyi çözmüşler. Onlar için hayat tahmin edilebilir. Pek çok insan tahmin edilebilirliğin istedikleri ilişki olduğunu düşünüyor. Değişebilirlilik, benim istediğim bir ilişkiye daha yakın bir şey—sürekli bir değişimin mümkün olduğu bir yer.

İkinci karım değişebilirdi ama içinde para olan bir finansal gerçekliğe sahip olmaya istekli değildi. Sadece para sahibi olduğu bir finansal gerçeklik istiyordu. Bu ilişkiyi öldüren şey de bu oldu. Çünkü parasız yaşayamazdım ve işe gitmekten başka şansım yoktu. Her zaman çalışma gerekliliğim vardı çünkü ne zaman arkamı dönsem parasız kalmıştık. O bıçak sırtında yaşamaktan hoşlanmadım. Onun için önemli değildi. Onun için bu kabul edilebilirdi.

Öyleyse, şuna bakın:

- Hayatımın beş, on, yirmi yıl içinde nasıl olmasını isterim?
- Hayatımda nelerin olmasını isterim?
- Dünyada bunları beraber yapmanın ve olmanın eğlenceli olacağı biri var mı?

Soru sorarken bir ilişki fikrini bile içermeyin. Hayatınızın nasıl olmasını istediğinize bakın. Eğer geleceğin olarak yaratmayı istediğiniz şey bir ilişki içeriyorsa, o zaman bir ilişkiniz olacaktır. Eğer bir ilişkiyi içeremezse, o zaman bir ilişkiniz olmayacaktır. İlişki sahip olmak istediğiniz şeyi yaratacaktır. Biri gelip size bakacak değildir. Gerçekten istediğiniz şeyin yaratmanızla ilgili bu. Eğer bunu yaparsanız sizin için bambaşka bir gerçeklik ortaya çıkabilir.

Sonra sorun: O gerçekliği derhal yaratmak için ne olmalıyım ya da ne yapmalıyım?

H, Senin hakkında bildiğim şey, rahat ve kolay bir şey istediğin, ne yapmak istersen sana yeterli parayı sağlayan bir şey. Şimdi aşağı yukarı buna sahipsin. Eğer bir ilişkin olacaksa, bu konuda seninle aynı dalga boyutunda olan birinin olması lazım, senin ona bunu vermeni beklemeyen biri. Eğer senin ona bunu vermeni beklerse alınır, içerlersin. Hiçbir şey sağlamana gerek olmamalı. Senin için neyin işleyip işlemeyeceği konusunda açık olman lazım. İyi ya da kötü değil bu. Sadece hayatını ve ilişkini nasıl yaratmak istediğinle alakalıdır. Eğer bu konuda net olmaya başlarsan, her şey daha kolay işlemeye başlar.

Hatırla, rahat, kolaylık ve hayatının işlemesini sağlayan ne varsa onu arıyorsun. Sorarak başla:

- Beş yıl içinde hayatımın nasıl olmasını isterim?
- On yıl içinde?
- Yirmi yıl içinde? Eğer buradan bakmaya başlarsan ve bunun nasıl olacağı enerjisini alırsan, yaratmak istediğin şeylerin elemanlarını anlarsın. Eğer o elemanlar bir ilişkiyi de içeriyorsa, onu da yaratabilirsin. Bu telekonferansa katıldığınız için hepinize teşekkür ederim.

5
Pragmatik Seçim

Her an sahip olduğunuz pragmatik tercihe bakmalısınız. Eğer pragmatik seçime bakarsanız farklı bir olasılık ortaya çıkabilir.

Gary:
Selam bayanlar. Hadi sorularla başlayalım.

KENDİ DIŞINDA RAHATLIK VE GÜVENCE ARAMAK

Salon Katılımcısı:
Bir erkeğin bana sarılmasını çok rahatlatıcı ve güven verici buluyorum. Şimdiki erkek arkadaşım bana yeterince sarılmıyor. Kendime bu benim kendi aptalca ihtiyacım ve ona empoze etmemeliyim demekle sarılmanın bana besleyici bir enerji verdiği hissi arasında gidip geliyorum. Ne oluyor burada ve gerçekten hangi enerjinin peşindeyim?

Gary:

Gerçekten aradığın şey ilk söylediğin şey," Bunu rahatlatıcı ve güven verici buluyorum."

Seçtiğin güven hissi ve rahatlığı yaratmak için hangi aptallığı kullanıyorsun? Böyle olan herşeyi ve godzilyon kerelerinin hepsini yıkıp yaratımını yok eder misin? Right and Wrong, Good and Bad, POD and POC, All Nine, Shorts, Boys and Beyonds.

Gerçek kendin olarak tamamen bu andaysan ve tamamen kendine sahipsen, sarılarak aldığın rahatlık ve güven hissi bir ihtiyaç değildir. Malesef habire seni kucaklayan bir erkek bulacaksın, bu da gayet can sıkıcı.

Yemeği bir rahatlık olarak kullanan insanlar var. Seksi rahatlık olarak kullanan insanlar var. Alkolü rahatlık olarak kullanan insanlar var. Alışverişi rahatlık olarak kullanan insanlar var. O yüzden bu konuyu seçtim.

Salon Katılımcısı:

Destek ve önem vermek rahatlık ve güven vericiliğe mi benziyor?

Gary:

Destek ve önem vermek rahatlık ve güvencenin parçalarıdır. Kadınlar paylaşarak birbirlerine rahatlık ve güven verir, tuvalete beraber giderek ve beraber alışveriş yaparak. Daha yirmi beş tane şey daha var beraber yapmak zorunda oldukları. Bu birliktelik duygusuna insanlar rahatlık ve güvence olarak bakıyorlar. Sahiden, varlık olarak, kendine sahip olmak istiyorsan, tamamen, seni rahatlatması ve güvence vermesi için kendi dışında birşeye ihtiyacın yoktur. Sadece var olarak rahatlık ve güvence duyarsınız. Fikir işte budur.

Yapmak zorunda olduklarımıza ya da insanların gerekli diye düşündüğü diğer bir sürü delice şeye bağlı olmadan, nasıl bu rahatlık ve güvence noktasına gelebiliriz?

Salon Katılımcısı:
Destek ne?

Gary:
Destek bir iş tanımı ve bir seçimdir. Ya bir çorap jartiyeri ya da bir sütyen olabilirsiniz. Bedeninin hangi parçasını destekle yukarıda tutmak istiyorsun?

Ya da nasıl yetkilendireceğine, güçlendireceğine mi bakmalısın? Destek güçlendirme olanaklarına kucak açmamamın bir referansı; onun yerine birine destek oluyorsun.

Geçmişi rahatlık ve güvence için kullanıyorsun. Referans noktalarını, aileni çocuklarını kullanıyorsun. Böyle kullandığın binlerce şey var. İnsanlar "Ailemin çevremde olması o kadar rahatlatıcı ki" der. Pek de değil. Bu çok iş çıkarır.

İşi rahatlama için kullanıyorsun. Çok işi olmaktan rahatlama hisseden insanlar var. İlaçlarıyla rahatlama bulan insanlar var. Giydikleri elbiselerin tarzıyla rahatlık bulan insanlar var. Rahat elbiseleri var. Sanki anne ve babanız sizin için olması gerekip de olmadığı şeylerin yerine bir şey arıyorsunuz. Ya da size rahatlık veren insanlardıysalar, onlar tarafından rahatlatılıp güvencede hissettiğiniz gibi bir yeri arıyorsunuz.

Salon Katılımcısı:

Sanki kendim olmak yerine, habire kendi dışımda bir şey arıyorum.

Gary:

Tamamen. Kendi dışında rahatlık ve güvence aradığında, hiçbir zaman gerçekten var olup ta kendine şunları sormuyorsun:

- Bunu gerçekten istiyor muyum?
- Bu gerçekten gerekli mi?
- Sahiden kafaya takıyor muyum?
- Gerçekten ihtiyacım olan şey bu mu?

Sanki bu güvenliğe eşitmiş gibi rahatlık ve güvence yarattığınız yerler var. İnsanlar güvenlik arıyorlar.

O pozisyonda duramazsınız ya da o olamazsınız fikri olmaksızın durmak yerine sağlam bir varlık olup istediğiniz her yerde, sanki ayakta duracak sağlam bir yeriniz var.

Herkes bir pozisyon yaratmaya çalışıyor. Burası pozisyonsal bir dünya. Hep nereye ait olduğumuzu bulmaya çalışıyoruz, neye ait olduğumuzu ve kime ait olduğumuzu. Neye sahip olmak uygundur? Ne yapmak uygun olur? Konuşulacak doğru insan kimdir? Beraber olunacak doğru insan kimdir? Tüm bunlar bize sağlam ve güvenli bir gerçekliğe sahip olmanın rahatlığı ve güvencesini veren sabit bir bakış açısını belirlemek için yarattığımız pozisyonsal hiyerarşilerdir. İçinde her zaman senin olduğun ve hiçbir zaman değişme ihtiyacının olmadığı alan olmak yerine, rahatlık ve güvence var olabileceğiniz bir yeriniz olduğu fikrini yaratan kesinlik evrenin parçalarıdır.

Geçen gün biriyle konuşuyordum, "Bu kadın harika. Çocuklarlayken sanki başka bir insan, ebeveynlerle başka bir insan, dersteyken başka bir insan. Benimle iken başka bir insan ve proses yaparken başka bir insan."
Evet. Dünyaya hoş geldin," dedim.
Ne demek istiyorsun?" diye sordu.
"Sürekli kendini ayarlaması lazım, çünkü onun bakış açısına göre kendisi olması yeterli değil," dedim.

Salon Katılımcısı:
Geçmişten bazı şeyleri getirmenin aptallığından bahsettiniz. Bu da rahatlama alanıyla mı ilgili?

Gary:
Evet, hep daha önceki bir noktada hissettiğiniz bir rahatlık duygusunu geri getirmeye çalışıyorsunuz. "Ama ya benim geçmişim? Benim hikâyem?" diye soruyor insanlar. Bunlar insanların evrenlerinde tekrarlanan şeylerdir. Hikâyenin doğrulanması. Yapılması doğru olan şeyler.

Kendin gibi hissetmeye geri dönme ihtiyacıdır. Kendim olma hissine geri dönme ihtiyacıdır.

Seçtiğin rahatlık ve güvenceyi yaratmak için hangi aptallığı kullanıyorsun? Böyle olan her şeyi ve godzilyon kerelerinin hepsini yıkıp yok eder misin? Right and Wrong, Good and Bad, POD and POC, All Nine, Shorts, Boys and Beyonds.

Salon Katılımcısı:
Rahatlama ve güvence enerjisi midir—yoksa sadece düşünme şekilleri midir?

Gary:

Çoğunlukla düşünme şekilleri, çünkü hayatın rahatlama ve manevi ilgi olduğuna dair bilgiler bize öğretildi. "Bu insan bana istediğim rahatlık, manevi ilgi ve güvenceyi verebilir mi?" diye sorsanız, hayır gelecektir. Sizin istediklerinizi sağlayamaz. Sadece kendi istediklerini sağlayabilir. Sadece bu kadarını görebilir.

"Kucaklanmak istiyorum ve bu harika olacak," dediniz. Ama senin bakış açından kucaklamanın ne olduğunu anlayan bir adam bulursanız, tahminen sizinle her seks yaptığında ağlayacak kadar duyarlı bir erk-jina (erkek-vajina) bulmuş olursunuz. O zaman da " Bu çok sıkıcı. Ben kaçıyorum," dersiniz.

"BU SAHİDEN ÇOK HOŞTU, SEVGILIM"

Sizin için rahatlatıcı ve güvence verici bir şeyin ne olduğunu bir tek siz görebilirsin. Bir tek siz. Başkası göremez. Bunu istediğiniz insanın, sizin istediğiniz gibi istediğiniz şeyi verip veremeyeceğini bulmanız gerekir. Eğer sizin istediğiniz şekilde veremeyecekse erkeği yargılamaya yönelme olur. Yargılamaya geçtiğin anda ilişkiyi öldürürsünüz.

Hâlbuki istediğiniz şeyi size beş dakika verdiğinde, "Bu çok hoştu, sevgilim. Kendimi o kadar iyi hissettirdi ki. Teşekkür ederim, minnettarım," deseniz, belki bir daha ki sefere altı dakika olur.

Ve o altı dakika sonrasında, "Bu harikaydı. Beni kucaklamanı çok seviyorum, derseniz, bir dahaki sefere yedi dakika olabilir.

Ama sadece, "beni yeterince kucaklamıyorsun!" derseniz, ondan sonra üç dakika olur ancak. Bir erkeği öldürecek şikâyet yerine teşvik eden durumları yaratmayı öğrenmelisiniz. Eğer yatakta bir damızlık istiyorsanız mutfakta şikâyet eden bir kadın olmayın.

Eğer vıdı vıdı yaparsanız, erkek hadım edilmiş biri olur. Dırdır ettiğiniz, şikâyet ettiğiniz her seferinde hayâlarına tekme atıyor gibi olur. Dırdır bir erkeği sertleştirmez! Eğer sertleşmesini istiyorsanız, dilinizi tutmanız gerekir.

ERKEKLER DUYARLILIKLARINI BASTIRIR

Salon Katılımcısı:
Erkekler kadınlardan hep daha mı duyarlıydılar? Aslında göründüğünün tam tersi midir?

Gary:
Evet. Erkekler hep daha duyarlı olmuşlardır, çünkü daha ilk günden duyarlılıklarını bastırmak durumdalardır. Kadınlar kendi duyarlılıklarını çığlık atarak, bağırarak, ağlayarak, ayaklarını yere vurarak veya başka bir şey yaparak göstermeye izinlidirler. Erkekler hep duyarlılıklarını bastırmak zorundadır. Bu onları daha az duyarlı yapmaz. Aynı kadınlar gibi onların da kalpleri kırılıyor. Fark şu ki, bir kadın "Kalbimi kırdın" der. Bir adam sessizleşir ve kendi içine çekilir.

Salon Katılımcısı:
Bazı şeyleri bastıran kadınlarla nasıl oluyor?

Gary:

Erkekler gibi oluyorlar. Duyarlılıkları vardır ama bunu ifade edemezler, o duyarlılıkla yaşayamazlar ve onunla bir şey yapmazlar.

Ve içlerine çekilirler. Eğer duyarlı biriysen ve duyarlı olmana müsaade edilmemişse, eline geçen her şansta içine çekilirsin çünkü kendini ve başkalarını korumanın yolunun bu olduğunu düşünürsün.

Kendine müsaaden olmalı. Kendine yüzde kaç müsaade veriyorsun? Yüzde ondan az mı? Başkaları için yüzde kaç müsaaden var? Yüzde elliden fazla mı? Başkaları için yüzde elliden fazla müsaaden var ve kendin için yüzde ondan az. Bu senin en iyi seçimin değil, ama yine de hepimiz bu noktadan hareket ediyoruz. Eğer kendimiz için müsaademiz yoksa başkalarının bizim için müsaadesi olmasını nasıl bekleriz? Nasıl hayatta bir şeyin istediğimiz gibi olmasını bekleyebiliriz?

Seçtiğin müsaade derecelerini yaratmak için hangi aptallığı kullanıyorsun? Böyle olan her şeyi ve godzilyon kerelerinin hepsini yıkıp yok eder misin? Right and Wrong, Good and Bad, POD and POC, All Nine, Shorts, Boys and Beyonds.

Paylaşmak, konuşmak rahatlatıcı ve güvenceli hissettirdiği için kadınlarla yaptığın bir şey. Erkekler konuşarak rahatlamazlar ve güvencede hissetmezler. Bununla travmatize olurlar. Bu konuda sizinle konuşabilecek erkekler var demeyi isterdim. Ama yok. Başından beri böyle eğitilmediler.

KADINLAR SALONU

Salon Katılımcısı:

Erkekler tamamen teşvikle hareket eder ve minnettarlık gibi gözükmeyen her yorum onların kendi içlerine çekilmesine sebep olur mu diyorsunuz?

Gary:

Evet, kendi içlerine çekilir ve giderler. Bu daha küçük oğlan çocuklarıyken içlerinde yaratılan bir şeydir. Çocukken bana, "Güçlü durmalısın, sessiz olmalısın ve ağlamamalısın" dendi. Ağlamamak bir erkek olmanın en önemli şeylerinden biri olarak görülürdü.

Duygularını göstermemek ve herhangi bir konuda duygusal olmamak konusu yıllar içince çok fazla değişmedi.

Yaşama enerjisi alanında erkekler kadınlardan çok daha hassastır, çünkü kadınlar başka biriyle— başka bir kadınla, paylaşabilirler. Kadınlar "duygularını" paylaşır. Kadınlar hayatlarında olup biteni paylaşır. Olaylar konusunda konuşurlar. Erkekler hiçbir zaman konuşmaz. "Karım akşam kalbimi kırdı" gibi şeyler söylemezler. Böyle şeylerden hiç bahsetmezler. İçlerine atarlar. Hayatta öğrendikleri şey, çoğunluk kendi içlerine çekilmektir. Bu küçük bir oğlanken öğretilen bir durumdur.

Bazen kadınlar, "O adama ne yapması gerektiğini söylemen lazım" gibi şeyler söylerler. İstediğinize ulaşmanızı sağlamaz bu. Eğer insanlar bunu sana söylerse, onlar senin arkadaşın mı—yoksa düşmanın mı? Bu kadınlar için zordur. Erkekler herkesin arkadaş olduğunu kanıtlayana kadar düşman olduğunu varsayarlar. Kadınlar herkesin düşman olduklarını kanıtlayana kadar dost olduğunu sanırlar. Öyle olduğunda bile inanamazlar.

Çoğu erkeğe duyarlılıklara müsaadeleri olmadığı öğretilmiştir ve eğer herhangi bir duyarlılıkları varsa, kendi içlerine çekilirler. Ama bazı erkeklere Yeni Nesil duyarlı erkeği olmak öğretilmiştir. Çoğu bir durumu manipüle etmek için, aynı kadınlar gibi, komut ile ağlarlar. Kadınlara, eğer doğru anda ağlarsan, erkekler istediğini yapar diye öğretilmiştir. Onlar da öyle yapar. Bu kötü ya da iyi bir şey değildir. Bu sadece böyle çalışan bir şeydir. Mükemmel bir ilişkiye nasıl sahip olunur değil de bunun pragmatikliğini anlamanızı istiyorum. Çünkü mükemmel ilişki yoktur. İşleyen ve işlemeyen ilişkiler vardır. Daha iyiye gidecek ve gitmeyecek ilişkiler vardır. İstediğinizi elde etmek için durumu nasıl kullanacağınıza bakmaya istekli olun.

Bu pozitif olmakla ilgili değildir. Yargısız anda var olmakla ilgilidir. Manipülasyondur. Bunun neresi yanlış? On iki yaşında olduğunda sana bunun öğretilmemiş olması üzücü değil mi? Bu hayatını daha kolaylaştırmaz mıydı?

Yüzleşmek işe yaramaz. Tek yaptığı şey diğer insanı ya kavga etmeye ya da teslim olmaya zorlamak. Eğer insanlar teslim olur ve hizmetçi ya da köle olurlarsa, kine yönelirler ve sen ilişkini ve bağlantını kaybedersin. Eğer kavgaya girersen, ne olursa olsun kendi bakış açılarının doğruluğu için kavga etmek zorundadırlar. Bu hayatta hiçbir şey sağlamaz. İlişkiye dair ne başarmak istiyorsun hayatında?

Lütfen bunu deneyin. Bu işe yarar.

YARGISIZ ÇİFTLEŞMEK

Salon Katılımcısı:
Yargısız çiftleşmek nasıl bir şeye benziyor? Bedenlerimiz kendi kendilerine yargısız olmayı biliyorlar mı? Yoksa bedenimizin bilinci partnerlerimizi de yargılıyor mu?

Gary:
Hayır. Bedenin yargılamaz. Sen, varlık olarak, yargıyla neyin uygun bir seks oyunu olduğunu belirliyorsun.

Seçtiğin seks oyununu yaratmak için hangi aptallığı yaratıyorsun? Böyle olan her şeyi ve godzilyon kerelerinin hepsini yıkıp yaratımını yok eder misin? Right and Wrong, Good and Bad, POD and POC, All Nine, Shorts, Boys and Beyonds.

Çoğumuz seksi, seks oyunu olarak yapmıyoruz. Kadınlar ilişki yaratmak için seks yapmaya eğilimlidir. Erkekler seks yaratmak için ilişki yapmaya eğilimlidir. Eğer bunu oyun için yapsaydık ve bunu eğlenceli, oyuncu biri olarak yaşasaydık, farklı olanaklar ortaya çıkabilirdi.

İçinizden hiç biri seksin romantizm, güller ve mumlarla bir alakası olduğunu düşünüyor mu? Seks oyunu birinin bedeninden zevk almaktır. Birinin bedeninde her dokunduğunuzda daha çok isteyecek, talep edecek ve arzulayacak kadar duyarlı bir noktayı bulmak çok büyük bir zevktir.

Muhtemelen bedeninizin başka insanların bedenleriyle konuşma kabiliyetinin farkında değilsiniz. Sorun onlara:
+ Beden, ne tecrübe etmek istersin?

+ En zevkli, orgazmik seksüel olanağı yaratacak neyin yapılmasını isterdin kendine? Ben böyle bir soru sorduğumda, birden bire, diğer insanın bedenine bir düşünce gidiyor ve ona dokunmaya başlıyorum. Seksüel istek bir yerden mi olmalı? Yoksa bir alan mı? Eğer bir alandaysa, insanların bedenleri neyi istiyorsa onu yapmaya başlıyorsunuz ve yargınız olmuyor. Eğer yargınız olmazsa, yer dağılıyor ve alan başlıyor.
+ Maalesef bir sürü insan için bu böyle işlemiyor. Bu tele seminerlerle yaratmak istediğim sizin ve iletişimde olduğunuz herkes için daha fazla fırsat ve olanak yaratmaktır. Seçtiğin seks oyununu yaratmak için hangi aptallığı seçiyorsun? Böyle olan her şeyi ve godzilyon kerelerinin hepsini yıkıp yaratımını yok eder misin? Right and Wrong, Good and Bad, POD and POC, All Nine, Shorts, Boys and Beyonds.

"HEY, SEKS YAPMAK İSTER MİSİN?"

Salon Katılımcısı:
Bazen bir erkekle göz göze geldiğimde gözlerimi kaçırıyorum. Bunu değiştirebilir miyiz?

Gary:
Evet. Homoseksüel bir erkek olmuş olabilirsin. Homoseksüel bir erkek seks yapmak istediği erkeğe gayet derin bakar. Hiçbir zaman gözlerini eğmez, bu da "Hey, seks yapmak ister misin?" demektir. Homoseksüel seks istemeyen erkekler taki öbürünün onunla seks yapmak

istediğini anlayana kadar o erkeğe bakarlar ve sonra bakışlarını kaçırırlar.

Eğer bir erkeğe gözlerinizi kaçırmadan direkt gözünün içine bakarsanız, onun bakış açısına göre onunla seks yapmak istiyorsunuz demektir.

Bu gerçekliğin ötesinde bir gelecek yaratmaktan kaçınmak için hangi aptallığı kullanıyorsun ve seçiyorsun? Böyle olan her şeyi ve godzilyon kerelerinin hepsini yıkıp yaratımını yok eder misin? Right and Wrong, Good and Bad, POD and POC, All Nine, Shorts, Boys and Beyonds.

Her gerçeklikten daha büyük bir ilişkiye sahip olmanı sağlayacak hangi enerji, alan ve bilinç olabilirsin? Bunun ortaya çıkmasına müsaade etmeyen ne varsa hepsini yıkıp yaratımını yok eder misin? Right and Wrong, Good and Bad, POD and POC, All Nine, Shorts, Boys and Beyonds.

Seçtiğin erkekleri yaratmak için hangi aptallığı kullanıyorsun? Böyle olan her şeyi ve godzilyon kerelerinin hepsini yıkıp yaratımını yok eder misin? Right and Wrong, Good and Bad, POD and POC, All Nine, Shorts, Boys and Beyonds.

SEKSÜEL TACIZ

Salon Katılımcısı:
Seksüel taciz ve laf atmaktan bahseder misiniz?

Gary:
Seksüel taciz ve laf atmak bir erkeğin seksüel korkutma çabasıdır. Bir kadın olarak adamı daha da çok tehdit edebilirsin. Ona sadece aşağılayıcı şekilde bak ve "kusura bakma ama o

kahrolası aletin yeterince büyük değil," de ve yürü git. Tüm hayatını bir kaltak olmamaya çalışarak geçirdin.

Bir kaltak olmamayı icat etmek için hangi aptallığı kullanıyor ve seçiyorum. Böyle olan her şeyi ve godzilyon kerelerinin hepsini yıkıp yaratımını yok eder misin? Right and Wrong, Good and Bad, POD and POC, All Nine, Shorts, Boys and Beyonds.

Sadece Amerika'da mı kadın olduğun için kendini yanlış hissediyorsun? Hayır, dünyada her yerde erkekler sana yukardan bakıyor, avlıyor ve seni yargılıyor. Seksüel olarak onları korkutuyor olmalısınız ki bu da olmak istemediğiniz tek şey.

Fiziksel olarak korkutucu kaltak olanağının hangi fiziksel gerçekleştirmesini şimdi oluşturmaya, yaratmaya ve kurmaya kabilsin? Böyle olan her şeyi ve godzilyon kerelerinin hepsini yıkıp yaratımını yok eder misin? Right and Wrong, Good and Bad, POD and POC, All Nine, Shorts, Boys and Beyonds.

Eğer büyük göğüslerin varsa daha çok bir seksüel hedef olursun. Ama göğüslerinin büyük yada küçük olması fark etmez, erkekler aptaldır. Habire sekse arzuları olduğunu kanıtlamaya çalışırlar—ve yüzde doksanın yoktur. Bu durumdan korkuyorlar. Onlara bakın ve "pantolonunu aşağı indirmezsen benim bakış acıma göre küçücük bir çükün var," deyin. Yapman gereken tek şey onların olmaya gönüllü olduklarından daha korkutucu olmaya gönüllü olman ve o zaman seni taciz etmeyi bırakırlar.

TERCİHLERİN KONUSUNDA PRAGMATİK OLMAK

Salon Katılımcısı:
   Eski bir sevgili konusunda bir sorum var. Oğlum ve benimle bir ilişki yaratmak için birtakım şeyler yapıyor ve günün sonunda seks istemiyor. Sadece evine gitmek istiyor. Ama seks istediğini biliyorum. Seks yapmak ve bunu önemli kılmamak istiyorum.

Gary:
   Bu adam bir ilişki ve aile yaratmaya çalışıyor, seks değil.

Salon Katılımcısı:
   Tamamen. Anlamıyorum bunu.

Gary:
   O bir kadın. İlişki istiyor.

Salon Katılımcısı:
   Biliyorum. Garip. Seks istemiyor. Neler dönüyor?

Gary:
   Bir aile durumu yaratmaya çalışıyor. Bu aile ve ilişki resminin içinde seks yok. Buradan hareket ediyor. Bu sahip olduğun pragmatik seçimlerden biri. Herkesin kendi bakış açısı vardır. Eğer kendi seçimin konusunda pragmatiksen, "Sahiden orası gitmek istediğim yer mi?" diye sorabilirsin.

Salon Katılımcısı:

Yani, onu bu noktadan hareket etmekten caydırmak için bir şey yapmayacağım çünkü bu onun seçimi ve istediği şey bu mu? Buna müsaade mi etmeliyim sadece?

Gary:

Buna müsaade edebilirsin ve istediğin adamın o olmadığını anlayabilirsin.

Salon Katılımcısı:

Yattığım başka erkekler var çünkü onunla olmuyor.

Gary:

Bu harika bir gerekçe "çünkü onunla olmuyor."

Salon Katılımcısı:

Seks istediğimi açıkça belirttim. O istemiyor.

Gary:

Oğlunun ona ihtiyacı var mı?

Salon Katılımcısı:

Evet, oğlumun ona ihtiyacı var. Süper yakınlar ve bunu kesip atmak istemiyorum. Ama seksüel isteklerimi de susturamam. Tüm günü beraber geçiriyoruz, akşam yemeğine çıkarıyor beni, öğlen yemeğine çıkarıyor, her şeyi o ödüyor ve sonra da sadece evine gitmek istiyor. Garip.

Gary:

O zaman oyuncak oğlanını arayıp "Hey, bana gelmek ister misin? Yanıyorum ve canım sıkkın," demenin zamanı.

Salon Katılımcısı:
Öyle yapıyorum.

Gary:
Bunun nesi yanlış? Bunu niye yanlış kılıyorsun. İstediğin her şeye sahip olabilirsin. Buna pragmatik tercih denir.

Salon Katılımcısı:
Seks istediğini anlıyorum. Sadece oraya gitmekten korkuyor.

Gary:
Peki, ona sorabilirsin "Senin benimle seks yapman için sana ne gibi bir taahhütte bulunmam lazım?"

Salon Katılımcısı:
Bu garip bir nokta.

Gary:
Eğer bu adamla seks yapmak istiyorsan gitmeyi seçeceğin yer burası. Pragmatik çözüm bu. Öbür insanın ne istediğini bul.

Senin istediğin iyi, güzel ama öbür insan için hiçbir şey ifade etmiyor. Açık sözlü konuşuyorum. Kusura bakma.

Öbür insanın ne istediği konusunda bir fikri var. Eğer bunun herhangi bir parçasını ona verirsen ,"İyi. İstediğim şeyi buluyorum," der. Senin ne istediğini görmüyor bile. Göremez.

Beynini okuyamaz. Senin ne olduğunun farkına varamaz, tanıdığın her kadın tarafından erkeklerin kafanın içindekileri okuması gerektiği sana öğretilmiş olmasına rağmen, yapamazlar. Sadece kafaları karışıyor. Eğer yaparlarsa da yanlış, yapmazlarsa da yanlış oldukları onlara öğretildi.

BİR EX İLE BİR ŞEYLERİ DÜZELTMEK

Salon Katılımcısı:
Eski kocamla bazı şeyleri düzeltmek istiyorum.

Gary:
Onunla beraberken düzeltemedin. Şimdi onunla beraber değilken niye düzelteceksin? Bir şeyleri düzeltmek ile birisine önem verdiğini algılamak arasında bir fark vardır. Eski eşlerime önem veriyorum. Onlarla bir şeyleri düzeltemeyeceğimi biliyorum. Onların hayatlarını daha iyi kılamayacağımı da biliyorum. Onlarla tekrar bir ilişkim olamayacağını da biliyorum. O yüzden de denemiyorum. Niye? Çünkü bu pragmatik olarak başarılabilecek bir şey değil.

Seçtiğin erkeklerin düzeltilmesini yaratmak için hangi aptallığı kullanıyorsun? Böyle olan her şeyi ve godzilyon kerelerinin hepsini yıkıp yaratımını yok eder misin? Right and Wrong, Good and Bad, POD and POC, All Nine, Shorts, Boys and Beyonds.

Dişi ırkın dizinlerinde olan genel bir kusur bu—bir erkeği düzeltebilecekleri ve sonrada adamın daha iyi olacağı düşüncesi. Bir erkeği duzeltilebilirliği yüzünden seçmiyorsun. Senin için neleri düzeltebileceğine göre seçiyorsun.

Tüm hayatı boyunca ona verilmiş olan iş bu " Eğer bunu tamir edersen annen seni çok sevecek." Bu gerçekliğe bu şekilde ikna edilmiştir erkek.

Bir erkeği alıp onu nasıl düzelteceğim diye bakmayın. Ve sizin için tamir yapabilecek birini seçin—sizi tamir edecek birini değil. Kırılmış bir tarafınız yok. Maalesef, her şeyi tamir eden adamları seçmeyen kadınlar görüyorum. Onları tamir edecek adamları seçiyorlar sonra da onlara kızıyorlar. Eğer hümanoid bir erkeği seçerseniz ve düzeltilmesi gerektiğine karar verirseniz, bunun tersini size kanıtlamak için ne gerekiyorsa yapacaktır. Ve sen de düzeltilmesi gerektiğini kendine kanıtlamak için ne yapılması gerekiyorsa yapacaksındır.

Seçtiğin düzeltilebilir erkeği yaratmak için hangi aptallığı kullanıyorsun? Böyle olan her şeyi ve godzilyon kerelerinin hepsini yıkıp yaratımını yok eder misin? Right and Wrong, Good and Bad, POD and POC, All Nine, Shorts, Boys and Beyonds.

MÜSAADE

Salon Katılımcısı:

Şimdiki ilişkimde onun için yaptığım küçük şeyler için "teşekkür ederim" i duymuyorum ya da küçük bir hediye almak ya da evimizin işlerini kolaylaştırmak için günlük işler yaptığımda takdir ettiğini hissetmiyorum. Bu beni irite etmeye başladı. Müsaade edecek durumda değil miyim?

Gary:

Müsaade durumu. Sanırım bu Arkansas'ın yanındaki, yer değil mi?

Salon Katılımcısı:

Bu konuda nasıl daha az irite olurum?

Gary:

Müsaadenin sahiden ne olduğunu anlayarak.

Seçtiğin müsaadelerin derecelerini yaratmak için hangi aptallığı kullanıyorsun? Böyle olan her şeyi ve godzilyon kerelerinin hepsini yıkıp yaratımını yok eder misin? Right and Wrong, Good and Bad, POD and POC, All Nine, Shorts, Boys and Beyonds.

Salon Katılımcısı:

Bir ilişkide, kendi parçalarımı boşadığımı veya bir erkeğin dediklerine veya benden istediklerine karşı direnç gösterdiğimi nasıl anlarım?

Gary:

Ne zaman direnç ve reaksiyon veya uyum ve anlaşma içindeysen kendini boşuyorsundur, çünkü soruda değilsindir. Sonucu kendi bilincine tercih ediyorsun. Soru sormalısın:

- Bunu gerçekten yapmak istiyor muyum?
- Bu eğlenceli mi?
- Sahiden bunu mu istiyorum?
- Hayatımda aslında en büyük etkiyi ve en çok eğlenceyi ne yaratır?

+ Hayatta her şeyden çok ne isterim? Gitmeniz gereken yerler buralar.

"EVLİLİK BENİ KORKUTUYOR"

Salon Katılımcısı:
Bir kalıbın farkına vardım. Biri ile bir-bir buçuk yıl bir ilişki içinde kaldıktan sonra onu terk ediyorum.

Gary:
Bu uzun dönemli bir ilişki.

Salon Katılımcısı:
Bu kalıbı durdurmak için ne sorabilirim? Taahhüttü sevmiyorum—ve evlilik beni korkutuyor.

Gary:
Korkutuyor mu? Ölümüne dehşete düşürmeli! Sen bu konuda yalnız değilsin.
Seçtiğin kutsal yeminleri ve evliliği yaratmak için hangi aptallığı kullanıyorsun? Böyle olan her şeyi ve godzilyon kerelerinin hepsini yıkıp yaratımını yok eder misin? Right and Wrong, Good and Bad, POD and POC, All Nine, Shorts, Boys and Beyonds.

Salon Katılımcısı:
1-2-3 kuralı hakkında bir sorum var; hani birisiyle üç kere seks yaptıktan sonra evlenmiş oluyorsun, dediğin kural. Burada bahsettiğin evlilik nedir?

Gary:

İlk kez seks yaptıktan sonra, "Bu eğlenceliydi. Sonra görüşürüz," dersin. İkinci seferden sonra "Tekrar yapalım," dersin. Üçüncü seferden sonra evlenme durumuna girersin. Evlenme bir taahhüt yaptığın noktadır. Bir erkekle üç kere yatarsan taahhütte bulunduğunu sanıyorsun.

Neye taahhütte bulunduğunu dahi bilmiyorsun, çünkü ona sormuyorsun bile, "Tam olarak benden ne bekleyeceksin? Tam olarak bu ilişkinin nasıl bir şey olmasını isterdin? Bundan sonra ne istersin?"

Salon Katılımcısı:

Eğer soru soruyorsan bu taahhüt herhangi bir şeye benzer mi?

Gary:

Evet. "Sonra ne istersin?" diye ona sarabilirsin. Kendine de sorabilirsin, "Benden bir şey bekliyor mu?"

Sen normal bir ilişki aramadığından ötürü ondan bir şey beklemiyorsun. Düzüşme ustası olmak istiyorsun. Zaten 2,5 yaşında çocuğun var. Bunu tekrar yapmak istemiyorsun. Ama bu erkeğin böyle bir beklentisi yok demek değildir. Bir sürü erkeğin sahip olmaları gerektiğini düşündükleri aile için gerekli genetik materyal için doğru insanı bulmaları gerektiği gibi bir beklentileri vardır. Delilik.

BIPOLAR BIR ERKEKLE İLİŞKI

Salon Katılımcısı:
Bipolar olan tatlı bir adamla ilişki içindeyim. İlaç kullanıyor. Hümanoid olduğundan şüpheleniyorum çünkü gayet sezgisel.

Gary:
Hümanoidleri karakterize eden şey sezgi değil. Sezgileri güçlü bir sürü insan var. Medyum olan bir sürü insan var. Medyum falcı bir sürü insan var. Tarat, astroloji ve metafiziğin tüm diğer tarzlarını yapıyorlar. Ama bunları bir şey kanıtlamak için yapıyorlar.

Salon Katılımcısı:
Ona yakın hissetmek duygusu ile mücadele ediyorum.

Gary:
Bipolar olan birisine yakın hissedemezsin, çünkü başka bir insana yakın hissettiklerinde tehdit edilmiş hissederler ve bu da onlarda bir bipolar devre yaratır ki bu da o insanla eşi arasında ayrılık yaratır. Bu onlara kendini yakın hissetmeni engeller. Bu dünyayı nasıl gördüklerinin ve nasıl olmasını istediklerinin bir sonucudur.

Salon Katılımcısı:
Onun hareket ettiği noktayı anlamakta zorlanıyorum. Eski ilişkilerimde partnerimin nereden hareket ettiğini daha çok anlayabiliyordum.

Gary:

Birisinin nereden hareket ettiği konusunda bir sonuca varmak ve şimdi olduğu yerde mevcut olmak iki farklı evrendir.

Salon Katılımcısı:

Onunla bağlantı kurabilmek istiyorum. İşleyen bir ilişki istiyorum. Ne yapmam gerekir?

Gary:

Bipolar olan bir insanla bu mümkün değildir. Bipolar insanlar sadece pozitif polariteden başka bir şeye dayanmayan pozitif bir dünya yaratırlar. Sonra da negatif polariteden başka bir şeye dayanmayan negatif bir dünya yaratırlar. Birinden kaçıp diğerini seçmeye çalışırlar ve yapamazlar. Sahiden bu kadar yakın olman gerekiyor mu— hoşuna giden parçalarından zevk alsan? Beraber olduğun erkekten sadece haz alabilirsin.

Bipolar olan ya da Asperger hastalığı ya da otizmi olanlar için başka insanlarla bağlantı kurabilmek ve onlara yakın olmak zordur. Başkalarının ihtiyaçları, talepleri ve istekleriyle yıkılmasından endişe etmeden içinde bulundukları yeri korumalarının tek yolu bir ayrılık yaratmaktır. Sadece bu noktadan hareket ederler.

BİR EBEVEYN OLMAK

Salon Katılımcısı:
Ebeveyn olmanın bu güvenlik şeyinin bir parçası olduğunu anladım. Kendi dışımda, istediğim güvenliği aradığım yer.

Gary:
Bir ebeveyn olunca, çocuklarına yaşamları boyunca bir taahhütte bulunmuş oluyorsun. Ama onların sana bir taahhüttü olmuyor. Eğer şansın varsa sana hiçbir zaman taahhütleri olmaz. Ama senin onlara taahhütte olmanı isterler çünkü senin işin budur. Bu aynı zamanda rahatlama ve güvence ile de ilgilidir.

Seçtiğin güvenliği yaratmak için hangi aptallığı kullanıyorsun? Böyle olan her şeyi ve godzilyon kerelerinin hepsini yıkıp yaratımını yok eder misin? Right and Wrong, Good and Bad, POD and POC, All Nine, Shorts, Boys and Beyonds.

Salon Katılımcısı:
Özgün ihtiyaçları olan bir çocuğum var. Bana bazı özel şeylerin ona yardımcı olacağını söylediler. Bunlardan bazılarını yapmalı mıyım yoksa ihtiyacı olduğu şeylerin enerjisi olmaya mı çalışmalıyım?

Gary:
Çocuğun için ne gerekiyorsa onu yapmaya gönüllü olmalısın. Bu senin görevin. Ebeveyn olduğunda hayatını geçici bir süre onlar için bir kenara bırakmaya karar verdin. Onların hayatını güvene almak için kendininkinden

parçalar verirsin. Bu pragmatik bir şeydir. Hangi tercihlerin var burada? Sahiden çocuğuna bakmamak gibi bir seçimin var mı? Hayır. Bir seçim yaptın. Çocuk sahibi oldun. Şimdi:
+ Bu nasıl eğlendirici olacak?
+ Ona bakarken hayatımı nasıl yaratırım?

Bir kere çocuğun olunca bir taahhütte girdin. O işi yapmaya ve istekle yapmaya gönüllü olmalısınız, yapmak zorunda olduğunuz için değil, siz bunu seçtiğiniz için gönüllü olmalısın. Sorun şu ki bir sürü kadın ebeveyn oluyorlar ve sonra da hayatlarını kaybediyorlar.

Seçtiğin annelik hayatını yaratmak için hangi aptallığı kullanıyorsun? Böyle olan her şeyi ve godzilyon kerelerinin hepsini yıkıp yaratımını yok eder misin? Right and Wrong, Good and Bad, POD and POC, All Nine, Shorts, Boys and Beyonds.

Ve bir anne olmamaya karar verince de kendinizi bunu seçmediğiniz için yargılıyorsunuz. Yaparsanız da yapmazsanız da lanetlenmişsiniz.

Salon Katılımcısı:
Çocuklara bakma işi erkekler ve kadınlar için farklı mı?

Gary:
Erkeklere işlerinin dışarı gidip para kazanıp çocuklara bakması olduğu öğretilmiştir. Kadınlara işlerinin çocukları yetiştirmek, bakmak, altlarını değiştirmek ve tüm işleri yapmaları olduğu öğretilmiştir.

Bu yapmak istediğiniz bir şey miydi? Hayır. Hümanoid bir kadın olarak, dışarı çıkıp dünyayı fethetmeyi tercih edersiniz. Bu yüzden ekmeği kazanan ve çocuklarınıza kendilerine nasıl bakmaları gerektiğini öğreten siz oldunuz.

Salon Katılımcısı:
Babaları onlara bakmayı ve ekmek kazanan olmayı reddediyor.

Gary:
Hiçbir zaman yapmayacak bunu. Onu gidecek biri diye aldın. Çocukların seni ve onu seçtiler çünkü gidecekti nasılsa. Kızlar eğer istemiyorlarsa erkek olmaları gerekmediğini bilmek istiyorlardı. Sonra kendilerine nasıl bakacaklarını öğrendiler erkek olsa da olmasada. Sen öğrettin bunu onlara.

ANNENE İSTEDİĞİ ŞEYI VERMENİN NESİ YANLIŞ?

Salon Katılımcısı:
Eğer bir ebeveynin bakıma ihtiyacı varsa ve bunu sizden alamıyorsa, sizi çıldırtıyorsa ne olur?

Gary:
Vermenin nesi yanlış ki? Ya istediğini versen nasıl olurdu? Senden ne talep ediyor? Bu kadar önemli bir şey mi? Soruda olun, "Anne, senin için sana ne kadar önem verdiğimi gösterecek ne yapabilirim?" Ebeveynler senden bakım istediklerini söylediğinde yüzde doksan sadece onları sevdiğini bilmek istiyorlardır. Ebeveynler sevildiklerini bilmek isterler.

Salon Katılımcısı:
Sanki benimle kavga etmek istiyor.

Gary:
Bazı insanlar bunu rahatlatıcı bulur. Ama onunla kavga edeceksen bir bakış açın olmadan kavga et, o zaman kızarak ayrılmazsın. "Vay. Bu çok komikti," dersin. Benim kız kardeşim kavga etmeyi seviyor. Ne zaman onu önemsediğimi ve sevdiğimi bilmesini istediğimde telefon açar ve "Allah'ın belası çay-paketçileri!" derim. Kız kardeşim onlardan nefret eder. Yirmi otuz dakika böyle onu gaza getiririm ve sonunda "Allah'ım, seninle konuşmak ne kadar eğlenceli," der.

"Süper! Teşekkürler, abla!" derim. Umurumda bile değiller, ama onları çay-paketçileri olarak adlandırmak komik geliyor, çünkü kardeşim çay-paketlemenin ne olduğunu bilmiyor. Bilmeyenleriniz için, çay paketleme bir adamın hayalarını ağzına alıp yavaşça ve nazikçe emmek demektir.

Salon Katılımcısı:
Biz hümanoid kadınların bir ilişkide aradığı temel ve genel olarak paylaşılan karakterler nelerdir?

ŞÜKRAN TUTUMU

Salon Katılımcısı:
Doğa ve hayvanlara karşı müthiş bir şükran duyuyorum; beni en çok önemseyen insanlara şükran duymak içinse çabalıyorum. Buna ailem ve erkek arkadaşım da dahil. Bir ilişki içinde minnettarlık duymakla doğa ve hayvanlara bunu duymak arasındaki fark nedir? Hayvanların ve

doğanın yargısız olmamasıyla mı ilgili? Kendi insan ırkım için daha fazla şükran duymak için başka neler mümkün?

Gary:
Hiç uğraşma. Onlara şükranlık duymamakta bir sorun yoktur. Bir sürü insanla ilişkin olsun isteyebilirsin. Bu demek değildir ki işleyecek. Bu demek değil ki kolay olacak. Demek değil ki gerçekten arzuladığın gibi olacak. Sadece ilişki istiyorsun demektir. Eğer yargıda bulunmazsan sorunun olmaz.

Salon Katılımcısı:
Annemden sürekli her şey için şükran duymam gerektiğini duyarak büyüdüm. Onlardan nefret etsem de tabağımdaki bezelyeler için şükran duymam lazım. Her zaman bir şükran tutumu içinde olmam gerektiği söylendi. Şükransız değilim ama şükran duyma kapasitemi nasıl genişletebilirim?

Gary:
Annen seni şükranın olanaklarının neşesi yerine şükran tutumuna zorlamış. Seni eğitmemiş. "Şükran duy. Allah'ın belası bezelyelerine ve onlara müteşekkir ol" a zorlamış. Bu senin için seçiminin bir tek direnme olduğu bir yer yaratır. Maalesef, "Benim söylediğimi yap," diyormuş.

"Şükran duymalısın diyerek" kendi kıvırmasını yapmış ki bu da senin sadece bezelye sevmeyen bir çocuk olduğunu anlamak yerine şükran duymuyorsun diye seni temelinde yargılamak olmuş.

Senin annen kendi annesinden çocukları yanlış kılmayı öğrendi. Bu harika değil mi? Aslında gerçekten minnettarlıktan bahsetmiyordu. "Sana bunu verdiğim için kıymetini bilmelisin" den bahsediyordu. Şükranla hiç alakası yok. Şükranı sanki zorunlulukmuş gibi yanlış algıladın ve tanımladın. Eğer şükranın ve zorunluluğun ne olduğunu anlarsanız sizin için daha kolay olacaktır.

Tamam, bayanlar. Bir dahaki sefere kadar, şimdilik bu kadar. Anlamanızı istediğim şey, bir erkekle bir rahatlık hissine sahip olmanız lazım. Pragmatik seçimlerinizin olması lazım. Sormalısınız: Hayatımda daha da büyük, daha genişletici ve daha neşeli bir kolaylığı yaratmak için burada hangi pragmatik seçimlerim var? Senin hayatında—onların değil! Bir sürü kadına erkek için yap, erkek için yap, erkek için yap ve mutlu ol diye öğretilmiştir. Tanıdığım çoğu erkeğe de kadın için yap, kadın için yap ve mutlu ol diye öğretilmiştir. Hâlbuki hiç kimse mutlu değil. Niye? Çünkü herkes yapıyor ve kimse keyfini çıkarmıyor. Aslında hiç kimse diğer insanın yaptığını alıp kabul etmiyor. Her an sahip olduğun pragmatik seçimlere bakman lazım. Eğer pragmatik tercihlerine bakarsan farklı olanaklar ortaya çıkabilir.

Hepinize teşekkür ederim. Lütfen bu araçları kullanın. Sizin için işleyen bir ilişki ve seks yaratacak ve oluşturacak bu alanda daha fazla özgürlük sahibi olmanızı istiyorum. Hepiniz o kadar güçlü ve ilginç kadınlarsınız ki. Bu alanda veya herhangi bir alanda sorununuz olmaması lazım, ama sorunlu olmak için kendinizi eksik yaratıyorsunuz. Sizi, üstesinden gelmeniz gereken bir sorununuz olacağına, yeni bir tercih olarak bir olanağı yarattığınız, alıp kabullenebileceğiniz yeni bir seçim, yeni bir soru ve yeni bir katkıya sahip olduğunuz bir yere getirmek için elimden geleni yapacağım. Buraya doğru gidiyoruz.

6
Sen Geleceğin Bir Yaratıcısısın

Eğer geleceğin bir yaratıcısı olduğunu kabullenmezsen, geleceği gördüğünü ve onu başkalaştırabileceğini ve değiştirebileceğini kabul etmezsen, hiçbir zaman olduğun her şey olamazsın.

Gary:
    Merhaba bayanlar. Sorularınız var mı?

KADINLAR FARKLI BİR GERÇEKLİK YARATMANIN KAYNAĞIDIR

Salon Katılımcısı:
    Tecavüz, savaş, seks ticareti ve çocuk tacizi konularında konuşabilir misiniz? Kadınların çalındığını ve seksüel olarak taciz edildiklerini duyuyorum. Bunun için ne yapabiliriz? Değiştirebilir miyiz? Nasıl değiştirebiliriz?

Gary:

Bir dişi olarak, erkekler için farklı bir gerçeklik yaratmanın kaynağı olmanın olanağını yarattın. O yüzden erkek yerine kadın oldun.

Kendiniz konusunda anlamadığınız şey bu. Erkeklerin size nasıl bazı şeyleri yapmaya zorladığına, nasıl tecavüz olduğuna, nasıl korkunç olduğuna ve nasıl olmaması gerektiğine bakıyorsunuz. Ama bunlardan herhangi birinin olması için bir farkındalığın kapatılması gerekiyor. Gerçek şu ki, siz bir kadın olarak, tüm insanlığı değiştirme kapasitesine sahipsiniz. Buraya bunu yapmaya geldiniz ve yapmıyorsunuz.

Tüm insanlığı değiştirecek katalizör olmanın farkındalığından sakınmak için hangi aptallığı kullanıyorsun ve seçiyorsun? Böyle olan her şeyi ve godzilyon kerelerinin hepsini yıkıp yaratımını yok eder misin? Right and Wrong, Good and Bad, POD and POC, All Nine, Shorts, Boys and Beyonds.

ERKEKLER STATÜKOYU KORUMAK İÇİN BURADADIR

Salon Katılımcısı:
Aynı şeyi erkekler için de söyler misin?

Gary:
Erkekler buraya statükoyu korumak için geldiler. Farkında değiller. Statükocu erkekler savaşa gider, ölür ve kadınlar geleceği yaratır. Zorluk şu ki, buraya onun için gelmelerine rağmen kadınlar geleceği yaratmıyorlar.

Tamamen farklı bir gerçekliği, bu gerçekliğin ötesinde bir geleceğin yaratıcısı olmanın hangi fiziksel gerçekleştirmesini şimdi oluşturmaya, yaratmaya ve kurmaya kabilsin? Böyle olan her şeyi ve godzilyon kerelerinin hepsini yıkıp yaratımını yok eder misin? Right and Wrong, Good and Bad, POD and POC, All Nine, Shorts, Boys and Beyonds.

Bunu en iyi söyle açıklayabilirim: şifacı olduğunu kabullenemeyen şifacı insanlar var. Kendi kapasite ve yeteneklerinin ortaya çıkmasına müsaade etmiyorlar. Sanki şifacı değillermiş gibi hareket etmeye çalışıyorlar. Bedenlerine bir sürü şeyi kilitleyip bedenlerine acı veriyorlar. Geleceğin yaratıcısı olarak sizinle de aynı şey oluyor. Eğer geleceğin bir yaratıcısı olduğunu kabullenmezseniz, geleceği gördüğünüzü ve onu başkalaştırabileceğinizi ve değiştirebileceğinizi kabul etmezseniz, hiç bir zaman olduğunuzun hepsi olamazsınız.

Olduğunuz her şeyi algılamanıza, bilmenize ve olmanıza müsaade etmeyen her şey, bunların hepsini yıkıp yaratımını yok eder misiniz? Right and Wrong, Good and Bad, POD and POC, All Nine, Shorts, Boys and Beyonds.

Salon Katılımcısı:
Cinslerin savaşının temelinde bu mu var?

Gary:
Sonsuz varlık olmaktan bizi ayrıştırmak için bize yapılan bu. Erkekleri statükonun müteahhidi yap ve kadınları geleceğin yaratıcısı yap sonra da geleceği yaratma kabiliyetleri olduğunu söylemek yerine; onlara geleceği bir tek çocuk sahibi olarak yaratabileceklerini söyle. Böylece çocuk sahibi

olmanın geleceği yaratmak olduğunu düşünmeye devam ediyorlar, hâlbuki gerçek bu değil.

Salon Katılımcısı:

Eğer erkekler statükoyu koruyorsa ve o kadar erkek "lider" var, bu onların geleceğe bakmamasını sağlamak için mi? Her şey tam tersine sanki.

Gary:

Bu gerçeklik tamamen ters. Lider olarak erkekler var. Ama bu işliyor mu? Hayır. Erkeklerin liderliği ile politik sistemimiz, "Değiştirmeden değiştirmek. Hiç ya da mümkün olduğu kadar az değişiklikle, değişiklik yapmak. Daha iyi yapmalıyız ama hep yaptığımız gibi yapmalıyız. Tamamen farklı yapamayız."

Eğer siz kadınlar gezegende daha önce hiç var olmamış bir geleceği yaratma kapasiteniz olduğunu kabul etmezseniz, gerçekten olduğunuz gücünüz olamıyorsunuzdur. Hümanoid kadınlar çıkıp, savaş etmek ve dünyayı fethetmek istiyorlar. Bunu yapmak istiyorsunuz— çünkü bu gezegende daha önce hiç var olmamış bir geleceğin mümkün olduğunu biliyorsunuz.

Değiştirmeye kabil olduğunuz ve nasıl değiştirmeye ve bu gezegende farklı bir gerçeklik yaratmaya kabil olduğunuz her şeyi reddetmek, bilmemek, görmemek, olmamak, algılamamak ve alıp kabul etmemek için yaptığınız her şeyi yıkıp yok eder misiniz? Right and Wrong, Good and Bad, POD and POC, All Nine, Shorts, Boys and Beyonds.

Olduğunuzun yüzde 990 olmaya razıysanız, bir şeyleri nasıl değiştirebileceğinizi görmeye istekli olursunuz.

Farklı bir olanağı nasıl yaratabileceğinizi görebilirsiniz. Belli ki, ben bir erkek bedenindeki bir kadınım, çünkü hep bir şeylerin nasıl değiştirebileceğimi ve geleceğin nasıl farklı olabileceğini görmeye istekliyim. Daha önce tecrübe ettiğimiz, bildiğimiz, olduğumuz veya alıp kabul ettiğimiz her şeyden farklı bir olanağı görmeye istekliyim. Bu dünya gezegenine gelmenizin sebebinin daha önce hiç var olmamış bir gerçekliği yaratmak olduğunu anlamanız şart.

Algılama, bilme, olma ve alıp kabullenmenin insan versiyonunu asabilikle, küçük hainlikle, insanları sırtlarından vuran şeylerle yaratıyorsunuz. Daha önce var olmamış bir gerçekliği yaratmak için hırslı olsaydınız ve şimdi var olandan daha büyük birşeyi yaratmak için rekabet etseydiniz, bu hayatınızda olanları değiştirir miydi? Birbirinize karşı olan davranışlarınızı değiştirir miydi? Yaratmaya ve oluşturmaya başladığınız şeyleri değiştirir miydi?

İÇİNE ADIM ATMADIĞIMIZ BİR GELECEK

Salon Katılımcısı:
İnsanların kendilerini iyileştirebileceklerini anladıkları bir gelecekten mi bahsediyorsunuz?

Gary:
Bahsettiğim geleceğin ne olduğunu bilmiyorum. Sadece bizim için var olan ama içine adım atmadığımız bir gelecek olduğunu biliyorum.

Şimdi yaratılan gelecekten daha ileri bir geleceği yaratacak geleceği algılamak, bilmek, olmak ve alıp kabul etmek olarak yerine getirilmiş kuantum dolaşıklıklarının talebiyle elemanların anında gerçekliğe girip katılaşmalarının hangi oluşturucu kapasitesini şimdi oluşturmaya, yaratmaya ve kurmaya kabilsin? Böyle olan her şeyi ve godzilyon kerelerinin hepsini yıkıp yaratımını yok eder misin? Right and Wrong, Good and Bad, POD and POC, All Nine, Shorts, Boys and Beyonds.

Geleceği yaratmaya istekli değilsiniz. Geleceğin yarattığı şeyden sorumlu olmak istemiyorsunuz. Eğer gelecekte olacaklardan sorumlu olsaydınız, yarattığınız geleceğe göre gezegendeki insanların yarısının ölmesinden sorumlu olurdunuz. Bu sizin için kolay mı yoksa zor mu olurdu? Ne olmaya ve ne yapmaya gönüllü değilsiniz? Bunların çoğu siz bir şey yapmak istemediğiniz veya olmak istemediğiniz için oldu.

Ne olmak ve ne yapmak istemiyorsunuz, eğer olmak ve yapmak isteseniz, insanlığın reddedemeyeceği bir geleceği yaratırdı? Böyle olan her şeyi ve godzilyon kerelerinin hepsini yıkıp yaratımını yok eder misin? Right and Wrong, Good and Bad, POD and POC, All Nine, Shorts, Boys and Beyonds.

Hiç olmamış bir gelecek tanımlanamaz. Bu gerçeklikte yaratım herkesin anladığı şeyleri yaratmak üstüne—zaten sahip oldukları veya sahip olmaları gereken veya sahip olmuş olmaları gereken şeyler. Soruyorum: Sen ne yaratmak istiyorsun?

Salon Katılımcısı:
Ya gelecek için bir tanımım yoksa? Orada bir hafiflik ve bir alan olduğunu biliyorum. Orada bir yerde, ama

bir tanımım yok bunun için. "yüz milyon dolar yaratmak istiyorum," gibi değil.

Gary:

Yüz milyon dolar yaratmak geleceğin bu gerçekliğe bağlı tanımı. Ya senin yaratabileceğin gelecek sana yüz milyar dolar verse? Bunu tanımlayabilir misin? Tanımlanamaz bir gerçekliğin yaratılması olduğunu anlamak yerine, geleceği yaratmanın ne olduğunu tanımlamaya çalışıyorsunuz, geleceği yaratman olanaklara bağlıdır—sonuçlara değil. Tanımlanamaz bir gerçeklik, "İstediğim farklı bir şey. Yaratabileceğim farklı bir şey. Ne olduğu konusunda bir fikrim yok. Eğer ne yaratacağım konusunda bir fikrim yoksa ne yaratabilirim?"

Salon Katılımcısı:

Geleceğin ne olduğu fark eder mi? Bu daha çok, eğer herkes seçimlerinin farkındaysa, o zaman ister seçer ister seçmezler değil mi? Tüm bu konulara gerek yok yani.

Gary:

Evet, ama katılığı olmayan bir gelecekten yaşamaktansa, bu konularla uğraşmayı tercih edersiniz, çünkü çözülecek bir sorununuz olsun ya da yapılacak somut bir şeyiniz olmasını tercih edersiniz.

"O KADAR CANIM SIKILIYOR Kİ"

Salon Katılımcısı:

MTVSS yaparken canım o kadar sıkılıyor ki. Bana bu konuda yardımcı olurmusunuz?

Gary:

Var olmamış bir geleceği yaratabileceğini talep etmedin henüz. Eğer bunu talep etmezsen, olmak ya da yapmak istemediğin şeylerle kendi canını sıkarsın.

Seçtiğin can sıkıntısını ve kendi azaltılmanı yaratmak için hangi aptallığı kullanıyorsun? Böyle olan her şeyi ve godzilyon kerelerinin hepsini yıkıp yaratımını yok eder misin? Right and Wrong, Good and Bad, POD and POC, All Nine, Shorts, Boys and Beyonds.

Access Consciousness'da yaptığımız şey size bir cevap vermek değil. Henüz kabullenmediğin, algılamadığın, bilmediğin ve olmadığın kabiliyetlerine kapıyı açmaktır. Access size bunu yaratma ve seçme olanağını vermekle ilgilidir.

Ne yapabileceğiniz konusunda netleşin. Sanki bu gerçeklik tarafından alt edilmiş, durdurulmuş, bu gerçeklik tarafından kontrol edilmiş ve diğer insanların seçmedikleri şeylerle sınırlandırılmış gibi davranıyorsunuz.

Bir kadın olarak başka insanların seçemeyecekleri şeyleri seçebilirsiniz. Kaçınız sanki bir gelecek yokmuş gibi yaratarak hayatınızı geçirdiniz? Hâlbuki siz geleceğin kaynağısınız ve geleceğin kaynağını erkeklere veriyorsunuz. O yüzden benim için çalışan bu kadar kadın var.

Seçtiğin olmayan geleceği yaratmak için hangi aptallığı kullanıyorsun? Böyle olan her şeyi ve godzilyon kerelerinin hepsini yıkıp yaratımını yok eder misin? Right and Wrong, Good and Bad, POD and POC, All Nine, Shorts, Boys and Beyonds.

Eğer geleceğin yaratıcısı olduğunuzu kabullenmek durumunda olsaydınız, bunu kabullenmek istemez miydiniz?—yoksa böylelikle o geleceği yaratmak durumunda olmayın diye, niye bir gelecek olmadığının gerekçesini mi aramaya çalışırdınız?

Geçmişe bağlı bir gelecek yaratın demiyorum. Daha önce hiç var olmamış bir gelecek yaratın diyorum. Farkında mısınız, ben bunu sorduğumda evreninizde tanımlayamadığınız bir hafiflik var. Çünkü bu tüm bu tanımlanabilir alan tanımlanamaz.

Geçmiş berbat olduğu için bir gelecek yaratıp ve yaratılan bu gelecekten sorumlu olmamak için yaratmamaya çalışanlarınızın hepsi, tüm bunların hepsini yıkıp yaratımını yok eder misiniz? Right and Wrong, Good and Bad, POD and POC, All Nine, Shorts, Boys and Beyonds.

Salon Katılımcısı:
Hiç var olmamış ve aynı zamanda bu geleceğin ötesinde bir gelecekten bahsettiniz. Bu ikisi arasında bir fark var mı?

Gary:
Yok gerçekten. Eğer bu gerçekliğin ötesinde bir gelecek yaratırsanız, daha önce hiç var olmamış bir şey olması lazım. Burada yaratılmış tek gelecekler geçmişe bağlı olarak tahmin edilebilirlik—bu gerçekliğin olasılık yapıları.

NİHAİ REFERANSLAR

Salon Katılımcısı:
Birilerinin evrenini değiştirebileceğim umuduyla insanlara para almadan Bars yapıyordum. Ama sonra insanlar bir yaşam koçu olmak için ehliyetim olmadığını söyledi.

Gary:
Ümit edip dua ediyorsun—ama gerçekten mümkün olanı empoze etmiyorsun. İnsanlara bir "CFMW" derecem var de. Söyle bunu sadece. Ne olduğunu sormayacaklardır. Ne olduğunu bilmeleri gerektiğini düşüneceklerdir.

Nasıl farklı bir gelecek yaratmak için farkında olmayı istemek yerine, yaptığın şeyin doğru olduğunun gerekçesini arıyorsun.

İnsanlar ehliyetin yok diyorlar çünkü yaptığın şey için onlardan para almıyorsun. Dünya gezegenindeki en nihai ehliyet insanlardan para talep etmeye istekli olmaktır. Daha fazla talep ettikçe (fiyatını artırdıkça) insanlar daha da iyi olduğunu düşünür. Eğer bir şeyi bedavaya vermeye çalışıyorsan, değeri tam da insanların ödedikleri kadardır. Hiç. İnsanların onlara verdiğine değer vermeleri için onlardan ücret talep etmen lazım. Bir gelecek yaratmaya çalışıyorsun. Öyle bir geleceğe sahip olmalarına istekli olmalarını yaratacak ücreti talep etmeyi istemiyorsun.

Salon Katılımcısı:
Parayı düşündüğümde, bana anlaşılmaz geliyor.

Gary:

Ona sahip olmamayı tercih ediyorsun, o yüzden insanlara Bars yaparak Access Consciousness'i bedava vermeye çalışıyorsun. Access'i yaratıcı bir tecrübe yapmak yerine, dini bir tecrübe yapmaya çalışıyorsun. Access Consciousness'ın dinle alakası yoktur. Tapılması gereken bir şey değildir. Yapman gereken bir şey değildir. Kendinden daha büyük görmen gereken bir şey değildir. Bu gerçeklikte hiçbir zaman olmamış farklı bir olanağın olanağı olarak görmeniz gereken bir şeydir.

Salon Katılımcısı:

Access Consciousness hep mümkün olduğunu bildiğim bir enerjiye konuşuyor.

Gary:

Evet, bunu biliyorum. Sen onu bu gerçeklikle tanımlamaya çalışıyorsun, o yüzden de insanların ona değer vermesi için bir ücret talep edeceğine bedavaya veriyorsun. İnsanlar bedavaya aldıkları hiçbir şeye değer vermezler. Bunu paylaşmaya çalışmaktan vazgeçin. Kadınlar paylaşmaya çalışır. Bunun ilerisine gidin. İnsanları neyin değiştireceğini görebilirsiniz—ama bekleyip insanların senden talep edeceklerini dinlemelisin.

"BENİM SUNDUĞUM ŞEYLERİ İSTİYORLAR MI?"

Salon Katılımcısı:
Çevremde olan herkese daha çok farkındalık getirmek isterim.

Gary:
Bunu isteyip istemediklerini sormadın. Sorudan hareket etmiyorsun, "Benim sunduğum şeyi istiyorlar mı?" Güneyli bir anne gibisin, iri taneli yulaf kaynatıyorsun, ve,"Ye bunları. Bunlar senin için iyi," diyorsun. O kişinin iri taneli yulaf sevip sevmediği önemsiz. Yulafın yapılmış olması demek o kişinin yemesi gerek demek.

Salon Katılımcısı:
Anlamıyorum.

Gary:
Senin etnik kökenin nedir?

Salon Katılımcısı:
Kamboçya'lıyım.

Gary:
Kamboçya'daki temel sos nedir?

Salon Katılımcısı:
Fermente edilmiş balık sosu.

Gary:
Fermente edilmiş balık sosu yapıyorsun ve birine, "işte senin için fermente edilmiş balık sosu. Yiyeceğin her şeyin üstüne koydum. Tadını çıkar şimdi," diyorsun. "Bu bilinçteki en mükemmel fermente edilmiş balık sosu. Ye," demeye çalışıyorsun.

Öbür kişi, "ama ben fermente edilmiş balık sosu sevmem," diyor.

"Olsun. Senin için yararlı. Ye," diyorsun.

Sonuç bunun iyi olduğu. Soruyu sormak yerine, ne vermen gerektiği konusunda bir sonuca varmaya çalışıyorsun. Bu insanlar ne duyabilirler? Gerçeklik b duyup duyamadıkları şeylerin bilincinde olmak ve bu konuda bir bakış açısına sahip olmamaktır.

Gelecek tanımlanmamış bir gerçeklik—ama sen onu tanımlamaya çalışıyorsun. "İçinde balık sosu olan ya da olmayan bir gerçekliğim olabilir" demek yerine "İçinde balık sosu olduğu sürece, iyi olacaktır," diyorsun. Buradaki herkesin gerçek olduğunu düşündüğünden farklı bir şekilde çalışan bir gelecek yaratacağım çünkü benim için işleyen budur.

"Henüz göz önüne bile almadığımız ne/neler bir gelecek olarak var olabilir? "Sorusunu sormak yerine, geleceğin ne olacağını bilmiyorsun, ama bir gelecek olarak neyin uygun olduğuna verdiğin kararına dayanan bir gelecek yaratmaya çalışıyorsun.

GERÇEKLİĞİ DEĞİŞTİRME KAPASİTENİZ

Salon Katılımcısı:
Kadınlar daha çok erkeği Access Consciousness'e davet etmek için ne olabilir veya ne yapabilirler?

Gary:
Access'te erkeklerden daha çok kadın var, çünkü erkekler statükoyu korumaya çalışıyorlar. Onlara öğretilen bu. İlk günden itibaren, "Bunu değiştirmen değil, tamir etmen lazım" diye öğretildiler.

Kadınlara elbiselerini değiştirmeleri gerektiği öğretildi, çünkü bu değiştirmektir. Tabii bu sadece imajı değiştirmektir. Ya imajı değil de kendini değiştirsen?

Gerçeği değiştirmenin sonsuz kapasitesinin hangi fiziksel gerçekleştirmesini şimdi oluşturmaya, yaratmaya ve kurmaya kabilsin? Böyle olan her şeyi ve godzilyon kerelerinin hepsini yıkıp yaratımını yok eder misin? Right and Wrong, Good and Bad, POD and POC, All Nine, Shorts, Boys and Beyonds.

Geleceği değiştirme kapasitenizden önümüzdeki birkaç görüşmede bahsedeceğim. Bunu yapma ve bu olma istekliliği sizden bu gerçeklikte gerçek ve iyi diye tanımladığınız her şeyi bırakıp atmanızı talep eder, bu isterse aile olsun, başkalarının ihtiyaçları için yaşamak olsun, mükemmel bir ilişkiye sahip olmak olsun ya da hayatında birini yaratmak olsun. Öyle bir nokta var ki, orada daha önce hiç var olmamış ve hayatındaki her şeyin nasıl ortaya çıktığını değiştirecek bir geleceği yaratmaya istekli olmalısın.

KADINLAR SALONU

Hayatınızın nasıl olmasını istediğinize bakın ve oradan yaratın, eğer bir hayatında bir adam olması senin için çalışıyorsa, o zaman öyle olsun. Eğer çalışmıyorsa o zaman olmasın. "İhtiyacım olan ilişkiyi nasıl elde ederim?" e dayalı olarak hayatını yaratmak değil, ama "istediğim hayatı nasıl elde ederimle bunu yapmaktır."

Şimdi sizden bir adım daha ileri gitmenizi isteyeceğim. Sorun: Mümkün olacağını dahi göz önüne almadığım hangi geleceği isterim? Yüz milyon doları düşündünüz mü? Evet. Sorun değil. Ama bunun hangi sebeple olmasına izin vermezsiniz? Gerçek şu ki hiçbir fikriniz yok.

Hayatınızdan yüz milyon doları elimine etmek için yaptığınız her şey, çünkü ____, bunların hepsini yıkıp yaratımını yok eder misiniz? Right and Wrong, Good and Bad, POD and POC, All Nine, Shorts, Boys and Beyonds.

Yüz milyon doların sizin için yaratacağı geleceği belirlediniz. "Yüz milyon dolara sahip olmak şu, şu, şu demektir." Ya kendiniz için yaptığınız tanım sınırlılığınızın bir parçası ise? Yüz milyon dolara sahip olmamanızın tek sebebi kendinizi yüz milyon dolara sahip değilim diye tanımlamış olmanızdır.

Seçtiğin kendi tanımını yaratmak için hangi aptallığı kullanıyorsun? Böyle olan her şeyi ve godzilyon kerelerinin hepsini yıkıp yaratımını yok eder misin? Right and Wrong, Good and Bad, POD and POC, All Nine, Shorts, Boys and Beyonds.

ERKEKLERİN NASIL İŞLEDİĞİNE BAKMAN LAZIM

Salon Katılımcısı:

Kocamla on beş ve on yedi yaşımızdan beri beraberiz. İlişkimizde olağanüstü değişimlerden geçtik. Her ikimiz de savunmasız ve bağlantılı isek ilişkimiz işliyor. Fakat bir sorun var. Sanki her şey harika giderken, kocam yaptığım bir şeyi travma ve dramaya dönüştürüyor. Kızmıyorum, ama ben kızmadıkça o deliriyor sanki. İçine çekiliyor ve duvarlar örüyor.

Gary:

Statükoyu koruması lazım da ondan.

Salon Katılımcısı:

Geçen sefer bu olduğunda enerjisini öyle bir geri çekti ki sanki gözlerimin önünde sahiden kayboldu. Benden bir kaç gün veya bir hafta uzak durdu. Nihayet daha önce hiç olmadığı kadar tekrar bağlanmak istedi. Bu konuda bana biraz netlik verebilir misiniz?

Gary:

Şunu sormayı dene: Tümden farklı bir gerçeklik yaratmak için hangi enerji, alan ve bilinç olabilirim? Derhal olmayabilir. Evrenin bazı şeyleri ayarlaması için biraz zamana ihtiyacı var.

Salon Katılımcısı:

Onunla bu konuda konuşmaya çalıştım, ama işe yaramadı.

Gary:
Erkeklerin nasıl işlediğine bakman lazım. Erkekler "Eğer bunu tartışman gerekiyorsa, bu, bir şey yanlıştır demektir ve benim bunu düzeltmem lazım," noktasından hareket eder. Sahiden bir şeyi tartışmak istiyorsan "tatlım, bu konuda şöyle düşünüyordum. Sen ne düşünüyorsun?" demeniz lazım. Sonra da onu iki üç gün kendi haline bırakın. Bir sonuca varacaktır. Bu da sana neyi halletmen veya bunu farklı kılmak için neyi değiştirmen konusunda netlik verecektir.

Hiçbir zaman, "Ne istiyorsun, söyle bana?" demeyin. Hiçbir fikri yoktur. Bir erkek oturup yirmi yedi saat TV seyredip sonra bir sonuca varmalıdır. Anında bir sonuca varamaz. Nasıl paylaşacağını bilmez. Paylaşmak hiçbir zaman ona öğretilmemiş. Paylaşmanın ne olduğu konusunda en ufak bir fikri bile yoktur. Siz kadınlar habire, "benimle duygularını paylaşacak mısın?" diye soruyorsunuz. Duygularını paylaşamaz çünkü eğer bir şey hissederse yapması gereken tek şeyin içine çekilmek olduğu öğretilmiş. Eğer onu paylaşmaya zorlarsanız direkt olarak hayalarına vuruyorsunuzdur. Bu yoldan bir ilişki yaratmak istemezsiniz herhalde.

İşleyecek bir ilişki seçmek yerine hep aynı tarz adamı seçiyorsunuz. Sorunun bir parçası, bir adamın ne olması gerektiği konusunda standartlarınız ya da idealleriniz olmasıdır. O standartlara uymayan erkekler şu anda size verileni değil, istediğinizi söylediğinizi şeyleri size verir.

Erkeklerden nefret etmek zorunda olmadığınızı anlamanızı istiyorum. Onları itmenize gerek yok. Onları seçmenize gerek yok. Sadece erkeklerin gerçekten oldukları şey olmalarına müsaade etmeniz ve bu konuda bir bakış acınızın olmamasına gönüllü olmalısınız. İlginç bir bakış açısı farklı bir gerçeklik yaratacaktır.

Dişi bir hümanoid olmanın neşesi geleceği yaratma yeteneğinizin olması. Bu çoğunuzun kabul etmeye istekli olmadığı bir şey bu.

Mümkün olduğunu bildiğiniz geleceği yaratmaktan tamamen kaçmak için hangi aptallığı kullanıyorsun ve seçiyorsun? Böyle olan her şeyi ve godzilyon kerelerinin hepsini yıkıp yaratımını yok eder misin? Right and Wrong, Good and Bad, POD and POC, All Nine, Shorts, Boys and Beyonds.

Bu gerçekliğin ötesinde bir gerçeklik yaratmakla ilgilidir bu. Bildiğin şeylerin ötesinde yaratmakla ilgili değildir. Farklı bir gerçekliğin mümkün olduğunu biliyorsunuz ve sürekli bunun ne olduğunu bulmaya çalışıyorsunuz. Fark etmediniz mi? Başkalarının yapamadığı neleri yapmaya kadir olduğunuzu görmek istemiyorsunuz.

Geleceğin oluşturucu kapasitesi ve farkındalığının yokluğunu yaratmak için hangi aptallığı kullanıyorsun ve seçiyorsun? Böyle olan her şeyi ve godzilyon kerelerinin hepsini yıkıp yaratımını yok eder misin? Right and Wrong, Good and Bad, POD and POC, All Nine, Shorts, Boys and Beyonds.

BAĞLAMIN DIŞINDA OLMAK

Salon Katılımcısı:
Geleceğin oluşturucu kapasitesi ve farkındalığımızı seçmek sanki herhangi bir bağlamın dışında olmayı gerektiriyor? Bu doğru mu?

Gary:
Eğer kendini bir kadın olarak tanımlarsan bu bir bağlam mı? Evet, öyle. Herkes ve herşeyle nasıl ilintide olduğunun parametrelerini yaratıyor. Bir kadın olmak konusunda öğrendiğin şeylerin ne kadarı gerçekliğin yaratıcısı olmayı değil de önemli bir destek, gerçeğin belkemiği olman gerektiğini gösteriyor? Bu doğru mu? Yoksa seni sınırlayan bir doğru olarak buna mı inandın?

Bir kadın, bir feminist ve dişi bir kişi olmakla ilgili doğru olduğuna inandığın, satın aldığın her şeyi, gönderene bilinci de ekleyerek geri gönderir misin? Right and Wrong, Good and Bad, POD and POC, All Nine, Shorts, Boys and Beyonds.

YAPTIĞIN SEÇİMLERLE FARKLI BİR GELECEK YARATIYORSUN

Salon Katılımcısı:
Geçenlerde Jane Eyre'i seyrediyordum ve sonunda ağlamaya başladım. Mr. Rothschild'i beklediğimden değil. Sanki her ilişkiye girişimde, talebim o insanla, herşeyle ve herkesle bir yakınlık, samimiyetti. Ne kadar çok samimiyet aradığımı gördüm. Bu enerji farklı bir gelecek yaratır mı?

Gary:

Evet. Olanağın samimiyeti üstüne kurulu değil bu gerçeklik. Bu gerçeklik aramızda uzaklık yaratmaya dayanır. Böylelikle hiçbir zaman çevrendeki herşeyi dinamik olarak değiştirecek birşeyi yaratmamanı ve oluşturmamanı sağlar.

Salon Katılımcısı:

Samimiyet aradığım yerlerin enerjisini takip etmek farklı bir gelecek yaratır mı?

Gary:

Evet, yaratır. Yaptığın seçimlerle farklı bir gelecek yaratıyorsun. Bu yapabileceğin bir şeydir. Burada var olmayan bir geleceği yaratmanın yoludur.

Yaratabileceğin ve seçebileceğin bir gelecekten kaçınmak için hangi aptallığı kullanıyorsun ve seçiyorsun? Böyle olan her şeyi ve godzilyon kerelerinin hepsini yıkıp yaratımını yok eder misin? Right and Wrong, Good and Bad, POD and POC, All Nine, Shorts, Boys and Beyonds.

Yaptığın seçimlerle farklı bir gelecek yaratabilirsin. Bu kadınlar için erkeklere göre daha kolay çünkü erkeklere var olan neyse onu korumaları öğretildi. Çalışmalı ve her şeyi tamir etmeliler; bir şeyleri değiştirmemeliler. Size ise en azından elbisenizi değiştirmeniz gerektiği öğretildi. Bu çok farklı bir hareket noktasıdır.

Eğer bir şey istediğin gibi olmazsa onu yargılıyorsun. Ama geleceği yaratmaya istekli olursan, nelerin nasıl olacağını tahmin edemezsin. Bu bir olasılık yapısı değildir. Bu bir olanaklılık (potansiyellik) sistemidir. Kaybetmemek için neyi kazanıp neyi kaybedeceğinin olasılıklarını yaratıyoruz. Bu yaratıcı mıdır? Hayır. Sadece var olanı korur. Erkeklere öğretilen de bu işte—olasılığa bağlı olarak korur. "Eğer konuşmazsam, kadınlar benden nefret etmez. Eğer bir hata yapmazsam, kadınlar bana kızmaz. Eğer bunu yanlış yapmazsam, kadınlar benden memnun olur." Erkekler öyle delice gerçeklerine betonlanmış bir olasılık yapısı seviyesinden hareket ediyorlar ki, çok nadir gerçek seçimleri var. Ama seçebildikleri zaman, senin gibi, onlar da farklı bir olanak yaratabilirler.

BİR SEÇİM, SONRA BİR TANE DAHA

Salon Katılımcısı:
Hepsini bugün yaratmam gerekmediğini mi söylüyorsun? Önce bir seçim, ardından bir tane daha, bir tane daha?

Gary:
Evet, bir seçimdir. Duymak istemediğin zaman duymayı seçmektir. Onu seçene kadar senin kafanı yiyen bir şeyi seçmektir. Ne kadar farkında olduğunu fark etmek istemesen de, farkında olduğun şeyin farkında olmak. Yapman gerektiğini biliyorsun. Yapabilirsin. Bir şeyin mümkün olduğunu biliyorsun. Başka ne seçimin var?

Tamamen farklı bir gerçeklik ve tamamen farklı bir geleceğin hangi fiziksel gerçekleştirmesini oluşturmak, yaratmak ve kurmaya şimdi kabilsin? Bunun ortaya çıkmasına müsaade etmeyen her şey ve godzilyon kerelerinin hepsini yıkıp yaratımını yok eder misin? Right and Wrong, Good and Bad, POD and POC, All Nine, Shorts, Boys and Beyonds.

FARKLI BİR GERÇEKLİĞİN OLABİLİR

Salon Katılımcısı:
Şu soruyla uyanıyorum, "Ya bugün farklı ise?"

Gary:
Ya bugün hayalini kurduğumdan bile farklı ise? Gelecek olan birşeyi yaratmayı seç. Bu daha önce burada olanlardan farklı birşey yaratacaktır. Şu anda her şey dünyayı yok etmek için tasarlanmış.

Salon Katılımcısı:
Çocukluğumdan beri, ne zaman farklı bir gerçeklik yaratmaya çalışsam, bana aptal dediler.

Gary:
Eğer seçsen, farklı bir gelecek yaratabilecek insanlardan biri olduğunu anlıyor musun? Onlarla olduğunda yaptığın seçimlerle hayatındaki insanlar için farklı bir gelecek yaratabilirsin. Her yaptığın seçim senin yarattığını düşündüğünden farklı bir gelecek yaratabilir. Bu gerçeklikten çık ve başkaları ne düşünürse düşünsün, senin olan farklı bir gerçekliğe sahip olabileceğinin farkına varmaya başla. Her zaman bir tür yargı vardır. Her zaman senin aptal olduğunu düşünen biri vardır. Ama başkaları ne düşünürse düşünsün, farklı bir gelecek vardır.

TANIMLAMAK YOK EDİCİDİR

Salon Katılımcısı:
Tanımlanamaz bir geleceği yaratmaktan bahsediyorsun ve bizim tanımsız olmamızı istiyorsun. Tanımın olduğu her yerde onu var etmemek için yok edicilik mi yaratılıyor?

Gary:
Evet. Ne zaman geleceği yaratmanın ne olduğunu tanımlarsan, bu anın farklı bir versiyonu için onu yok ediyorsun.

Gelecek için neyin iyi olacağını tanımlayamasaydın, mümkün olduğunu bildiğinden daha da büyük bir geleceği yaratacak şeyleri yaratır mıydın? Ya geleceğin yaratılması için sahip olduğun seçim senin düşündüğün gibi değilse, olabileceklerden daha da büyükse? Eğer harika bir gelecek yaratmanın yüz milyon dolar yaratmak olduğunu tanımlarsan, o zaman bunu harika bir gelecek olarak tanımlardın. Ya bu harika değil de, sadece sınırlı bir gelecekse? Ya bu seni bloke eden şeyse, seni yaratan şey değilse?

DÜNYA GEZEGENİNDEKİ HEDEFİM NE?

Access Consciousness'i, bu gerçeklikte herkesin mümkün olduğunu söylediği şeylerin ötesinde yarattım. Başından beri herkes bana yanlış olduğumu söyledi. Yarattığım şekil yanlıştı. Yapısı yanlıştı. Bunu mükemmel bir tarikat olarak yaratacak şeyi yapmıyordum. Bunu herkesin gelip hiç gitmemesini sağlayacak şekilde yaratmıyordum. Benim hedefim bu değildi.

Şunlara bakmaya başlamalısınız:
- Dünya gezegeninde hedefim ne?
- Bir başkasının "sonsuza kadar mutlu" tanımına göre bir ilişkim, bir ailem olsun ve sonsuza kadar mutlu yaşayayım mı istiyorum?
- Ya da farklı bir şey mi yaratmak istiyorum?
- Başkaları için çalışmasa bile, benim için sahiden çalışacak şey nedir? Başka hiç kimsenin göremeyeceği, kimsenin olamayacağı, kimsenin seçemeyeceği ve kimsenin değerli bulmayacağı—ama senin için her zaman değerli olacak bir geleceği yaratma kapasitesine sahipsin. Burada farklı bir olanak var. Ama bunu seçmen lazım. Bir kadın olarak kapasiteni görmen lazım. Daha önce hiç varolmamış bir geleceği yaratma kapasiten var. Buraya bunu yapmaya geldin. Bunun için buradasın. Mümkün olduğunu bildiğin şey bu. Henüz olmayı ve yapmayı seçmediğin şey bu. Bu gerçeği neyi doğru bulduğuna göre seçmeyi denedin.

Ya bu senin en iyi halin değil de en az halinse? Sanki senin en azın, senin en iyinmiş gibi habire en iyini aramaya çalışıyorsun. Ama değil. Senin o kadar çok daha fazlan var ki. Özür dilerim size bu konuşmada daha fazlasını veremeyeceğim.

Salon Katılımcısı:
Değerli ve önemli arasındaki farktan bahseder misiniz?

Gary:

Başkalarının gerçekliğine göre şeyleri değerli kılıyorsunuz çünkü başkalarının değerli olarak tanımladıkları şeyleri yapmanız gerektiğini düşünüyorsunuz. Senin için en önemsiz olan şey senin en değerli yanın.

Irkın devamı üstüne kurulu bir gelecek bu gerçekliğin ötesinde yaratmak değildir. Sanki farklı bir sonuç elde edecekmişsin gibi bu gerçekliği habire tekrar yaratmak. Çocukların senden daha mı iyi olacaklar? Kendi tecrübeme göre, hayır derim. Çocuklarınız kimse o olacaklar. Senden daha iyi olmalarını bekleyemezsin. Sadece onlar kimse, onu olmalarını bekleyebilirsin. Eğer senden daha iyi olurlarsa bu şaşırtıcı olur.

Salon Katılımcısı:

Ama ben çocuklarımı benden daha iyi buluyorum.

Gary:

Hayır. Onların senden daha iyi olduklarını yargılıyorsun. Bu başka bir şey. Onlara verdiğin hediyeyi—mümkün olabilecek birşeyi seçme kabiliyetini—görmek yerine, onları kendinden daha iyi görmeye çalışıyorsun. Bu onları senden daha iyi yapmaz. Onları senden daha farklı kılar, çünkü bu sana öğretilmedi. Bunu sen kendiliğinden biriktirdin.

Senin hayatını daha iyi yapan hediye onlar değil de, ya onların hayatını daha iyi yapan hediye sen isen?

Nasıl bir gelecek yaratmak istiyorsun?

Teşekkürler bayanlar. Gelecek hafta sizlerle konuşmayı iple çekiyorum.

7
Başkalarına Olanaklılıklar Alemini Vermek

Gerçekten başkalarını önemsemek; onlar için her şeyi yapmak değildir. Onlara olanaklılıklar alemini vermektir.

Gary:

Merhaba bayanlar. Bir takım sorularla başlamak istiyorum.

HER ŞEYİN KOLAYLIKLA HALLEDİLMESİNİ NE SAĞLAR?

Salon Katılımcısı:

On iki yaşındaki evlatlık oğlumun fetal alkolizm sendromu, ADHD'si ve duygusal bir takım sıkıntıları var. Onunla çok uğraştım ve bekar bir anne olarak çok stres yaşadım. Geçenlerde okul-ertesi programından atıldı. Bu babasıyla yaşaması için bir gerekçe oluşturdu. Belki benim verdiğimden farklı bir disipline ihtiyacı var diye düşünmüştüm ve çok kereler babasıyla yaşamak istediğini söylemişti. Ama bu karar alındıktan sonra onu terk ettiğimi hissetti.

Gary:
Bunun adı manipülasyon tatlım, gerçeklik değil.

Salon Katılımcısı:
Genelde babasıyla yaşamaktan memnun. Sadece on beş dakika uzakta yaşıyor ve onu düzenli olarak görüyorum. Tüm bunlardan sonra birtakım Access Consciousness'ın eğitimleri aldım. Bu süreçte çoğu kez kendimi suçlu hissediyordum, çünkü ona yardımcı olacak birtakım şeyler öğreniyorum ama artık onu daha az görüyorum. Son altı ayda suçluluk hissim azaldı, ama hala bana bunu fark ettiren şeyler oluyor. Mesela geçenlerde on beş yaşımdaki kızımdan duydum, babası insanlara onu terk ettiğimi söylüyormuş.

Gary:
Oğlunu terk etmedin. Bu babasının, seni kötü, kendini de iyi gösterme yolu. Kendisini senden daha iyi yapmaya çalışıyor. Sana senin kötü onunsa iyi bir ebeveyn olduğunu kanıtlamak için, seninle rekabet ediyor. Uzun dönemde bu onun için iyi olmayacaktır, ama eğer buna kanmazsan senin için iyi olacaktır.

Salon Katılımcısı:
Söylediklerinin doğru olmadığını biliyorum, ama yine de rahatsız oluyorum. Onun hayatında gayet aktif olmama ve ona faydalı olacak şeyler yapmama rağmen

hala suçluluk hissine asılıyorum ya da onun için yeterince bir şeyler yapmadığım duygusuna kapılıyorum. Sahip olduğu kapasiteler konusunda yeni bir sürü farkındalığım var. Kendime soruyorum, "Çocuğumun ihtiyacı olduğu gibi bir ebeveyn olmak için hangi birliğin enerjetik sentezi olabilirim?"

Gary:

Hayır, hayır, hayır. Şöyle sormalısın: Tüm bunların kolaylıkla olması için hangi birliğin enerjetik sentezi olabilirim? "Çocuğunun ihtiyaçlarını karşılamaya çalışıyorsun" bakış açısına girme. Eğer bu bakış açısını alırsan, o zaman hali hazırda sonuca, karar ve yargıya varmış olursun, kimin? Senin!

Hiçbir zaman çocuğunun senin ne olmana ihtiyacı var diye sorma, çünkü çocuklar kendileri bir gram farkındalık göstermeden onların istediği her şeyi yapacak insanlar isterler. Çocukların için ne olabileceğini sormak yerine, "Her şeyin kolaylıkla halledilmesini ne müsaade eder?" diye, sorun.

GERÇEKTEN BİRİSİNİ ÖNEMSEMEK VS. BİRİNE BAKMAK

Salon Katılımcısı:

Teşekkür ederim. İşlerin gidişine bakılırsa kızımla daha iyi bir gerçeklik yarattım. Bir yıl öncesine göre çok daha mutlu ve daha meşgul bir genç.

Gary:
Evet, çünkü oğlun ortada değil tüm enerjiyi çekip almıyor.

Salon Katılımcısı:
Oğlumun da hiçte kötü durumda olmadığını duydum, o ilçedeki en iyi özel ihtiyaçları olan çocuklar okuluna gidiyor. Babası da orada çalışıyor. Hangi aptallık benim kendimi suçlu hissetmeme ve onu bıraktım diye babasının yaptığı iğnelemelere duyarlı olmama sebep oluyor?

Gary:
Tatlı şey, ondan vazgeçmedin. Onu bırakmadın sen. Hala onun için varsın. Hiçbir şeyi bırakmadın. Sen önemseyen birisin.

Ne kadar önemsediğinizi fark etmek istemeyen kaçınız var. Önemsemenizi inkâr etmek için yaptığınız her şey, bunların hepsini yıkıp yaratımını yok eder misiniz? Right and Wrong, Good and Bad, POD and POC, All Nine, Shorts, Boys and Beyonds.

Sahiden önemsemenin sizin bir parçanız olduğunun farkına varın. Birisine bakmanın değil. Eğer geleceğin yaratıcısı olduğunuzu fark eder ve eğer bunu geleceğin olanaklılıklarını, geleceğin seçeneklerini önemsemek duygusuyla yaparsanız, o zaman "bunu halletmeliyim", "bunu yapmalıyım, yapmalıyım, yapmalıyım," "kendimi erkeklere adamalıyım," kendimi mahvetmeliyim"e sıkışıp kalmazsınız. Bunların hiçbiri olmaz.

Halletmek, başkaları için birşey yaparsanız, onları önemsiyorsunuz diye bir uydurmadır. Bu önemsemenin uydurmasıdır. Başkaları için yaptıkların önemsemene eşit diyor. Bu gerçeklikte önemseme, "onlara bakıyorum; bu sebeple, bu onları önemsediğimi kanıtlıyor." Birisini önemsediğinizi kanıtlamak için, gerçekten önemsemenin ne olduğunu fark etmek yerine o insan için her şeyi yaparsınız. Gerçek önemseme, "Eğer bir daha yaparsan öldürürüm seni," de olabilir. Bazen birisini önemseme o kişiyi durdurmak ve durum ne olursa olsun onu desteklememektir. Bir noktada, küçük oğlum çok içki içiyordu ve içtiğinde gerçekten çok iğrenç oluyordu. Onu önemsediğim için, "içtiğinde benim yanıma gelme, çünkü senden hoşlanmıyorum." dedim.

Bunun sonucunda, içmesini azalttı. Neredeyse tamamen bıraktı ve hayatı üstünde daha çok kontrol sahibi oldu. Benim onu önemsemem ona "İçtiğinde iyi değilsin, çünkü tam bir pisliğe dönüşüyorsun. Benim çevremdeyken içme," demekti.

"Baba, müsaade etmen nerede?" diye sordu.

"Bu müsaade, çünkü a) seni polise bildirmedim, b) seni öldürmedim ve c) senin bu rezil haline uzun süre katlandım. Artık yettiğine göre, değişmen lazım," dedim. Bazen birisinden değişmesini istemek onu önemsemektir. Hepimizin önemsemenin ne olduğuna dair işaretleri, mühürleri, amblemleri ve anlamları var, bunların hiçbiri gerçek önemseme değil.

Önemsemenin işaretlerini, mühürlerini, işaretlerini ve anlamlarını seçtiğin yanlışlık, şüphe, aptallık ve delilik olarak yaratmak için hangi aptallığı kullanıyorsun? Böyle olan her şeyi ve godzilyon kerelerinin hepsini yıkıp yaratımını yok eder misin? Right and Wrong, Good and Bad, POD and POC, All Nine, Shorts, Boys and Beyonds.

Gerçekten önemseme başkaları için herşeyi yapmamaktır. Onlara olanaklılıklar alemini vermektir. Başkası için her şeyi yapmanın o kişiyi önemsediğinizi kanıtlayacağı size öğretildi. Ama önemsediğinizi niye kanıtlamak zorunda olasınız ki? Önemsemeye başkalarına olanaklılıklar alemini vermek olarak bakmıyoruz, çünkü bize önemsediğimizi kanıtlamak için x,y,z'yi yapmamız gerekli diye öğretildi; bunların hiçbirinin gerçek tercih ve gerçek olanakla alakası yok.

NE OLDUĞUNU FARK ETMENİZ LAZIM

Salon Katılımcısı:
Aynı şey sevgi için de söylenebilir mi, yani "Beni seviyorsan, bunu yaparsın," gibi.

Gary:
Bu sadece manipülasyondur. Access Consciousness'daki bir kadın bir seferinde bana şunu söyledi, "Seninle bir ilişkim olmasını isterdim, ama Dain'le istemezdim, çünkü o beni kırardı." Dain'e kadının böyle bir bakış açısı olduğunu söyledim.

Ondan sonra, biraraya geldiler. Kadın Dain'e kötü ve çirkin şekilde davrandı ve Dain tepki olarak birşey yapamadı, çünkü onu kırmayacağını kanıtlamaya çalışıyordu. Kız onu neredeyse öldürdü!

Salon Katılımcısı:
Yani, "Onu yaralayabilirim," bakış açısını alarak, onu kırmamak için her elinden geleni yaptı, kendini öldürmek dahil?

Gary:

Evet ve bu bir olanaklılık yaratmayacaktır. Olduğunu düşündüğünüz şeyi görmek yerine ne olduğunu fark etmelisiniz.

Olanaklılıklar alemi nelerin sahiden mümkün olduğunu anladığınız bir yerdir ve tamamen bu da geleceği yaratma düşüncesidir. Bu konudan geçen derste bahsetmiştim. Kadınlar çocuk yaratmanın veya anne olmanın geleceği yaratmak olduğunu düşünüyorlar. Bu değil o. Geleceği yaratmak insanların yaptığı seçimlerin olanak yaratan tek şey olduğunu fark etmektir.

Salon Katılımcısı:

Geleceğin olduğu gibi olacağı ve onu değiştiremeyeceğim bana öğretildi.

Gary:

Geleceği değiştirmek değil; onu yaratmak.

Salon Katılımcısı:

Bu benim için bir blokaj. Hiçbir zaman geleceğin bir yaratım olduğu söylenmedi bana. Neyse odur diye söylendi.

YARATIM VE İCAT ETMEK

Gary:

Sorunun bir parçası; birşeylerin görüntüsel gerçekliğini yaratmamız bize öğretildi ve yaratımla icadın aynı şey olduğu düşüncesinde takıldık kaldık.

Salon Katılımcısı:
　Fark nedir?

Gary:
　En iyi şöyle tanımlayabilirim: Bir keresinde Latin Amerika'daydım ve televizyon seyrediyordum. Her şey İspanyolcaydı ve tamamen anlamadım. İğfal ve tutkudan bahsediyorlardı ve tutkunun temsili olarak bir külotun birilerinin ayak bileğine düşüşünü gösterdiler. Gösterdikleri kişinin ayakları büyüktü ve tenis ayakkabıları ve kısa tenis çorapları giymişti. Bir erkeğin ya da kadının külotu olabilirdi düşen, ama ne idiyse, içinde tutku yoktu. Hesapta tutkunun görsel bir gerçekliği olması gerekiyordu. Ama bir uydurma idi.

Salon Katılımcısı:
　Yarattığımız görsel gerçekler konusunda biraz daha fazla konuşabilir misiniz?

Gary:
　Kaç kere "nasıl olacağını görmem lazım" veya "nasıl işleyeceğini görmem lazım," dediniz? Sanki birşeyi görsel olarak kavrarsanız sanki onu gerçekliğe getirebileceğinizi düşünüyorsunuz.

Salon Katılımcısı:
　Ben ne düşündüm biliyor musun Gary? Görsele gittim. Koltuğumu görüyorum. Bu koltuğu o kadar katı kılıyorum ki onu uyduruyorum. Eğer görseli kullanmazsam, o zaman şu anda üstünde otururken enerjisini değiştirebilirim.

Gary:

Muhtemelen doğru. Eğer bir şeyi görsel açıdan yapmaya çalışıyorsan, sadece nasıl göründüğünü görebilirsin—nasıl olduğunu değil.

Salon Katılımcısı:

Bütün bu gerçekliği böyle görüyorum. Görselliği kullanıyorum. O noktadan bakıyorum ve farklı bir şeyin olmasını isterim.

Gary:

Peki, aslında gerçek olmamasına rağmen bu gerçekliğin ne kadarını gerçekmiş gibi uydurdun?

Salon Katılımcısı:

Hepsini.

Gary:

Düşüncelerin, duyguların, hislerin ve seks ile seksizliğin, algılamanın, bilmenin, olmanın ve alıp kabul etmenin alt harmonileri olduğundan bahsetmiştim. Gerçek olmayan şeyler etrafında duygu icat etmemiz bize öğretilmiş. Acaba bunları uydurmaya çalışmasan nasıl olurdu?

Önemsemenin işaretlerini, mühürlerini, amblemlerini ve anlamlarını, seçtiğin yanlışlık, şüphe, aptallık ve delilik olarak yaratmak için hangi aptallığı kullanıyorsun? Böyle olan her şeyi ve godzilyon kerelerinin hepsini yıkıp yaratımını yok eder misin? Right and Wrong, Good and Bad, POD and POC, All Nine, Shorts, Boys and Beyonds.

Düşünceleri, duyguları, hisleri, seks ve seksizliği bu gerçekliğe uymak için icat ediyorsunuz. Biraz önce bir kadınla konuştum, oğluna iyi bir anne olmadığından suçluluk duyuyordu. Gerçekten bir anne misiniz? Ya da bu çocukların sizinle alakalı olduğunu icat eden bir sonsuz varlık mı? Her ilişki bir icattır, yaratım değildir. Eğer icattan çıkıp yaratıma geçerseniz, olanağın kapısını açarsınız. Diğer yandan, icat sonuç yaratır.

Anne, baba, oğul, kutsal ruh, kız ve her ilişkiyi icat etmek için hangi aptallığı kullanıyorsun? Böyle olan her şeyi ve godzilyon kerelerinin hepsini yıkıp yaratımını yok eder misin? Right and Wrong, Good and Bad, POD and POC, All Nine, Shorts, Boys and Beyonds.

Salon Katılımcısı:

Bu üstümüzdeki bir sürü yargılamayı derhal kaldırıp attı.

Gary:

Evet, çünkü her icat bir şeyleri sonuçlandırmak için tasarlanmış. Ve çoğunlukla neyin sonucuna varmanız gerekiyor? Nasıl yanlış olduğunuzun sonucuna. Nasıl yargılanabilir olduğunuzun. Nasıl bir hata yaptığınızın.

Salon Katılımcısı:
Evet, yeterince iyi değilim.

Gary:

Peki, yanlış kılmaya çalıştığınızın ne kadarı tamamen bir icat? Hepsi, bir kısmı veya tamamen hepsi mi?

Salon Katılımcısı:
Hepsi.

Gary:

Böyle olan her şeyi ve godzilyon kereleri, hepsini yıkıp yaratımını yok eder and Wrong, Good and Bad, POD and POC, All Nine, Shorts, Boys and Beyonds.

Salon Katılımcısı:

Bu noktada mı "Gereklilik icadın annesidir"e geldik?

Gary:

Evet. Çünkü habire nasıl uydurduğumuzu icat etmeye çalışıyoruz.

Salon Katılımcısı:

Kendimizi gerekli yapıyoruz.

Gary:

Evet. Eğer gerekli olmasaydın, yapmaya ve olmaya istekli olmadığın neyi yapar ya da olurdun?

Salon Katılımcısı:

Peki, annelik ve ebeveynlik icadından çıkmak için, tamamen orada mevcut olmak ve olan bitenle var olmak mı gerekiyor?

Gary:

Eğer gerçekten orada olsanız, olanaklılığı ve olanaklılığı yaratacak seçimleri algılayabilir miydiniz? Şu anda seçtiğinizden daha da büyük bir şey olur muydu bu?

Salon Katılımcısı:

Çok daha büyük.

Gary:

O yüzden oraya gitmeniz lazım.

OLANAKLILIKLARI GÖSTEREN ENERJİ OLMALISIN

Salon Katılımcısı:

Ya çevrendeki senin gördüklerini göremeyen ve kendilerini yargıya hapseden çocuklara ve insanlara ne demeli?

Gary:

Ancak sen geleceği yaratmak istemezsen kendilerini yargılara hapsedebilirler. Sen onlara olanaklılıkları yaratacak ve oluşturacak seçimleri verecek olanaklılıkları gösteren enerji olmalısın. O zaman farklı bir gerçeklik ortaya çıkar.

Böyle olan her şeyi ve godzilyon kerelerinin hepsini yıkıp yaratımını yok edermisin? Right and Wrong, Good and Bad, POD and POC, All Nine, Shorts, Boys and Beyonds.

Ebeveynlerinizle bir ilişki olarak gördüğünüz şeyin ne kadarı tamamen icat edilmiş görsel bir gerçekliğe bağlı?

Salon Katılımcısı:

Hepsi.

Gary:

Böyle olan her şeyi ve godzilyon kerelerinin hepsini yıkıp yaratımını yok edermisin? Right and Wrong, Good and Bad, POD and POC, All Nine, Shorts, Boys and Beyonds.

Seks ve çiftleşmenin ne kadarı görsel icatlara bağlı?

Salon Katılımcısı:
Aman Allah'ım, hepsi!

Gary:
Böyle olan her şeyi ve godzilyon kerelerinin hepsini yıkıp yaratımını yok edermisin? Right and Wrong, Good and Bad, POD and POC, All Nine, Shorts, Boys and Beyonds.

NEYE GÖRE YAŞIYORSUN—GERÇEKLİK VEYA İLLÜZYON?

TV'de bir program seyrediyordum, bir kadın elinde bir bardak şampanya üstüne gül yaprakları serpilmiş bir yatağın üstünde oturuyordu. Sevgilisi, cebinde bir silahla içeri girdi. Bir şey için ona kızgındı ve onu vurmaya hazırdı. Bu hayatınızdaki ilişkilerin, seksin, duyguların ve romantizmin bir icadıdır. Hayatının gerçeğini değil, illüzyonunu icat ediyorlar. Neye göre yaşıyorsun? Gerçekliğe göre mi yoksa illüzyona göre mi?

Aslında hiçte çalışmayan hayatının illüzyonunun ne kadarını icat ettin? Böyle olan her şeyi ve godzilyon kerelerinin hepsini yıkıp yaratımını yok edermisin? Right and Wrong, Good and Bad, POD and POC, All Nine, Shorts, Boys and Beyonds.

Salon Katılımcısı:
Bu görsel gerçekliği kendi avantajıma kullanabilir miyim?

Gary:

Yapman gereken tek şey sormaktır:
+ Bunun ne kadarı gerçek?
+ Bunun ne kadarı illüzyon?

Şu anda sahip olduğun ilişkilere bak. Oğlunla olan ilişkine bak. O ilişkinin ne kadarı gerçek ve ne kadarı bir icat?

Salon Katılımcısı:

Hiç bir kısmı gerçek değil. Hepsi icat edilmiş.

Gary:

İlişkiyi icat etmek için yarattığın her şey, bunların hepsini yıkıp yaratımını yok eder misin? Right and Wrong, Good and Bad, POD and POC, All Nine, Shorts, Boys and Beyonds.

Eğer ilişkilerini icat ediyorsan, gerçekten önemseme mümkün mü?

Salon Katılımcısı:

Hayır.

Gary:

Niye?

Salon Katılımcısı:

Çünkü farkındalık ve seçim yok. Orada gerçek olan hiçbir şey yok.

Gary:

Evet, gerçekten önemsemek farkındalık üstüne kurulu. Görsel icat üstüne değil.

GELECEK OLARAK NE YARATMAK İSTERSİN?

Salon Katılımcısı:
Vay! Oraya nasıl ulaşırız, Gary?

Gary:
Bunu yapmanızı sağlamaya çalışıyorum. İlk adım, geleceğinizin yaratıcısı olduğunuzun farkına varmalısınız— ve bu bir bebek sahibi olmakla yapılmaz. Geleceği yaratmanın nasıl bir şey olduğunu algılar, bilir, olur ve alıp kabul eder olsaydınız nasıl olurdu?

Geleceğin yaratıcısının hangi fiziksel gerçekleştirmesini oluşturmaya, yaratmaya ve kurmaya şimdi kabilim? Buna izin vermeyen her şey ve godzilyon kerelerinin hepsini yıkıp yaratımını yok eder misin? Right and Wrong, Good and Bad, POD ve POC, All Nine, Shorts, Boys and Beyonds.

Lütfen bunu bir tekrarlama listesine koyun ve hiç durmadan dinleyin, bayanlar. Eğer gerçekten farklı bir dünya yaratmak istiyorsanız, gitmeniz gereken yer burası.

Salon Katılımcısı:
Teşekkürler, Gary. Bu o kadar özgürleştirici ki. Fark ettim ki insanların yaptıklarına bakıp şöyle sorular soruyorum," Bu insan ne iş yapıyor?", "Bu insanlar yaptıklarıyla nasıl hayatta kalıyorlar?" Kendi gerçeğimi yaratmam gerektiğini görüyorum.

Gary:

Dünyada çoğu insan kendi hayatlarını icat ediyorlar. Şu ana kadar yaşadığın hayatın ne kadarı bir icattı—ve bir yaratım değil?

İcadı yaratmak için yaptığın her şey, bunların hepsini yıkıp yaratımını yok eder misin? Right and Wrong, Good and Bad, POD and POC, All Nine, Shorts, Boys and Beyonds.

Gerçekten nasıl yaratırsın? Hayatının nasıl olmasını istiyorsan o enerjiyle başlarsın. Olmasını. Ne yapmak istediğin değil? Onun nasıl olmasını istediğinle. Sonra sahiden seçmenin mümkün olduğunu algılayabildiğin enerjiyi fiziksel gerçekleştirmeye başlarsın. Bu olanaklılık ve seçimin hesaplamayla buluştukları nokta.

Salon Katılımcısı:

O enerjiyi görmeye ve olmaya başlıyorum. Şimdi ikinci faz hakkında sormak istiyorum, fiziksel gerçekleştirmeyi getirmek, fiziksel olarak gerçekleştirebilmek.

Gary:

Siz kadınların nasıl geleceğin yaratıcısı olduğunuzdan biraz daha bahsetmek istiyorum. Erkekler şimdinin kuluçkaları ve yaratıcıları. Erkekler her şey kolay olsun diye her problemi çözmeye çalışırlar. Bir olanak yuvası hissinin olduğu bir durum yaratmaya çalışırlar. Bu yaratmak istedikleri huzur hissi.

Salon Katılımcısı:

Daha önce, "Bir kadın olarak bedenlenmiş olmaktan zevk alman için ne gerekli?" diye sordun. Ben, "Kadınların bunu gerçekleştirmesine yardım etmenin bile ne demek olduğunu bilmiyorum," dedim.

Gary:

Bunu yapmaya çalışıyorum. Geleceğin yaratıcısı olduğunu fark etmezsen bedenlenmiş olmanın zevkini alamazsın. Bu, sizlerin kadın olarak buraya geldiğinizde üstünüze aldığınız görev, geleceğin yaratıcısı olmak ve sonra onu bir bebek sahibi olmanın alt harmonisine indirgediniz.

Şu soruları sormalısınız:
+ Gelecek olarak ne yaratmak isterim?
+ Hangi olanaklılıklar ve seçimler, yaratmaya ve oluşturmaya istekli olduğum geleceğe dayalı fiziksel gerçekleştirme olarak ortaya çıkacak?

Salon Katılımcısı:

Sıklıkla, "gelecek yaratmak" diyorsun ve ben de, "geleceği yaratmak" diyorum.

Gary:

Sen, "geleceği" dediğinde, geleceği tanımlamaya çalışıyorsun ki bu mümkün değil. Gelecek bildiğimizden çok daha büyük bir şeyi yaratabilecek olanaklılık ve seçimlerin çeşitliliği.

Salon Katılımcısı:

Yani, "geleceği," der demez, ona bir şey mi sokuşturuyorum?

Gary:

"Geleceği," dediğinde, sanki tek bir tane varmış gibi.

Salon Katılımcısı:
Sanki tanımlanmış gibi.

Gary:
İnanmaya yöneltildiğimiz şeylerin bir parçası bu—herbirimiz için bir gelecek var, sanki tek bir kaderimiz var ve her şey önceden belirlenmiş gibi. Bu bir gerçeklik mi yoksa bir icat mı?

Salon Katılımcısı:
İcat.

Gary:
Kaderinizin ne kadarı icat edilmiş—yaratılmamış? Böyle olan her şeyi ve godzilyon kerelerinin hepsini yıkıp yaratımını yok eder misin? Right and Wrong, Good and Bad, POD and POC, All Nine, Shorts, Boys and Beyonds.

SEÇİM YARATMANIN BASKIN KAYNAĞIDIR

Salon Katılımcısı:
Eğer icadın illüzyonunun ve bu gerçekliğin ötesinde yaratmayı seçersek, bu geçmişteki tüm yemin ve adaklarımızı da halleder mi?

Gary:
Evet. Seçim yaratmanın baskın kaynağı burada, ama bunu henüz kabul etmedik. Bugün yaptığımız seçimlerle ne yarattığımıza bakmak yerine; yaptığımız seçimlerin en iyi seçimler, en doğru seçimler ve olması gereken, olacak

ve olmalı seçimler olduğu hissi için neyi doğru yapmamız gerektiğine bakmaya çalışıyoruz.

Bir seçim yaparken, soru sorun: Bu seçimi yaparak hangi gerçekliği yaratacağım?

Ben hep buradan hareket ediyorum. Çoğu zaman, bireyin ne olduğu konusunda hiçbir fikrim yoksa soruyorum:

Bunu seçiyor muyum? Evet. Niye seçtiğimi biliyor muyum? Hayır. Seçimimin birşey yaratacağını biliyor muyum? Evet. Ne yaratacağını biliyor muyum? Hayır.

Geleceğin yaratıcısı olmaya gönüllü olduğum gibi kolaylık yaratan şimdinin de yaratıcısı olmaya gönüllüyüm. Kadın ve erkek olmaya gönüllüyüm; sadece biri ya da diğeri olmaya gönüllü değilim. Umarım bazılarınız da bu olanaklılığı kucaklayabilir.

Salon Katılımcısı:

İnsanlar senden bir şey aldıklarında ya da çaldıklarında, hala kendi gerçekliğinde hareket edip kendi geleceğini yaratıyor musun?

Gary:

İnsanlar sahiden senden çalabilirler mi yoksa sadece kendi gelecek olanaklarını mı durdururlar? İnsanlar senden çaldıklarında, yaptıkları tek şey kendi gelecek olanaklarını çalmak. Senin yüzünden ya da seninle birlikte yaratılıp oluşturulabilecek her şeyi sona erdirmiş oluyorlar.

Para neye bağlı olarak değerli? İnsanların neyi yarattıklarına niye bakmıyorsun? Ben insanların hayatlarını nasıl yaratmaya çalıştıklarına bakıyor ve soruyorum:
- Bu niye değerli?

- Nasıl işleyecek?
- Ne olacak burada?

Salon Katılımcısı:

Gary, böyle hareket ettiğini söylüyorsun, ama sen farklı bir gerçeklikte yaşıyorsun.

Gary:

Benim gerçekliğim bu gerçeklikte gelecek, seçimler, olanaklar, kolaylık ve konfor yaratmakla ilgili. Benim gerçekliğim bunların tümünü içeriyor. Ya sen geleceğin yaratıcısı olmaya istekli olsan ve sorsaydın: Bu seçimle, hangi geleceği yaratacağım?

Gelecek düşündüğün gibi olmayabilir. Parayı ve diğer şeyleri bu hesaptan çıkarman lazım. Sormalısın:

- Bu seçim gelecekteki bir olanaklılık olarak neyi yaratır?
- Bu seçimimin sonucu olarak ben ve herkesin hangi seçimleri mümkün olacak?

Seçtiğim şeyi hiçbir zaman herhangi bireyin sonuçlanması olarak görmüyorum. Bir seçim yapıyorum ve o bir sürü insan için başka olanaklılıklara kapı açıyor. Önemseme ile geleceğin nasıl ilintili olduğunu anlamaya başladınız mı?

Salon Katılımcısı:

Henüz tam değil.

Gary:

Anladığın kısımları söyle bana.

Salon Katılımcısı:
Ne olduğunu bilsem de bilmesem de seçimlerimin bir gelecek yarattığını anlıyorum.

Gary:
Soru sormalısın. Bugün yaptığım seçimle hangi geleceği yaratıyorum? Bunu yapmamazlık edemezsin.

"BUNU ŞİMDİ İSTİYORUM"

Salon Katılımcısı:
Son birkaç haftadır çok fazla hayal kırıklığına uğradım.

Gary:
Hayal kırıklığı nedir? Hayal kırıklığı belirli bir sonuca ihtiyacın olduğuna karar verdin ve seçimlerin bunu yaratmıyor demektir. Belirli bir sonuca ihtiyacın olduğuna karar verirsen, onun için bir zaman çizgisi icat ediyorsun.

"Bunu şimdi istiyorum. Haftaya istiyorum." Seçiminin ne yaratacağının hesabına zamanı koyuyorsun—ve bunu yapamazsın.

Seçim ve olanaklılığı yaratacak enerjiyi durduruyorsun. Olması gerektiğini düşündüğün şimdi için geleceği durduruyorsun. Şimdi sadece bugün değil; şimdi aynı zamanda gelecek hafta veya gelecek ay. Hayat sürenizden daha uzun bir gelecek yaratmaya istekli olmalısınız. O yaratmaya istekli olmanız gereken gelecek.

Salon Katılımcısı:

Bunda bir önem bulamıyorum yani geleceğin ne olduğunu bilmiyorum.

Gary:

Hiç "Şekil yok, yapı yok, önem yok" emrini duydun mu?

Salon Katılımcısı:

Evet, sanki rüzgârın içinde yok oluyormuş gibi gezdiğimi hissediyorum ortada.

Gary:

Ve bu neye göre yanlıştır?

Salon Katılımcısı:

Sanki burada değilim, kolay, lüks bir yaşam sürüyorum veya herhangi bir şekilde bir hayat yaratıyorum.

Gary:

Bu bir sonuçtur; soru değildir. Geleceğin x, y, z şeklinde olacağına karar vermişsin zaten, bu demektir ki bu bir icattır. Nasıl olduğunu görmeye çalışıyorsun ki bunun hepsi icattır.

Bunların hepsini icat etmek için yaptığın her şeyi, hepsini yıkıp yaratımını yok eder misin? Right and Wrong, Good and Bad, POD and POC, All Nine, Shorts, Boys and Beyonds.

Bu gerçeklik sizi niye endişelendiriyor? Kendini bu gerçeklikte çalışan, bu gerçekliğe uyan ve bu gerçeklikte işleyen biri olarak mı icat etmeye çalışıyorsun?

Salon Katılımcısı:
Evet.

Gary:
Böyle olan her şeyi ve godzilyon kerelerinin hepsini yıkıp yaratımını yok eder misin? Right and Wrong, Good and Bad, POD and POC, All Nine, Shorts, Boys and Beyonds. Ailen ve eşinle olan fonksiyon bozukluğunun ne kadarı bir icat?

Salon Katılımcısı:
Hepsi. Ama buradan nereye giderim?

Gary:
Ama rutinine girme! Her ama dediğinde kafanı kıçına sokuyorsun.

Böyle olan her şeyi ve godzilyon kerelerinin hepsini yıkıp yaratımını yok eder misin? Right and Wrong, Good and Bad, POD and POC, All Nine, Shorts, Boys and Beyonds. "Buradan nereye giderim?" in bir soru olduğunu düşünüyorsun. Bir soru değil; nereye gideceğini bilmediğin sonucu. Nereye gittiğin konusunda hiçbir fikrin olmadığı sonucuna vardın—ama geleceği nereye gittiğini bilmeye, algılamaya ya da sonuçlandırmaya dayalı olarak yaratmıyorsun. Geleceği; hayatında ne ortaya çıkarsa çıksın onu alıp kabullenerek ve yaptığın seçimlerin, yarattığın olanaklılıkların, ortaya çıkan soruların ve sonuca varmazsan oluşacak katkıların farkına vararak yaratıyorsun.

ŞİMDİDE YAŞAMANIN PROBLEMİ

Salon Katılımcısı:
Şimdide yaşamanın var olan tek şey olduğu fikri benim için bir kapan mı? Şimdide yaşamaya odaklandım ve bana hemen yardımcı olacak sorular soruyorum, ama hemen şimdinin ilerisine bakmıyorum.

Gary:
Evet. Bu gerçeklikte bir bakış açısı olarak buna (bu bakış açısına) sahip olmaya mı yöneltildin ve bu mu öğretildi?

Salon Katılımcısı:
Evet.

Gary:
Bu doğru ve gerçek mi —yoksa bir icat mı?

Salon Katılımcısı:
İcat.

Gary:
Bununla yarattığın tüm icatlar, bunların hepsini yıkıp yaratımını yok eder misin? Right and Wrong, Good and Bad, POD and POC, All Nine, Shorts, Boys and Beyonds.

Salon Katılımcısı:
Çoğumuz mu tuzağa düştük? Bana bu öğretildi.

Gary:
İşe yaradı mı?

Salon Katılımcısı:

Şu ana kadar işe yarıyordu sanırım, ama şimdi siz bu konuda konuşunca, bunu yıkıyor.

Gary:

Şimdide yaşamak ve şimdiye odaklı olmak bir dereceye kadar işler—ama bir dereceye kadar işlemek, bir gelecek gerçeklik yaratmakla ilgili değildir. Şimdiyi yaratmanın sahip olmaya değer tek şey olduğu bakış açısına inandın. Şimdide yaşamak, her şeyin, sonuçlara şimdi ulaşman gerektiği hissini yarattığı bir yerdir. Şimdide yaşamak, "Bu istediğim yarın sonucu bana verecek." "Bu uzun dönemde ne yaratır?" sorusu değil. " Bu gelecekte ne yaratır ve oluşturur?"

Tüm seçimlerime geleceğin yaratımı ve oluşturulmasına göre baktım. İlginçtir ki, birkaç yıl önce, Kosta Rika'lı atlarla ilgilenmeye başladım. Onları satın alıp beslemeye başladım ve bir süre sonra sayıları çoğaldı. "Bunları satmalıyım, bunlarla bir şey yapmalıyım" diye düşündüm, sonra biraz şansla fark ettim ki, "Vay, ABD'de bu Kosta Rika'lı atlarım var ve önümüzdeki birkaç yıl içinde bir sürü kişi Kosta Rica atlarıyla macera için Kosta Rika'ya gidecek. Onlara bindikten sonra, ABD'de onları isteyecekler ve benim bu atlarım var." "Geleceği böyle yaratacağım," gibi bir bakış açısıyla başlamadım, ama Kosta Rika atlarını geleceğin bir yaratımı olarak aldığımı görüyorum. Geleceği nasıl yaratacağım konusunda bir fikrim yoktu. Ancak şimdi görüyorum bunun nasıl olacağını.

GELECEĞİNİN YARATICISI OLARAK KENDİNE GÜVENMEK

Salon Katılımcısı:

Bu sende güven olmasını gerektiriyor, doğru mu? Evrene ve yada enerjiye güvenmek?

Gary:

Hayır, bu geleceğin yaratıcısı olarak kendine güvenmek. Eğer kendini geleceğin yaratıcısı olarak görmezsen o zaman herkesin gerçekliğinin akışında sürüklenen ıvır zıvır çöp olursun.

Salon Katılımcısı:
Sanırım bu benim takıntım.

Gary:

Kaçınız kendinize güvenemeyeceğinizi icat ettiniz? Böyle olan her şeyi ve godzilyon kerelerinin hepsini yıkıp yaratımını yok eder misin? Right and Wrong, Good and Bad, POD and POC, All Nine, Shorts, Boys and Beyonds. "Bunu yaratacağım ve harika olacak," diyen insanlar var. Bu yaratım, oluşum mu yoksa icat mı?

Salon Katılımcısı:

Daha çok icat. Yaratım olması için, farkındalığını da bırakmaman lazım.

Gary:

Kosta Rika'da yaratmaya çalıştığımız resort oteli tasarlayan mimarla tanıştım. "Bunu modern bir bakış açısından yaratmak harika bir şey, ama on yıl sonra modası geçmiş olacaktır. Ben yeterince klasik ve geleneksel bir şey yaratmak istiyorum ki 100 yıl sonra da insanlar değerli bulsunlar."

Mimar "ne!" dedi.

"Bunu yarın yıkılsın diye yaratmıyorum. 100 yıl sonra da burada olsun diye yaratıyorum ve insanlar değerini görecekler."

"Oh!" dedi mimar. Bu tamamen farklı bir gerçeklikti, çünkü bugün insanlar gelecek için yapı kurmuyorlar. Onlara derhal para kazandıracak bir şey yapıyorlar. Şimdi için. Şimdide yaşamakla ilgili her şey, sürdürülebilir bir olasılık yaratacak şeylerle ilgili değil.

Herkesin sürdürülebilir proje binaları olduğunu söylemesi ilginç. Hepsinin bu yeşil denen şeyleri var ve bunların yüzde doksanı yeşil değil.

Sürdürülebilir değil ve 100 yıl sonra burada olmayacak.

GERÇEKTEN OLDUĞUN FARKINDALIĞA GÜVENMEK

Salon Katılımcısı:

Güvenden bahsettin. Güven ne? Benim için, güven yargı ya da sınırlama gibi.

Gary:

Güven kör inanç demek değildir. Güven insanların tam da ne yapacaklarsa onu yapacaklarını bilmek. Eğer seçerlerse yaparlar.

Salon Katılımcısı:
Yani, güven; bilmek midir? Olmak mıdır?

Gary:
Güven bilmek ve alıp kabul etmekle ilgilidir.

Salon Katılımcısı:
Bu sadece kendime güvenden daha hafif.

Gary:
Kendine niye güven duyarsın ki? Yaptığın tek şey mümkün olduğunca kendini aldatmaktır. Ya bunun yerine gerçekten olduğun farkındalığa güven duysan? Ya kendinin algılama, bilme, olma ve alıp kabul etme kapasitene güven duysan?

Bunun ortaya çıkmasına müsaade etmeyen her şey ve godzilyon kerelerinin hepsini yıkıp yaratımını yok eder misin? Right and Wrong, Good and Bad, POD and POC, All Nine, Shorts, Boys and Beyonds.

Bunu bir tekrarlama listesine koyun ve sürekli dinleyin:

Gerçekten olduğum farkındalığa güven olarak bütünü algılamanın, bilmenin, olmanın ve alıp kabul etmenin tümden farkındalığının hangi fiziksel gerçekleştirmesini oluşturmaya, yaratmaya ve kurmaya şimdi kabilim? Böyle olan her şeyi ve godzilyon kerelerinin hepsini yıkıp yaratımını yok eder misin? Right and Wrong, Good and Bad, POD and POC, All Nine, Shorts, Boys and Beyonds.

GERÇEK SERVET

Salon Katılımcısı:
   Gary, para konusunda neden kurtulmam, neyi atmam gerekli?

Gary:
   Onu kontrol edebileceğin fikrinden kurtulman lazım. Eğer geleceği yaratabileceğini fark edersen, içinde parasız olduğun bir gerçek yaratır mısın?

Salon Katılımcısı:
   (Gülüyor)

Gary:
   Bu bir hayır! herâlde. Parasız bir dünya yaratmazdın. Bu senin için bir gerçeklik değil. Ne yapman gerekiyorsa, ne zaman ve nerede yapman gerekiyorsa onun için yeterli paranın olduğu bir dünya yaratacaksın.
   İşte benim hayatımdan bir örnek. Yaptığım her şeyle yılda beş milyon dolar kadar para yapıyorum. Ve "Yeterli param yok. Niye bu insanlar beni kullanıyor ve benden bir şeyler alıyorlar?" diye ortada gezinip söyleniyorum.
   Arkadaşım Claudia, "Ama Gary, sen zenginsin." "Hayır, zengin değilim!" dedim. "Evet, öylesin," dedi.
   "Hayır, değilim. Hiç nakit param yok," dedim.
   "Ve paraca değerli olan ne kadar şeyin var?" diye sordu.
   "Bu fark etmez. Nakit param yok!" dedim. "Züppe, zenginsin," dedi. "Bu doğru olamaz. Ben sıradan bir adamım," dedim.

Nihayet buna baktığımda, "Evet, zenginim," dedim. Eğer zengin olmasam, insanlar benden yararlanmaya çalışmazlardı gibi bir bakış açım olduğunu gördüm, bu da zengin olmamak için nakitsiz olmamaya kendimi kandırdım demekti. Birtakım şeyleri servet olarak düşünmüyordum ve sonuç olarak zengin olabileceğime veya zengin olduğum olgusuna bakamıyordum. Kendimi fakir yapmaya çalışıyordum.

Bir varlık olarak, her gün herkesten aldığım farkındalık, önemseme, iyilik ve hediyelere göre, tanıdığım herkesten daha zenginim. Ve her zaman evrenin bana hediye olmasıyla da daha zenginim.

Seçtiğin zenginlik eksikliğini yaratmak için hangi aptallığı kullanıyorsun? Böyle olan her şeyi ve godzilyon kerelerinin hepsini yıkıp yaratımını yok eder misin? Right and Wrong, Good and Bad, POD and POC, All Nine, Shorts, Boys and Beyonds.

Dünyadaki gerçek servet olanaklılık ve seçime sahip olmaktır. Bu gerçek servettir—harcayabileceğin servet değildir. Servetin harcayabileceğin bir şey olduğu düşüncesi tıpkı tutkulu olduğunu kanıtlamak için külotunu indirmek gibi. Görsel bir icattır.

Hayatında sahip olmadığın paranın ne kadarı olabileceğini hayal edemediğin servetin görsel icadıdır? Böyle olan her şeyi ve godzilyon kerelerinin hepsini yıkıp yaratımını yok eder misin? Right and Wrong, Good and Bad, POD and POC, All Nine, Shorts, Boys and Beyonds.

KENDİNE GÜVEN

Salon Katılımcısı:

Biraz farklı bir konudan konuşmak istiyorum. Kendine güven ya da güvensizlik. Bu bir enerji mi? Bir zihniyet mi? Kendime güvensiz olmakla suçlanmıştım ve acaba bunu kabul mü ediyorum?

Gary:

İnsanlar seni sadece kendi yaptıkları şeylerle suçlar. Bunu duymuş muydun?

Salon Katılımcısı:

Evet, duymuştum ve sanırım buna katılıyorum.

Gary:

Hayır, bunu kabul ettiğini icat ediyorsun. Bunu icat ediyorsun, çünkü eğer biri bir şey söylemişse doğru olması gerekir diye düşünüyorsun.

Böyle olan her şeyi ve godzilyon kerelerinin hepsini yıkıp yaratımını yok eder misin? Right and Wrong, Good and Bad, POD and POC, All Nine, Shorts, Boys and Beyonds.

Salon Katılımcısı:

Peki, o zaman kendine güven ne? Bu sadece kendine inanç mı? Eğer sadece bir inanç ise, o zaman saçmalık. İnançlar saçmalık.

Gary:

Sana bunu söyleyen kişiyi niye önemsiyorsun?

Salon Katılımcısı:
Bana yakın olduğuna karar verdiğim biri.

Gary:
Oh iyi. Diğer bir değişle, bu kişiden hoşlandığın için seni taciz etmesine müsaade ediyorsun.

Salon Katılımcısı:
Ah, tamam. Peki, sadece bunu bırakıp "Bunun benim için bir önemi yok," mu diyeceğim?

Gary:
Evet. Öncelikle, bu gerçek mi—yoksa bu kişiden hoşlandığın için, gerçek olduğunu mu icat etmeye çalışıyorsun?

Salon Katılımcısı:
Onun bakış açısını görmeye çalışıyordum.

Gary:
Benim bakış açım, sırf senden hoşlanıyorum diye pisliğin teki değilsin demek değildir. Pislik oluyorsan, pislik oluyorsun. Tüm olan bu.

Böyle olan her şeyi ve godzilyon kerelerinin hepsini yıkıp yaratımını yok eder misin? Right and Wrong, Good and Bad, POD and POC, All Nine, Shorts, Boys and Beyonds.

Salon Katılımcısı:
Yıldızların olduğu şovları seyretmeyi seviyorum çünkü onların yeteneklerini göstermelerini seviyorum. Kendilerine güvenleri olduğu için yeteneklerini gösteriyorlar diye,

yanlış mı tanımlayıp uyguladım? Ya da onları seyrederken farkında olduğum şey ne, eğer kendine güven değilse?

Gary:

Marilyn Monroe kabiliyetini gösterdi. Kendine güveni var mıydı?

Salon Katılımcısı:
Hayır, hissi hafif geliyor.

Gary:

Bu doğru. Kendine güveni yoktu. Yaptığı taklide devam ederse, nihayet birisi onu sevecek diye düşünüyordu. Bu kendine güven değildir. Size yanlış olduğunuzu söyleyen bu insanları sevgi olarak mı icat ediyorsunuz?

Salon Katılımcısı:
Evet daha hafif.

Gary:

Böyle olan her şeyi ve godzilyon kerelerinin hepsini yıkıp yaratımını yok eder misin? Right and Wrong, Good and Bad, POD and POC, All Nine, Shorts, Boys and Beyonds.

Salon Katılımcısı:

Bu gerçeklikte, eğer duruşunda ya da sesinde bir savunmasızlık varsa, insanlar bunun kendine güven eksikliği olduğunu varsayabilirler.

Gary:

Bu gerçekten kendine güvensizlik mi—yoksa kendine itimat duyamayacağını icat ettiğin bir yer mi?

Salon Katılımcısı:

Yani kendimize küçük kapanlar yaratıyoruz diyorsun, "Kendime güvenim olmadığı için kendime itimat etmeyeceğim" gibi ve bunun gibi bir sürü düşünce silsilesi.

Gary:

Tekrarlama listesine koyacağınız bir proses size:

Kendime güvenin eksikliğini yaratmak için hangi aptallığı kullanıyor ve seçiyorum? Böyle olan her şeyi ve godzilyon kerelerinin hepsini yıkıp yaratımını yok eder misin? Right and Wrong, Good and Bad, POD and POC, All Nine, Shorts, Boys and Beyonds.

Senin için neyin doğru olduğunu bilen tek kişi sensin. Herkes sana güneşin altındaki her şeyi söyleyebilir, ama onlara inanamazsın. Ben kimseye inanmam. Niye? Sadece kendi sinirli bakış açılarından bakabilirler.

SENDEN BAŞKA KİMSE SENİ GÖREMEZ

Salon Katılımcısı:

Hangi noktada, Gary, hiçbir şey değişmezken, başkalarının söylediği ve düşündüğü şeylerin öneminden kopacağım büyük bir değişiklik olacak?

Gary:

Onların sözlerini düşünmek senin için niye değerli?

Salon Katılımcısı:

Doğru olup olmadıklarını merak ediyorum.

Gary:

Kendine inanmak yerine kendinden şüphe etmeyi tercih ederim diyorsun yani?

Salon Katılımcısı:

Vay, evet.

Gary:

Bu en parlak anın değil, tatlım.

Böyle olan her şeyi ve godzilyon kerelerinin hepsini yıkıp yaratımını yok eder misin? Right and Wrong, Good and Bad, POD and POC, All Nine, Shorts, Boys and Beyonds. İlk anlaman gereken şey senden başka kimsenin seni göremeyeceğidir. Hiç kimse! Kendi gerçekliğinin tüm parçalarına sahip olan bir tek sen varsın. Farkındalığın tüm parçalarına sahip bir tek sen varsın. Senin ne olduğunun tüm acılarını görebilecek bir tek sen varsın. Başkalarının senin bir takım parçalarını görebileceklerine inanmaya çalışırsan, ağzına bir tabanca sokup kendini vursan daha iyi. Ne zaman başkasının senin hakkındaki bakış açısını aldığında yaptığın şey bu. Kafana bir tabanca tutuyorsun. Bildiğim bir şey varsa o da, insanların bende kendilerinde de olan bir parçayı görüp bunun gerçek olduğuna inanmak istemeleri.

Salon Katılımcısı:

Okay, bu akla yatıyor.

Gary:

Onlar için var olan bir tek bu. Peki, onlara güvenebilir misin?

Salon Katılımcısı:
Hayır.

Gary:
Öyleyse, kendine güvenmek yerine niye onlara güvenip duruyorsun? Bu kendine güvenmekle ilgili.

Salon Katılımcısı:
Okay, anlıyorum.

Gary:
Senin tümünü görebilecek kendin yerine başkalarına güvenebileceğini icat etmek için yaptığın her şey, bunların hepsini yıkıp yaratımını yok eder misin? Right and Wrong, Good and Bad, POD and POC, All Nine, Shorts, Boys and Beyonds.

Salon Katılımcısı:
Teşekkür ederim, Gary!

Gary:
Hepinize teşekkürler, olduğunuz kadar olağanüstü olduğunuz için. Kendinize iyi bakın. Hoşçakalın.

8
Savaş Yerine Barış Yaratmak

Bu gerçeklikte bir şeyler değişmez çünkü var olana karşı mücadele ediyoruz, sanki bu barış yaratacakmış gibi. Anlamanızı istiyorum ki şu anda gezegenimizin hali sorun yaratıyor. Erkeklerle kadınların rolünü tersine çevirdiğimiz sürece çatışmanın varlığını devam ettiriyoruz.

Gary:
Merhaba bayanlar.

ERKEKLERLE KADINLARIN ROLLERİNİN DEĞİŞİMİ

Bu gezegende kadınların barıştırıcı ve erkeklerin de savaşçı olmaları gerektiği olgusundan konuşacağım, aslında bunun tersi olmasına rağmen. Roller değişmiş. Aslında kadınlar savaşçı ve erkekler barıştırıcı.

Erkeklere saldırıcı olmaları, işe gitmeleri ve topların önünde ölmeleri öğretilmiş. Bu gezegende işler karışmış çünkü erkekler barış için savaşıyorlar. Tüm tarihimiz boyunca barış yaratmak için savaş yaptık.

Eğer savaş yerine barış yaratmaya çalışsaydık ve gelecek için kadınlar savaşıyor olsaydı, çok daha iyi bir yerde olurduk. Eğer kadınsal bir gerçeklik icat ediyor olsaydın, geleceği yaratmak için bir şeyleri yıkar mıydın—yoksa farklı bir şey mi yaratırdın? Farklı bir şey yaratırdın! Bir şeye karşı savaşmazdın; gelecek için savaşırdın.

Bu gerçeklikte hiçbir şey değişmiyor, çünkü var olana karşı savaşıyoruz, sanki bu barış yaratacakmış gibi. Anlamanızı istiyorum ki şu anda gezegenimizin hali sorun yaratıyor. Erkeklerle kadınların rolünü tersine çevirdiğimiz sürece çatışmanın varlığını devam ettiriyoruz. Farklı bir noktadan bakmaya başlamalısınız.

Kadınsal gerçekliğin icadı için hangi aptallığı kullanıyorsun? Böyle olan her şeyi ve godzilyon kerelerinin hepsini yıkıp yaratımını yok eder misin? Right and Wrong, Good and Bad, POD and POC, All Nine, Shorts, Boys and Beyonds.

Erkeksel gerçekliğin icadı için hangi aptallığı kullanıyorsun? Böyle olan her şeyi ve godzilyon kerelerinin hepsini yıkıp yaratımını yok eder misin? Right and Wrong, Good and Bad, POD and POC, All Nine, Shorts, Boys and Beyonds.

Erkeksel ve kadınsal rollerin tersine dönmesi senin için gerçekten doğru olan şeyle seni sürekli bir çatışma içinde tutuyor, bu da sürekli bir başkasından onay bekliyorsun demektir. Gerçekten kim ve neyse o olmak yerine, kim ve ne olduğunu icat etmek zorunda kalıyorsun. Başka insanların seni görüp görmediklerine dikkat etmen gerekiyor, çünkü eğer onlar seni görürlerse, belki sen de seni görebilirsin. Lakin bu gerçekten çalışmıyor. Herhangi birşeyi görmek bir icattır.

Kadınsal gerçekliğin icadı için hangi aptallığı kullanıyorsun? Böyle olan her şeyi ve godzilyon kerelerinin hepsini yıkıp yaratımını yok eder misin? Right and Wrong, Good and Bad, POD and POC, All Nine, Shorts, Boys and Beyonds.

Erkeksel gerçekliğin icadı için hangi aptallığı kullanıyorsun? Böyle olan her şeyi ve godzilyon kerelerinin hepsini yıkıp yaratımını yok eder misin? Right and Wrong, Good and Bad, POD and POC, All Nine, Shorts, Boys and Beyonds.

Salon Katılımcısı:
Büyürken erkeklerin kim olduğuna dair bir hissim vardı. Onlar profesördü. Profesör olmak ve makale yazmak açısından bir gelecekleri vardı. Kadınların neredeyse hiçbir kimliği yoktu. Onlar sadece profesörlerin eşleriydi ve bir gelecekleri yoktu.

GELECEK YARATMAK İÇİN SENİN MÜCADELEN

Gary:
Kadınların gelecekleri vardı, ama onların geleceği kocalarının geleceğine dayanıyordu. O zaman fark etmedim belki, ama hayatımın daha ilerisinde fark ettim ki kadınların bir işi vardı ve bir gelecek yaratmak için savaşa gitmek yerine başka kişilere karşı savaşa giderlerdi.

Maalesef insanlar böyle işliyor. En iyi tercihleri değil ama bunu seçiyorlar şimdi.

Bayanlar, eğer savaşınızın bir gelecek yaratmak için olduğunu anlarsanız—hiç kimseye karşı savaşmak değil—belki birbirinize karşı savaşmayı bırakabilirsiniz. Bu, insanların birbirlerine karşı savaşması, en zor şeylerden biri. Bir dakika, bu kadın senin düşmanın değil, ama onu düşmanın yaptın. Çünkü o bir kaltak ve sen değilsin diye mi?

Salon Katılımcısı:
Tamamen.

Gary:
Gerçekçi olalım. Hepimiz kaltağız, hepimiz piçiz, hepimiz pisliğiz. Birinin ne olması gerektiğini söylediği şeye bakmak yerine, niye olana bakmıyorsun? Değişmesi gereken yer burası. Eğer siz bayanlar var olana karşı savaşmak yerine geleceği yaratmak için savaşmaya başlarsanız bu dünya değişebilir. Bunu yapmaya kabiliyetiniz var.

Salon Katılımcısı:
Bana bu konuda yardımcı olur musunuz? Bir geleceği yaratmak nasıl bir şey? Avustralya'da çoğunlukla herifsel erkek dünyasını yaşıyorum, sertliğin olduğu ve nezaket ve şefkate müsade etmeye aciz olunan bir yer. Kadınlar sanki birer kalkan gibi davranıyorlar diye düşünüyorum ve buna uygun bir varlık olmaya çalışıyorlar. Yumuşaklık ve şefkat ve nezakete müsade etsek, sanki bu insanları korkutuyor ve tehdit ediyor.

Gary:

Bu onları korkutuyor mu yoksa gerçekliklerini mi tehdit ediyor?

SAVAŞÇI KADIN OLMAK

Eğer nazik olursan onların gerçekliklerini tehdit ediyorsun. Eğer bir gelecek yaratmak için savaşmaya başlarsan, gerçekten gelecek olacak şey için savaşmaya gönüllü olursun, bu koruyucu kalkan olmak yerine savaşçı kadın olmak demektir. "Bir kere daha söylersen, senin hayalarını keserim, pislik," gibi şeyler söylemeye başlarsınız.

Salon Katılımcısı:

Sen bunu mu yapıyorsun?

Gary:

Evet, eğer farklı bir gerçeklik için savaşmaya istekliysen yaptığın bu. Olmaya çalıştığın duyarlı varlık olmak yerine niye sen olmuyorsun? Bu bir şeye karşı savaşmak yerine, o neyse, adını koymak, olduğu gibi söylemek.

"İnsanlara en başından ne olduğunu söylemek istiyorum" diyen bir bayanla konuştum.

Yapman gereken bu değil. Başından insanlara ne olduğunu söylemek istememelisiniz. Savaşçılar gelecek olarak farklı bir olanak yaratacak bıçağı sokacak doğru anı bekler.

Sanki saldırgan olmanız ya da bir şey yapmanız gerektiğini düşünüyorsunuz ama bu bir gereklilik değil.

Bir şey için savaşmak, mücadele etmek, bir şeye karşı mücadele etmekten farklıdır. Şu anda çoğunuz erkeklerle kadınlar arasında olan kine karşı savaşmaya çalışıyorsunuz—çünkü kadınların değerini bilen çok az erkek var ve erkekleri takdir eden çok az kadın. Bu olanları doğru ya da yanlış mı kılar—yoksa farklı bir olanak için bir açılım mı yaratır?

Salon Katılımcısı:

Gary, "Bu farklı bir olanak için bir açılım yaratır," derken ne demek istediğinizi açıklar mısın? Bu nasıl bir şey? Nasıl yaparsın bunu?

Gary:

Eğer tembel oğlunu tembelliğiyle takdir etseydin, onunla oturur ve biraz kestirirdin. Bu onunla olan ilişkini değiştirir miydi?

Salon Katılımcısı:

Kesinlikle. Bu her şeyi değiştirirdi.

Gary:

Bu farklı bir gelecek yaratmak için bir şey soktuğun açıklığı beklediğin yer. İnsanlara bir şeyleri senin istediğin gibi yaptıramazsın. Güven bana. Denedim ve acıklı bir şekilde başarısız oldum—tekrar tekrar. Başarısız olmayı gayet iyi biliyorum.

Salon Katılımcısı:

Harika! Bunu yapmamız gereken anda bir farkındalığa sahip olmak için hangi soruları sorabiliriz?

Gary:

Ya şunu yapsanız: Gerçekten olduğum savaşçı olmak için hangi enerji, alan ve bilinç olabilirim?

Bir savaşçı bunu nasıl yapacağını bilir. Bir savaşçı mücadeleyi doğru zamanda yapmayı bilir. Farklı bir sahne, mücadelenin farklı bir elemanını yaratacak vuruş için bir açıklık bekler. Eğer sürekli savaşmaya çalışırsanız, hiçbir işe yaramadan sürekli çığlık atıyorsunuz. Bu işe yarıyor mu?

Salon Katılımcısı:

Hayır!

BİR ŞEY İÇİN VS. BİR ŞEYE KARŞI SAVAŞMAK

Gary:

Eğer bir erkeğin içindeki barışı çıkarmaya davet ederseniz, onunla mücadele etmek zorunda olduğunuz biri olarak onu yaratmak yerine, farklı bir olanak ortaya çıkabilir.

Bir şeye karşı ya da bir şey için mücadele edebilirsiniz. Çoğu kadın, çocukları olduğunda, çocuklarını korumak için savaşır. Bu bir şey için mi yoksa bir şeye karşı mı savaşmak?

Salon Katılımcısı:

Bir şeye karşı savaş.

Gary:

Evet. Eğer onlar için savaşıyor olsaydınız, onların talep ettikleri her şeyi vermek için ne yapabileceğinizi veya söyleyebileceğinizi veya olabileceğinizi bulmaya çalışırdınız.

Salon Katılımcısı:
Kolaylık bunun neresinde?

Gary:
Kolaylık bu tarz bir savaşı yapmak istemende.

OLANAKLAR VE SEÇİMLER

Salon Katılımcısı:
Savaşın ötesinde ne var?

Gary:
Seçim. Eğer bir şey için savaşıyorsan, bir gelecek yaratmak için mücadele ediyorsun. Her an sahip olduğun tercihlere bakmaya isteklisin. Zorluk şu ki sadece iki tercih olduğuna inanmaya eğitilmişiz—ve bu gerçekten doğru değil.

Size eğer doğru seçimi yaparsan, istediğin sonucu elde edersin denmiştir. Ama olay bununla alakalı değil. Tercihlerin olanaklarını ve bunların nasıl farklı bir şey yaratacağını ve oluşturacağını görmelisiniz. İki-tercihli ya da üç-tercihli bir olanak yaratmaya çalışmaktan çok farklıdır bu.

Şu anda şunu düşünün: Öyle bir gelecek yaratmak istiyorsunuz ki, üç yıl içinde hayatınız daha iyi ve olabileceğini bildiğinizden çok daha geniş olacak. Sırf bunu düşünerek ne kadar seçim ve olanak yarattınız? Yüzlerce, binlerce, milyonlarca?

Salon Katılımcısı:
Evet, binlerce, bir yığın.

Gary:

Çok, çok, çok. 100,000 tercih yarattınız hemen— ve her biri yaratacağın gelecekte ufak farklılıklar yaratmak için seçilebilir. Bir gelecek yaratmak için savaşmaya başladığınızda, her yaptığınız seçimin nasıl bir gelecek yarattığına bakarsınız. "Oh, bunun yerine şunu seçeceğim çünkü bu diğerinden daha az gelecek yaratıyor," dersiniz, ve geleceği ve neyin yaratılacağını görmeye başlarsınız. Bu sürece başlamayı öğrenmelisiniz. Öğrenmeniz gereken bir şey bu. Otomatik olarak olmuyor.

Eğer olanaktan işlersek bambaşka bir devir açılır.

Salon Katılımcısı:

Bunu nasıl yaparız?

Gary:

Nasıl değil. şununla başlarsın: Benim işim bir savaşcı olmak ve geleceğin yaratımı için mücadele etmek. Bu noktadan hareket ettiğinizde, biri sizi aşağıladı mı, aşağılamadı mı diye düşünmeyi bırakırsınız. "Kusura bakma, hakaret hiçbir şey ifade etmiyor; sadece seni öldürmem lazım. Tamam, hoşçakalın!" dersiniz.

Salon Katılımcısı:

Savaş ve seçimin nasıl bir arada işlediğinden ve bunun pragmatik olarak nasıl göründüğünden bahseder misiniz?

Gary:

Diyelim ki $500,000'iniz var. Geleceği yaratmak için savaşma seçiminiz var, peki o geleceğin ne olmasını isterdiniz? Eğer o parayı korumaya ve kaybetmemeye çalışırsanız, gelecek için mi geleceğe karşı mı savaşıyorsunuz?

Salon Katılımcısı:
   Karşı.

Gary:
   Sormalısınız: Gerçekten istediğim geleceği oluşturacak ve yaratacak hangi seçeneklerim var burada? Ondan sonra o geleceği nasıl var edeceğinizi görmeye başlarsınız.

Salon Katılımcısı:
   Tamam, kolaylık burada başlıyor.

FETHETMEK

Salon Katılımcısı:
   Fethetmek konusunda biraz daha detaylı konuşur musunuz lütfen ve işleyişini gösteren birkaç pragmatik örnek verir misiniz?

Gary:
   Fethetmenin ilk başlangıcı bir geleceğin yaratımı için savaşa giden bir savaşçı olduğunuzu anladığınız yer. Eğer bir geleceğin yaratımı için savaşa giderseniz, eğer o adam geleceğin bir parçası ise veya o geleceği sizin için yaratacak biri ise onu fethetmeye istekli olursunuz.

   Geçenlerde genç bir hanımla konuştum. Çok genç ve çok güzel. Kendinden biraz daha yaşlı biraz göbekli ve o kadar güzel görünmeyen bir adamla tanıştırılmıştı. "Oh, onunla çıkmak isteyip istemediğimi bilmiyorum," dedi.

"Peki, biliyor musun? Seni idolleştiren birini istemiyor muydun?" dedim.

"Evet, ama güzel değil," dedi.

"Güzel bir erkek seni hiçbir zaman idolleştirmez; sadece kendisi idolleştirilmek ister," dedim.

"Ne?" dedi.

"Dünyadaki her güzel erkek idolleştirilmek ister çünkü hakkının bu olduğunu düşünür. Sen seni idolleştiren ve seni tamamen seven birini istiyorsun. Bu erkek yeterince yaşlı, yeterince güzel değil ama çirkin de değil ve sana tamamen tapacak. Bunu bir olanak olarak dikkate al" dedim.

Tamam," dedi.

"Onunla evlenmek ve çocuk sahibi olmak zorunda değilsin. Tek farkında olman gereken şey sana tapan biri isteğine doğru bir adım olduğunu fark etmen. Belki seni sana daha çok tapan biriyle tanıştırır." Kim bilir? Buna bir gelecek yaratmak açısından bakmaya gönüllü olmalısın."

Veya diyelim seni düzeltmeye çalışan bir erkekle berabersin. Seni düzeltmeye çalışan erkekler, bir kere seni düzelttiklerinde onlar için doğru kişi olacağına karar vermişlerdir. Eğer hayatında olan buysa şöyle diyebilirsin, "Benim için yapmaya istekli olduğun şeyler için çok teşekkür ederim. Hadi alışverişe gidelim." Altı saat alışveriş yapın, ve bu sizin için bir şey yapmak isteyeceği son kez olur. Senin için altı saatlik ağrı ve acı ondan kurtulmak için yaratılan altı saatlik ağrı ve acı. Bu durumu fethetmek—yapman gerekenin ne olduğunu bilmek.

"HAYATIMDA BİR KERE BİR ERKEĞİN BENİ BAŞTAN ÇIKARMASINI İSTİYORUM!"

Salon Katılımcısı:

Sizinle Level 2 ve 3'ü ve birkaç tele-seminer yaptıktan sonra benim için bir sürü şey değişti. Hiç libidom yokken daha önce, şimdi habire tahrik oluyorum. Özellikle Gary ve Dain ile ve seksüel-tensel bir şekilde bir kadınla oynamayı bilen başka erkeklerle sürekli seksi düşünüyorum. Evliyim ve eşimle seks yapmayı arzulamıyorum çünkü porno filmlerinde gördüğünüz cinsten zorlayıcı ve hızlı bir adam. Hayatımda bir kere bir erkeğin beni baştan çıkarmasını istiyorum!

Gary:

Bunu söyle:

Sonsuza kadar tamamen sekse doymamıza ve baştan çıkarılmamıza müsaide etmek için bedenim ve ben hangi enerji, alan ve bilinç olabiliriz? Bunun ortaya çıkmasına müsaide etmeyen her şey ve godzilyon kerelerinin hepsini yıkıp yaratımını yok eder misin? Right and Wrong, Good and Bad, POD and POC, All Nine, Shorts, Boys and Beyonds.

Salon Katılımcısı:

Kocama nasıl yavaş, tensel, özenli ve bunun gibi iyi şeyler yapmasını öğretebilirim? İstediklerimi ondan talep etmek benim için hep bir sorun oldu.

Gary:

Seks Dört Harfli Bir Kelime Değildir, kitabına alıp tuvalete koyabilir ve okuyormuş gibi yapabilirsin. Böylece, tuvalete gittiğinde alıp bakacaktır. Eğer tuvalette gittikçe uzun zaman geçirmeye başlarsa, yakında istediğini elde edersin.

BAŞKALARI İÇİN YAŞAMAK

Salon Katılımcısı:

Büyümeye başladığımdan yakın zamana kadar, kendi ebeveynlerime duygusal olarak ben ebeveynlik ettim. Onları korumaya ve onlara bakmaya çalıştım.

Gary:

Yakın zamana kadar? Hala yapıyorsun bunu. Ebeveynlerin o yüzden seni doğurdular. Hayatlarını gerçek ve iyi yapmak için onlara bakacak birini istiyorlardı. Bir sürünüz ebeveynlerinizin birileri, onları önemsesin diye sizi yaptıklarını fark etmiyorsunuz. Onlar kendilerini yeterince önemsemezken onları önemseyen biri olsun diye seni seçtiler. Bunların hepsini senin yapman gerekiyordu. Onlar sana bakamazlardı, çünkü senin onlara bakmanı sağlamaya çalışıyorlardı.

Algılamaya, bilmeye, olmaya ve alıp kabul etmeye istekli olmadığın her şeyi yıkıp yok eder misin? Right and Wrong, Good and Bad, POD and POC, All Nine, Shorts, Boys and Beyonds.

Bir sürünüzün yapmanız gereken bir proses size. Bana gönderdiğiniz soruları okumanın sonucunda bunu yapmanızı istiyorum:

Başkalarından, başkaları için ve başkaları üstünden yaşamanın gerekliliği ve zorunluluğunu icat etmeyi yaratmak için hangi aptallığı kullanıyor ve seçiyorsun? Böyle olan her şey ve godzilyon kerelerinin hepsini yıkıp yaratımını yok eder misin? Right and Wrong, Good and Bad, POD and POC, All Nine, Shorts, Boys and Beyonds.

Salon Katılımcısı:
Bunun onaya ihtiyaç duymakla bir alakası var mı?

Gary:
Hayır. Onaya ihtiyaçla bir alakası olduğunu düşünüyorsun. Onay arıyorsan, kendini tanımaya istekli olmazsın. Bu, geleceğin yaratımı için mücadele eden savaşçı olduğunu kabul etmektir. Oradan hareket etmeye başlarsan daha önce hiç olmadığı kadar kendinin farkında olursun. Erkeksel ve kadınsal rollerin ters yüz olması senin için gerçekten doğru olan şeyle seni sürekli bir çatışma içinde tutuyor, bu da başkasından onay beklemek demektir. Onların seni görüp görmediklerini görmen lazım, çünkü eğer görüyorlarsa, belki sen de kendini görebilirsin. Lakin bu çalışmıyor gerçekten. Herhangi bir şeyi görmek bir icattır.

Böyle olan her şey ve godzilyon kerelerinin hepsini yıkıp yaratımını yok eder misin? Right and Wrong, Good and Bad, POD and POC, All Nine, Shorts, Boys and Beyonds.

GÖRSEL TEMSİLLER VE İCATLAR

Salon Katılımcısı:
Görmenin nasıl icat olduğunu biraz daha açıklar mısınız lütfen?

Gary:
Son tele-seminerinde, televizyon seyrettiğim bir zamandan bahsetmiştim. Tutkunun görseli olarak birinin külotunu yere indirmesinden.

Bunun hesapta arzuyu temsil etmesi gerekiyordu. Bu şehvet değildi; bu külotun yere düşmesiydi sadece. Dünyanın görsel temsillerinin dünyanın doğruluğu/gerçeği olduğu gibi bir bakış açımız var.

Bu gerçeğin gerçek gerçekliği olarak görsel gerçekliği icat etmeyi yaratmak için hangi aptallığı kullanıyorsun ve seçiyorsun? Böyle olan her şey ve godzilyon kerelerinin hepsini yıkıp yaratımını yok eder misin? Right and Wrong, Good and Bad, POD and POC, All Nine, Shorts, Boys and Beyonds.

Diğer insanların görsel olarak gösterdikleri şekilde bir şeyleri görmeye çalışıyorsun. New York şehrindeki bir entelektüeli ele alalım. Bir kitaptaki bir satır hakkında ciltlerce konuşur. Yazarın bakış açısının ne olduğu konusunda bir sürü varsayım yapar. Hakkında konuştuğu cümleye bakarsanız, yüzde doksan entelektüel kendi görmek istediği şeyi söylüyordur. Bu bir icat, gerçeklik değil. Kendi dünyamızda biz de bunu yapıyoruz. Olmayan bir şeyi icat etmeye çalışıyoruz.

Salon Katılımcısı:
   Bir çocukken, bunu görmekten çok sıkıntı çektim.

Gary:
   Çünkü bir icat olduğunu biliyordun, ama insanlar hep sana gerçeklik olduğunu söylediler. İnsanlar icatları gerçeklikmiş gibi yaratır. Fark ettiniz mi insanlar konuşurken sanki bir filmdeki sözleri tekrarlıyorlarmış gibi gelir? Sözlerini o kadar kendileri gibi olmayarak ifade ederler. Bunun onlar için icat edilmiş bir gerçeklik olduğunu biliyorsunuz değil mi? Ne olduklarının farkındalığı değil, ne olmaları gerektiğini düşünüyorlarsa onun görsel bir temsili.

   Bu gerçeğin doğruluğunu seçebileceğin tek gerçeklik olarak görsel gerçekliği icat etmeyi yaratmak için hangi aptallığı kullanıyorsun ve seçiyorsun? Böyle olan her şey ve godzilyon kerelerinin hepsini yıkıp yok yaratımını eder misin? Right and Wrong, Good and Bad, POD and POC, All Nine, Shorts, Boys and Beyonds.

   Akıllı olmanızı ve yaratım değil bir icat olan ne yapmanız gerektiği konusundaki bakış açılarınızı kilitlediğiniz yerleri fark etmenizi tavsiye ediyorum. Eğer geleceğin yaratımı için mücadele eden bir savaşçı olacaksanız, icatlardan kurtulmanız lazım. İlişkilerinizle hayatınızda yaptıklarınızın ne kadarı icat? Çok, az ya da megatonlarcası mı?

Salon Katılımcısı:
   Megaton.

Gary:

Böyle olan her şey ve godzilyon kerelerinin hepsini yıkıp yaratımını yok eder misin? Right and Wrong, Good and Bad, POD and POC, All Nine, Shorts, Boys and Beyonds.

Bu sorularda problem olarak gördüklerinizin ne kadarı icat?

Bunları icat etmek için yaptığın her şey ve godzilyon kerelerinin hepsini yıkıp yaratımını yok eder misin? Right and Wrong, Good and Bad, POD and POC, All Nine, Shorts, Boys and Beyonds.

İlişkinin ne kadarını bir problem olarak icat ettiğini görmeye istekli olmalısın. Yatakta istediği şeyi istemekten/ talep etmekten zorlandığını söyleyen kadın gibi misiniz? Yoksa kocanızı kaybetmeye razı değil misiniz? Eğer kocanızı kaybetmeye gönüllü değilseniz, bu sizin için farklı bir olanak yaratır mı, istediğiniz şeyi ondan talep edebilmeniz için? Anlaşılan bu tele seminerindeki herkes için geçerli bu.

Böyle olan her şey ve godzilyon kerelerinin hepsini yıkıp yaratımını yok eder misin? Right and Wrong, Good and Bad, POD and POC, All Nine, Shorts, Boys and Beyonds.

Salon Katılımcısı:

İcat nedir?

Gary:

İcat budur: TV'ye bak ve öpüşen iki insanı seyret. Sözde bu birbirlerini nasıl önemsediklerini, birbirlerini nasıl istediklerini gösteriyor olmalı. Bu gerçek mi yoksa bir icat mı? Tüm düşünceler, duygular, hisler, seks ve seksizlik birer icat.

Salon Katılımcısı:
Her şeyi bir icat olarak görüyorum.

Gary:
Bir sürü şey icat, gerçekten bir gelecek yaratmanın dışında. Yani, hayatında yaptığın şeylerin çoğu icat. Kendinin ne olduğunu icat etmeye çalışıyorsun. Para durumunu icat etmeye çalışıyorsun. İlişkilerini icat etmeye çalışıyorsun ve her şeyin başkalarına nasıl görünmesi gerektiğini. Bu her şeyin nasıl göründüğü ile alakalı, nasıl olduğu ile değil. Her şey göründüğünün tersidir ve hiçbir şey göründüğünün tersi gibi değildir. Hepsi icat.

Böyle olan her şey ve godzilyon kerelerinin hepsini yıkıp yaratımını yok eder misin? Right and Wrong, Good and Bad, POD and POC, All Nine, Shorts, Boys and Beyonds.

Salon Katılımcısı:
Bu tele seminer için teşekkürler, Gary. Gerçekliğimin bu kısmı sanki bayat bir enerji gibi, yine de çok şey oluyor orada, ve yeni bir olanak açılıyor.

Gary:
O yüzden bunları yaratmak yerine icat ettiğinizi anlamanızı istiyorum. Birine aşık olduğunuza karar verdiğinizde bu bir gerçek mi, bir yaratım mı yoksa bir icat mı?

Salon Katılımcısı:
İcat.

Gary:
Evet, çünkü bir düşünce, bir duygu, bir his.

TERCİHTEN, OLANAKTAN, SORUDAN VE KATKIDAN YARATMAK

Salon Katılımcısı:
O zaman yaratmak nasıl bir şey? Anlamıyorum.

Gary:
İcat yolu ile yaratmaktasınız. Seçim, olanak, soru ve katkıdan yaratmıyorsunuz.

Salon Katılımcısı:
Oluşturucu enerji gibi mi?

Gary:
Eğer enerjiden hareket edersen bu oluşturucu ve yaratıcıdır. Geleceğin yaratımı için mücadele eden bir savaşçı olarak oluşturmaya ve yaratmaya başlayın. "Ben geleceğin yaratımı için mücadele eden bir savaşçıyım" daki enerjinin sahiden katılığını, maddeliğini hissedin. Bunu söylediğinde evreninde hiçbir şüphe yok. Birden bire şüphe gidiyor ve ne yapman gerektiğini biliyorsun. Gayet pragmatik ve kurucu. Bu yöne gitmeye devam ettikçe nereye gittiğimi biliyorum.

Salon Katılımcısı:
Tacizin ötesinde nasıl savaşçı, şifa verici ve fethedici oluruz?

Gary:
Gezegende ne olup bittiğine erkeklerin yaratma yoluyla bakmaya devam ediyorsunuz. Bu bir sorun, çünkü onlar arzuladıkları barışa karşı savaş yaratmak zorundalar ve bunu yapmak için, kızgınlık, öfke, hiddet ve kini gerçekmiş

gibi yaratıyorlar (bunların hepsi birer çeldirici implant), dünyanın olmaları gerektiğini düşündükleri fatihi ve yok edicisi olma misyonlarını yerine getirmek için.

Eğer farklı bir yerden yaratıyorsanız, "Bunu nasıl genişletebilir ve bir gelecek yaratırım?" noktasından yaratıyorsanız, oraya gitmek için yıkım, kızgınlık, öfke, hiddet ve kin yaratmak zorunda olmazsınız. Soru, seçim, olanak ve soru yaparsınız.

Salon Katılımcısı:
Vay, bu gayet iyi. Teşekkürler.

ÖFKENİZİ DIŞLAMAYIN

Salon Katılımcısı:
Dışlama yok'tan bahsettiğiniz bir CD'yi dinliyordum—ve kızgınlığı dışlamamaktan. Kızgınlığın çeldirici bir implant olduğunu söylüyorsunuz. Bundan biraz daha bahseder misiniz, lütfen?

Gary:
Evet kızgınlık çeldirici bir implanttır. Kızgınlığın gerçek olduğu ve çeldirici bir implant olmadığı tek zaman birinin sana yalan söylediği zaman.

Oyunun bir parçası olarak kızgınlığı da dahil etmelisin. Bu çeldirici implantı dahil etmelisin demek değil, ama kızgınlığı birinin onu bir çeldirici implant olarak kullandığını anlayacak kadar dahil etmelisin. Eğer çeldirici implantları dışlamaya ya da yok etmeye çalışırsan, onların olduğu yerde onları görmemeye çalışıyorsun demektir.

Salon Katılımcısı:
Kızmaktan nefret ediyorum gibi bir bakış açım var. Kızgınlık duyduğum için kendime kızıyorum ve bununla ne yapabilirim emin değilim.

Gary:
Eğer kızgınlığı dahil edersen, o zaman kızgınlık bazen parlayan bir şey olur— ve sonra geçer. Veya parladığında sorabilirsin, "bu kişi bana yalan söyledi mi?". Eğer evet gelirse, kızgınlık gider. Kızgınlığı bastırdığında patlar ve bu da sana zarar verir. Bedenine zarar verir ve kızgınlık duyduğun için seni üzer. Senin tanımında, sanki kızgınlığı bastırmaya çalışıyorsun ve ortaya çıkmasına müsaade etmiyorsun gibi geliyor, böylece ortaya çıktığında, dev gibi bir patlama oluyor ki, bu da faydalı değildir ve zarar vericidir.

Salon Katılımcısı:
Eğer oğluma duyduğum kızgınlığı bastırmazsam ne olur diye korkuyorum.

Gary:
Oğluna duyduğun kızgınlığı da dahil etmelisin, ve "Eğer bunu tekrar yaparsan, kafanı tuvalete sokup sifonu çekeceğim,"i de dahil etmelisin. Bugün bunu kendi çocuğumla yaptım. Habire telefon açıp, "Hadi bir içki içelim, akşam yemeğine çıkalım," diyor. Habire biraraya gelmek istiyor. İnanılmayacak kadar beni seviyor çünkü onunla dürüstüm. Bugün kızgınlığımı bastırmadım, gösterdim; ama onun üstünde patlamadı, bu da bir sürü insanın yaptığı şey.

Salon Katılımcısı:
Peki, nasıl yaparım bunu? Patlamadan önce ne sormalıyım?

Gary:
Sonsuza kadar benim gerçekliğime kızgınlığı dahil etmeme müsaade edecek hangi enerji, alan ve bilinç olabilirim?

"SADECE SAF BİR KIZIM"

Salon Katılımcısı:
Anlatmaktan veya tartışmaktan kaçındığım bir şey oluyor bir süredir. Sanırım genelde dostça, neşe dolu, seksüel olarak açık, gönüllendirici, cesur ve daha da çok şey olmayı seçtim.
Access Consciousness ve sen sayesinde, Gary. Sanırım bu erkekleri ve bazen de onların eşlerini benim niyetimi yanlış anlamaya yöneltiyor ve onların projeksiyonlarını, beklentilerini, ayrımlarını, yargılarını ve redlerini algılıyorum. Ne oluyor anlamıyorum.

Gary:
Farkında olmamak saf olmak demektir. "Sen sadece saf bir kızım" a devam etmenin yolu, projeksiyonlarını, beklentilerini, ayrımlarını, yargılarını ve redlerini alıp kabul etmemektir. Bu senin yanlış zamanlarda gülmene ve kıkırdamana, yapmak istemediğin şeyleri yapmana, hayatında hayır demeyi bilmediğin insanların olmasına yol açar.

Ne olup bittiğinin farkında değilsen şu soruyu sor: Seçtiğim saflığı yaratmak için hangi aptallığı kullanıyorum? Bir geleceğin yaratımı için bir savaşçı olacaksın. Farklı bir bakış açısı ortaya çıkacak, ve istediğin olsun diye kıkırdamayacaksın.

BU KİME AİT? BENİM Mİ?

Salon Katılımcısı:
Bir erkeğin ilgisini çektiğimi fark ettiğimde, kendimi çok rahatsız hissediyorum. Bazen kıkırdıyorum veya bariyer koyuyorum araya, ya da kendini kötü hissetsin veya o da rahatsız olsun diye onunla flört ediyorum.

Gary:
Hiç sordun mu: Bu kime ait?
Bayanlar, erkekler gezegendeki en kendine güvensiz insanlardır. Eğer kendinize güvensiz hissediyorsanız, bu yüzde doksan dokuz o bir erkeğin bakış açısıdır. Çok az erkeğin kendine güveni tamdır. Öyle olanlar herkese çok korkutucu gelir. Eğer birilerinden korkuyorsunuz, muhtemelen kendi içlerinde rahat olan insanlardır, ve eğer sen kendi içinde rahat değilsen, farkında olduğun içindir— bir problemin olduğu için değil. Seni seviyorum—ve bundan kurtulmalısın.

Salon Katılımcısı:
Bir yerde herkesin projeksiyonlarını, beklentilerini, ayrımlarını, yargılarını ve redlerini gerçek gibi satın aldım. Kendimi yanlış kıldım, suçladım, paralize oldum

ve bariyerler koydum. Tüm bununla ilgili biraz netlik kazanmak istiyorum.

Gary:

Vay, ne kadar hoş bir icat.

Kaçınız, erkeklerle, kadınlarla ve ilişkilerle baş etme tarzınızı icat ediyorsunuz? Böyle olan her şey ve godzilyon kerelerini hepsini yıkıp yok eder misin? Right and Wrong, Good and Bad, POD and POC, All Nine, Shorts, Boys and Beyonds.

Bunların yüzde %99,000'nin size ait olmadığı olgusunda net olmalısınız. Bu benim mi? sorusunu sormaya başlamalısınız. Eğer sorarsanız, göreceksiniz ki bunların hiçbiri sizin değil. Kendine güvensizlik ve tüm bunlar size ait değil. Red edilmeyi istememek size ait değil. Tatlı şey, lütfen bunların senin olmadığını anla. Bu bakış açıları senin değil.

DIŞLAYICI İLİŞKİLER

Salon Katılımcısı:

Bu teleseminerler için çok teşekkür ederim. Sadece bir sevgili sahibi olmanın tamamen okey olduğunu anlıyorum. Herşeyi yerine getirmesi gerekmiyor—ve şimdi sahiden harika bir hayatım var.

Gary:

Evet, arzuladığınız her şeyi yerine getirmek için tek bir insan olması gerekmediğini anlamanız lazım. Sonsuz bir varlığın hayatında tek bir kişi mi vardır? Tek ilişkiler sadece bir kişi haricinde herkesi dışlama düşüncesidir, ve bunu yaptığında, "herkes" seni daha çok dahil edecektir, daha az değil. Kendini dışlama yoluna giriyorsun, "Okey, buna kendimi dahil ediyorum" un farkına varmak yerine, neden şu soruları sormuyorsun:

- Sahiden ne isterim?
- Hayatımı eğlenceli yapmak için ne gerekli? Sadece benim için, sadece eğlenmek için, kimseye söyleme, demiyorsun.

OLMAK VS. YAPMAK

Salon Katılımcısı:

Olmak vs. yapmak konusunda biraz açıklamaya ihtiyacım var. Sanırım bir şeyler yaparak başarılı olmaya çalışıyorum ama kendimi yetersiz, başarısız ve bir sonuca bağlanmış hissediyorum. Neler oluyor? Bunu temizlememe yardımcı olur musun?

Gary:

Seçtiğin yapmakla icat yaratmak için hangi aptallığı kullanıyorsun? Böyle olan her şey ve godzilyon kerelerinin hepsini yıkıp yok eder misin? Right and Wrong, Good and Bad, POD and POC, All Nine, Shorts, Boys and Beyonds.

Anladın mı bunu? Yaparak icat ediyorsun, sanki eğer yaparsan, sahiden yaratacakmışsın gibi, ki bu öyle değil.

BİR ŞEYLERİ HALLETMEK İÇİN Mİ GERİ GELİYORUZ?

Salon Katılımcısı:
Birtakım insanlarla beraber olmak için habire yeniden dünyaya geldiğimizi duydum. Bu fikir konusunda farkındalığınız nedir? Bunu tercihlerimiz için olduğu kadar bu insanın çevresinde hissettiğimiz sınırlamalarımızdan kurtulma şansını kullanmak için mi yapıyoruz?

Gary:
Hayır, genelde çevresinde bir sınırlama hissettiğiniz insanları bu hayatta öldürebilmek için seçersiniz. Eğer birisine çok fazla çekiliyorsanız veya birine tutku hissediyorsanız, o tutku genelde bu hayat sürecinde ya sen onu ya da o seni öldürsün diyedir.

Peki, bazı şeyleri halletmek için mi geri geliyoruz? Öyle olmadığı açık! Metafizik dönemimdeyken, bana kendi eksiklerinden kurtulmak için insanları seçtiğimizi söylediler, ama şu ana kadar ben bunun doğru olduğunu görmedim. Eğer biriyle inişli-çıkışlı bir ilişkiniz varsa, bu birbirinizi yüzyıllardır öldürdüğünüz içindir ve bu sefer kimin öldürme sırası diye bakıyorsunuz.

İLK BAKIŞTA AŞK

Salon Katılımcısı:
İlk bakışta aşk gerçekten var mı?

Gary:

Evet, çünkü başka hayatlardan o kadar çok yemin, ant, adak, vaat, taahhüdünüz var ki, bir başka hayatta taahhütte bulunduğunuz biriyle karşılaşırsanız, bunu birden bire hatırlarsınız. Bu yanıtı o kişinin fiziksel görüntüsü yaratmaz; enerjik formu yaratır. Birden bire o kişiye aşık olursunuz.

Hayatlar arasında, ve herhangi bir hayattan herhangi birine olan tüm söz, ant, adak, vaat, taahhüt ve yeminlerinizin hepsini yıkıp yaratımını yok eder misiniz? Right and Wrong, Good and Bad, POD and POC, All Nine, Shorts, Boys and Beyonds.

İyi haber bunu çok yapmanız. Kötü haber bunu çok yapmanız.

ETİKETLER OLANAKLARI KISITLAR

Salon Katılımcısı:

Bir deney yaptım, bir gün için erkek arkadaşımı erkek arkadaşım gibi değil de sadece iyi bir arkadaşım gibi düşünmeye karar verdim. O gün ona karşı olan davranışımın farklı olduğunu fark ettim. Aramızdaki etkileşim daha az kontrolcü ve daha çok oyuncuydu. Sanırım bu erkek arkadaş kelimesinin anlamıyla ilgili. Bu konuda konuşabilir misiniz?

Gary:

Evet. Ne zaman birinin sizin için ne olduğuna bir etiket koysanız, o etiketin ötesindeki olasılıklara kapıyı açamazsınız. Birine koyduğunuz her etiketle olanakları sınırlandırırsınız. O yüzden insanların hoşlandıkları kişiyi önemli diğerim diye adlandırmak yerine önemsiz diğer demelerini istiyorum. Eğer o kişi sizin önemsiz diğeriniz ise, daha fazla olasılık var. Eğer önemli diğeriniz ise bunu önemli, kayda değer, kontrolcü kılarsınız—ve bu da hiç de eğlenceli değil.

Bunları sahiden önemli şeyler olarak icat etmek için yaptığınız her şeyi yıkıp yaratımını yok eder misiniz? Right and Wrong, Good and Bad, POD and POC, All Nine, Shorts, Boys and Beyonds.

GERÇEKTE BİR SEYLERİ KONTROL EDEBİLİR MISINIZ?

Salon Katılımcısı:

Kontrol konusunda konuşur musunuz? Bir enerji mi yoksa zihinsel bir düşünce mi? Her iki kutupta da sıkışıp kaldığımı anlıyorum, kontrol etmek ve etmemek ve ne zaman kontrol etmek ne zaman kendimi bırakmayı bilmeye çabalıyorum. Kontrol fikrini kendimden daha güçlü kılıyorum.

Gary:

Kontrol çoğunlukla bir icat. Bilinçli bir ilişkinin içinde kontrol olur mu? Hayır. Gerçekten hiçbir şeyi kontrol edebilir misin? Hayır. Odadaki enerjiyi kontrol etmeye çalış. Yapabilir misin? Hayır. Niye. Çünkü enerji kontrol edilemez. Eşin enerji mi? Evet. Eğer onu kontrol edilebilir yapmaya çalışırsan, onun gerçekliğini ne kadar daraltman gerekir? Tüm hayatını, yaşamını ve bedenini ne kadar daraltmalısınız ki bunları kontrol edebilesiniz? Çok, az veya çok fazla mı? Çok fazla!

Böyle olan her şey ve godzilyon kereleri, hepsini yıkıp yaratımını yok eder misin? Right and Wrong, Good and Bad, POD and POC, All Nine, Shorts, Boys and Beyonds.

AŞKIN KENDISI BIR İCAT

Salon Katılımcısı:
Aşık olmanın icadının ötesinde ne var?

Gary:
Aşkın kendisi bir icat. Bu belki de insanların anlamakta en çok zorlandıkları şeylerden biri. "O insan seni seviyor," diyorlar. Seni seviyor mu? Yoksa senden bir şey mi istiyor? Veya ne? Ebeveynleriniz sizi seviyor. Baban ve annen seni aynı mı seviyorlar? Hayır, tamamen farklı. Bir sevgi ya da diğeri—veya hepsi aşkın ne olduğunun icadı mıdırlar?

Salon Katılımcısı:
İcatlar.

Gary:
Evet, aşk icattır. Annene mi yoksa babana mı daha çok minnettarsın?

Salon Katılımcısı:
Beni doğurduğu için anneme—ve babama çünkü onunla daha iyi anlaşıyorum.

Gary:
Babana minnettarsın ama anneni tolere ediyorsun.

Salon Katılımcısı:
Tamamen, teşekkür ederim.

Gary:
Şu şekilde isimlendirebiliriz, millet. Eğer anneni tolere ediyorsan, tamam. Eğer birine minnettarlık duyuyorsan, bu farklıdır. Minnettarlığın yargısı yoktur, aşkın vardır. O yüzden aşk bir icat diyorum. Eğer gerçek sevmek olsaydı, yargısı olmazdı. Gerçek sevmek olanağın sürekli ifadesidir. Aradaki farkı anlıyor musunuz?

Salon Katılımcısı:
Her varlıkla bilinçli bir ilişkimiz varsa bu farklı bir geleceğin yaratımı için avantajlı mıdır?

Gary:
Eğer kendi gerçekliğini yaratmak istiyorsan, kontak kurduğun herkesle farklı bir ilişkin olacaktır. Daha büyük olanaklılıklara diğer insanlardan çok daha fazla açık olursun. Ne söylemen gerekiyorsa bunu alıp kabul edecekler mi demek bu? Hayır. Seni alıp kabul edecekler mi? Hayır. Bu, gezegendeki insan/hümanoid ırkını değiştireceğiz mi demek? Biraz şansla, evet. Kendinizden hoşlanmaya devam edin, çünkü olanaklar yaratacak olan sizsiniz.

HER İLİŞKİ BIR İCAT

Salon Katılımcısı:
İlişkiler de bir başka icat değil mi?

Gary:

Evet, her ilişki bir icattır. Burada (bu gerçeklikte) yaratılabildiği şekilde her ilişki bir icattır.

Salon Katılımcısı:

Bir ilişki ile senkronize olduğum noktadan hareket ettiğim her yer bir icattır. Bunu dışında nasıl işleyeceğimi bilemiyor ve o noktaya hiç gitmemeyi tercih ediyorum çünkü aptalca olduğunu algılıyorum.

Gary:

Bu bir farkındalık mı yoksa bir sonuç mu?

Salon Katılımcısı:

Bilmiyorum. O netliğim yok.

Gary:

Bu bir sonuç aslında. Ya bir soru sorsaydın:
+ Bu işleyecek mi?
+ Bu benim için eğlenceli ve ilginç olur mu?
+ Bu benim hayatımda daha çok yaratacak ve oluşturacak bir şey mi?

Eğer geleceği yaratmak için mücadele eden bir savaşçı noktasından ilerlerseniz, göreceksiniz, "Oh! Bu insanla olmayı tercih etmiyorum çünkü bu bana katkı olacak veya olmak istediğim katkı olabileceğim bir gelecek yaratmayacak." Farkı anlıyor musunuz?

Salon Katılımcısı:

Fark ediyorum. İlişkiler konusundaki çabalamalarımı temizlemek için birtakım prosesler yapmam gerekir mi?

Gary:
> Gerçek, bir ilişki istiyor musun?

Salon Katılımcısı:
> Hayır.

Gary:
> Peki, o zaman sorun yok!

Salon Katılımcısı:
> Ama bu teleseminerlerde herkes bir tek ilişkilerden bahsediyor. Başka bir şeyden değil. Herkes bunu yapıyor.

Gary:
> Herşey değil. Gerçek işinin bir gelecek yaratmak olduğunu söylemedim mi?

Salon Katılımcısı:
> Evet, bu iyi.

Gary:
> Buraya sahiden niye geldiğiniz ve sizin için sahiden ne mümkün, sizi bunların farkındalığına götürmek istiyorum. Eğer bir ilişki istiyorsanız, oraya varmanız için de elimden geleni yapacağım. Ama bir ilişki arzu etmeyenlerin, ihtiyacı olmayanların ve istemeyenlerin de bir ilişkiye sahip olmak zorunda olmadıklarını bilmenizi istiyorum. Bu sadece bir tercihtir. Aslında hepimiz böyle işlemeliyiz.

BİR SAVAŞÇI MÜCADELEYİ KAZANMAK İÇİN NE GEREKİRSE YAPMAYA İSTEKLİDİR

Salon Katılımcısı:

Savaşçı olmak konusunda bir sorum var. Savaşçıların her şeyi kendilerinin yaptığı varlıklar olarak düşünüyorum. Benim için işleyecek bir gelecek yaratmaya ve oluşturmaya baktığımda gittikçe daha çok insanla işbirliği yapıyorum sanki. Sanki geleceklerimiz örtüşüyor. Bu nedir? Bir savaşçı olmak ve işbirliği yapmaktan bahseder misiniz?

Gary:

Bir savaşçı mücadeleyi kazanmak için ne gerekiyorsa yapmaya isteklidir. Eğer bu inanılmayacak olasılıklara rağmen biriyle sırt sırta vermeyi gerektiriyorsa, onu yapacaksınız demektir. Eğer ileri atlamak demekse, onu yapacaksınız demek. Sahiden bir savaşçı olduğunda eğer ihtiyacınız olan geleceği yaratacaksa, toprağı deşersiniz. Kılıcınızı ekmek için kullanırsınız. İstilacılara karşı barikat kurmak için silahlarınızı kullanırsınız. Ne gerekiyorsa onu yaparsınız. Bir savaşçı sadece kesmez bükmez, öldürmez ve parçalamaz. Bir savaşçı gideceği yere gitmesi için ne gerekiyorsa onu yapabilendir.

Bayanlar o yüzden savaşçı olduğunuzu anlamanız için çalışıyorum—çünkü siz ilerlemek için ne gerekiyorsa yaparsınız. Projeksiyon, beklenti, red, ayrılma, yargı yapmazsanız veya yanlış olduğunuzu düşündüğünüz bir noktaya gitmezseniz bunu yapmaya tereddüt etmezsiniz. Bundan silkinir ve "geleceği yaratmak için mücadele edecek bir savaşçıyım," dersiniz.

İLGİNÇ BAKIŞ AÇIŞI

Eğer kendinizin farkındaysanız akan suda duran bir taş gibi durursunuz. Kutupluluk sana doğru gelir ve çevrenden akıp geçer ve sen ilginç bir bakış açısı olursun. Eğer birşeylerin akışında nerede durduğunuzu fark ederseniz, gelecek için mücadele eden bir savaşçısınızdır.

Bunda bir katılık-maddesellik vardır, ama durağanlık yoktur. Çoğu katılık durağanlığa dönüşür. "Ben bir savaşçıyım," derseniz durağan bir pozisyona dönüşür ve kendinin doğru olduğunu kanıtlamak için herkesle kavga etmek zorunda olursun. Yaşamak istediğin yer burası mı?

İlginç bakış açısı olduğunda, tüm polarite, delilik ve icat girdabının sana bir etkisi olmaz, çünkü nereye gittiğini biliyorsun. Buradan geleceği yarattığımız için mücadele edebilirsin.

Salon Katılımcısı:

Bu teleseminerler için çok teşekkür ederim, Gary ve bu görüşmeye katılan tüm olağanüstü kadınlara da teşekkür ederim. İlk kez, erkekler ve kadınlar arasında ve genel olarak onlarla ilişkilerimde bir barış hissediyorum. Öyle bir kızgınlık, kin ve güvensizlik vardı ki insanlar arasında ama şimdi bu teleseminerle, artık fark etmiyor. Bunu halledebilirim.

Gary:

Evet, o yüzden bu teleseminerî yaptım. Onu, yani sizlerin kendi gerçekliğinizi yaratmanızı arıyordum. Olanak ve seçenekler yaratan bir barış hissi verecek size bu. Teşekkürler, bayanlar.

9
Sürdürülebilir Bir Gelecek Yaratmak

Belki de hayatta kalmaya çalışmaktan vazgeçip gelişmeniz, serpilmeniz için ne gerekli ona bakmaya başlamanız lazım.

Gary:
Selam bayanlar. Hadi bazı sorularla başlayalım.

ÇOCUK SAHİBİ OLMAK

Salon Katılımcısı:
Çoğu kadın için, geleceği yaratmanın çocuk sahibi olmakla ilintili olduğunu ve çocuk sahibi olmanın geleceği yaratmanın alt harmoniyi olduğunu söylediniz. Geleceği yaratacak bir savaşçıyken—aynı zamanda kendin olmayı ve çocuk sahibi olmayı seçebilir misin?

Gary:

Evet, yapabilirsin. Çoğu insan geleceğin çocuklarla ilintili olduğuna karar verdi; dünyada uzun süreli bir etki yapmakla alakalı olduğuna değil. O yüzden çocukları dünyadaki uzun süreli etki olarak görülüyorlar—ama bir tek onlar uzun süreli etki değiller. Tüm tercihlere sahip olmanız lazım. Tüm seçimler sizin için mümkün olmalı.

Salon Katılımcısı:

Çocukları kendi evrenime davet etmeyi seçiyorum ve bu yaşamımı sonsuz derecede genişletti. Bunu seçtiğimde başka ne mümkün?

Gary:

Bu seçime bakıp sormalısın: Eğer bu çocuklara sahip olmayı seçersem hayatımda, bu benim ve onlar için daha büyük ya da daha az bir gelecek mi yaratacak?

Gelecek sadece sen demek değil; gelecek sen ve onlardır. Çoğu insan "Şimdi, beni önemseyecek, bana bakacak birisi olacak" ya da "Beni sonsuza kadar sevecek birisi olacak." bakış açısından çocuk yapıyor. Kendin ve başkaları için gelecek yaratacağın bir yere geldiğinde farklı bir olanağın ortaya çıkabileceğini fark etmelisiniz. Katı bir bakış açısına dayanmayan bir gelecek yaratmalısınız; bu gerçekliğin ötesinde sürdürülebilir bir gerçekliği olan bir gelecek yaratmalısınız.

Salon Katılımcısı:

Bizim bir fatih olduğumuzu ve gelecek için mücadele ettiğimizi ve bir açıklık gördüğümüzde oradan geçtiğimizi söylediniz.

Gary:

Bu gerçekliğin ötesinde bir gelecek yaratmaya istekli olduğunuz için bir açıklığın oluştuğu yeri görürsünüz. Bir açıklık gelecektir size ve siz de, "Oh! Oraya gitmem lazım!" diyeceksiniz. Biliyorsunuz çünkü her şeyden çok bildiğinizden hareket etmeye gönüllüsünüz.

BU GERÇEKLİKTEN ÇIKMAK DEĞİL

Salon Katılımcısı:

Eve geri taşınmış üvey oğluma karşı, bir üvey anne olmaktan çok hayal kırıklığına uğramış durumdayım. Bunu nasıl dile getireceğimi bilmiyorum. Nasıl çocuğun üvey annesi olmam?

Gary:

"Bu gerçeklikten nasıl çıkabilirim?" diye soruyorsun. Ama bu gerçeklikten çıkmak değil. Eğer bu arzuladığın her şeyi yaratacak olsaydı, çıkmak kolay olurdu. Şu soruyu sormalısın: Bu gerçekliğin ötesinde, benim için gerçekten çalışacak bir gerçeklik nasıl yaratabilirim?

Salon Katılımcısı:

Bunu nasıl yaparım?

Gary:

Ona dersin ki, "Şimdi geri geldiğine göre, sana anne ya da üvey anne olamayacağım kadar büyüdün. Peki, nasıl bir arkadaşlık ve bir evi paylaşan iki kişi olarak işleyen bir ilişki yaratabiliriz?"

Salon Katılımcısı:

Yaptım onu. Söz kullanmadan, s..tir git dedi ve ne istiyorsa onu yapmaya devam etti.

Gary:

Peki, niye buna dayanıyorsun?

Salon Katılımcısı:

Evet, niye buna dayanıyorum? Evden kaçmak istiyorum.

Gary:

Neden ona "Ya düzel ya da çek git" demiyorsun?

Salon Katılımcısı:

Söylerdim ama ben üvey anneyim. Eğer bunu söylersem hiçbir zaman olmak istemediğim şikâyetçi bir insana dönüşürüm.

Gary:

Eğer eşin seni çocuk hakkında desteklemiyorsa, o zaman ona "Bir seçimin var. Ya ben ya da çocuk. Birimizden birinin gitmesi gerek," de. Kocanla oturup "Konuşmamız lazım," dedin mi?

Salon Katılımcısı:

Bu akşam yapacağız. Hümanoid bir kadın olarak bununla başa çıkamıyorum artık. Savaşçı ortaya çıkıyor.

Gary:

Bu doğru değil. Hümanoid kadın olarak sen bunu halledersin. Kısaca artık buna dayanmak istemiyorsun.

Salon Katılımcısı:
Hayır, istemiyorum.

Gary:
Kocana söylemen gereken tek şey "farkında mısın oğlun bana bok gibi davranıyor? Bana bu şekilde davranmasını mı istiyorsun?"

Salon Katılımcısı:
Anladım.

Gary:
Sonra da "Ya o değişir ya da ben giderim. Sen ne istiyorsun?" demelisin.

Salon Katılımcısı:
Tam da olduğum nokta bu.

Gary:
Yapacağın tek şey bunu söylemek. Kızgınlıkla ve bir elektrik yüküyle değil. "Durum bu. Artık bununla uğraşmak istemiyorum. Duygularımı, farkındalığımı her şeyi bastırdım. Ya o değişmeli ya da ben gitmeliyim. Hangisini istersin?" demelisin. Eğer oğlunun sana böyle davrandığının farkında değilse sahiden bununla uğraşmak istiyor musun?

Salon Katılımcısı:
Farkında. Sadece bununla uğraşmıyor. Bu uğraşmak istediği bir durum değil. Hatta bir kulübe yazıldı golf oynamak için—ve ben evdeyim.

Gary:
   Bu onun için işliyor. Senin için işliyor mu?

Salon Katılımcısı:
   Benim için işlemiyor. Bana daha çok yük yüklüyor. Her şeyi değiştirmekten ben sorumluyum.

Gary:
   Dur. "Bana yaptırtıyor" kendine söylediğin bir yalan. Sen haricinde hiçbir şey ya da hiç kimse seni bir şey olduramaz veya sana bir şey yaptıramaz.

Salon Katılımcısı:
   Doğru, ben kendimi sorumlu kılıyorum. Ben yapıyorum.

Gary:
   Bir seçimin var. Ya senin için işleyen neyse onu yaparsın— ya da yapmazsın.
   Şöyle diyen bir bayanla konuştum,"Kendi arkasını toplamadığı için torunuma çok kızgınım. Etrafı kirletiyor ve bu da beni delirtiyor. Temizlemesi gerektiğini söylüyorum, ama yapmıyor."
   "Evi kimin için temizliyorsun? Sen ya da o?" diye sordum.
   "Benim için. Bu ne demek?" dedi.
   "Evi temizlemiyor, çünkü senin için temizlemek istemiyor. Kurabiye yiyor ve kırıntılarını ve pisliğini toplamıyor. Kurabiyeleri odana koy, kapıyı kitle ve git. Kurabiyeleri bulamayacaktır," dedim. Bu tarz şeylerin işlemesi için ne yapman gerektiği konusunda pragmatik olman lazım.

Salon Katılımcısı:
   Çok teşekkür ederim.

NİYE KENDİN OLMUYORSUN?

Salon Katılımcısı:

Son görüşmede "Niye kendin olmuyorsun?" diye sordunuz. Daha önce de çok kez sorduğunuz bir soru bu. Bu, gelecek için savaşan, her an tüm varlığı ile ve tüm müsaadesiyle her türlü nezaket, iyilik, besleyici ve şifa verici olmaya hazır savaşçı olmakla ilgili diye tahmin ediyorum. Doğru mu?

Gary:

Tamamen. Ne yaratmak istediğin konusunda kendinle tamamen dürüst olmalısın.

Salon Katılımcısı:

Bazen gerçekten ne olduğumun farkındalığı o kadar büyük ki, onu bu fiziksel gerçekliğe tercüme etmekte zorlanıyorum.

Gary:

Öyle. Ama onu bu fiziksel gerçekliğe tercüme etmeye çalışmıyorsun. Onu bu fiziksel gerçekliğe sindirmek (sızdırmak, geçirmek) istiyorsun. Eğer tercüme etmeye çalışırsan, senin için mümkün bir seçim yapmak yerine onu bu evrene sığdırmaya çalışıyorsun demektir.

BU GERÇEKLİĞİN ÖTESİNDE SÜRDÜRÜLEBİLİR BİR GERÇEKLİK

Salon Katılımcısı:

Bu gerçekliğin ötesinde sürdürülebilir bir gerçekliği olan bir gelecek yaratmak neye benziyor?

Gary:

Şu anda hepiniz bu gerçekliğin daha iyi bir versiyonunu tercih ediyorsunuz. Ama bu gerçeklik olduğu şekliyle sürdürülebilir değil. O yüzden bu gerçekliğin ötesinde sürdürülebilir bir gerçeklik yaratmamız gerekiyor. Şu anda yaptığımız her şey dünya gezegeninin şu andaki yaşayabilirliğinin sonuna doğru gidiyor. Nedir bu? Sizin için iyi bir cevabım yok ve pragmatik olarak ne demek bilmiyorum sadece fark olarak yaşamanız gerektiğini biliyorum.

Salon Katılımcısı:

Bu gerçekliğin ötesinde sürdürülebildiğiniz gerçek konusundan biraz daha bahseder misiniz? Tam şimdi, daha iyi bir şey ya da biraz farklı bir şey yaratabildiğimizi ve oluşturabildiğimizi söylediniz.

Gary:

Tüm gücümle sizin hiç düşünmediğiniz farklı seçimlerinizin olduğunu ama yine de bu gerçekliğin daha iyi bir versiyonunu seçmeye çalıştığınızı göstermek istiyorum. "Kendime daha iyi bir hayat kuracağım", "O kadar farklı bir şey yaratacağım ki buna benzer bir şey daha önce hiç olmadı" ile aynı şey değil. Size Access Consciousness'la ne yaptığımdan daha iyi bir örnek veremem bunun için. Daha önce hiç var olmamış bir şey yaratmam gerektiğini biliyordum. Farklı bir olasılık ve farklı bir gerçeklik yaratacak bir şey yapmam gerekiyordu.

Salon Katılımcısı:

Gelecek kelimesini önünde "bir" olmadan ya da belirleyici bir ön takı olmadan kullandığınızı, çünkü geleceği sanki tek bir şeymiş gibi tanımlamak veya sınırlamak istemediğinizi söylediniz. Ben habire o gelecek ya da "bir" gelecek diyorum, ki bu da onu sınırlıyor ve katılaştırıyor. Ben habire gerçeği yaratmak istiyordum ve ortadan kaldırmaya çalıştığınız şey bu sizin. Doğru mu bu?

Gary:

Hayır, ben size bu gerçekliğin ötesinde sürdürülebilir bir gelecek yaratma isteğini vermeye çalışıyorum. Siz bir gelecek yaratmaya çalışıyorsunuz, ama bu daraltılmış bir şey, çünkü bir geleceğe zaten niye sahipsin ve bunu nasıl daha iyi yapabilirsin fikrine dayalı olarak bakıyorsun.

Salon Katılımcısı:

Bu doğru. Geleceğin nasıl olması gerektiğine, nasıl olabileceğine vs. zaten karar verdim.

Gary:

Hayatınızda doğru yaptığınız kaç şey olduğuna karar verdiniz? Böyle olan her şey ve godzilyon kereleri, hepsini yaratımını yıkıp yok eder misin? Right and Wrong, Good and Bad, POD and POC, All Nine, Shorts, Boys and Beyonds.

Diyelim ki hayatta güven içinde olmak için üç milyon dolara ihtiyacınız olduğunu düşünüyorsunuz. Öyleyse, bu gerçekliğin ötesinde bir gelecek yaratmak için üç milyon dolarınız var ve eğer daha fazla para değilse bunun ne olduğu konusunda hiç bir fikriniz yok.

Salon Katılımcısı:
Bu doğru. Ben dört milyon dolar yarattım. Bu benim için. Onun ötesinde ne var bilmiyorum.

Gary:
Bunun ötesinde bir gerçeklik yaratmaya çalışmıyorsun. Doğru olduğuna karar verdiğin için ona tutunmanı sağlayacak şeyi koruyan bir gerçeklik yaratmaya çalışıyorsun. Geçmişten tutunmaya çalıştığın her şeyi bırakmaya gönüllü olmalısın. Dört milyon doları bırakmaya razı mısın?

Salon Katılımcısı:
Evet.

Gary:
Gerçek?

Salon Katılımcısı:
Evet.

Gary:
Onu bırakmaya gönüllü müsün? Şimdi yalan söyledin.

Salon Katılımcısı:
Nerede yalan söylediğimi göremiyorum.

Gary:
   Hepsini kaybetmeye gönüllü müsün?

Salon Katılımcısı:
   Eğer bana hayır diyorsan, sana güvenirim. Lütfen bunu görmeme yardımcı ol.

Gary:
   Evet dersin çünkü varsayımın bundan daha çoğuna sahip olacağın. Ya para sürdürebilir olmayan geleceği yaratan tek şeyse? Farklı bir şey seçer miydin? "Farklı" nasıl bir şeye benzerdi?

Salon Katılımcısı:
   Oraya gidiyorum, paranın olmadığı bir geleceğe. "Paranın olmadığı" derken enerjiyi kastetmiyorum, kâğıdı kastediyorum.

HAYATTA KALMAK VS. SÜRDÜRÜLEBİLİRLİK

Gary:
   Dur. Geleceğe olduğun yerden gidiyorsun. "Hayatta kalamam," fikrine gidiyorsun. Hayatta kalmak sürdürülebilir bir gelecek yaratmak değil. Hayatta kalmayı kaybetmeye gönüllü olmalısın.
   Hayatta kalmayı kaybetmeye gönüllü olmalısın çünkü tüm hayatını hayatta kalarak harcadın ve sadece bazen serpilerek. Şartlar ne olursa olsun bu gerçeklikte her zaman ayakta kalacağını biliyorsun.

Böyle olan her şeyi ve godzilyon kerelerinin hepsini yıkıp yaratımını yok eder misin? Right and Wrong, Good and Bad, POD and POC, All Nine, Shorts, Boys and Beyonds.

Salon Katılımcısı:
Hayatta kalmak nedir?

Gary:
Hayatta kalmak ne olursa olsun devam edeceksin demek.

Salon Katılımcısı:
İnanıyorum buna. Bunu bırakmamı mı istiyorsun? Bu mu? Niye bunu bırakayım ki?
Gary
Ya gerçek sürdürülebilirlik hayatta kalmak değilse?

Salon Katılımcısı:
Pek anlamlı değil bu.

Gary:
Akla yatması gerekmiyor. Her şeyden kurtulabilir, hayatta kalabilirsin. Ama sürdürülebilirliği yaratmak istiyorsan terk etmen gereken bir şey hayatta kalmak. Hayatta kalmak ve sürdürülebilirlik aynı şey değil. Bitkisel hayat ölüyor olmasına rağmen, uyum sağlayıp devam edebilirsin.

Salon Katılımcısı:
Sürdürülebilir olmam için neyi almalıyım yanıma? "Yanıma ne almalıyım?" bu gerçekliğin ötesinde sürdürülebilir bir gerçeklik yaratabileceğin bir yer değil. Seni öldüren bu.

Salon Katılımcısı:

Sürdürülebilir benim için daha çok katkıyı ifade ediyor. Nerede daha fazla katkıya müsaade etmiyorum?

Gary:

Katkıdan ne kastediyorsun? Başkaları sana ne verebilir, sen başkalarına ne verebilirsin ya da iki yönlü birbirinize ne verebilirsiniz mi?

Salon Katılımcısı:

Başkaları benim için ne olabilirler ve ben başkaları için ne olabilirim?

Gary:

Niye insanları değerli olarak değerlendiriyorsun?

Salon Katılımcısı:

Çünkü hayatımdaki her şeyin bana katkısı olduğunu düşünüyorum— insanlar hariç.

Gary:

Ya hiç insan olmasaydı? Bu senin için okey olur muydu?

Salon Katılımcısı:

Evet!

Gary:

İyi. Farklı bir olanak olduğunu fark etmelisiniz.

Salon Katılımcısı:

Hayatta kalmak ve sürdürülebilirliğin ne olduğunu anlatır mısınız, lütfen?

Gary:

Hayatta kalmak koşullar ne olursa olsun sürdürmek düşüncesi. Eğer hayatta kalıyorsan, şartlar ne olursa olsun var olmaya devam edebilirsin. Eğer hedefin şartlar ne olursa olsun var olmaya devam etmek ise, bu yaratım mıdır?

Salon Katılımcısı:

Hayır.

Gary:

Peki, hayatta kalmayı dünyandaki belirsiz bir kavram olarak bile olsa bırakmaya gönüllü olmalısın.

Hayatta kalmayı kendin için bir gerçeklik kılmak için yaptığın her şey, bunların hepsini yıkıp yaratımını yok eder misin? Right and Wrong, Good and Bad, POD and POC, All Nine, Shorts, Boys and Beyonds.

Sürdürülebilirlik büyümeye ve genişlemeye devam eden şey neyse odur. Sürdürülebilir bir şey yaptığında, o büyümeye, genişlemeye, ve kendi kendine bakmaya devam eder. Bu gerçekliğin ötesinde sürdürülebilir bir gerçeklik yarattığında, şu soruyu göz önüne alıyorsun: Eğer buradaki her şey oluyor olmasaydı, nasıl bir şeye benzerdi? Şu anda, çevrene baktığında bir sürü şey oluyor.

Salon Katılımcısı:

Sürdürülebilirliği hayatta kalmak olarak yanlış mı uyguladım?

Gary:

Evet, sürdürülebilirliği hayatta kalmak olarak yanlış tanımladın ve uyguladın.

Bunu yaratan yaptığın her şey, bunların hepsini yıkıp yaratımını yok eder misin? Right and Wrong, Good and Bad, POD and POC, All Nine, Shorts, Boys and Beyonds. Sürdürülebilir bir dünya yaratmak nasıl bir şey olurdu? Dünyada olan bitene bakıyorum ve gittiğimiz yöne gitmeye devam ettikçe, insanların bir 100 yıl daha hayatta kalacaklarını ve sonra gezegenin bitirilmiş olacağını görüyorum.

Salon Katılımcısı:
İnsanlar hayatta kalacaklar ama sürdürülebilirlik olmayacak. Bu iki şeyin enerjisi arasında çok büyük fark vardır.

Gary:
Evet, anlamanızı istediğim şey bu. Eğer hayatta kalmayı ararsanız, hayatta kalma düşüncesine aşılırsanız, üvey oğlu hakkında konuşan bayan gibi olursunuz. Durumun içinde hayatta kalıyordu, ama onun için sürdürülebilir bir gerçeklik değildi. Her şeyden kurtulabilirsin. Bu tarz durumlarda hayatta kalmak istemeyin; sürdürülebilir bir gerçeklik yaratacak şeyleri yapın. Eğer gerçekliğin sürdürülebilir olsaydı nasıl görünürdü?

Salon Katılımcısı:
Bir sorum var. Hayatta kalmayı bıraktığımızda yaratım mı yapacağız?

Gary:
Hayatta kalmak alıp kabul edebileceklerinin limitidir. Hayatta kalmaya dayanarak, sanki alıp kabul

edebileceklerinin bir sınırını yarattın. Buna bağlı olarak, memnunsun. "Hayatta kalmak için sadece buna ihtiyacım var," veya "eğer hayatta kalacaksam bu tarz insanlara ihtiyacım var," diyorsun. Hayır, bunlara ihtiyacın yok!

Eğer sürdürülebilir bir gerçekliğe sahip olacaksan, sürdürülebilirliğin yaratılması için değişmesi, seçmesi ve farklı olması gereken insanlar var. Sürdürülebilirlik yaratmak, oysa hayatta kalmak zaten şimdi var olanı devamlı kılmanın durumudur.

Seçtiğin hayatta kalma icadını en temel seçimin olarak yaratmak için hangi aptallığı kullanıyorsun? Böyle olan her şeyi ve godzilyon kerelerinin hepsini yıkıp yaratımını yok eder misin? Right and Wrong, Good and Bad, POD and POC, All Nine, Shorts, Boys and Beyonds.

Salon Katılımcısı:

Kocam ve ben para konusunda konuşmaya başladık ve bir anda, "Bu benim için yeterli değil. Bu çalışmıyor," derken buldum kendimi. Seçtiğim ya da seçmediğim hayatta kalmak benim için işlemiyor ama yine de olan bu.

Gary:

Çocukluğundan hayatta kaldın mı?

Salon Katılımcısı:

Evet, yaşanan anlar da vardı.

Gary:

Hayatta kaldığın için, hayatta kalan olduğuna mı karar verdin?

Salon Katılımcısı:
Evet.

Gary:
Bununla karar verdiğin her şey ve bunu yaratan tüm kararlar, yargılar, sonuçlar ve hesaplamalar, bunların hepsini yıkıp, yaratımını yok eder misin? Right and Wrong, Good and Bad, POD and POC, All Nine, Shorts, Boys and Beyonds.

Hayatta kalan biri olarak, durumu tolere ediyorsun ve ne olursa olsun yaşamak için elinden gelenin en iyisini yapıyorsun. Ama bu sürdürülebilir bir gelecek yaratmanın yeri değil.

Salon Katılımcısı:
Sürdürülebilir ya da değil, değmez.

Gary:
Bu bir yargı. Niye yargıya gidiyorsun? Yargı ve sonuç hayatta kalmayı yaratmak için tuttuğun sistemler.

Bir sonuca ve yargıya varmalısın; hesaplıyorsun ve karar veriyorsun hayatta kalmak için.

Hayatta kalmanı yaratmak için kullandığın tüm kararları, yargıları, sonuçları ve hesaplamaları, hepsini yıkıp yaratımını yok eder misin? Right and Wrong, Good and Bad, POD and POC, All Nine, Shorts, Boys and Beyonds.

Dört milyon dolarının olması fark etmez; hayatta kalabilmek için kararlara, yargılara, sonuçlara ve hesaplamalara giriyorsun. Bunlar, sembolik, sistematik olarak ve basitlikle hayatta kalmak için gerekli elemanlar. "Bunu artık yapamam," "Kurtulamam/hayatta kalamam,"

"Bu çalışmıyor" "Bu yeterli değil" gibi sonuçlara varıyorsun. Bunlar yargı.

Farkındalık, "Böyle yaşamak istemiyorum. Bir şeyin değişmesi lazım." Ondan sonra da soruya git.

Bu gerçekliğin ötesinde sürdürülebilir bir geleceğin yaratımının hangi fiziksel gerçekleştirmesini yaratmaya, oluşturmaya ve kurmaya kabilsin? Böyle olan her şey ve godzilyon kereleri, hepsini yıkıp yaratımını yok eder misin? Right and Wrong, Good and Bad, POD and POC, All Nine, Shorts, Boys and Beyonds.

Salon Katılımcısı:

Bağımlılık dünyasındaki, On İki adım Programı sanki hayatta kalmak ve Senin için Doğru İyileşme programı ise sürdürülebilirlik gibi. Bu doğru mu?

Gary:

Evet, Senin için Doğru İyileşme insanların sürdürülebilir bir gelecek yaratmalarına müsaade eden araçlar ve teknikler seti.

Salon Katılımcısı:

Access Consciousness araçlarını herhangi bir şeye uyguladığımızda sürdürülebilirlik mi yaratıyoruz?

Gary:

Evet, bir soru sürdürülebilirliği olan bir gelecek yaratır. Karar, yargı, sonuç ve hesaplama yapmadığınız sürece, yaratıcı bir durumdasınız demektir.

SÜRDÜRÜLEBİLİR BİR PARASAL GELECEK YARATMAK

Salon Katılımcısı:
　Hayatta kalmak için paraya ihtiyacımız var, sürdürülebilir bir yaşam gücüne değil.

Gary:
　Ama parayı senin için sürdürülebilir bir gelecek olarak yaratmadın, değil mi? Paraya ihtiyacın olmadığı ya da para istemediğin veya para sorunları çözmez veya para senin için bir şey yaratmıyor gibi sonuçlara vardın. Paranın ne olduğu ve ne olmadığı konusunda insanların pek çok fikirleri var.

Salon Katılımcısı:
　Bu gerçekliğin ana odak noktasının para olması beni kızdırıyor ve delirtiyor.

Gary:
　Evet, ama senin gerçekliğinin ana odak noktası olmak zorunda değil. Para benim gerçekliğimin hiçbir zaman odağı değildir. Benim odak noktam: Şeyleri nasıl değiştiririm?
　Bugün kızımla konuşuyordum ve bana bir arkadaşından bahsetti, kocası kadına rahim ameliyatının hemen ertesinde Meksika'da bir kız arkadaşı olduğunu söylemiş. Karısına onu bırakmak istediğini söylemiş, ama yeterince parası olmadığı için onu bırakamıyormuş. Fikir, kadının daha çok çalışması gerektiğiydi, böylelikle adam karısını terk edebilsin diye!
　"Merak ediyorum acaba o pisliği hayatından atmak için ne kadar paraya ihtiyacı var. Ona ben parayı veririm," dedim kızıma.

"O herif çok kötü ve ölmeyi hakkediyor!" Böyle bir şey birine tam ameliyatla uğraşırken söylenmez.

Salon Katılımcısı:
Parayı sürdürülebilir bir gelecek olarak yaratmak nasıl bir şey? Parayı yaratır mısın?

Gary:
Herkese gelen paranın yüzde onunu bir kenara koymalarını söylüyorum. Bunu yapınca, sürdürülebilir bir parasal gelecek yaratıyorsun. Evrene diyorsun ki, "Yeterince paranın gelmesini istiyorum ki yüzde onunu kenara koyabileyim".

Salon Katılımcısı:
Ben zaten bunu yapıyorum, daha çok istiyorum. Lütfen bana bu konuda yardım eder misiniz?

Gary:
Evet, ama o cevabı sevmedin.

Salon Katılımcısı:
Sevmedim, çünkü zaten yapıyorum bunu.

Gary:
Seçtiğin şey yüzünden nerede sürdürülebilir bir gelecek yarattığını fark etmeye gönüllü müsün?

Bunu yaparsan, sürdürebilir bir gelecek yaratıyorsun. Access Consciousness'i bir iş olarak yarattım ve eğer yarın ölürsem, o devam edecek. Bu sürdürülebilir bir gelecek. Elimden geldiğince bir sürü şeyi öyle bir yerine koyuyorum ki ben yeri doldurulabilir, değiştirilebilir olayım. Kendinizi gelecekte yeri doldurulabilir mi yaptınız yoksa zaruri mi?

Salon Katılımcısı:
Çoğunlukla zaruri olmaya çalıştım.

Gary:
Bu sürdürülebilir bir gelecek yaratmak değil.

Salon Katılımcısı:
Ya miras bırakmaya ne diyorsunuz?

Gary:
Bu sürdürülebilir bir gelecek değil. Bu sadece insanlara savursunlar diye para bırakmak, çünkü onlar kazanmadı.

Salon Katılımcısı:
Parayla sahip olduğum ve olduğum yeteneğimle sürdürülebilir bir gelecek yaratmak için ne gerekli?

Gary:
Buna hiç bakmadın. Bir gelecek kurmaya başlamadan önce buna bak.

Sürdürülebilir bir geleceğin yaratımının hangi fiziksel gerçekleştirmesini yaratmaya, oluşturmaya ve kurmaya şimdi kabilsin? Bunun ortaya çıkmasına müsaade etmeyen her şey ve godzilyon kerelerinin hepsini yıkıp yaratımını yok eder misin? Right and Wrong, Good and Bad, POD and POC, All Nine, Shorts, Boys and Beyonds.

Salon Katılımcısı:
Teşekkür ederim, Gary.

HİÇ KİMSE BAŞKASINI MUTLU EDEMEZ

Salon Katılımcısı:
İlişkim garip döngülerden geçiyor. Kocam ve ben evlilik ve boşanma üstüne çok konuşuyoruz. "Eğer sana para vermek zorunda olmasam giderdim" ve "çocuklar olmasa giderdim" gibi şeyler söylüyor. "Çocuklara bir şey olmaz ve bana da para vermek zorunda değilsin," diyorum, ama yine de gitmiyor ve her günü mutsuz olarak geçiriyoruz. Bunu değiştirmek isterdim.

Gary:
Sahiden ayrılmak istemiyor.

Salon Katılımcısı:
Anlıyorum bunu, ama o kadar çok kızgınlık, suçlama ve utanç var ki. Sürekli çeldirici implantları POD POC'luyorum. Seks için bir arzu yok. Bu delilik nedir?

Gary:
Değişmeye ve bu ilişkiyi onun için işler hale getirmeye gönüllü müsün?

Salon Katılımcısı:
Benim hem ev kadını olmamı hem de para kazanmamı istiyor. İkisini de yapıyorum ve hiçbir şey onu mutlu etmiyor.

Gary:
Hiç kimse başka birini mutlu edemez.

Salon Katılımcısı:
Kendi hayatımı seçmeye nereden başlarım?

Gary:
Sen zaten hayatını seçtin. Ya bir soru sormaya başlasan: benim, çocuklarım ve eşim için sürdürülebilir bir gelecek yaratmak için ne gerekir?

Salon Katılımcısı:
Sordum bunu.

Gary:
Hayır, sormadın. Sana bu soruyu hiç vermedim.

Salon Katılımcısı:
"Hadi bunu değiştirelim. Ne gerekli? Ne istiyorsun? Senin için ne işler?" dedim ve bir sürü senaryonun üstünden geçtik. Delice. İlk günden beri bunu yapıyorum—bu deliliği seçiyorum.

HAYATTA KALMAK VS. DALLANIP BUDAKLANMAK

Gary:
Bu ilginç. "Bunu ilk günden beri yapıyorum." Evliliğine o kararlar, yargılar, sonuçlar ve hesaplamalarla mı girdin demek?

Salon Katılımcısı:
Evet.

Gary:

Kararlar, yargılar, sonuçlar ve hesaplamalar yaptığında, tek yapabileceğin şey hayatta kalmak. Sürdürülebilir bir gelecek yaratamazsın.

Ne ne yapabileceğinin farkında olmak yerine, ne yapman gerektiği konusunda bir sonuca varıyorsun. Net olman lazım, şu anda senin için hayat, hayatta kalmaktan ibaret. Belki de bu hayatta kalmayı yapmaktan vazgeçip senin dallanman budaklanman için ne gerekir ona bakman gerek.

Hayatı, hayatta kalmak olarak icat etmek için hangi aptallığı kullanıyorsun? Böyle olan her şey ve godzilyon kerelerinin hepsini yıkıp yaratımını yok eder misin? Right and Wrong, Good and Bad, POD and POC, All Nine, Shorts, Boys and Beyonds.

Ya kararlar, yargılar, sonuçlar ve hesaplamaları icat etmeseydin?

Salon Katılımcısı:

Sürdürülebilirlik kavramını seviyorum. Geçtiğimiz on iki ay boyunca, bir bahçe yaratmak için çok para harcadım. Fark ettim ki bahçeye gelen herkes, komşularım bile değişiyor. Atları yarış kazanıyor. Burada ortaya çıkan sihri görmek çok harika. Nerede sürdürülebilir bir gelecek yarattığımı görüyorum, ama bu benim için yeterli değil.

Gary:

Finansal olarak sürdürülebilir bir gelecek yaratmadın. Eski kocanla beraber çalışırken, beraber yaratıyordunuz. Neyi sürdürülebilir bir gelecek olarak yarattığınızı göz önüne aldın mı?

Salon Katılımcısı:
   Evet.

Gary:
   Hala onu yapıyor mu yoksa karara, yargıya, sonuca ve hesaplamaya mı girdi?

Salon Katılımcısı:
   Geleceğini yok ediyor. Oh, kızgınlığım ve kafa karışıklığım buradaymış! Onunla beraberken yarattığım gibi yaratmıyorum.

NEYİ SÜRDÜRÜLEBİLİR BİR GELECEK OLARAK YARATABİLİRİM?

Gary:
   Doğru. Bunu başka bir şeyle yapman lazım. Başka bir şey bul, hiç göz önüne almadığın sürdürülebilecek bir gelecek yaratacak.

Salon Katılımcısı:
   Beni hep bu noktaya getiriyorsun ve sonra daha ileri gidemiyorum.

Gary:
   Yapabilirsin.

Salon Katılımcısı:
   Ama yapmayacak mıyım?

Gary:
   Evet. Bunu yap:

Tamamen sürdürülebilir bir geleceğin yaratımının hangi fiziksel gerçekleştirmesini yaratmaya, oluşturmaya ve kurmaya şimdi kabilim? Bunun ortaya çıkmasına müsaade etmeyen her şey ve godzilyon kerelerinin hepsini yıkıp yaratımını yok eder misin? Right and Wrong, Good and Bad, POD and POC, All Nine, Shorts, Boys and Beyonds.

Seni gelecekte gitmek istemediğin bir yere götürmeye çalışıyorum. Hepinizin şuna bakmaya başlamasını istiyorum: Daha önce hiç olmamış bir geleceği yaratmak için mücadeleye girecek bir savaşçıyım.

Bir kere bunu yaptığınızda, hiçbir şeye karşı savaşmayacaksınız, çünkü bir duruma karşı olduğunuz anda, daha önce hiç olmamış bir şeyi yaratmak için savaşmayı durduruyorsunuz. Eğer sürdürülebilir bir geleceği yaratmayı seçerseniz daha da büyük seçenekleriniz olacak.

Şunları sormayı deneyin:
+ Bana ne neşe veriyor?
+ Benim için ne yapmak ve ne olmak neşe verici?

Geleceğine şu noktadan bakman lazım: Neyi sürdürülebilir bir gelecek olarak yaratabilirim? Bunun neye benzeyeceği konusunda hiçbir işaret olmadan bunu yapmalısınız. Çoğunuz daha yolculuğa çıkmadan nasıl olması gerektiğine karar vermeye çalışıyorsunuz. Yolculuğa çıkın arkadaşlar, ve oraya vardığınızda nasıl bir şey olduğunu bulacaksınız. Tamam, bu gecelik bu kadar. Teşekkürler bayanlar. Bu harikaydı.

10
Bilinçli İlişkiler

Bir ilişki yarattığında; aktif veya bilinçli olmak yerine, "onu seviyorum ve o beni seviyor", diye adlandırılan bir ilişki yaratabileceğin bilinçsiz bir yer arıyorsun. Bu ilişkilerin kaçı yürüdü?

Gary:
　　Hoş geldiniz, bayanlar. Sorularınızın tonundan anlıyorum ki, hayata çok önemli katkılarınızın olacağının farkına varıyorsunuz—ve bu sahiden çok harika. Bundan çok memnunum.

BİLİNÇLİ İLİŞKİLERİN ALTI ELEMANI

Salon Katılımcısı:
　　Bilinçli bir ilişkinin yaratılmasından ve bu çalışan bir olasılık olarak neye benzer, bunlardan bahseder misiniz? Bunun pragmatizmi nedir?

Gary:
Bilinçli bir ilişkinin altı elemanı vardır:

Bir numara: Seçtiğin kişi (Kim seçiyor? Sen!) bağımsız olmalı, aynı zamanda berbat olduklarını düşünürken. Niye? Bu tıpkı sizin gibiler demek.

Salon Katılımcısı:
(Gülüyorlar)

Gary:
İki numara: Sen kabul edilmek, tanınmak istiyorsun, hiçbir zaman sana ihtiyaç duyulsun istemiyorsun.

Öbür kişi ona bakacak birini istemeli, ona bakmaya başladığında terk edeceğini bilerek. Niye? Gerçekten istediğini bulamayınca hep terk etmiyor musun?—ve sana ihtiyaç duyulsun istemiyorsun?

Öbür kişi seninle beraber olmak istediğine inanmalı. Hayatında ona bakacak birini istiyor olmalı, ama aynı zamanda bunu düşünemeyecek kadar da bağımsız, senin gibi. Bağımlı olmayı yapmıyorsun, değil mi?

Salon Katılımcısı:
Hem de hiç.

Gary:
Bağımlı olmakta çok başarısızsınız. Rol bile yapamıyorsunuz. "Birine ihtiyacım var", senin en belirsiz gerçekliğinin bile parçası değil. Bir sürü insan ona ihtiyaç duyacak birilerini bulmaya çalışıyorlar. Gerçekte, birisinin onlara ihtiyacı olmasından nefret ederler— bu onları tamamen boğar.

Salon Katılımcısı:

Bunu anlamadım. Çince konuştun. Ne söylediğin konusunda hiçbir fikrim yok. Bunun üstünden tekrar geçersen çok tatlı olur.

Gary:

Her zaman insanların sana bakmasını istiyorsun değil mi?

Salon Katılımcısı:

Evet.

Gary:

Ve her yaptıkları seferde onları bırakıyorsun.

Salon Katılımcısı:

Doğru.

Gary:

Bundan bahsediyorum işte. Eğer sana bakacak birini bulsaydın, ne kadar çabuk ondan kurtulurdun?

Salon Katılımcısı:

Zaten orada olmazdım ki.

Gary:

Evet, biliyorum. Ama beraber olmayı harika bulacağın tam da böyle bir insan. Diğer insanın bakılmak istediğini düşünüyorsun ve farkına varıyorsun ki hiç de bakılmak istemiyorlar. Sadece onları güçlendirmeni istiyorlar.

Salon Katılımcısı:

Oh! Anladım! Benim gibi biri.

Gary:

Evet. Bir ilişki yaratma yönteminizle aktif veya bilinçli olmak yerine, "onu seviyorum ve o beni seviyor" diye adlandırılan bir ilişki yaratabileceğin bilinçsiz bir yer arıyorsun. Bu ilişkilerin kaçı iyi yürüdü?

Salon Katılımcısı:

Hiç biri.

Gary:

Niye?

Salon Katılımcısı:

Çünkü hepsini bıraktım. Geliştirici, besleyici ve genişletici değillerdi. Hiçbir şey değillerdi.

Gary:

Ben de bunu söylüyorum.

Üç numara: Yaptığın ya da söylediğin herşey oldukları herşey olmaya onları güçlendirmek için olmalı—ve hiçbir zaman seni seçmeleri için değil.

Sana bağımlı olmamalarını sağla. Çünkü sana bağımlı olurlarsa seni arkadan bıçaklarlar. Yapmaları lazım. O zaman durum ne olursa olsun onları güçlendirmelisin.

Geçen gün kız arkadaşına kızgın genç bir adamla konuştum. Başka birileriyle tatildelermiş ve herşey içkiyle biraz ileri gittikleri son geceye kadar iyi gidiyormuş. Bir başka erkek bu çocuğun kız arkadaşına asılmış ve ikisinin arasında sorun çıkarmaya çalışmış. Kız, bir barış yapıcı olarak barış yapmaya ve erkek arkadaşını sakinleştirmeye çalışmış ama çocuk hiçbir şey dinlemiyormuş. Kıza kızmış ve: "Benim istediğimi yapmalısın," demiş.

Kaçınız size birileri, onların istediğini yapmalarını söylediğinde, "S...it, gidiyorum," dersiz? Hiç biriniz emir almak istemiyorsunuz. Bunu hiç fark ettiniz mi? Çünkü müthiş derecede bağımsızsınız. Sana bakmayı isteyecek biriyle beraber olmayı istediğinizi düşünebilirsiniz ama sahiden birinin size bakmasını istemiyorsunuz çünkü kendinize bakabileceğinizi biliyorsunuz. Aradığınız kişi sizi bildiğinizi bilmeye güçlendirecek ve size olduğunuz gibi olduğunuz için minnettar olacak biri olmalı.

Dört Numara: Hiçbir zaman sizinle alakalı değil.

Bu gelinecek zor bir nokta çünkü gerçekten istediğin şeyi istemelisin diye öğretildiniz. Bu işliyor mu?

Salon Katılımcısı:
Hayır.

Gary:
Niye çalışan yeni bir şeyi denemiyorsun? Dain ile benim bilinçli bir ilişkimiz var. Seks yapmıyoruz. Eğer ben seks yapmak isteseydim ve o istemeseydi, bu ilişkimizi limitler ve yok ederdi, demek ki seks istemeyeceğim çünkü bunun onun bakış açısından ilişkiyi yok edeceğini biliyorum.

Ya bir ilişkiye kendi ya da öbür kişinin bakış açısından değil de, seçimlerinden baksanız. Ya seçimden ne yaratmak istediğinize baksanız?

Salon Katılımcısı:
Bundan biraz daha bahsedebilir misiniz, lütfen?

Gary:

Bir bakış açısı var sayma; kendi bakış açını yarat. Dain'i gittiğim her yere davet ediyorum. Onun herhangi bir yere benimle gelmesini talep etmiyorum. Onun beni herhangi bir yere gitmeye davet etmesini beklemiyorum. Bu bilinçli bir ilişki.

Beş Numara: Her zaman mevcut ol ama hiçbir zaman bir cevabın olmasın. Sadece bir soru. Eğer bir problemleri olduğunda onların yanında oluyorsan, şaşırtıcı bir şekilde seni dinlemeye hemen gönüllü olurlar.

Altı Numara: Sekste o insanın liderliğine müsaade et. "Seks yapmak istiyorum," dediklerinde hazır ol. Sana ne söylemek istiyorlarsa söylemelerine müsaade et, yoksa başın dertte. Seksüel olarak senin kadar kontrolcü olmalılar yoksa senin için çalışmaz.

SEKS YARATILMIŞ BIR GERÇEKLIK

Salon Katılımcısı:

Bir şey geliyor benim için. Yatağa girdiğimizde kocam bana dönüyor ve "Selam, tatlım" diyor. Sahiden hiç ilgim yok. Biliyorum kendimi ilgilendirecek noktaya getirmek için POD POC yapabilirim, ama...

Gary:

Seksin yaratılmış bir gerçeklik olmadığına sahiden inanıyor musun?

Salon Katılımcısı:

İçten geldiğine inanıyorum. O kafada olmalıyım.

Gary:
"O kafada olmayayım. Romantizm nerede? Şarap nerede?"

Seksin bir tercih olduğunu anlaman lazım, diğer her şey gibi. Eğer bir ilişkide bilinçli olmaya istekliysen, olağanüstü bir ilişki yaratabilirsin. Bunu şu bakış açısından yapman lazım, "Oh, seks mi istiyorsun? Harika, tamam gidelim."

"O havada değilim. Problemin nedir bilmiyorum" veya " Niye hep ben istemediğimde istiyorsun?" şeklinde değil.

Salon Katılımcısı:
Her şeyi değiştirebileceğimizi mi söylüyorsun?

Gary:
Evet. Her şeyi değiştirebilirsiniz. Herhangi bir şey olabilirsiniz—ama değişmeye ve her şeyi yaratmaya istekli olmalısın.

Salon Katılımcısı:
Eğer seks yaratılmış bir realite ise, o zaman o anda her şeyi yaratabiliriz?

Gary:
Evet.

Salon Katılımcısı:
Peki, benim direncim yapmam söylenen şeyi yapmak istemememden mi geliyor?

Gary:

Evet. Sana birilerinin ne yapman gerektiğini söylemesinden hiç hoşlanmıyorsun değil mi? Çoğunlukla o kişiyi öldürmek istiyorsun.

Salon Katılımcısı:

Evet, bu seksi yaratmak için iyi bir yer değil.

Gary:

Doğru. Bu seksi yaratmak için iyi bir yer değil! Seksteki enerjiyi öldürmek insanın isteğini de öldürüyor.

Salon Katılımcısı:

Bunu nasıl değiştiririm?

Gary:

Şuna bak:

- Burada gerçekten ne yaratmak istiyorum?
- Kocamın, sevgilimin veya hayatımdaki önemli diğer kişinin sahiden mutlu olduğu bir yer yaratmak istiyor muyum?

Bir seçimin var: kendi bakış açının doğruluğu—ya da mutluluğun. "Kusura bakma, o havada değilim. Hazır değilim." Sahiden hazır olman gerekiyor mu?

Salon Katılımcısı:

Ben de hep böyle düşündüm.

Gary:

Öyle mi düşündün yoksa öyle mi satın aldın? Kaçınız seks yapmadan önce o havada olmanız gerektiğini satın aldı. Böyle olan her şey ve godzilyon kereleri, hepsini yıkıp yaratımını yok eder misin? Right and Wrong, Good and Bad, POD and POC, All Nine, Shorts, Boys and Beyonds. Bununla ilgili bir sürü boktan şey satın aldınız.

Salon Katılımcısı:
Hazır olmak çantanda bir prezervatif taşımak değil mi?

Gary:
Bu hazır olmaya çok daha yakın. Hadi küçük bir proses yapalım:

İhtiyacın şeytanlarının icadını ve yapay yoğunluğunu ilişkilerin kaynağı olarak yaratmak için hangi aptallığı kullanıyorsun ve seçiyorsun? Böyle olan her şeyi ve godzilyon kerelerinin hepsini yıkıp yaratımını yok eder misin? Right and Wrong, Good and Bad, POD and POC, All Nine, Shorts, Boys and Beyonds.

ŞİMDİ SEKS YAPMAK EĞLENCELİ OLUR MU?

Seks yapmaya hazır olmama düşüncesi, "O havada olmam lazım".

"Senin doğru kokman, doğru tatda olman ve tüm diğer şeyler." demektir. "Şimdi seks yapmak eğlenceli olur mu?" sorusu değildir.

Salon Katılımcısı:
Bu soruyu hiç sorduğumu zannetmiyorum, Gary.

Gary:

Garanti ederim hiç sormadın. Seks yapmak ya da yapmak konusunda bir tercihimizin olduğu bize hiç söylenmedi. Hep, "O havada değilim," veya "başım ağrıyor" Bunun bir ihtiyaç değil de bir tercih olduğunu anlamak istekliliği dışındaki herşey.

Salon Katılımcısı:

Bir seçimimiz var ama onu yaratıyoruz da, ve ne istiyorsak onu yaratabiliriz.

Gary:

Tamamen, çünkü siz nesiniz?

Salon Katılımcısı:

Sonsuz bir varlık.

Gary:

Geleceği yaratan kadınlarsınız!

Seçtigin seçimin yerine, ihtiyacın şeytanlarının icadını ve yapay yoğunluğunu ilişkilerin kaynağı olarak yaratmak için hangi aptallığı kullanıyorsun ve seçiyorsun? Böyle olan her şey ve godzilyon kerelerinin hepsini yıkıp yaratımını yok eder misin? Right and Wrong, Good and Bad, POD and POC, All Nine, Shorts, Boys and Beyonds.

Salon Katılımcısı:

"Şimdi seks yapmak eğlenceli olur mu?" Bak söylüyorum, bu soru harika!

Gary:

Evet, "O havada değilim ve uygun ön sevişme ve ortamı yapmadın." yerine "Şimdi seks yapmak eğlenceli olur mu?" Bunlardan hangisi bir soru? Erkekler sevimlidir. Yatak rahat olduğu taktirde sekse hazırdırlar. Eğer yatak taş gibi sertse bile, yine de hazırdırlar. Kadınlar, çoğunlukla seçim ve ihtiyaçlarının yaratımının kaynağı olarak, ilişkiyi seksin bir uzantısı olarak yarattılar. Daha çok ilişkilere ihtiyaçları vardır ve seks yaparlar.

Salon Katılımcısı:

Eğlence geldi bana. *Eğlenceden* çok *ihtiyaca* sahip olmayı tercih ediyorum.

Gary:

Dişilerin bu esrarlı havası konusunda yaratılan tüm bu şey—bir kadının sekse ihtiyacı olmadığı ve bir erkeğin olduğu düşüncesidir. Aslında, bir erkeğin de sekse *ihtiyacı yoktur*; seksten *hoşlanıyordur.*

Kaçınız ilişkilerin *eğlencesini* yaratmak yerine *ihtiyacını* yaratmaya çalıştınız? Böyle olan her şey ve godzilyon kerelerinin hepsini yıkıp yaratımını yok eder misin? Right and Wrong, Good and Bad, POD and POC, All Nine, Shorts, Boys and Beyonds.

Böyle bakış açılarımız var. Size ilişkilerde sevgi olduğunu ne düşündürüyor? Ebeveynlerinizle bir ilişkiniz vardı, o sevmek miydi? Hayır. Arkadaşlarınız vardı; onlar sevgi dolu muydular?

Salon Katılımcısı:

Hayır.

Gary:

İlişkilerin amacı para getirecek birisine sahip olmaktır, sen ne zaman, ne istersen onu yapmana müsaade edecek birisi ve seks yapmanın iyi olduğu biri olmalıdır.

Salon Katılımcısı:

Son ikisi tamamdı da, parayla ilgili olan ilkinde "Aaahh...." dedim.

Gary:

O kadar bağımsızsın ki, senden daha çok paraya sahip olup ta sana bakacak birini istemiyorsun.

Salon Katılımcısı:

Bunu değiştirmek istiyorum, lütfen.

Gary:

Oyuncak bir erkek almak senin için sorun değil. Her zaman parayı sağlayan kişi olmak için yaptığın her şeyi, bunları yıkıp yaratımını yok eder misin?

Salon Katılımcısı:

Bunu geçtim. Tonlarca paraya sahip olmaya niyetliyim.

Gary:

Sana bir soru sorayım. "Bunu geçtim," ne demek?

Salon Katılımcısı:

"Yaptım bitti," demek.

Gary:

Bunda bir soru var mı?

Salon Katılımcısı:
  Hayır.

Gary:
  Bu bir sonuç mu?

Salon Katılımcısı:
  Tamamen. Hatta sonuçtan da fazla. Sanki bir listeden siliyorum gibi bir şey.

Gary:
  Evet, bunların sahip olmaya değer şeyler olduğuna karar verdin. Ne zamanki listeni yaptın ve listenden sildin, vardığın sonuçlar ötesinde yaratmana ve oluşturmana gerek kalmadı. Yaratıcılığını böyle kesiyorsun.

Salon Katılımcısı:
  Evet, her şeyi durduruyor ve hiç kimseyi dahil etmiyor. Yirmi oyuncak erkek sahibi olmak konusundaki tüm olanakları durduruyor.

Gary:
  Ya da seks yapacak ve eğlenecek ve takılacak birinin olmasını. Senin kadar parası olan ve sana senin ona duyduğun ihtiyaçtan daha çok ihtiyacı olmayan birini. Senin her isteğini ne zaman istersen sahip olmana müsaade edecek biri. Bu korkunç olurdu çünkü o zaman mutsuz olman için bir gerekçen ve bir mazeretin kalmazdı.

  Böyle olan her şey ve godzilyon kereleri, hepsini yaratımını yıkıp yok eder misin? Right and Wrong, Good and Bad, POD and POC, All Nine, Shorts, Boys and Beyonds.

YA BİR BAŞKASININ HİÇBİR ZAMAN BİR ŞEY YAPMASINI İSTEMESEYDİN?

Bunun yaratıcı tarafı şu: Onun kendisi olmasına ve her istediğini yapmasına müsaade ediyorsun. Onu hayatına davet ediyorsun ve kendini onun hayatına davet ediyorsun. Onu kontrol altında tutmuyorsun, kendi hayatın için sorumlu kılmıyorsun ve hiçbir şey yapmak zorunda değil. İşleyen her şeyi sen sağlıyorsun.

Çoğunuz diğer kişi size istediklerinizi vermezse kızıyorsunuz. Ya bir başkasının hiçbir zaman bir şey yapmasını istemeseydin?

İstediklerini elde edecek kadar muhtaç, delice muhtaç olduğunu bilesin diye insanlardan ihtiyacın olacak şeylerin ihtiyacını duymak için oluşturduğun her şeyi, yıkıp yaratımını yok eder misin? Böyle olan her şey ve godzilyon kerelerinin hepsini yıkıp yaratımını yok eder misin? Right and Wrong, Good and Bad, POD and POC, All Nine, Shorts, Boys and Beyonds.

Beni bayıltıyorsunuz, arkadaşlar!

Ya bir başkasının hiçbir zaman bir şey yapmasını istemeseydiniz? Şimdi hangi projeksiyonlar, beklentiler, ayrımlar, yargılar ve redlerden yaşıyorsunuz—tercih, istek, soru ve eğlenceden değil. Kimin bakış açısına göre bir ilişki yaratmaya çalışıyorsunuz?

Annenizin, babanızın, arkadaşınızın, erkek kardeşinizin, hayatınızdaki diğer önemli kişinin.

Böyle olan her şey ve godzilyon kerelerinin, hepsini yıkıp yaratımını yok eder misin? Right and Wrong, Good and Bad, POD and POC, All Nine, Shorts, Boys and Beyonds.

Siz bayanlar erkeğinize bakıyorsunuz, çünkü belirli aralıklarla çocuğunuza annelik etmek istiyorsunuz. Erkeği çocuğun pozisyonuna koyuyorsunuz ve yatak odasında niye iyi değil diye merak ediyorsunuz. "Benim istediğimi yapacaksın, çünkü öyle yapmanı istiyorum" çoğu insan için önemsemenin tanımıdır. Siz hümanoid kadınlar bakılmak istemiyorsunuz—ama böyleymiş gibi görünüyorsunuz ki size bakan adamı pataklayabilesiniz.

Bu gerçekliğin bakış açısından, birine bakmak birini kontrol etmektir. Benim için birine bakmak onu güçlendirmektir. O kişiye sorular sorun. Onların sorunlarını çözmeye çalışmayın. Kadınlar sorunları çözmeleri gerektiğine inandırılmışlardır. Hiç durmadan sorunlar hakkında konuşarak onları çözmeye çalışıyorsunuz.

ANLAŞ VE TESLİM ET

İlişki bir iş anlaşmasıdır, yani "anlaş ve teslim et" yapmanız lazım, herhangi bir iş anlaşmasında olduğu gibi. Bir ilişkiye girdiğinizde şu soruları sorun:
- Buradaki anlaşma nedir?
- Sen ne teslim edeceksin?
- Benden ne vermemi bekliyorsun?
- Tam olarak nasıl bir şeye benzeyecek ve nasıl işleyecek bu?
- Senin için ne olmam gerekecek?

İşte "anlaş ve teslim et" in devamı size:
- Hiçbir zaman yüzleşmeyin. Onun yerine, "Kafam karıştı. Bana yardım eder misin, lütfen?' deyin.

Herhangi bir şeyin enerjisini değiştirmenin bir yoludur bu, çünkü kontrol sende olmayacaktır.
- Hiçbir zaman onaylamayın. "Oh, ne kadar meşgul olduğunu biliyorum. Bunu istediğim için üzgünüm," demeyin. İstediğin için üzgün değilsin. O kişinin bunu sağlaması gerektiğini ve sağlayabileceğini anlamasını umuyorsun.
- Hiçbir zaman açıklama yapmayın veya savunmaya çalışmayın. Ne yapıyorsan onu yapıyorsundur. Bu kadar. Eğer açıklamaya veya savunmaya çalışıyorsan, bunu doğru kılmaya çalışıyorsundur. Bu yaşanası iyi bir nokta değildir. Eğer yaptığın bir seçimi haklı çıkarmaya çalışıyorsan, sahiden mevcut oluyor musun? Hayır. Bir seçim yapıyor musun? Hayır. Bir seçim yapmanı uygun kılmaya çalışıyorsun. Bir seçim yapmakla, seçtiğin şeyi seçmiş olmayı uygun kılmak arasındaki fark nedir? Eğer uygun kılmaya ve haklı çıkarabileceğin örtüsü altında savunmaya çalışırsan, diğer kişinin bunu kabul etmesi gerektiğini düşünüyorsundur. Ama işler böyle yürümüyor.

Eğer tasdik, açıklama veya haklı çıkarmaya çalışıyorsan, senin bir anlaşma olarak neyi yaratmak istediğin gerçeğinden çok, kendinle ilgili oluşturduğun bir imaja göre yaşamak zorundasındır. Eğer, "Ben sadece bir kadınım," dersen bu bir açıklama mı? Evet. Bir haklı çıkarmadır. Bu yaptığın seçimi onaylıyor. Bunların hiçbiri yaptığın seçimle nelerin yaratılabileceğinin farkında olmaya istekli olmak değildir.

Salon Katılımcısı:

Nihai "anlaş ve teslim et"in seninle kendi aranda olduğunun ve bir başkası ile anlaşma ve verme yapmanın, eğer senin için bunun ne demek olduğunda net değilsen, gerçekten mümkün olmadığının farkındayım.

Gary:

Tamamen. Bu sınıftan tam da hepinizin almasını ümit ettiğim şey bu.

DİĞER KİŞİNİN DE BİLİNÇLİ OLMASI GEREKİYOR MU?

Salon Katılımcısı:

Bilinçli bir ilişkide diğer kişinin de bilinçli olması gerekiyor mu? Ya da onlardan istediğini almak için sen mi bilinçli kalıyorsun?

Gary:

Eğer bilinçli kalırsan, hiçbir projeksiyon, beklenti, ayrım, reddetme ve yargın olmayacaktır. Bilinçli ilişkide bunlar yoktur.

Salon Katılımcısı:

Ya diğer kişi bunlardan hareket ediyorsa?

Gary:

Bu önemli değil, sen öyle yapmadığın sürece.

Salon Katılımcısı:

Yani sen bilinçli kalıyorsun ve diğer kişinin nereden hareket ediyorsa oradan hareket etmesine müsaade mi ediyorsun?

Gary:

Evet. Bilinçli bir ilişkide, partnerinle ne olup bittiğinin farkında olursun. Senin için, ne yürüyecekse onu seçmen gerektiğinin farkında olmaya isteklisindir, onunla ilişkin değildir bu isteğin. Bu senin içindir—onun için, onun yüzünden değildir.

Hadi sorulara bakalım.

KADIN OLARAK SERPİLİP BÜYÜMEK

Salon Katılımcısı:

Kadın olarak serpilip büyümekten biraz daha bahseder misiniz?

Gary:

Kadın olarak serpilip büyümek kadınsal cazibenizi nasıl kullanacağınızı fark etmek demektir. Örneğin, kadınların fikirlerini değiştirme kabiliyetleri var. Erkeklerin aynı seçimi var mı? Aslında yok. Fikrini değiştiren bir erkek zayıf iradeli ve asilsiz olarak görülür. Bakış açısını değiştiren kadın yaratıcı ve gizemli bulunur. Bir çerçeveye sokulamayacak, bir resme konulamayacak ve bir kafese konulamayacak biridir.

Kadın olarak sahip olduklarını nasıl kullanacağınızı öğrenmeniz lazım. "Sevgilim, lütfen benim için bunu yapar mısın?" diye sorun. Bir arkadaşım hep ağrı içindeydi. "insanlardan sana yardım etmelerini istemelisin," dedim. Anladı ve şimdi bir havalanandaysa, "Sevgilim, benim için lütfen bunu yapar mısın?" diyor ve adamlar da "Tabii ki, tatlım, bagajını ben alırım. Hangisi senin? "diye yanıtlıyor. Erkekler onun için kendilerini ortaya atmaya artık gönüllüler.

Bir kadın olarak, bir erkekten senin için bir şeyler yapmasını istemeye hakkın var. Erkeğin bu hakkı var mı? Eğer size taahhüdü yoksa, hayır. Sizinle evleneceğine ve sonsuza kadar sizinle hep mutlu yaşayacağına karar vermiş olması lazım, onun için bir şey yapmanızı istemesi için.

Bir kadın olarak serpilip büyümek için tüm dünyasal cazibenizi kullanmanız ve de başka kimsenin göremeyeceği bir gerçeği yaratmak için mücadeleye gidecek bir savaşçı olduğunuzu fark etmeniz lazım. Başkalarının göremeyeceği kabiliyetleriniz var, bu da bayağı olağanüstü bir şey.

Bir kadın olarak serpilip büyümek isteyebileceğiniz her şeyin ve vermeniz gereken hiçbir şeyin olmadığının farkında olmak demektir. Eğer dünyasal cazibenizi ve tanrının size silah olarak verdiği şeyi kullanırsanız bir erkeğin sizin için bir şeyler yapmasını sağlayabilirsiniz. Bunu yapmaya istekli olmalısınız. Bu kadar bağımsız olduğunuz için, kimseye ihtiyacınız olmadığını kanıtlamaya çalışıyorsunuz. Doğrusunuz; kimseye ihtiyacınız yok—ama niye kadınsı cazibenizi kullanmayasınız ki?

NEGATİF GERÇEKLİKLERİ GÖRMEK

Salon Katılımcısı:
Başkalarının görmediği şeyleri görmek ve negatif gerçeklikleri görmek istemenin bununla alakasını sorabilir miyim?

Gary:
Çoğu kişi her şeyin iyi olacağını görmeye çalışır, özellikle, karar, yargı, sonuç ve hesaplamalara gelince sıra. Diyelim ki bir erkeğe aşık olduğunuza karar verdiniz? Bu bir yargı mı?

Salon Katılımcısı:
Evet.

Gary:
Şu soruyu sormalısınız: Hangi negatif gerçekliğe bakmak istemiyorum burada?
Eski karımla tekrar biraraya gelmeden önce, ilişkide olduğum bir kadında istediğim her şeyin listesini yaptım. Bunların hepsine sahipti. Yapmadığım şey ise bir insanda istemediğim şeylerin listesiydi. Sonuçta istediğim her şeyi aldım, ama istemediğim her şeyi de aldım. Bu bir farkındalık mı yoksa bir seçim mi? Ya da negatif gerçekliklere bakmak istemiyor muydum?

Salon Katılımcısı:
Negatif gerçekliklere bakmayı istememek.

Gary:

Tümden farkındalık istiyorsan birinin negatif gerçekliğine bakmaya her zaman istekli olmalısın. Bir kere bunu yapınca, herhangi bir kişi ile ilişki yaratabilirsin. Ama yaşadıkları negatif gerçekliği görmek istemezsen, hayal kırıklığına uğrarsın, mutsuz ve perişan olursun. Bir şeylerin son derece yanlış olduğuna karar verirsin.

Salon Katılımcısı:

Negatif gerçekliğin ne olduğu konusundan biraz daha bahseder misiniz?

Gary:

Sonuç içinde yaşayan insanlar vardır. Tüm gerçekliği, "ben doğruyum ve insanlar benim bakış açımın doğruluğunu görmeliler" olan bir bayan tanıyorum. Hani editörlere mektup yazan tiplerden. Geçenlerde dairesinden atıldı çünkü üst komşusunun ona saygılı olmadığına karar vermiş ve dairenin sahibine onu şikâyet etmiş. Üst komşu dairenin sahibi, kadının torunuymuş. Yani, komşunun yanlış ve onun doğru olmasından ötürü, o değil komşunun gitmesi konusundaki bakış açısının doğruculuğu arkadaşımın pek işine yaramadı. Seçimiyle yaratılabilecek şeyin negatif açısına bakmak istemiyordu. Negatif gerçekliği görmeye istekli olmalısınız. Şu soruyu sorun: Eğer bunu seçersem hangi gerçeklik yaratılacak? Şunu anlamalısınız ki sizin seçiminiz ya da başkalarının seçimi dünyalarında pozitif ya da negatif bir gerçeklik yaratacaktır.

BU GERÇEKLİĞİN ÖTESİNDE YARATMAK

Salon Katılımcısı:
Konuyu değiştirebilir miyim? Geçenlerde Vikinglerin zamanıyla ilgili bir kitap okudum. Bir erkek reis seçileceği zaman yedi ila on kadından oluşan bir grubun önünde gelecek nesiller için nasıl bir gelecek planladıklarının vizyonunu sunmaları gerekiyormuş. Eğer aday kadınların hoşlandığı bir vizyon sunarsa, reis olarak seçilirmiş. Erkek ve kadın enerjileri arsandaki bu tarz bir işbirliği konusunda ne düşünüyorsunuz?

Gary:
Aslında olması gereken, ama şimdi olmayan işbirliği bu.

Salon Katılımcısı:
Evet, duyduğumda hoşuma gitti.

Gary:
Hoşlandın mı? Yoksa işe yarayacağının farkına mı vardın?

Salon Katılımcısı:
Erkek ve dişi arasındaki dinamiği ve uzun dönem için beraber çalışmalarını sevdim. Bugünlerde hükümetler kısa dönemli bir şey; bir dahaki seçime kadar dört yıllık bir şey.

Gary:
Aslında, o kadar bile değil. Önümüzdeki on saniyede yeniden seçilip seçilmeyeceklerini düşünüyorlar.

Salon Katılımcısı:

Evet, tabii. Bundan bahsedeyim diye düşündüm. Çünkü erkek ve dişi arasındaki dinamiklerden burada çok konuşuyoruz. Eminim oraya varabilmemiz lazım.

Gary:

Biraz geri sarabilir miyiz? Senin tanımladığın bir dinamik değil. Bir yaratım. Bir dinamik sabit bir bakış açısı olan "Bu böyle olur ve onu değiştiremeyiz," demektir.

Senin tanımladığın bir yaratım. Bu, eğer insanlar daha büyük bir gerçeklikten, daha geniş daha global bir perspektiften işlemeye istekli olsalar yaratılacak şeydir. İnsanlar yaratımlarının ne yaratacağını saptamak için yeterince ileri, geleceğe bakmıyorlar. Ben bakıyorum. Yaptıkları seçimlerle insanların ne yaratacaklarına bakıyorum. İçinizde, çevrenizdeki insanların yüzde doksanından çok, daha büyük ve geniş bir olanağı görme kapasitesine sahip olmayan bir kişi bile yok.

Ama bunu seçmek yerine, hayatını mükemmel kılacak bir adamı, ya da hayatını mükemmel kılacak ailenin restorasyonunu veya hayatını mükemmel kılacak herhangi başka bir şeyi seçerek habire kendini bu gerçekliğe geri getirmeye çalışıyorsun.

Ya bu gerçekliğin ötesinden oluşturup yaratıyorsak? Bunun ortaya çıkmasına müsaade etmeyen her şey ve godzilyon kerelerinin hepsini yıkıp yaratımını yok eder misin? Right and Wrong, Good and Bad, POD and POC, All Nine, Shorts, Boys and Beyonds.

Bu gerçekliğin geleceğinin ötesinde bir gelecek yaratmanın hangi fiziksel gerçekleştirmesini yaratmaya, oluşturmaya ve kurmaya şimdi kabilsin? Buna engel olan her şey ve godzilyon kerelerinin hepsini yıkıp yaratımını yok eder misin? Right and Wrong, Good and Bad, POD and POC, All Nine, Shorts, Boys and Beyonds.

Salon Katılımcısı:

Bu temizlemeyi yaptığınızda çok daha hafif geliyor. Daha heyecan verici.

Gary:

Bu heyecan değil, çünkü heyecan kendini kasvetten çıkarmak için kullandığın şey. Bu yaşam coşkusu.

Salon Katılımcısı:

Evet, anladım. Enerjiyi kelimelerle ifade etmeyi sen daha iyi beceriyorsun.

GELECEĞİ GÖRME İSTEKLİLİĞİ

Salon Katılımcısı:

Diğer insanların görmek istedikleri geleceğin çok ötesinde bir geleceği görmeye istekli olduğunu söyledin daha önce. Bu sizin ve bizim evrenimizde neye benziyor, bundan biraz daha bahseder misiniz?

Gary:

Benim gezegenimde, insanların ne yapacağını fark etmek—ve bu konuda bir bakış açısına sahip olmamaktır. Bir örnek olarak, Access Consciousness'da çok aktif olan bir kadın, Access'i bıraktı. Gitmesinden bir yıl önce bunun olacağını biliyordum. Onun için ne yaratacağını ve bununla ne yapacağını görebiliyordum. Bunu seçmemesini ümit ediyordum. Ama seçti. Buna baktım ve sordum, "Bu benim gerçekliğimde ters bir etki yaratacak mı?" Hayır. Başkalarının yaptığı seçimlere ve bu seçimlerin senin geleceğini nasıl etkileyeceklerine bakmalısınız. Sorun: Bu benim gerçekliğimi değiştirecek mi? Değiştirecek mi? Evet. Negatif bir şekilde etkileyecek mi? Hayır. Gündemimi genişletecek mi? Evet. Nasıl biliyor muyum? Hayır. Ama bununla uğraşmak için ne yapmam gerekir diye bir sonuç ve karara varmak yerine ne ortaya çıkabilir sorusuna sahip olmaya istekliyim. Bu işe yaradı mı?

KONFOR FARKINDALIKLA ALAKALI DEĞİL

Salon Katılımcısı:
Evet. Teşekkür ederim. Tüm farkındalığın rahatsızlığı bununla nasıl ilişkili?

Gary:
Konfor farkındalıkla alakalı değildir. Konfor seçtiğiniz şeyle sizi doğru kılan kararlar, yargılar, sonuçlar ve hesaplamalarla alakalıdır. Konforsuzluk seçim içinde yaşamakla ilgili; konfor sonuç içinde yaşamakla ilgilidir.

Salon Katılımcısı:
Bunun bir bakış açısına sahip olmamakla ve her şeyin farkında olmakla nasıl ilintili olduğundan bahseder misiniz?

Gary:

Eğer bir bakış açın yoksa, her şeyin farkında olabilirsin. Eğer bir bakış açın varsa, ona uymayan her şeyi farkındalığından atarsın. Ve bunu yaptığında, gücünü sonuca vermiş olursun. Seçim veya olasılık yerine sonucu gurun yapmış olursun.

O kadının Access Consciousness'i bırakma seçimi gibi bir şeye bakarım. İstediğim bu muydu? Hayır, ama bu onun seçimiydi ve onun seçimi olarak bıraktım. Düşündüğü her şeyi yaratacak mı? Hayır. Ama kendini mahvetmek ve kendine problem çıkarmak istiyorsa, bunun onun seçimi olduğuna ve yapması gerektiğine güvenmem gerekiyor. Eğer ölmeyi seçiyorlarsa, insanların ölmelerine müsaade etmeye gönüllü olmalıyım. Eğer biri kendini öldüren bir şey yapıyorsa, bunu yapmasına müsaade ederim. Onları durdurmam. Niye durdurmam? Çünkü bu onların seçimi, benim değil.

Salon Katılımcısı:

Size bir soru sormadıkları sürece, değil mi Gary?

Gary:

Evet, bana bir soru sormadıkları sürece. Ama kendilerini mahveden çoğu insan soru sormuyor. Soru sormaktan kaçınıyorlar çünkü sorular, geldikleri sonuçları ve aldıkları kararları yaratmak için kullandıkları kararlara, yargılara, sonuçlara ve hesaplamalara meydan okuyabilir.

Salon Katılımcısı:

O kadının gideceğini anladığında, "bu beni etkileyecek mi?" diye sordun. Bir sonuca gitmedin. "Şimdi bunu düzeltmem lazım veya fikrini değiştirmem lazım" demedin. Benden farklı bir şey yapıyorsun. Ben geleceği algıladığımda harekete geçiyorum.

Gary:

Farkında olmak yerine, harekete geçiyorsun. Yap-yap dünyasına sahip olmaya gönüllüsün ama ol-ol dünyasına değil.

Salon Katılımcısı:

Bazen negatif bir enerji veya negatif bir gerçeklik değil, ama biri için mutlu bir son olmayacağını biliyorsun. Bilinci etkilemediği sürece bu insanın bunu yapmasına yine de müsaade ediyor musun?

Gary:

Bilinç ne olursa olsun yenilemez. Onun gitmesi benim üstünde çalıştığım bilinci etkileyecek mi? Hayır. Çünkü her zaman ne yapacaksa onu yapacak.

Geçenlerde biriyle Access Consciousness'i genişletebilmemiz için farklı eğitmenleri destekleyecek bir sistem hakkında konuşuyordum. Bir sistem oluşturmam lazım ve henüz bulmacanın her parçası yok. Beş yada altı kişiyi alıp onlarla ta ki işleyen bir sistem oluşturana kadar çalışmaya karar verdim.

Birisi telefon açıp, " Beni niye dışlıyorsun?" diye sordu.

"Seni dışlamıyorum. Komutlara uyacak ve sistemi oturtmak için gitmemiz gereken yöne gidecek birine ihtiyacım var. Senin hakkında bildiğim bir şey varsa o da kimseyi takip etmeyeceğin. Her zaman ne istiyorsan onu yaparsın," dedim.

Güldü ve "Evet, her zaman böyle yaparım," dedi.

DOĞRU OLABİLİRSİN YADA HAFİF OLABİLİRSİN

Salon Katılımcısı:
Çoğu zaman sana şöyle bir soru sormak istiyorum, "Benim hakkımda, evrenimi uçuracak ve benim farkındalığımı genişletecek, ne farkındalığın var?"

Gary:
Bir dereceye kadar, hayatınla ilgili işleyen/yürüyen bir sürü karara ve sonuca vardın. Evet ya da hayır?

Salon Katılımcısı:
Evet.

Gary:
Ya bunların hepsini bırakmak zorunda olsaydın? Her birini?

Salon Katılımcısı:
Hafif geliyor.

Gary:
Evet, ama bunu seçmezsin.

Salon Katılımcısı:
Hafifliği seçmez miyim?

Gary:
Hayır, çünkü bir seçimin var. Ya doğru olursun ya da hafif.

Salon Katılımcısı:
Sanki, "Evet, bunu bırakırım," demek istiyorum.

Gary:
Kendini kandırma. Gerçekçi ol bu konuda. Hangisi doğru? Soru sor: Hafifliği mi yoksa doğruluğu mu isterim? Kendinle dobra dobra dürüst ol. Geleceğini yaratmanın tek yolu kendinle dürüst olmak.

Access Consciousness'in benim istediğim gibi başarılı olmadığı bir nokta vardı. Buna bakmak konusunda kendimle gayet dürüsttüm. Bars eğitmenlerinin çalışma tarzını değiştirdim. Bu gerçeklikte işler böyle yürümemesine rağmen, vermeleri gereken tüm telif haklarını kaldırdım. Bana para ödeme gerekliliğini tamamen kaldırdım.

Gerekli kıldığım şey daha fazla bilinç olmasıydı. Ne zaman biri Bars yaparsa, 300,000 daha kişi, Bars'ı yapılan kişi neden kurtulmuşsa, onlardan kurtulacaktı. Bu Access Consciousness' la ilgili asıl hedefimdi, gezegendeki herkes için özgürlük yaratmak. Bunun üstünde hala çalışıyorum.

Salon Katılımcısı:
Yani, benim bir hedefim yok mu?

Gary:
Evet, bir hedefin yok. Neyi başaracağını planlıyorduysan onu başardığın sonucuna varmışsın.

Salon Katılımcısı:

Ama yine de sorular soruyorum.

Gary:

Kendine sormaya gönüllü olmadığın bir soru şu: Hayatım olarak sahiden ne yaratmak isterim? Bu sürdürülebilir bir geleceğe sahip olmakla ilgili. Şunu sormalısın: Bunu seçersem beş sene sonra hayatım nasıl olur?

Tanımlanmış bir bakış açın yada sonucun olmamalı ama sen aslında hep bunları istiyorsun. Bir enerjinin farkındalığı bu. Bunun farkını seçerek görürsün, ve bu noktadan daha fazla oluşturup yaratabilirsin.

Salon Katılımcısı:

Bizi geleceği daha kolaylıkla görmekten alıkoyan şeyimiz nedir?

Gary:

Bu gerçekliğin bakış açısına kanıyorsun. Bu gerçekliğin bakış açısına kanarsan, erkeği için yemek pişiren küçük hamile kadın olman gerekir. Bu senin için ne kadar iyi çalışır?

Salon Katılımcısı:

Hiç çalışmaz. Denedim bunu.

Gary:

Evet. Dünyanın fatihi ve geleceğin yaratıcısı olmak için daha çok istekliliğin olması lazım.

Salon Katılımcısı:

Yani, sadece bu gerçekliğin hikâyesine mi kanıyoruz?

Gary:
Evet, bu gerçeklik hiç bir halta yaramaz. Seviyor musun onu? Hayır. Tolere mi ediyorsun? Evet. İstediğim bu mu? Hayır. Senin istediğin bu mu? Muhtemelen değil. Ama ne seçimin vardı ki?

Salon Katılımcısı:
Hangi seçimlerim var? Farklı bir şey mi var?

Gary:
Buna sahip olmaya istekli olmalısın. Farklı bir şey.

Bu geleceğin gerçekliğinin ötesinde bir geleceğin yaratımının hangi fiziksel gerçekleştirmesini yaratmaya, oluşturmaya ve kurmaya şimdi kabilsin? Bunun ortaya çıkmasına müsaade etmeyen her şey ve godzilyon kerelerinin hepsini yıkıp yaratımını yok eder misin? Right and Wrong, Good and Bad, POD and POC, All Nine, Shorts, Boys and Beyonds.

FETHETMEK VS. DIŞLAMAK

Salon Katılımcısı:
Fethetmekle dışlamak arasında bir kafa karışıklığım var. Bu konuda bana yardım eder misin?

Gary:
Eskiden birisi bir ülkeyi fethettiğinde, bir seçimleri vardı. Tüm insanları öldürüp ülkeye sahip olurlar ya da tüm insanları kendi gerçekliklerine dahil edip onları daha fazla yaratmak için kullanırlardı.

Salon Katılımcısı:
　Ben ilkini yaptım.

Gary:
　Herkesi öldürmek mi?

Salon Katılımcısı:
　Evet, sanırım yaptım.

Gary:
　İyi haber ülkeye sahip oluyorsun. Tek başına sahip oluyorsun ve seninle oynayacak kimse kalmıyor.

Salon Katılımcısı:
　Evet, bu noktadayım.

Gary:
　Bu sahiden senin yararına mı?

Salon Katılımcısı:
　Hiç te değil. Bunu değiştirmeme yardımcı olur musunuz lütfen?

Gary:
　Fethetmeyi kendini dışlamanın bir yolu olarak yaratmak için hangi aptallığı kullanıyorsun? Böyle olan her şey ve godzilyon kerelerinin hepsini yıkıp yaratımını yok eder misin? Right and Wrong, Good and Bad, POD and POC, All Nine, Shorts, Boys and Beyonds.
　Belli ki bunu yapan tek sen değilsin.

Salon Katılımcısı:
　Teşekkür ederim!

Salon Katılımcısı:

İnsanlar üstünlük tasladıklarında aslında herkesin onlardan daha iyi olduğuna inandıkları doğru mu? Ya da tersini mi kanıtlamaya çalışıyorlar? Bu herkesin bizden ya daha büyük ya da daha az olduğu yalanına kanmak mı?

Gary:

Kimse bir başkasından daha büyük ya da daha eksik değil; farklılar! Ben kimseyi kendimden büyük ya da eksik görmüyorum. Farklı tecrübelerimiz ve farkındalıklarımız var. Benim bakış açım şöyle:
- Kendim için kullanabileceğim ne biliyorsun?
- Başkaları için kullanabileceğim ne biliyorsun?
- Bana henüz göstermediğin ne biliyorsun?

"KATKIMI NASIL KANITLARIM?"

Salon Katılımcısı:

Bir şey beni iğneliyor. Avukatlarıma eski eşimle geçirdiğim on üç yıl hakkında benim ilişkiye ve işe nasıl katkım olduğunu kanıtlayacak çok uzun bir yazı yazmam gerekiyor ki bana önerilen yüzde otuz birden daha çok para alabileyim. Yarısına geldim ve katkımı kanıtlamak için neyi farklı yapabilirim ya da olabilirim diye merak ediyorum. Katkımı insanlar görsün diye söze dökemiyorum.

Gary:

"Peri masalları gerçek olabilir, bu sana olabilir." Eğer insanların sana inanmasını istiyorsan bir peri masalı yazman lazım.

Salon Katılımcısı:
Gerekeni mi yapmam lazım sadece?

Gary:
Sen gerçeği söylemeye çalışıyorsun. Herkesin inanmak istediği peri masallarını anlat.

Salon Katılımcısı:
Bu ne demek?

Gary:
O yüzden sana o şarkıyı söyledim. O şarkıyı düşün ve tekrar yaz.

Salon Katılımcısı:
Gerçek olmayan bir peri masalı mı yazmalıyım diyorsunuz?

Gary:
Ne kadar çok sevdiğinin ve ne kadar çok kaybettiğinin peri masalını yazmalısın. Ona destek olmak için nasıl yapabileceğin her şeyi yaptığını ve onun ne kadar harika olduğunu görmesi için tasarlanmış uzun konuşmalarınızı.

Salon Katılımcısı:
Onu yaptım. Niye takıldım kaldım?

Gary:
Bir peri masalı olduğuna karar verdin, gerçeklik olduğuna değil. İnsanların duyabileceği peri masalını vermelisin onlara.

Salon Katılımcısı:
　Tamam.

Gary:
　Bunun herkes için ortaya çıkardığı ya da bıraktığı ne varsa hepsi ve godzilyon kerelerinin hepsini yıkıp yaratımını yok eder misiniz? Right and Wrong, Good and Bad, POD and POC, All Nine, Shorts, Boys and Beyonds.

SENİN İÇİN DOĞRU OLAN NEYSE O OLMAK

Salon Katılımcısı:
　Bazen diğer insanlara olmak istediğimden daha şiddetsel geliyorum. Bunu böyle bırakayım mı yoksa değiştireyim mi emin değilim. Boğazımda bir sıkışıklık hissediyorum sıklıkla. Bu nedir?

Gary:
　Bu dünyanın geri kalan kısmının gitmek istemediği yerin farkında olman. Olanak alanını açtığın her zaman, diğer insanların sınırlamalarının gerçekleştirilmesini hissedecek ve sezeceksin.

　Kendin için doğru olan neyse onu olmaya istekli olmalısın. Biri bana bir şey sorarsa yalan söylemem. Gerçeği söylerim. Tedbirli olmam, çünkü fark ettim ki ne zaman tedbirli olsam ve insanlara neyse onu söylemesem, onlara yalan söylemekle aynı. İnsanlara yalan söylemek benim ilgimi çekmiyor.

Salon Katılımcısı:

Benim nasıl, kime, ne zaman ve ne güçlülük ve netlikle nasıl söylememi bilmem için bana yardımcı olacak başka herhangi bir şey var mı?

Gary:

Şu soruyu sor: Seçtiğim susmanın yokluğunu yaratmak için hangi aptallığı kullanıyorum?

Bir şey söylemiyor olabilirsin ama yüksek sesi olan bir kafan var. En az başka şeyler kadar susmanın netliğine ve kolaylığına da ihtiyacın var.

Yüzde doksan dokuz, sessizlik sana insanlar üstünde, konuşmaktan daha çok kontrol sağlar.

HAYATININ HESABINI YAPMAK

Salon Katılımcısı:

Söylermisin, hayatımı, yaşamımı, ve gerçekliğimi yıkmak için ne yapıyorum, eğer bunu değiştirseydim, benim için sürdürülebilir bir gerçeklik yaratabilsin?

Gary:

Ne yaptığın değil; ne yapmadığını sorman lazım:

Sonsuza kadar hayatımı ve geleceğimi sürdürülebilir bir gerçekliğe değiştirmek için bugün ne yapabilir veya olabilirim? Böyle olan her şey ve godzilyon kerelerinin hepsini yıkıp yaratımını yok eder misin? Right and Wrong, Good and Bad, POD and POC, All Nine, Shorts, Boys and Beyonds.

Yapman ya da olman gereken bir şey değil. Seçmen gereken bir şey. Çoğumuzun bunun ne olduğu konusunda bir fikri yok. Gerçek, hayatının ne kadarını kendine bağlı/göre olarak yarattın?

Salon Katılımcısı:
Yüzde sıfırını.

Gary:
Bu aşağı yukarı herkesin hareket ettiği nokta. Bize Access Consciousness konusunda yardımcı olan bir bayan, bir iki şeyi yüzüne gözüne bulaştırdı. "İnsanlar genelde birşeyi yapmak istemediklerinde yüzlerine gözlerine bulaştırırlar. Gerçek, Access için halen çalışmak istiyor musun?" dedim.
"Hayır, istemiyorum," dedi.
"Ne yapmak istiyorsun? Hayatının nasıl olmasını istiyorsun?" diye sordum.
"Hiçbir fikrim yok, " dedi.
"Çünkü tüm hayatını ebeveynlerin, büyük annen, kocan ve işin için bir şeyler yaparak geçirdin— ama kendin için hiçbir şey yapmadın. Nasıl olurda kendi hayatını hesap etmezsin?" dedim. Tabii bunların hiç biri bu tele seminerindekiler için geçerli değil!

Kendi hayatının hesabında olmamanın icadı ve suni yoğunluğunu yaratmak için hangi aptallığı kullanıyorsun ve seçiyorsun? Böyle olan her şey ve godzilyon kerelerinin hepsini yıkıp yaratımını yok eder misin? Right and Wrong, Good and Bad, POD and POC, All Nine, Shorts, Boys and Beyonds.

AYART ONLARI, ÖĞRET ONLARA VE YOLLARINA GÖNDER

Salon Katılımcısı:

Bana bir kere erkekler hakkında "ayart onları, öğret onlara ve yollarına gönder," demiştin. Ben bunu "onlara bir ders ver" şeklinde yanlış anlamış olabilirim ve bazen gerekli olsa da kastettiğin şeyin bu olduğundan emin değilim. Bunu açıklayabilir misiniz?

Gary:

"Ayart onları, öğret onlara ve yollarına gönder" aslında bir ilişki istemediğin düşüncesidir. Biriyle eğlenmek istiyorsundur. Onlara öğretmek, onları daha iyi bir erkek yapacak her şeyi öğretmek; bir ders vermek anlamında değildir.

Salon Katılımcısı:

Erkeklerin hayalarını kesip ödül olarak duvara asmanın nesi yanlış?

Gary:

Peki, bu iyi de, bunu yaparsan, muhtemelen seni ziyarete gelmek isteyen erkek pek olmayacaktır. Eğer duvarda hayalar görürlerse seninle hiçbir şey yapmak istemezler. Erkeklerle yaratmak istediğin şey bu mu? İstediğin gelecek bu mu?

Şuna bak ve şu soruyu sor: Eğer bu adamın hayalarını kesersem beş yıl içinde hayatım nasıl olur? Daha genişlemiş ya da daralmış? Eğer bu erkeğin hayalarını bedeninde bırakırsam ve onları okşarsam ve zevkini çıkarırsam ve tercih ettiğim kadar onu kullanırsam, beş yıl içinde hayatım nasıl olur? Daha genişlemiş ya da daralmış? Enerjisini hisset ve kendin bul.

GERÇEK PRAGMATİKLİK: BİR SEÇİMLE BAŞLA

Salon Katılımcısı:
Gerçekten ne yaratmak istediğimiz konusunda net olmanın ve nerede kendimizi körelttiğimizin pragmatikliği üstüne konuşabilir misiniz?

Gary:
Gerçek pragmatiklik: Bir seçimle başlar. Eğer bunu seçersem, beş yıl içinde hayatım nasıl olur? Soru sor:
+ Eğer bunu seçersem, beş yıl içinde hayatım nasıl olur?
+ Eğer bunu seçmezsem, beş yıl içinde hayatım nasıl olur?

Seçim ve seçim olmayan arasındaki farkı enerjik olarak hissetmeye başlayacaksınız ve yavaş ama emin adımlarla senin için çalışan şeyleri seçmeye başlayacaksınız. Yaptığın her seçimin beş yıl içinde hayatını nasıl yapacağını kavrayacaksınız. Bunun enerjisine sahip olabilirsiniz— ama bunu tanımlayamazsınız. Hayatınızın nasıl olmasını istediğinizi tanımlamaktan kurtulmanız lazım. İnsanlar "Milyonlarca dolarım olsun isterim, bunu yapmak isterim, şunu yapmak isterim" der.

" Bunu yapmak isterim," yaratmak ve oluşturmakla aynı şey değildir.

OLUŞTURMAK, YARATMAK VE KURMAK

Salon Katılımcısı:
İşlevsellik ve kurum bununla nasıl ilintilidir? "Eğer bunu seçersem, bu ne yaratacak?" diye sorduğunda, gerçekleştirmeye ne olur?

Gary:
Soruya gitmeniz lazım. Soru sana nereden yaratmak istiyorsan, o enerjilerin işaretlerini verecektir. Oluşturmak bir şeyi var olmaya başlatan enerji, yaratmak bunu gerçekleştirmek ve kurmak daha fazla inşa etmek için bir platform yaratmak için yaptığın şey.

Ne yaratabileceğiniz konusunda netleşmeniz için size bir sistem veriyorum. Bu idrak ile ilgili bir evren olmayacak. Eğer idraki bir bakış açısından bir evren yaratacak olsaydın, bunu yüzyıllar önce yapardın.

Netliğin, seçiminin ne yarattığı konusunda yarattığın farkındalıktan geldiğini fark etmen lazım. Seçim yaratımın kaynağıdır—kararlar, yargılar, sonuçlar ve hesaplamalar değil. Eğer kararlar, yargılar, sonuçlar ve hesaplamalardan işlersen, olanaklar yerine yargılardan işliyorsunuz demektir.

İki seçiminiz var: Ya bu sandalyeyi satın alabilir ya da satabilirsiniz. Beş yıl içinde yaratımınız nasıl olur eğer bu sandalyeyi satın alırsanız? Beş yıl içinde yaratımınız nasıl olur eğer bu sandalyeyi satarsanız? Ne yaratılacağının enerjisi arasındaki farkı hissedebilirsiniz.

Farkındalığınızı sonuca tercih etmeyin. Bu prosesi kullanın:

- Eğer bunu seçersem, beş yıl içinde hayatım nasıl olur?

- Eğer bunu seçmezsem, beş yıl içinde hayatım nasıl olur?

Daha genişletici ve daha daraltıcı seçenekler arasındaki farkı anlayabilirsiniz.

Sürdürülebilir bir gelecek yaratmak için, yaptığınız seçimlerle yaratılan enerjinin farkını hissetmeyi öğrenmelisiniz.

Yaptığınız seçimlerle öğrenirsiniz, çünkü her seçim bir şey yaratır.

Eğer sürdürülebilir bir gelecek yaratmak için mücadele edecek savaşçı bir kadınsanız, bu farklı bir dünyadır. Buna bakmaya, bunu seçmeye ve bu olmaya istekli olmalısınız, o zaman tüm diğer her şey dönecektir. Seçiminizin yarattığını anlayın.

Tamam, bayanlar, bu akşamlık bu kadar. Lütfen dışarı çıkın ve sürdürülebilir ve olağanüstü olacak bir geleceği yaratacak kadın olun. Bu sizin insanoğluna olduğunuz hediyedir.

11
Seçim ve Farkındalığın Gücünde Kalmak

Ne zaman gücünü, farkındalıktan başka bir şeye verirsen bir iblisi hayatına davet ediyorsun.

Gary:

Selam, bayanlar. İblislerin ne olduğundan ve sürdürülebilir bir gelecek yaratmak için mücadeleye çıkmış bir savaşçı kadın olmanızla ne alakası olduğundan konuşalım.

İBLİSLER

İblis hayatında bir miktar kontrole sahip olmak isteyen herhangi bir varlık ya da herhangi başka bir şeydir. Ne zaman gücünü farkındalıktan başka bir şeye feda edersen bir iblisi hayatına davet edersin. Eğer birinin sana bakacağı ve senin onu takip ettiğin bir ilişki arıyorsan, hayatına iblis enerjilerini davet edersin—çünkü birinin takipçisi olmak, senin kendini ve farkındalığını feda etmeni gerektirir. İblisler ve varlıklar senin bir takipçi olmanı ister. Bu onları davet etmenin bir yoludur. Allahtan sizler çok iyi takipçiler değilsiniz! Erkeğinizi üç adım ardından takip etmekte iyi değilsiniz.

İblisleri içeri davet etmenin diğer yolu da gücünü sonuç için feda etmektir—çünkü sonuç farkındalığın tersidir. Bir bakış açın varsa, o bakış açısına uymayan her şeyi farkındalığından elimine edersin. Farkındalığın yerine sonuca gücünü verirsin.

Eğer bir bakış açın yoksa, her şeyin farkında olabilirsin.

Kendi farkındalığını bir başkasının farkındalığı için terk edersen de gücünü feda edersin.

Salon Katılımcısı:
İblislerin ne olduğu konusunda iyi bir fikrim yok. Bunu biraz daha açar mısınız?

Gary:
Kime veya neye feda ediyorsun gücünü?

Salon Katılımcısı:
Başkalarına.

Gary:
Gerçekten mi? Sanmıyorum.

Salon Katılımcısı:
Sonuca.

Gary:

Sonuç, bir tanesi. Para ise diğeri. Hayatında sonuçların ibisleri var, sana ne yapman gerektiğini söyleyen ya da para ile ilgili bir sorun olduğunu söyleyen. Sana sonuca varman gerektiğini söylüyorlar.

Bu, sizin için bir şeyleri kontrol etsin diye nerede hayatınıza iblisleri davet ettiğinizi fark etmekle ilgilidir. İblisler size söylenecek ve yapılacak tüm doğru şeyleri söyler. Onların seçimleri için kendi hayatını feda etmenizi isterler. Sonuca gitmeye karar verdiğin zaman, doğru sonuca varmak için ve neyin doğru olduğuna karar vermek için iblisleri davet ediyorsun.

Salon Katılımcısı:

İblislerin benim ilişkilerimi veya seksi kontrol altına almalarına nerede müsaade ettiğimi netleştirmek için ne gerekir?

Arkadaşlıklarımı ve erkeklerle seksi mahveden iblislerden beni kurtarmak için ne gerekli?

Gary:

İşte bir proses:

İcadı, suni yoğunluğu ve kurtulman gereken iblisleri yaratmak için hangi aptallığı kullanıyorsun ve seçiyorsun? Böyle olan her şey ve godzilyon kerelerinin hepsini yıkıp yaratımını yok eder misin? Right and Wrong, Good and Bad, POD and POC, All Nine, Shorts, Boys and Beyonds.

Bu çalışıyor!

Düşünceler, duygular, hisler, seks ve seksizliğin ne kadar aslında kurtarılman gereken iblis evrenidir? Bayağı bir kısmı. Böyle olan her şey ve godzilyon kerelerinin hepsini yıkıp yaratımını yok eder misin? Right and Wrong, Good and Bad, POD and POC, All Nine, Shorts, Boys and Beyonds.

Senin kendini azaltmanı talep eden kadın olmanın, feminen olmanın, dişi olmanın, la femme olmanın tüm iblisleri, şimdi onlara geldikleri yere dönmelerini ve bir daha sana ve bu gerçekliğe sonsuza kadar geri gelmemelerini söyler misin? Buna müsaade etmeyen her şey ve godzilyon kerelerinin hepsini yıkıp yaratımını yok eder misin? Right and Wrong, Good and Bad, POD and POC, All Nine, Shorts, Boys and Beyonds.

SEÇİM YERİNE İBLİS YARATIYORSUNUZ

Burası işte dişi olmak neyse onun seçimi yerine, dişi olmak neyse onun iblislerine sahip olduğunuz yer. Dişi olarak geleceği yaratmak için savaşa giden savaşçı olduğunuz yerin farkında olmalısınız. Eğer bunu anlarsan, hayattaki hedefin bir fütüristci olmak ve sanki bu gelecekmiş gibi geçmişin etkisinde olan biri olmamaktır. Bu dünyada her var olduğu yerde, kadınlığın, kadınlara düşkünlüğün ve kadın olarak bedenlenmenin iblislerini yaratıyorsun.

Kadın olarak bedenlenmenin kaç iblisini şimdi yıkıp yaratımını yok edebilir ve sana ve bu gerçekliğe sonsuza kadar bir daha geri dönmemek üzere nereden, ne zaman geldiyse oraya geri gönderebilirsin? Böyle olan her şey ve godzilyon kerelerinin hepsini yıkıp yaratımını yok eder misin? Right and Wrong, Good and Bad, POD and POC, All Nine, Shorts, Boys and Beyonds.

Salon Katılımcısı:

"Sonsuza kadar bir daha geri dönmemek üzere oraya gönder" dedin. Nereden geldiyse ne demek?

Gary:

Ne zaman geldi anlamına gelen Eski İngilizce bir söz. Geldiğin bir yer.

YA SENDEN DAHA BÜYÜK BİR GÜÇ KAYNAĞI YOKSA?

Salon Katılımcısı:

İblislerin hakim olduğu dünya ne demek açıklar mısın?

Gary:

İblislerin gücünü yaratan her şey yargıdır. Eğer sen onların yargılarına uymaz ve kabul etmezsen ya da direnmez ve tepki göstermezsen iblislerin hiçbir gücü olmaz. Onların işi, yargıyı ta ki sen kendi gücünü veya potansiyelini onların bakış açışı için feda edene kadar kızıştırmaktır. Ne zaman yargıdan bir doğruluk ya da yanlışlık olarak hareket ediyorsan, hayatına senin bakış açının doğruluğunu kanıtlasınlar diye iblisleri davet ediyorsun. Eğer bir bakış açın yoksa, doğru ya da yanlış olamaz ve senin yanlışlığını herhangi bir şekil veya formda kızıştırmak veya abartmak için iblisler olamaz.

Yargı iblislerinin dünya gezegeninde hakim olmaları olan yanlışlığını yaratmak için ne kadar enerji harcıyorsun? Böyle olan her şey ve godzilyon kerelerinin hepsini yıkıp yaratımını yok eder misin? Right and Wrong, Good and Bad, POD and POC, All Nine, Shorts, Boys and Beyonds.

İblis kaynağının ve iblislerin hakim olduğu dünyanın nihai icadını ve suni yoğunluğunu yaratmak için hangi aptallığı kullanıyorsun ve seçiyorsun? Böyle olan her şey ve godzilyon kerelerinin hepsini yıkıp yaratımını yok eder misin? Right and Wrong, Good and Bad, POD and POC, All Nine, Shorts, Boys and Beyonds.

İNSANLAR İBLİSLERİN BİR GÜÇ KAYNAĞI OLDUĞUNU DÜŞÜNÜR

Salon Katılımcısı:

Bir sürü kadın insanla çalışıyorum. Çok haince geliyorlar; yalan söylüyorlar ve istediklerini elde etmek için hile yapıyorlar. Bunlar iblis mi?

Gary:

Hümanoidler, iblisleri oldukları şey olarak tanır, görür. İnsanlarsa, iblislerin bir güç kaynağı olduğunu düşünür. Kadın insanlar bir ya da başka bir şekilde erkeklerin üzerinde kontrollerinin olduğu bir yere gitmeyle ilgileniyorlar. Onların hayatı, erkekleri kontrol etmek için iblisleri davet etmeye adanmıştır. Kaçınız erkeklerin üstünde kontrol oluşturmak için iblisleri davet ettiniz?

Nereden geldilerse oraya geri dönmelerini ve bir daha sana ve bu gerçekliğe gelmemelerini talep edin. Buna müsaade etmeyen her şey ve godzilyon kerelerinin hepsini yıkıp yaratımını yok eder misin? Right and Wrong, Good and Bad, POD and POC, All Nine, Shorts, Boys and Beyonds.

Bayanlar, sizi kendinizle ya da seçtiğiniz herhangi bir şeyle ilgili yargılarınızın olmadığı bir yere getirmek istiyorum. Seçiminizin geleceği nasıl yarattığının tamamen farkında olduğunuz bir yere getirmek, çünkü bu gezegende hiç varolmamış geleceği oluşturmanın kaynağı sizsiniz—eğer seçerseniz! Sen sürekli seçmemeye çalışıyorsun, sanki biri gelecek ve senin için her şeyi seçecek ve sana ne yapacağını söyleyecek. Hepinizi seviyorum, ama bir taneniz bile birini takip etmeye yetenekli değilsiniz. Başkası yerine niye kendinizi takip etmiyorsunuz? Niye takip edebileceğiniz bir erkek bulmaya çalışıyorsunuz—ya da takip edebileceğiniz herhangi biri? İkinci iyi haber beni takip etmenize hiçbir zaman müsaade etmeyeceğim çünkü sizden kaçacağım. Ne kadar hızlı koşarsanız koşun beni yakalamazsınız.

Böyle olan her şey ve godzilyon kerelerinin hepsini yıkıp yaratımını yok eder misin? Right and Wrong, Good and Bad, POD and POC, All Nine, Shorts, Boys and Beyonds.

Salon Katılımcısı:

Dört trilyon yıl boyunca yapsınlar diye iblislere iş vermişim, son zamanlarda bu geliyor. Yargı, kontrol ve bakış açılarını yerli yerinde tutmak onların göreviydi. "Sizi verdiğim her işi, alın gidin ve hiç geri gelmeyin," diyorum.

Gary:

Söyle söylemen lazım: Nereden hangi zamandan geldiysen oraya dön ve bana ve bu gerçekliğe sonsuza kadar bir daha geri dönme.

Salon Katılımcısı:

Benim için, bir iblis her zaman küçük siyah bir tip ya da onun gibi bir şey oldu. Şimdi ise sanki ortaya çıkan yargı aslında iblis gibi geliyor.

Gary:

Evet, yarattığın yargılarla ilgili. Eğer onları küçük siyah tipler ya da boynuzlu ve kuyruklu kırmızı şeyler ya da bunun gibi şeyler olarak görüyorsan bu gerçekliğe uyuyorsun. Bu gerçekliğin iblisler hakkında gerçeğe sahip olduğunda ısrar ediyorsun.

Salon Katılımcısı:

İblisleri bu şekilde görmek onları nerede hayatıma davet ettiğimi ve nerede kullandığımı görmemi engelledi. Şimdi bu iblislerin üstünde tamamen farklı bir enerji var ve size tamamen minnettarım bunun için.

Gary:

Onları, sanki bir şeyin üstünde güç sahibi olmanın yolu diye düşünerek, hayatına davet ettin. Ama herhangi bir şeyin üstündeki nihai güç farkındalıktır. Ya sizden daha büyük bir güç kaynağı yoksa?

Bunun ortaya çıkmasına müsaade etmeyen her şey ve godzilyon kerelerinin hepsini yıkıp yaratımını yok eder misin? Right and Wrong, Good and Bad, POD and POC, All Nine, Shorts, Boys and Beyonds.

YARGI İBLİSLERİ İÇERİ DAVET ETMENİN YOLU

Salon Katılımcısı:
Daha önce benimle konuşurken, bir sürü enerji ortaya çıktı. "Beni susturma" gibi bir his. "Beni dinlemeyeceksin. Beni yanlış anladın" gibi bir şeyler. Çok garip.

Gary:
Yanlış anlaşılmış mı hissediyorsun?

Salon Katılımcısı:
Evet.

Gary:
Yanlış anlaşılmanın ne olduğunu tanımladığın her yeri yıkıp yaratımını yok eder misin? Right and Wrong, Good and Bad, POD and POC, All Nine, Shorts, Boys and Beyonds.

Anlamanın ifade ettiği şey birisinin senin altında durup sana destek olmasıdır. İnsanların üstünde olmaktan hoşlanıyor musun?

Salon Katılımcısı:
Pek değil.

Gary:
Yüksek topukla veya yüksek topuksuz!

Salon Katılımcısı:
Vay! Tüm sorularımın amacının, kendime olan yargılarımın doğruluğunu sana kabullendirmek olduğunu anladım.

Gary:

Oldukça. Maalesef, seninle ilgili yargılarım yok, yani senin yargılarınla uyuşmam çok zor.

Salon Katılımcısı:

İnsanlarla etkileşim halindeyken, benimle ilgili bir şeye uyan yargılarını arıyorum, ki onlara kızabileyim.

Gary:

Hayır, kendine kızabilesin diye. Kendi yanlışlığını görmeye mi adadın kendini?

Salon Katılımcısı:

Bu yargılarımın olduğunu fark ediyorum.

Gary:

Bunu yaratmak için yaptığın her şey ve godzilyon kereleri, hepsini yıkıp yaratımını yok eder misin? Right and Wrong, Good and Bad, POD and POC, All Nine, Shorts, Boys and Beyonds.

İblis kaynağının ve iblislerin hakim olduğu dünyanın hangi nihai icadını ve suni yoğunluğunu yaratmak için hangi aptallığı kullanıyorsun ve seçiyorsun? Böyle olan her şey ve godzilyon kerelerinin hepsini yıkıp yaratımını yok eder misin? Right and Wrong, Good and Bad, POD and POC, All Nine, Shorts, Boys and Beyonds.

Salon Katılımcısı:

Geçenlerde bir proje yapmayı seçtim ve bununla ilgili bir sürü şey yaptım. Sonra takip etmedim bu işleri ve kendi yanlışlığıma gittim. Tam şimdi, sizin söylediklerinizi dinlerken, farkına vardım ki kendimi yanlışlık konusunda yargılıyormuşum.

Gary:

Dur sana bir soru sorayım. Kendini yargılamaya gitmenin değeri nedir?

Salon Katılımcısı:
Değeri yok.

Gary:

Bir değerin olması lazım, yoksa oraya gitmezdin. Yargı iblislerini içeri davet etmenin yoludur bu. Bu yüzden insanlar başkalarını yargılarlar. İnsanlar başkaları üzerinde kontrol sağlamak için onları yargılarlar. Başkaları üstünde kontrol kurmak için, kontrolü yaratacak iblisleri kendi yargılarını kullanarak içeri davet ederler. Kendini sorgulama o davetiyenin yaratılma yoludur.

İblisleri davet etmek için kendini yargıladığın her yer, bunların hepsini yıkıp yaratımını yok eder ve gönderene geri gönderir misin? Right and Wrong, Good and Bad, POD and POC, All Nine, Shorts, Boys and Beyonds.

Eğer yargıya sahip olmakla uğraşmasaydın hayatın nasıl olurdu?

Salon Katılımcısı:
Eğlenceli.

Gary:

Yargılara sahip olmakla uğraşmak için ne kadar enerji kullanıyorsun? Böyle olan her şey ve godzilyon kerelerinin

hepsini yıkıp yaratımını yok eder misin? Right and Wrong, Good and Bad, POD and POC, All Nine, Shorts, Boys and Beyonds.

Yargılarla uğraşıyorsunuz.

Salon Katılımcısı:

Yargıların artık seçmeyeceğim bir şey olması için neyin değişmesi gerekli?

Gary:

Yargılarla uğraşmanın icadını, suni yoğunluğunu ve iblislerini yaratmak için hangi aptallığı kullanıyorsun? Böyle olan her şey ve godzilyon kerelerinin hepsini yıkıp yaratımını yok eder misin? Right and Wrong, Good and Bad, POD and POC, All Nine, Shorts, Boys and Beyonds.

Salon Katılımcısı:

Temizleme teriminde, "suni yoğunluk," dedin. Bunun ne olduğu konusunda konuşur musunuz?

Gary:

Kimin seni yargıladığını düşünün. Bunun hangi kısmı yoğun? Biraz? Hepsi? Yoksa daha da fazlası?

Salon Katılımcısı:

Tüm hepsi.

Gary:

Yoğunluğun farkındalıktan daha değerli olduğunu düşünüyorsun. Böyle olan her şey ve godzilyon kerelerinin hepsini yıkıp yaratımını yok eder misin? Right and Wrong,

Good and Bad, POD and POC, All Nine, Shorts, Boys and Beyonds.

Salon Katılımcısı:

Gary, sen ve Dain'i çalışırken gördüğümde gittikçe fark ediyorum ki, insanlara duyabilecekleri şeyi vermek konusunda bir kapasiteniz ve sabrınız var, o anda ne kadar alıp kabul etmeye açılabileceklerini bilmenize rağmen, ve sadece bir soru sorduklarında nereye gitmeye istekli olduklarını bilmek için bir pencereniz var.

Gary:

Evet, sahip olmaya istekli olduğunuz geleceğe bakmaya ben de istekli oluyorum.

Salon Katılımcısı:

Sorduğumuz sorularla mı?

Gary:

Evet.

Salon Katılımcısı:

İnsanlar bir soru sorduğunda onlara tüm dünyayı vermeye eğilimliyim.

Gary:

Nasıl yargılanmayı hakkettiğini hissediyorsan, seni öyle yargılamalarına müsaade edecek neleri onlara verebileceğin konusunda sonuca varmaya çalışıyorsun?

Salon Katılımcısı:

Benim değerli biri olduğum mu?

Gary:

Bu demektir ki değerli olan senin kendin hakkındaki yargıların.

Salon Katılımcısı:

Yargılar ne yöne giderse gitsin, burada nerede kendimi iğneliyorum? Ağır geliyor.

Gary:

Hangi yalanı kendinden daha gerçek kılıyorsun? Böyle olan her şey ve godzilyon kerelerinin hepsini yıkıp yaratımını yok eder misin? Right and Wrong, Good and Bad, POD and POC, All Nine, Shorts, Boys and Beyonds.

"BİR BAKIŞ AÇISININ OLMAMASI" SADECE BİR SEÇİM

Salon Katılımcısı:

Bir bakış açısına sahip olmamayı seçmek ve bunu karar, yargı, hesaplama ve sonuçtan daha büyük yapmak mümkün mü?

Gary:

Evet.

Salon Katılımcısı:

Sadece bir seçim?

Gary:

Evet, sadece bir seçim.

Aslında seçimin olmayan neyi seçim olarak yaratıyorsun, eğer onu seçim olarak yaratmasan, tüm farkındalık olarak gerçekleşebilir? Böyle olan her şey ve godzilyon kerelerinin hepsini yıkıp yaratımını yok eder misin? Right and Wrong, Good and Bad, POD and POC, All Nine, Shorts, Boys and Beyonds.

Salon Katılımcısı:

Tamamen farklı bir gelecek yaratmak için hangi seçimlerimiz var?

Gary:

Olağanüstü miktarda seçim var. Sorun şu ki tüm hayatımızı seçimsiz bir evrene, iblis basmış bir evrene inanarak geçiriyoruz ki bu da bu gerçeklikte gerçek olmaya eşit. Ya bu gerçeklikte artık gerçek olman gerekmeseydi? Hangi seçimlerin olurdu?

Salon Katılımcısı:

Şimdi yaptığınız bu proses bedenimde o kadar alan yarattı ki. Birinin evreninde daralmasının farkına varıyorum bedenimde, ama bu benim değil.

Gary:

Bedenimde yerine, ya bedenimle ise?

Salon Katılımcısı:

Fark ne?

Gary:
> Bedenimde, bedeninin senin sahip olmadığın farkındalığa sahip olduğu fikridir. Bedeninle ise senin ve bedeninin farkında olduğu şeyleri genişletmektir.

Salon Katılımcısı:
> Bu proses bedenim ve benim farkında olduğumuz şeyleri daha da genişletti. Çok iyi. Teşekkür ederim.

Salon Katılımcısı:
> Bu gelecek için fazla alan olan şey mi?

HİÇ KİMSE VEYA HİÇBİR ŞEY İÇİN HİÇBİR ZAMAN BEKLEME

Gary:
> Evet, geleceğin alanı olarak sahip olmanız gereken şey bu.
>
> İşte bir örnek. Birisi bizim için çok güzel bir logo yarattı ve herkes tüm logolarımızı aynı mı yapmalıyız yoksa hepimizin farklı logoları mı olsun diye karar vermeye çalışıyordu. İnsanlar ilerlemiyorlardı. Bu hallolana kadar bekliyorlardı. Bense, "Hiç kimseyi ya da hiçbir şeyi hiçbir zaman bekleme," diye deyip duruyorum.
>
> Bunu anlamanız lazım. Eğer bir gelecek yaratacaksanız kimseyi bekleyemezsiniz—çünkü o zaman kendinin farkında olduğun şeye dayanarak değil, öbür kişinin gelecek zaman çizgisine dayanarak yaratıyorsun.

Salon Katılımcısı:
"Kimse için bekleme," dediğinde, insanları beklediğimde ne kadar yok olduğumu fark ettim.

Gary:
Beklemeye başladığınız anda var olmayı bırakıyorsunuz. Kendinizi beklemeye alıyorsunuz. Sanki nefesinizi tutmak ve bir daha nefes alacağınız zamana kadar beklemek gibi. Bu çalışıyor mu? Hayır.

İnsanlar bir şeyleri beklediklerinde, işin doğrusunu yapmak isterler. Bu yargı ile ilgilidir. Yaptıkları her şeyi doğru yapmayı seçmek. Bu çok yavaş.

Geçenlerde sanatçı olan iki kişiyle uğraşıyorduk ve sanatçılarla uğraşıyorsanız ne yaparsanız yapın hiçbir şey doğru ya da mükemmel olmayacaktır. Her zaman biraz daha iyi yapılabilir. Sanatçılar ne yaptıklarıyla ilgili soruda kalmazlar. Hep nasıl olmuş olması gerektiği konusunda sonuca varmışlardır veya benzemesini düşündükleri neye benzememiş diye yargılarlar yaptıklarını.

Ben hiçbir zaman kimseyi beklemem, sadece yaratmaya devam ederim. "Biliyor musun? Bu harika. Hadi gidelim," derim.

Eğer yavaş gidersen hayatını bu gerçekliğin doğru davranış evreninde yaşıyorsundur. Bu gerçekliğin doğru davranışı, mümkün olduğunca yavaş gitmektir ki dalga yaratmayasın. Ama sizler dalga yapıcısınız. Çocukken küvete girdiğinizde suları sıçratır ve küvetin kıyısından taşan dalgalar yaratırdınız.

Banyoda baygın durmak sizin bakış açılarınızdan biri değildi. "Ne kadar eğlenceli? Hadi her şeyi hareket ettirelim," di. Çoğunuz için öylece durmak bir gerçeklik değil, ama yine de sanki yapabilecekmişsiniz gibi denemeye devam ediyorsunuz. Durum şu ki —yapamazsınız. Kimseyi beklemeyin. Başlayın, gidin ve yaratın. Eğer beklerseniz kendinizi var olmaktan çıkarıyorsunuz ta ki bir başkası yaptığı şeyi bitirip senin olman için bir kapı açana kadar.

Seçtiğim beklemeyi yaratmak için hangi aptallığı kullanıyorum. Böyle olan her şey ve godzilyon kerelerinin hepsini yıkıp yaratımını yok eder misin? Right and Wrong, Good and Bad, POD and POC, All Nine, Shorts, Boys and Beyonds.

Beklersen farkındalığını bir başkasının tamamlamasına feda ediyorsun. Ya insanlar hiçbir zaman tamam olmamayı bekliyorsa? Ne zaman var olacaksın? Onlar olunca mı?

Ebeveynlerinin ölmesini bekleyen insanlar tanıdım, böylece onların parasına konacaklardı ve ebeveynleri yıllarca yaşadı. Çocuklar nihayet parayı aldıklarında, alacaklarını düşündükleri miktarda değildi. Hayatlarında aslında hiçbir şey yaratmadı ve ebeveynlerinin daha çok parası olmadığı için çok sinir oldular! Hayatını niye bir mirasa veya o eline geçtiğinde neye sahip olacağına dayanarak yaratmayı beklersin? Hayatını niye şimdi yaratıp tadını çıkarmıyorsun?

Beklediğin ne? Böyle olan her şey ve godzilyon kerelerinin hepsini yıkıp yaratımını yok eder misin? Right and Wrong, Good and Bad, POD and POC, All Nine, Shorts, Boys and Beyonds.

Emekli olduklarında her şeyin iyi olacağını düşünürek, emekliliklerini bekleyen insanlar tanıdım. Bir arkadaşım bana bir espri gönderdi. Biri emekli birine soruyor," Emekli olduğuna göre şimdi ne yapıyorsun?" Emekli adam derki, "Kimya mühendisiyim, ve bana en çok zevk veren şeylerden biri bira, şarap ve viskiyi idrara dönüştürmek. Bu çok ödüllendirici, ruhu şenlendirici ve çok tatmin edici bir şey. Her gün yapıyorum ve sahiden çok zevk alıyorum!"

FÜTÜRİST OLMAK

Salon Katılımcısı:
Fütürist olmak nasıl bir şeye benziyor?

Gary:
Fütürist olmak, henüz seçmediğiniz neyi yapmaya kabil olduğunuzu görmeye istekli olmaktır.

Geleceğin hangi yaratımını henüz seçmedin, sorgulamadın ve bir olanak olarak yaratmadın? Böyle olan her şey ve godzilyon kerelerinin hepsini yıkıp yaratımını yok eder misin? Right and Wrong, Good and Bad, POD and POC, All Nine, Shorts, Boys and Beyonds.

Salon Katılımcısı:
Alınyazısı, ruh ve kader hakkında konuşur musunuz lütfen?

Gary:
Eğer gelecek olacaksanız, nerede alınyazısı, ruh ve kader olacağınızı fark etmeye istekli olmalısınız. Bu gelecek olanaklarının habercisidir.

Seçebileceğin gelecek olanaklarının müjdecisi olmaktan kaçınmak için hangi aptallığı kullanıyorsun? Böyle olan her şey ve godzilyon kerelerinin hepsini yıkıp yaratımını yok eder misin? Right and Wrong, Good and Bad, POD and POC, All Nine, Shorts, Boys and Beyonds.

Salon Katılımcısı:
Müjdeci ne demek?

Gary:
Müjdeci, var olabilecek bir şeyi gerçekleştirmeye kabil olan biridir. Olacakların öngörücüsü gibi.

Salon Katılımcısı:
"Eğer bunu seçersem, hayatım beş yıl içinde nasıl olur?" sorusu benim tüm odak noktamı ve yaptığım seçimleri değiştirdi. Bunu her şey için soruyorum ve hayatımın ve yaşamımın nasıl olmasını istediğim konusunda çok daha fazla farkındalığım var.

Gary:
Tamamen. O yüzden bu soruyu sormanız lazım. Eğer sormazsanız, geçmişte yarattığının aynısını yaratıyorsun. Gündeminin ne olduğuna bakmıyorsun, geleceğini yaratmana ne müsaade edecek onu aramıyorsun. Sadece seçmiyorsunuz. Bunu yapmanızı sağlamak için, bu şaşırtmalı bir soru. Size veriyorum bunu çünkü seçmeyeceksiniz. Sizi bilince gitmeye kandırmam gerekiyor. Kusura bakmayın, bayanlar.

Salon Katılımcısı:
Ben geleceğe değil şimdiye odaklanıyorum. Bu anda olmalıyım düşüncesini satın aldım. Şimdide olmalıyım. Peki bu geleceğe nasıl gidiyor?

Gary:
Şimdiye ve geleceğe bakmaya ve yaptığın seçimlerin geleceğin yaratımı olduğunu anlamaya istekli olmalısınız. Geleceği yaratmaya gönüllü olmalısınız. Sadece şimdiye odaklanmak yaratımından ve oluşturmadan kaçınmak.

Salon Katılımcısı:
Peki, anda yaşama fikrini nereden satın aldım?

Gary:
Pisliğin birinden!

Salon Katılımcısı:
Anda yaşamak hayatımın amaçlarından biri oldu. Seni seviyorum! Bu benim için çok büyük. Anda yaşamak aslında benim geleceğimi durduruyor.

Gary:
Anda var olmalısın ve şimdiyi ve geleceği yaratmak için yaşamalısın. Eğer yapmazsan, geleceğe vardığında hiçbir şeyin olmaz.

Eğer geleceği yaratmadan şu anda yaşıyorsan, geleceğe gittiğinde geleceği yaratmamak için anda yaşamalısın ki kötü değil iyi bir şimdi olduğuna karar verdiğin şimdiye sahip olabilesin ve bu da bir yargılama yapıyorsunuz demektir. Yarattığınız gelecek bir yargıdır. Bu sizin için işliyor mu?

Salon Katılımcısı:
   Hayır. Teşekkür ederim.

Gary:
   Böyle olan her şey ve godzilyon kerelerinin hepsini yıkıp yaratımını yok eder misin? Right and Wrong, Good and Bad, POD and POC, All Nine, Shorts, Boys and Beyonds.

Salon Katılımcısı:
   Fethetmenin yaratmak ve birlik çerçevesinde ne olduğunu anlatabilir misiniz?

Gary:
   Eğer birlik ve bilinçten hareket ediyorsanız, fethetmek kendi sınırlamalarını fethedeceksin demek, başkalarınınkini fethetmeye çalışmayacaksın.

   Bu gerçeklikte fethetmek her zaman başkalarının üstünde kontrole sahip olmak demek. Bu en çok öfke ve yargı ile yapılıyor. Yani yargı ve öfke başkaları üstünde kontrol kurmanın iki ana kaynağı.

   Kaçınız, üstünlük kuramadığınız şeyi veya kimi kontrol altına almanın bir yolu olarak hayatınızı öfke ve yargıya adadınız? Böyle olan her şey ve godzilyon kerelerinin hepsini yıkıp yaratımını yok eder misin? Right and Wrong, Good and Bad, POD and POC, All Nine, Shorts, Boys and Beyonds.

BİR GERÇEKLİK SEÇMEK

Salon Katılımcısı:
Şu anda benim için her şey açılıyor. Benim tüm gerçekliklerimi yarattığımı algılıyorum, biri neredeyse benim için işleyen bir gerçeklik ve diğeri de benim eski gerçekliğim.

Gary:
Neredeyse değil. İki gerçekliğin var. Şimdi, ya bunun ötesine gitmeyi seçsen?

Salon Katılımcısı:
Bu heyecanlı geliyor.

Gary:
Burada farklı bir bakış açısı yaratmak istiyorum. Heyecan, bir şeyden çıkıp heyecanı yaratma fikridir, heyecan olarak tanımladığınız yoğunluktur. Sıkıntıdan daha büyük bir şeydir.

Onun yerine coşkuyu kullanmayı dene. "Ne beni heyecanlandırıyor?" yerine "Ne için coşkuluyum?" diye sor. Eğer coşkudan hareket etmeye başlarsanız olanağı devam ettiriyor, başkalaştırıyor ve değiştiriyor olacaksınız. Eğer heyecandan hareket ediyorsanız, o zaman bu her zaman bir sona sahip olacak. Heyecan verici olanın sona ulaşması gereklidir çünkü heyecan sadece bir şeyden çıkıştır, bir şeye giriş değildir. Coşku ise içine girilen bir evrendir.

Salon Katılımcısı:

Teşekkür ederim, bunu yapacağım. Heyecanın sanki bir bağımlılık özelliği var.

Gary:

Bir bağımlılık değil. Bir sürüklenme. Heyecanlanmayı öğrendin. Herkes heyecanın sahip olduklarının daha iyi kılınması olduğunu varsayıyor. Sınırlamalardan kurtulmak olduğunu düşünüyorlar. Bir sürü insan için bu yeterlidir. Ama heyecan sonsuz bir olanak değildir.

Heyecanı, daha büyük olasılıklara duyulan coşku olarak değil de, sınırlandırmaları olan şeylerin daha iyileştirilmesi olarak yaratmak için yaptığın her şey, hepsini yıkıp yaratımını yok eder misin? Right and Wrong, Good and Bad, POD and POC, All Nine, Shorts, Boys and Beyonds.

Salon Katılımcısı:

Heyecan yargıyı yerinde tutar mı, Gary? Tüm çevremde yargı görüyorum.

Gary:

Heyecan seçmeye devam ettiğiniz şeyin bir parçası olarak yargıyı devamlı kılar.

Salon Katılımcısı:

Yani, eski gelecek artık gerekli değil mi?

Gary:

Maalesef, seçmen lazım tatlım. Şunu sor:
- Eğer bu gerçekliği seçersem hayatım beş yıl içinde nasıl olur?

+ Ve öbür gerçekliği seçersem, hayatım beş yıl içinde nasıl olur?

Gerçek gündeminin ne olduğu ve neyi hayatın olarak yaratmak istediğin konunda netlik kazanırsın. Bu teleseminerde bir gelecek yaratacak bir şeyi seçmeye cesaretlendirilmiş tek bir kişi bile yok. Fark ettiniz mi bunu?

Salon Katılımcısı:
Evet, çok hoşuma gidiyor. Bir gerçeği tamamen atıp bırakabilir miyiz?

Gary:
Evet, ya da her iki gerçekliği de tamamen atıp bırakabilir ve bir üçüncüsünü bulabilirsin.

Salon Katılımcısı:
Harika, yani bunların hiçbiri gerçek değil.

Gary:
Gerçeklik iki ya da üç insanın senin bakış açına uyması ve kabul etmesi demektir.

Salon Katılımcısı:
Ben kendimle bile uyuşup anlaşamıyorum.

Gary:
Tamamen! Ben kendi bakış açımla uyumlu değilim ve onu kabul etmiyorum; bu yüzden bir bakış açım yok; o yüzden her zaman seçimim var. Her seçim bir olanak yaratır, her seçim bir farkındalık yaratır ve her seçim farklı

bir gelecek olanağı yaratır. Hangi seçimlerimin olduğu ve burada hangi olanakları yaratabileceğimle ilgileniyorum.

Hayatımdaki her şeye bakıp soruyorum:
- Hala hayatımda olmak istiyor musun?
- Bu çalışıyor mu?
- Bu, dünyada olmak ve yapmak istediğin şeyi gerçekleştiyor mu?

Mobilyamla bile, çevreme bakıp bunu yapıyorum. Bugün evime bir magazin için evin fotoğraflarını çekme olanağına bakmak için bir bayan geldi. " Fotoğraf çekmemiz için gerekenden çok fazla şey var evinde" dedi.

Anladım ki her şeyi mümkün olduğu kadar seyrekleştirmek istiyorlar; bunu büyük olanak olarak görüyorlar. Eğer rafında hiçbir şey yoksa, evinde hiçbir şey yoksa ve tek bir tema varsa, zarif oluyorsun.

"Antika şeyleri seviyorum, çünkü şimdiden daha zarif bir zamandan geliyor. İnsanlar zarif yaşamak istemiyorlar. İnsanlar seyrekçe yaşamak istiyorlar," demem onu korkuttu. Bundan hoşlanmadı.

Gitmeden önce, "Size sonbaharda geri gelelim. o mevsimde evlerin içerilerinin çekimlerini yapıyoruz. Yazın dışarları yapıyoruz," dedi.

"Vay, benim yazın, baharda, kışta ve sonbaharda açık hava alanım var. Senin niye yok? " düşündüm. Bunu söylemedim. Bunun farkındaydım, lakin çünkü bu benim için herhangi bir konuda bir bakış açısına sahip olmamak demekti, bu da benim için her şey için olanak yaratır.

Peki, olanak olarak sahip olacağınız şeyi yaratmak ve elimine etmek için bakış açısı aldığınız her yeri, bunların hepsini yıkıp yaratımını yok eder misiniz? Right and Wrong, Good and Bad, POD and POC, All Nine, Shorts, Boys and Beyonds.

O kadın, onun bakış açısına uyup kabul edecek insanlar için ne kabul edilebilir diye verdiği karara göre yaratmak için görsel olarak sınırlı bir gerçeklik alıyordu. Dünyanın çoğunluğu bu şekilde işliyor. Geleceği bir olanak olarak yok ediyorlar.

Seçebileceğin gelecek olanaklarını yok etmek için nerede bir başkasının bakış açısına uydun ve kabul ettin? Böyle olan her şey ve godzilyon kerelerinin hepsini yıkıp yaratımını yok eder misin? Right and Wrong, Good and Bad, POD and POC, All Nine, Shorts, Boys and Beyonds.

DAHA BÜYÜK BİR OLASILIĞIN KAYNAĞI OLMAK

Salon Katılımcısı:

Dün evrenimde bir şey değişti ve konuştuğumuz gibi, şu anda mevcut olmaya devam ederken geleceğin de farkında olmaya istekli oldum. "O geleceği yaratacak hangi bilgi burada ve uygulanabilir?" diye soruyorum. Buna daha fazla katkı olabilir misin?

Gary:

Eğer bir bakış açın yoksa bir olanak yaratırsın. Her seçim yaratır ve her yaratım bir şeyi gerçekleştirir. Hangi seçimleri yapıyorsun, hangi gerçekleştirmeleri seçiyorsun? Daha büyük olanakların bir kaynağı olsan nasıl olurdu?

Kendini daha büyük olanağın kaynağı olarak algılamanın, bilmenin, olmanın ve alıp kabul etmenin hangi fiziksel gerçekleştirmesini oluşturmaya, yaratmaya ve kurmaya şimdi kabilsin? Buna müsaade etmeyen her şey ve godzilyon kerelerinin hepsini yıkıp yaratımını yok eder misin? Right and Wrong, Good and Bad, POD and POC, All Nine, Shorts, Boys and Beyonds.

SEÇİM HER YARATIMIN KAYNAĞIDIR

Gary:

Olanak daha büyük soru, seçim, olanaklılık ve katkı yaratır. Bunlar birbiriyle alakalı şeyler. Ve farklı bir olanak yaratmanın kaynağıdırlar.

Salon Katılımcısı:

"Her seçim yaratır," dediniz ve "Hangi gerçekleştirmeyi seçiyorsun?" diye sordunuz.

Gary:

Seçim her yaratımın kaynağıdır. O yüzden sormanızı öneriyorum: Eğer bunu seçersem hayatım beş yıl içinde nasıl olur? Hayatınızı yapıyorsunuz, ama hayatınızı yaratan olmuyorsunuz. Eğer gelecek olmaya dayanan bir seçim yaparsanız, sizin için var olan tüm olanaklara, hiç görmediğiniz seçimlere, hiç kimsenin size seçmenizi söylemediği seçimlere kapıyı açıyorsunuz.

Aileniz sizin bunu ya da şunu seçmenizi istiyor, "Ya çikolatalı dondurma ya da vanilyalı alabilirsin," diyorlar.

"Ama ben çilekli istiyorum," diyorsun. Onlar, "Hayır, çikolatalı ya da vanilyalı," diyorlar. "Hayır, ben çilekli istiyorum," diyorsun. Onlar, "Ama seçimlerin çikolatalı ya da vanilyalı," diyorlar.

Nihayet, "tamam vanilyalı olsun," ya da " ikisinden de biraz alayım" diyorsun. Seçimsizliği bu gerçeklikte sahip olduğun tek seçim olarak yaratıyorsun.

Salon Katılımcısı:

Seçim sözüyle bir sorunum var. Tüm bunları söylediğini duydum, ama hiçbiri kafama girmiyor. Sanki başka bir dilde konuşuyorsun.

Gary:

Seçim senin için nedir?

Salon Katılımcısı:

Benim için seçim bir karardır. Ya budur, ya da diğeridir. Seçimin ötesini göremiyorum.

Gary:

Bu gerçekten seçmeye istekli değilsin demektir. Seçmeden önce ne mümkün sadece onu görmeye isteklisin. Doğru ve yanlış seçime takılıp kalmışsın. Ya doğru ya da yanlış tercih olmasaydı da sadece seçim olsaydı?

Salon Katılımcısı:

Bu nasıl seçim? Bunu tekil bir şeymiş gibi söylediğinizi duyuyorum. Benim aklımda seçim çoklu bir şey.

Gary:

Eğer çoklu seçeneklerin varsa, senin için işleyen bir geleceği hangi seçimin yaratacağını görmeye istekli olmalısın. Bu yüzden soruyorum: Eğer bunu seçersem hayatım beş yıl içinde nasıl olur?

Salon Katılımcısı:

Ya bir cevap alamazsan?

Gary:

Bir cevap değil. Soru sormanın amacı bir cevap almak değil; soru sormanın amacı farkındalıktır. Seçimin bir cevap almakla ilgili olduğu gibi bir yanlış uygulama ve yanlış tanımlama yapmış olabilirsin.

Eğer soruyu bir cevap almak için veya bir sonuca, karara veya yargıya varmak için sormamız gerekir gibi bir bakış açımız varsa, hayatınızı sonuçsal bir gerçeklik olarak yaratıyorsunuz demektir. Yaşamak istediğiniz gerçek bu değil.

Salon Katılımcısı:

Sanırım bu o.

Gary:

Sorular ve seçimi cevap olarak yarattığın her yeri, bunların hepsini yıkıp yaratımını yok eder misin? Right and Wrong, Good and Bad, POD and POC, All Nine, Shorts, Boys and Beyonds.

Salon Katılımcısı:

Şimdi "Hangi seçimi yapabiliriz?" diye sorduğumuzu fark ettim, sanki bu yapmakla ilgiliymiş gibi; aslında daha çok seçim olmak ile ilgili gibi.

Gary:

Evet, bu yüzden buna farklı bir yerden bakmanız lazım dedim. Sormalısınız:

* Nasıl bir şey yaratmak istiyorum?
* Eğer bunu seçersem önümüzdeki beş yıl içinde hayatım nasıl olur?

Gelecekteki beş yıl bunu tanımlamak ya da somutlaştırmak için çok uzun bir süre. Hayatının nasıl bir şeye benzeyeceği hakkında sadece bir farkındalığın olabilir. Varabileceğiniz sonuçların, yaratabileceğiniz sınırlamaların, farkındalığına sahip olamazsınız. Sadece sahiden ne mümkün onun farkındalığına sahip olabilirsiniz.

Farklı bir olanak olduğunu görmeye istekli olmanız gereken yer burasıdır.

Farklı olanaklar seçmenizi sağlamaya çalışıyorum, çünkü bunu seçim, soru ve olanaklılık bakış açısından yapmaya başladığınızda, her şey farkındalık yaratmak içindir, sonuca varmak için değildir. Maalesef, bu gerçekliğin o kadar çoğu sonuç fikriyle yaratılmıştır ki.

Kadın olmanın ne anlama geldiği ile ilgili kaç tane sonucunuz var? Böyle olan her şey ve godzilyon kerelerinin hepsini yıkıp yaratımını yok eder misin? Right and Wrong, Good and Bad, POD and POC, All Nine, Shorts, Boys and Beyonds.

Ne seçimleriniz olduğu, seçimin amacının ne olduğu, seçimin değerinin ne olduğu, seçimle ne yapmanız gerektiği hakkında kaç tane sonucunuz var? Böyle olan her şey ve godzilyon kerelerinin hepsini yıkıp yaratımını yok eder misin? Right and Wrong, Good and Bad, POD and POC, All Nine, Shorts, Boys and Beyonds.

NEYİN YANLIŞ OLDUĞUNU GÖRMEK VS. NEYİN MÜMKÜN OLDUĞUNU GÖRMEK

Salon Katılımcısı:

Tatlılık, sahtelik ve güzellik peçesinin ardında, annemin ne kadar zalim, yalancı, saldırıcı ve kontrolcü olmayı seçtiğinin farkına vardım. Gençliğimden beri bana ne kadar tatlı ve ne kadar güzel olduğumu söyledi ve beni kötü, hain, zalim ve bağımlı olmakla suçladı. Bunlara inanırdım ve şimdi biliyorum ki kendi yaptığı şeyle beni suçluyordu.

Gary:

Evet, insanlar seni sadece kendi yaptıkları ile suçlarlar.

Salon Katılımcısı:

Onunla uğraşmak zor geliyor. Ona bakacak ve ona ebeveynlik yapacak birini istiyor ve ben bunu yapmayı denedim. Ona bunu düzeltmesi için de yardım etmeyi denedim.

Gary:

Erkek olmayı bırak. Sadece erkekler bir şeyleri tamir etmek düzeltmek ister.

Senin için işlemeyen ebeveynleri düzeltmek için erkek olmaya çalıştığın her yeri, hepiniz, bunların hepsini yıkıp yaratımını yok eder misiniz? Right and Wrong, Good and Bad, POD and POC, All Nine, Shorts, Boys and Beyonds.

Salon Katılımcısı:
Gary, bunu herhangi bir ilişki içinde söyleyebilir miyiz? Evlilik dahil her türlü ilişkiyi düzeltmeye çalışmamak olarak?

Gary:
Evet eğer bir erkek olmaya çalışıyorsan, habire yanlış olan şeyleri tamir etmeye, düzeltmeye çalışıyorsun, bu da neye odaklanmak demek? Ne mümkün? Ya da ne yanlış?

Salon Katılımcısı:
Ne yanlış.

Gary:
Evet, ve ne zaman ne yanlışsa ona odaklansan ne görüyorsun? Daha fazla yanlış. Ne mümkün onu göremiyorsun. Gelecekte olmanın şeyi şu ki, hep neyin mümkün olduğunu görmeye, algılamaya, bilmeye, olmaya ve alıp kabul etmeye kabilsindir.

Eğer ne yanlışa odaklanırsan neyin mümkün olduğunu görme, algılama, bilme, olma ve alıp kabul etme kapasiteni yok etmek için enerjinin ne kadarını harcıyorsun?

Böyle olan her şey ve godzilyon kerelerinin hepsini yıkıp yaratımını yok eder misin? Right and Wrong, Good and Bad, POD and POC, All Nine, Shorts, Boys and Beyonds.

Salon Katılımcısı:
Annemle olan bu şeyi temizlemek ve değiştirmek istiyorum.

Gary:

Soru sor: Seçtiğim anneyi yaratmak için hangi aptallığı kullanıyorum? Bu aptal kadını desteklemeye çalışmayı bırak.

ANNENDEN NEFRET EDEBİLİRSİN YA DA TAM ÖZGÜRLÜĞE SAHİP OLABİLİRSİN

Salon Katılımcısı:

Ondan nefret ediyorum. Ondan berbat şekilde nefret ediyorum.

Gary:

Ondan nefret etmek için bu kadar enerji yatacak kadar mı ondan nefret ediyorsun? Bu sana tam özgürlük veriyor, değil mi?

Salon Katılımcısı:

Belli ki bir yerde bunu satın almayı yarattım ama bundan başka bir şey olamam.

Gary:

İki tercihin var. Ya annenden nefret edebilirsin ya da tam özgürlüğe sahip olabilirsin. Hangisini seçerdin?

Salon Katılımcısı:

Tam özgürlük.

Gary:

Tam özgürlük olduğundan emin misin? Ondan nefret etmek çok daha tanıdık, değil mi?

Salon Katılımcısı:
Evet, çok uzun süredir nefret ediyorum.

Gary:
Ondan nefret ettin. Bu senin için özgürlük yarattı mı?

Salon Katılımcısı:
Ona karşı kendimi barikat ardına almak için ondan nefret ettim.

Gary:
Kendine sahip olmamak, kendin olmamak ve kendini seçmemek için mi kendini barikatlandırıyorsun? Ya da olmak istediğin her şey olamamanın sebebi o diye varsaymak için mi?

Salon Katılımcısı:
O.

Gary:
Böyle olan her şey ve godzilyon kerelerinin hepsini yıkıp yaratımını yok eder misin? Right and Wrong, Good and Bad, POD and POC, All Nine, Shorts, Boys and Beyonds. Gerçek, sen onun rakibi miydin?

Salon Katılımcısı:
Evet.

Gary:
Rakibi olmasından hoşlanıyor muydu?

Salon Katılımcısı:
Bunu seviyordu. Herkesle kavga etmeyi seviyor.

Gary:
   Kendisiyle kavga etmeyi de içeriyor mu bu?

Salon Katılımcısı:
   Evet.

Gary:
   Onun gibi olmamak için onu kopyaladığın her yer, ki bu seni onun gibi yapıyor, bu da habire kendinle kavga ediyorsun demek, bunların hepsini yıkıp yaratımını yok eder misin? Böyle olan her şey ve godzilyon kerelerinin hepsini yıkıp yaratımını yok eder misin? Right and Wrong, Good and Bad, POD and POC, All Nine, Shorts, Boys and Beyonds.
   K'ya kızdın annenle ilgili bir şey söylerken güldü diye. Fark ettin mi o anda anneni K'nin gülmesine karşı savunuyordun.

Salon Katılımcısı:
   Annemi K'nin gülmesine karşı savunmak? Evet, bu oydu.

Gary:
   Evet, annenin bakış açısını satın alıyorsun. Niye? Kadın olmaya sürüklenmek bu.
   Yaptığın her şey bir kadın olmaya, seni nefret ettiğin annen gibi yapmaya sürüklemek için, ya kendini seveceksin ya da kendinden nefret edeceksin demektir. Ya da kendini iyi, kötü veya yanlış olarak görmektir. Bu iyi değil mi? Annenden nefret ediyorsun, böylece onun gibi olmamak için onu kopyalıyorsun ve onun gibi oluyorsun, ama bu da seni o yapıyor. Böyle olan her şey ve godzilyon kerelerinin

hepsini yıkıp yaratımını yok eder misin? Right and Wrong, Good and Bad, POD and POC, All Nine, Shorts, Boys and Beyonds.

Salon Katılımcısı:
Sol tarafımda bir yoğunluk hissediyorum. Göğsümde ve enseme doğru gidiyor.

Gary:
Neye dayanarak? Kendinin ne kadarını yanlış kıldın?
Kendini yanlış kılmak için yaptığın her şey ve bedeninin sol tarafına kilitlediğin her şey ve yanlışlığını kilitlemek için kullandığın tüm iblisler, bunların hepsini yıkıp yaratımını yok eder misin? Ve nereden ne zaman gelmişlerse oraya geri dönmelerini ve bu gerçekliğe bir daha geri gelmemelerini talep eder misin? Right and Wrong, Good and Bad, POD and POC, All Nine, Shorts, Boys and Beyonds.
Daha iyi hissediyor musun?

Salon Katılımcısı:
Evet.

Gary:
Ne zaman sol tarafınızda bir şey varsa, şunu sormanızı istiyorum: Bu ben mi yoksa annem mi?

Salon Katılımcısı:
Ve eğer annem cevabı geliyorsa?

Gary:
Şunu söyle: Bunu kopyalamak için yaptığım her şey POC ve POD'luyorum.

Çoğumuz eğer bizi sevmeyen bir ebeveynimiz varsa, bizi sevsinler diye onları taklit etmeye çalışırız. İşliyor mu bu?

Salon Katılımcısı:
Hayır. Yargılayacak bir şeyleri olsun diye onlar gibi olmamızı mı özendiriyorlar?

Gary:
Hayır. Sen onları zaten yargıladın. Onları yargılaman aslında senin onları yargılaman değil de onların kendilerini yargılamalarının bir farkındalığı olabilir. Ve sen hiç farkındalığın yok zannediyordun!

Salon Katılımcısı:
Teşekkürler, Gary.

Gary:
Onların kendilerini yargılamalarını senin onları yargılaman olarak satın almak için yaptığın her şey, böylelikle onları yargılayasın diye, böylelikle onlara onlar kendilerine olduğu kadar yargıcı olmak için ve yanlış oldukları konusunda doğru olduklarından emin olabilsinler diye ve onları kopyalayabilmek için yanlış oldukları konusunda doğru olduğundan emin olabilmen için yaptığın her şey ve bu her şeyin iyi gitmesini sağlıyor, değil mi? Hiç te değil. Böyle olan her şey ve godzilyon kerelerinin hepsini yıkıp yaratımını yok eder misin? Right and Wrong, Good and Bad, POD and POC, All Nine, Shorts, Boys and Beyonds.

EN BÜYÜK İNTİKAM

Dikkatli ol T, bir sürü şey değişiyor. Dikkat etmezsen tekrar mutlu olabilirsin. Ebeveynlere yapacağın en büyük intikam mutlu olman.

Salon Katılımcısı:
Bunu alayım.

Gary:
Mutlu olmak, yapmak, sahip olmak, yaratmak ve oluşturmak kapasitesinin hangi fiziksel gerçekleştirmesini yaratmaya, oluşturmaya ve kurmaya şimdi kabilsin? Buna müsaade etmeyen her şey ve godzilyon kerelerinin hepsini yıkıp yaratımını yok eder misin? Right and Wrong, Good and Bad, POD and POC, All Nine, Shorts, Boys and Beyonds.

Hepiniz anlamalısınız ki birisi sizin ciddi kıldığınız bir şeye gülerse, bu onların bundaki espriyi görmelerindendir. Eğer buna kızarsanız, kızdığınız kişiyi savunmaya çalışıyorsunuz. Bunu fark ettiğiniz de öyle bir özgürlük hissedeceksiniz ki. Nefretimizin sadece yargılanması veya kendimiz hakkında razı olduğumuz yargılarımıza dayanarak yaratılması, bu gerçeğin komedisinin bir parçasıdır. Eğer buna bozuluyorsanız, bozulduğunuz kişiyi savunuyorsunuz demektir. Bu onları önemsediğinizi gösterir, ama onları önemsediğinizi bilmek istemiyorsunuz.

Salon Katılımcısı:
Eğer biri senden nefret ediyorsa, bununla nasıl başa çıkarsınız?

Gary:
Eğer biri senden nefret ediyorsa, olmayı istemedikleri ama olabilecekleri şeyin farkındalığı ile onun gözünü korkutun.

Salon Katılımcısı:
Bununla ne kadar eğlenebiliriz?

Gary:
Hayır, eğlenemezsiniz. Sefil olmanız lazım.

Tamam, bayanlar. Umarım bu sizin için eğlenceliydi. Benim için sahiden çok ilginçti. İstesem de istemesem de gitmeyi hiç planlamadığım yerlere götürüyorsunuz hep beni! Teşekkür ederim.

12
Bilincin Serbest Radikali Olmak

Bilinç akıcı bir gerçekliktir. Hiçbir zaman sınırlamalarla katılaştırılamaz.

Gary:
Merhaba, bayanlar. Sorusu olan var mı?

OLASILIĞIN KOLAY ALANI

Salon Katılımcısı:
Bir işi halletmeye çalışıyorum ve kendimi bu işten daha küçük kılıyorum. Olanağın genişletici, coşkun ve kolay alanında kalmama yardımcı olacak bir temizlik cümlesi önerebilir misiniz lütfen?

Gary:
Seçebileceğim olanağın kolaylık alanından kaçınmamı yaratmak için hangi aptallığı kullanıyorum? Böyle olan her

şey ve godzilyon kerelerinin hepsini yıkıp yaratımını yok eder misin? Right and Wrong, Good and Bad, POD and POC, All Nine, Shorts, Boys and Beyonds.

Anlaşılan bu başkaları için de işe yarayacak!

Seçebileceğim olanağın kolaylık alanından kaçınmamı yaratmak için hangi aptallığı kullanıyorum? Böyle olan her şey ve godzilyon kerelerinin hepsini yıkıp yaratımını yok eder misin? Right and Wrong, Good and Bad, POD and POC, All Nine, Shorts, Boys and Beyonds.

Salon Katılımcısı:

Bu gerçekliğin ötesinde bir iş yaratıyorum ve biraz desteğe ihtiyacım var. Her gün on saat çalışabilmem ve bana yardım edecek olağanüstü yetenekli insanları çekmem gerekiyor ve bunu seçiyorum. Nasıl bir temizleme yapabilirim?

Gary:

Seçebileceğim yaratımın ve oluşturmanın kolaylığından kaçınmak için hangi aptallığı kullanıyorum? Böyle olan her şey ve godzilyon kerelerinin hepsini yıkıp yaratımını yok eder misin? Right and Wrong, Good and Bad, POD and POC, All Nine, Shorts, Boys and Beyonds.

Seks, çiftleşme, para ve öbür cinsiyet bakımından ilişkilerde seçtiğin insan gerçekliğinin maksimizasyonunun yaratılmasının formülü olarak vasatlığının kurulması için orta kararın matematiksel hesaplamasının icadını, suni yoğunluğunu ve iblislerini yaratmak için hangi aptallığı kullanıyorsun? Böyle olan her şey ve godzilyon kerelerinin hepsini yıkıp yaratımını yok eder misin? Right and Wrong, Good and Bad, POD and POC, All Nine, Shorts, Boys and Beyonds.

İNSAN GERÇEKLİĞİNİN STANDART SAPMASININ ÖTESİNE GİTMEK

Salon Katılımcısı:
İnsan gerçekliğinin maksimizasyonunun ne demek olduğunu açıklar mısınız, lütfen?

Gary:
İnsan gerçekliğinin maksimizasyonu insan gerçekliğine uymayan şeylerin sadece bir miktarına sahip olmana izin vermektir. Fırlayıp olağanüstü şeyler yarattığın anlar var ve ondan sonra daha önce olduğun yere geri dönüyorsun, böylece "normal" ve insan gerçekliğinin kabul edilebilir normları içine geri dönüyorsun. Bir miktar para yapıyorsun ama normun standart sapması içinde bir miktar, bu da hiçbir zaman çok büyük olmamak demektir. Bu yüzden kazanabileceğin parayı sınırlıyorsun. İnsan gerçekliğini maksimize ediyorsun.

Şunu sor, "Kendimi bundan daha büyük bir şeye nasıl maksimize edebilirim?" Bu noktada maksimasyon normun iki standart sapmasından fazla değil. Böylece kendini yanlış kılıyorsun ya da sahip olduğunu yok ediyorsun ya da yanlış zamanda yoruluyorsun ya da bundan daha fazla yaratmandan hoşlanmıyorsun ya da tembel ve yokluk çeken insanlarla takılıyorsun ve ondan sonra da, "Zaten yapamam," diyorsun. Daha fazla yerine daha azla yetinmenin yolu. Tamamen sapkın bir bakış açısı.

İnsan gerçekliğinin standart sapmalarının ötesine geçmeyi reddediyoruz.

Seks, çiftleşme, ilişki ve paranın ne kadarını hiçbir zaman normdan iki standart sapmadan daha fazla sapmamaya bağlı olarak seçiyorsun? Böyle olan her şey ve godzilyon kerelerinin hepsini yıkıp yaratımını yok eder misin? Right and Wrong, Good and Bad, POD and POC, All Nine, Shorts, Boys and Beyonds.

Seks, çiftleşme, para ve öbür cinsiyet bakımından ilişkilerde seçtiğin insan gerçekliğinin maksimizasyonunun yaratılmasının formülü olarak vasatlığının kurulması için orta kararın matematiksel hesaplamasının icadını, suni yoğunluğunu ve iblislerini yaratmak için hangi aptallığı kullanıyorsun? Böyle olan her şey ve godzilyon kerelerinin hepsini yıkıp yaratımını yok eder misin? Right and Wrong, Good and Bad, POD and POC, All Nine, Shorts, Boys and Beyonds.

Bilinç akışı bir gerçekliktir. Hiçbir zaman sınırlamalarla katılaştırılamaz, yine de insan gerçekliğinin vasatlığıyla baş etmenin hesaplamasında takılıp kalıyoruz.

Salon Katılımcısı:

Bu gerçeklikte, kendi avantajımızı maksimize etmekten konuşuyoruz. Yani, bunu yaptığında, sadece zaten bildiğin şeyi maksimize ediyorsun.

Gary:

Evet, ancak bu kadar yapabilirsin. Orta kararın iki standart sapmasının ötesine hiç bir zaman geçemezsin. Bu gerçekliğe bir tek bu yolla uyabilirsin.

Seks, çiftleşme, para ve öbür cinsiyet bakımından ilişkilerde seçtiğin insan gerçekliğinin maksimizasyonunun yaratılmasının formülü olarak vasatlığının kurulması için orta kararın matematiksel hesaplamasının icadını, suni yoğunluğunu ve iblislerini yaratmak için hangi aptallığı kullanıyorsun? Böyle olan her şey ve godzilyon kerelerinin hepsini yıkıp yaratımını yok eder misin? Right and Wrong, Good and Bad, POD and POC, All Nine, Shorts, Boys and Beyonds.

İNSAN GERÇEKLİĞİ VASATLIĞA ADANMIŞTIR

Kendinizi vasatlığa adamışsınız. Her şey aynı kalmalıdır. Bu kısaca insan gerçekliğinin özetidir. Her iki tarafa doğru çok sapmayın. Çok fazla paraya sahip olacak derecede (bu normdan) sapan insanlar var.

İlişkilerde çoğu insanın sahip olmaya istekli olduklarından çok daha fazlasına sahip olmaya istekli olarak sapan insanlar var, S gibi. Standart sapmanın ötesine gitmelisin, ama habire nasıl yanlış olduğunu veya nasıl başkalarının da senin seçtiğini seçebileceklerini görmeye çalışıyorsun, ki bu doğru, ama bu orta karara takıldıkları sürece yapamazlar.

Seks, çiftleşme, para ve öbür cinsiyet bakımından ilişkilerde seçtiğin insan gerçekliğinin maksimizasyonunun yaratılmasının formülü olarak vasatlığının kurulması için orta kararın matematiksel hesaplamasının icadını, suni yoğunluğunu ve iblislerini yaratmak için hangi aptallığı kullanıyorsun? Böyle olan her şey ve godzilyon kerelerinin hepsini yıkıp yaratımını yok eder misin? Right and Wrong, Good and Bad, POD and POC, All Nine, Shorts, Boys and Beyonds.

Orta karar her şeyin dengelendiği yerdir. Kendin dahil hiç kimseyi bilmediğin farklı bir şeye fırlatmıyorsun. O yüzden harika bir ilişkiye sahip olmana müsaade etmiyorsun. Her erkekte aradığın o orta karar var. Hayatına girip seni bu gerçeklikten daha büyük bir şeye fırlatıp atacak bir erkeğe sahip olmana müsaade etmiyorsun.

Böyle olan her şey ve godzilyon kerelerinin hepsini yıkıp yaratımını yok eder misin? Right and Wrong, Good and Bad, POD and POC, All Nine, Shorts, Boys and Beyonds.

Salon Katılımcısı:
Bunun neresinde farkındalık var?

Gary:
Orta kararda farkındalık yok. Onun amacı bu—seni farkındalığın dışında tutmak.

Salon Katılımcısı:
"Orta kararın ötesinde" ve "diğer cins" dediğinde bu nasıl bir şey?

Gary:
Kendilerini maskülen olarak tanımlayan kadınlar tanıyorum. Kendilerini maskülen bir üstünlükle yaratmaya çalışıyorlar, bu da bedenlerini tamamen dişi olarak yaratmamalarına yol açıyor. Bu yüzden beden ve diğer cinsiyet diyoruz, karşıt cinsiyet diyeceğimize.

Sahiden dişi bir noktadan işlersen, sadece bir kısmı yerine her şey senin için mevcut olabilir. Tüm maskülen özelliklere sahip olabilir ve tüm dünyada en çok dişi gözüken kadın olabilirsin.

Kadınların yaptıkları en büyük hatalardan biri, yönetimi ele alıyorlar, kendilerini sorumlu kılıyorlar ve sonra da erkeklerden nefret ediyorlar. Bir erkek için köle olmaktan, şamar oğlanı olmaktan başka bir alan kalmıyor.

Şamar oğlanı olur olmaz, kadınlar artık ondan hoşlanmıyor. Çıkıp dövüp düzeltecekleri yeni birini buluyorlar. Maalesef, bir sürü kadının "Onu bir dakikada şekle sokarım," gibi bir bakış açıları var. Niye bunu yapmak istersiniz ki? Niye onun ve kendinizin gerçekliğini genişletmek istemezsiniz?

Bir erkeği şekle sokmaya karar verdiğiniz her yeri, bunların hepsini yıkıp yaratımını yok eder misiniz? Right and Wrong, Good and Bad, POD and POC, All Nine, Shorts, Boys and Beyonds.

Seks, çiftleşme, para ve öbür cinsiyet bakımından ilişkilerde seçtiğin insan gerçekliğinin maksimizasyonunun yaratılmasının formülü olarak vasatlığının kurulması için orta kararın matematiksel hesaplamasının icadını, suni yoğunluğunu ve iblislerini yaratmak için hangi aptallığı kullanıyorsun? Böyle olan her şey ve godzilyon kerelerinin hepsini yıkıp yaratımını yok eder misin? Right and Wrong, Good and Bad, POD and POC, All Nine, Shorts, Boys and Beyonds.

Salon Katılımcısı:

Büyüdüğümde iyi bir eş ve anne olayım diye ebeveynlerim bana bir erkekten almayı öğrettiler. Bunun oluşturabileceğim enerjiyi nasıl durdurduğunu görebiliyorum. Beni ilişki gibi şeyleri beraberce yaratmaktan veya dersleri beraberce vermekten alıkoyuyor. Geri çekiliyorum. Bu o mu?

Gary:

Bu vasatlık. İnsan gerçekliğinin maksimizasyonu. İnsan gerçekliğinde ne yapman gerekiyor?

Salon Katılımcısı:

İyi bir eş ve anne ol ve küçük bir kariyerin olsun.

Gary:

Bunu yaptın mı?

Salon Katılımcısı:

Hayır. Bunu yapmakta pek başarılı değildim. Tüm hayatım boyunca buna direndiğimi ve tepki duyduğumu hissediyorum. Burada neyi gözden kaçırıyorum ve temizlemiyorum?

Gary:

Anlamalısın ki hem çok iyi bir anne hem de çok iyi bir baba oldun. Erkekleri kullanmayı öğrendin ama onlardan zevk almayı öğrenmedin. Eğer erkeklerden hoşlanıyorsan, hem onların hem kendi hayatının genişlemesi için onları yükselme basamağı olarak kullanırsın.

Çoğunuzun bekar kalmayı seçmesinin sebebi bir erkeğe ihtiyacınızın olmaması, ama bu gerçeklikte bu insan gerçekliğinin maksimizasyonu demektir. Bu hayatı mı yaşamak istiyorsunuz?

Salon Katılımcısı:

Hayır, gezegenin genişlemesini hümanoid erkeklerle beraber oluşturmak ve yaratmak istiyorum.

İSTEDİĞİN KADAR SAPKIN OLMAK

Gary:

Gerçekten istediğiniz kadar sapkın olmanıza destek verecek bir proses bulmayı umuyorum. Sapkın olmak bu gerçekliğin standartlarına göre hareket etmemek.

Orta yolu aramıyorsun. Bu gerçekliğin tahterevallisinde mükemmelce dengede değilsin.

Tahterevalliden inince, seçimsizlikten kendini olasılığa fırlatıyorsun. Daha önce olduğun duruma geri dönmen gerekmiyor. Access Consciousness'da sizi tahterevalliden indirmeye çalışıyoruz ki sahiden isteğiniz şeyi yaratıp oluşturabilesiniz diye. Ama orta yola geri gitmeye çalıştığınız sürece, diğerlerine sürüklenmeye çalışıyorsunuz. Sizi bu sürüklenmeden çıkarmak istiyorum. Kendi gerçeğinizin deneme tekerleğinden size indirmeye çalışıyorum ki hayatınızı bir motosiklet üstünde geçirin.

Seks, çiftleşme, para ve öbür cinsiyet bakımından ilişkilerde seçtiğin insan gerçekliğinin maksimizasyonunun yaratılmasının formülü olarak vasatlığının kurulması için orta kararın matematiksel hesaplamasının icadını, suni yoğunluğunu ve iblislerini yaratmak için hangi aptallığı kullanıyorsun? Böyle olan her şey ve godzilyon kerelerinin hepsini yıkıp yaratımını yok eder misin? Right and Wrong, Good and Bad, POD and POC, All Nine, Shorts, Boys and Beyonds.

BAŞKA ŞEYLER DE MÜMKÜN, AMA BİR SORU SORMAN LAZIM

Salon Katılımcı:
On yıl önce boşandım ve o zamandan beri başka bir ilişkim olmadı. Vasat bir şey yapmak istemediğimi anlıyorum. Peki, başka neler mümkün?

Gary:
Bu hepinizin anlamasını istediğim şey. Başka şeyler mümkün—ama bir soru sormanız lazım. Eğer vasat bir ilişkiniz olduğunu fark ediyor ve "Bir daha hiçbir zaman bunu yapmak istemiyorum," diyorsanız, "Bu insanla ne oluşturmak ve yaratmak mümkün?" sorusunda kalmak yerine yargılıyorsunuz demektir.

Eğer vasat bir şey istemediğinize karar verirseniz, hayatınıza kaç kişinin girmesine müsaade edersiniz? Sadece vasatların. Sürekli olarak hayatımızdaki sınırlı bakış açılarını kuruyoruz. Bunu hep yapmamız gereken bir şey haline dönüştürüyoruz.

"Vasat bir şey istemiyorum," dediğinizde, her zaman "Bu insanla ne yaratabilirim?" yerine "Bu insan vasat mı?" yargısından bakmanız gerekiyor. Eğer bu noktadan bakmaya başlarsanız daha önce hiç var olmamış yeni olanakların kapısını açabilirsiniz. Bu sizin tamamen sapkın olmanızı gerektirir.

Seks, çiftleşme, para ve öbür cinsiyet bakımından ilişkilerde seçtiğin insan gerçekliğinin maksimizasyonunun yaratılmasının formülü olarak vasatlığının kurulması için orta kararın matematiksel hesaplamasının icadını, suni yoğunluğunu ve iblislerini yaratmak için hangi aptallığı kullanıyorsun? Böyle olan her şey ve godzilyon kerelerinin hepsini yıkıp yaratımını yok eder misin? Right and Wrong, Good and Bad, POD and POC, All Nine, Shorts, Boys and Beyonds.

Geçenlerde bir bayan bedeni için bir detoks hapı içmek konusunu sordu. Bunu kendi bedenine sordu mu? Hayır, detoks yapması gerektiğine karar vermişti. Sonuca gitti. Bu bir olasılık yaratmaz.

Bu hayatınızdaki her şey için geçerli. Eğer bolluk yaratmak istiyorsanız ve çevrenizde yokluğu bol olan insanlar varsa, sormalısınız: Eğer bu insanlarla beraber olmayı seçersem beş yıl içinde hayatım nasıl olur? Bu arkadaşlarınızı bırakabilirsiniz çünkü sizin gittiğiniz yere gitmiyorlardır. Onları sizin gittiğiniz yere götürmeye çalışmak sanki okyanusa demir atmak gibi bir şeydir. İleri gitmeye çalışıyorsun, ama o noktadan uzaklaşamıyorsun.

Salon Katılımcısı:
Birinin yaptığı birşeyi görüp bundan hoşlanıyorsan ve "Ben de biraz bundan istiyorum," ya da " Bunun enerjisini istiyorum," derseniz, bu yine vasatlık mı?

Gary:
Bunu onların yapabileceği bir şeye dönüştürüyorsun. Ama vasat bir hayat yaratmak mı istiyorsun?

Salon Katılımcısı:
Hayır.

Gary:
O zaman şu noktadan bakmaya başla:

- Bunu nasıl kullanabilirim?
- Bundan nasıl bir avantaj elde ederim?
- Gerçekten yaratmak istediğim şey ne?

Çoğunlukla, eğer matematiksel bir hesaplama varsa ortada, herkesin uygun norm olduğuna karar verdikleri şeyin iki standart sapması ötesinde yaratamazsın.

Salon Katılımcısı:
Uygun norm olduğuna karar verdiğimiz şey bu mu?

Gary:
Hayır, bu uygun norm olarak satın aldığın şey. İlk günden beri sana öğretilen şey bu. Örneğin, G nasıl iyi bir eş olması ve bir erkeğe nasıl bakmayı öğrenmesi gerektiğini söyledi. G'ye bakıp "Mümkün değil bunun olması!" derim.

BİRİNİN NE YAPACAĞINI GÖRMEYE İSTEKLİ OLUN

İki kızım var. Bir tanesi eğer erkek yeterince zenginse anne olmaya razı. Öbürü ise evde oturup çocuk sahibi olmaktan mutlu olan biri. Temel yapısı bu. Birinin ne yapacağını görmeye istekli olmalıyız. Bazı çiftlerin çocukları var, ama ebeveynlerden biri aslında çocuk yetiştirmeye istekli değil. Bu sadece öbür ebeveynin bebek yapmak için dünyadaki en iyi insanı seçmediğini gösterir. Standart sapmaya gitmek ile ilgili şey bu.

Bir erkek bir ilişkiye girip bebek sahibi olacak kadar sapkın olmayı isteyebilir, ama gerçekten yapmak istediği şeyi yapacak ve tutacak kadar sapkın olmayı istemeyebilir.

Bir gün uyacağı birini bulacağını düşünerek standart bakış açısına geri döner. Uygun olduğu kadının aslında istediği kişi olmadığını anlar anlamaz, yeni birini aramaya başlar ve bu da hiçbir zaman yürümez. Niye? Çünkü standart sapma yapıyor.

Salon Katılımcısı:
Ne zaman birşeyi doğru ve gerçek olarak satın alsan, başka birinin gerçekliğine girdiğinin farkındalığıyla mı ilgili bu?

Gary:
Çoğu kişi başka birinin gerçekliğine girdiklerini anlamaz ve sorgulamaz:
- Başka birinin gerçekliğine mi giriyorum?
- Bu benim bakış açım mı yoksa bilmek, olmak, algılamak istemediğim bir şey mi?

Buna bakıp sormalısınız: Bu benim için nasıl işler?

Salon Katılımcısı:
"Bunun için nasıl çalışmalıyım?" diye sormak yerine.

BİR HÜMANOİD OLARAK, SİZ BİR SAPKINSINIZ

Gary:
Evet. Şu soruyu sormalısınız: Bu gerçekliğin sınırlamalarının ötesine kendimi nasıl götürürüm?

Seks, çiftleşme, para ve öbür cinsiyet bakımından ilişkilerde seçtiğin insan gerçekliğinin maksimizasyonunun yaratılmasının formülü olarak vasatlığının kurulması için orta kararın matematiksel hesaplamasının icadını, suni yoğunluğunu ve iblislerini yaratmak için hangi aptallığı kullanıyorsun? Böyle olan her şey ve godzilyon kerelerinin hepsini yıkıp yaratımını yok eder misin? Right and Wrong, Good and Bad, POD and POC, All Nine, Shorts, Boys and Beyonds.

Herhangi biriniz hayatınızın çoğunda aslında bayağı bir sapkın olduğunuz olgusuna bakıyor musunuz?

Salon Katılımcısı:

Aynen! Ben de bunu düşünüyordum. Yatılı okulda okul müdürünün beni herkesin önünde ayağa kaldırıp salatayı mahveden siyah bir domates çekirdeği olduğumu söylediğini hatırlıyorum. Sapkın olduğumu söyledi ve dönemin geri kalanında beni tek kişilik hücre hapsine koydular. Aslında hoşuma gitti. Kendi başıma odam olmuştu. Tamamen evet, her zaman sapkın olmadık mı?

Gary:

Evet. Bir hümanoid olarak bir sapkınsınız. Kendinizi öbür insanlar gibi sınırlı insanlar gibi yapmaya çalışıyorsunuz ve sizin için bu işe yaramıyor, Access Consciousness'a da bu yüzden geldiniz zaten.

Seks, çiftleşme, para ve öbür cinsiyet bakımından ilişkilerde seçtiğin insan gerçekliğinin maksimizasyonunun yaratılmasının formülü olarak vasatlığının kurulması için orta kararın matematiksel hesaplamasının icadını, suni yoğunluğunu ve iblislerini yaratmak için hangi aptallığı kullanıyorsun? Böyle olan her şey ve godzilyon kereleri, hepsini yıkıp yaratımını yok eder misin? Right and Wrong,

Good and Bad, POD and POC, All Nine, Shorts, Boys and Beyonds.

TAM KOLAYLIK VE ÇOK FAZLA PARA

Salon Katılımcısı:
Seks, beden ve çiftleşme ile ilgili olarak sapkınlığın farkındaydım. Bunun benim için nasıl bir şey olabileceğinin farkındaydım.

Gary:
Senin için nasıl bir şey olabileceğini söyleyebilirim: Tam kolaylık ve çok fazla para. Eğer tam kolaylık ve çok fazla paraya sahip olmana müsaade etmezsen, sapkın olmayan bir kategoriye geri dönebilirsin.

Seninle ilgili çoktan fark ettiğim bir şey bir erkekle ilişkiye giriyorsun ve mutlusun, sonra birden bire, onunla ne yaratabileceğin değil de "Bu adamı kendi avantajıma nasıl kullanırım?" ve " İstediğim her şeyi almak için ne yapabilirim?" gibi bir şekle sokmaya çalışıyorsun. Gerçekten istediğin şeyden buradaki standart gerçeklik için vazgeçiyorsun.

Salon Katılımcısı:
Evet. Bana, yapmak istediğim her şey için farklı bir erkekle olsam benim için daha iyi olacağını söylemiştin.

Gary:
Evet, Sana hoş mücevherler alacak, senin için bir şeyler bulacak ve seni yemeğe götürecek bir adam bulman lazım.

Salon Katılımcısı:
Bunun daha fazlasını nasıl yaratırım?

Gary:
"Güzel, bunu kendi gerçekliğim olarak yaratacağım," demek yerine, "Bunu nasıl yaparım?"a gittin. Sanki insan gerçekliğini maksimize etmekten başka bir şey yokmuş gibi, bu da senin bir metres olman gerekiyor demek.

Ya dünyada nasılsan öylece dünyada nasıl olduğunu yaratabilseydin?

Yıllarca insanlar bana "Garipsin, Douglas," dediler, sonra da "Niye bunu yapmıyorsun?" diye sordular.

"Çünkü yapmak istemiyorum" derdim. Onlar da "Evet, ama herkes bunu böyle yapıyor," derlerdi. Ben de, "Evet, ama ben hayatımı böyle yaşamak istemiyorum," derdim. Onlar da "Bu acayip garip," derlerdi.

"Evet, istediğim gibi bir hayatım olacağını biliyorum," derdim.

Bunun çoğu babamın ben on yedi yaşındayken ölmesiyle alakalı. Hayatının son bir iki yılında, ilk kez kendisi için bir şeyler yapıyordu. Ailesine daha çok kolaylık sağlamak için kendini öldüresiye çalıştığını fark ettim. Her şey ailesi içindi. Haftada beş gün ve haftasonları da ailesinin daha iyi bir hayatı olsun diye para kazanmak için çalışırdı. Onun ölmesiyle hayatımız daha iyi mi oldu? Hayır.

Eğer kendi bildiği şeyi takip etseydi, o kadar çok olanağı olabilirdi ki. İki kere kendini multimilyoner edecek fırsatı oldu ve annem onu durdurdu. Annem, bir orta yol, evlilik kurumu, ve doğru çiftleşmenin kurumunu istiyordu. Bunlar kurduğumuz şeylerdi. Aslında, nasıl daha fazla

realist olmak zorunda olduğuna bakıyorsun. Ama hayır. Şunu sorman lazım:
- Bu nasıl benim hayatımı yaratır?
- Bu gerçekten yaratmak istediğim yer mi?

Dün bizden bir grup bir restorana gitti. Başka kimseler yoktu. Sadece biz ve garson, tatlı bir adam. Simone ona bir sürü soru sordu. Büyük babası tarafından yetiştirildiğini ve on-on beş yıldır annesini görmediğini söyledi. Annesi ziyarete geliyordu. "Annenle iyi vakit geçirmen için al sana $200," dedim. Uçtu resmen. Bunu sadece benim işime geldiği için yaptım.

Seks, çiftleşme, para ve öbür cinsiyet bakımından ilişkilerde seçtiğin insan gerçekliğinin maksimizasyonunun yaratılmasının formülü olarak vasatlığının kurulması için orta kararın matematiksel hesaplamasının icadını, suni yoğunluğunu ve iblislerini yaratmak için hangi aptallığı kullanıyorsun? Böyle olan her şey ve godzilyon kerelerinin hepsini yıkıp yaratımını yok eder misin? Right and Wrong, Good and Bad, POD and POC, All Nine, Shorts, Boys and Beyonds.

Salon Katılımcısı:
Standart sapma olarak neyi talep ettiğimizi görmek yerine, standart sapmanın ne olduğunu görmek için çevreme bakınıyorum.

Gary:
Öncelikle, bir standart sapmaya ihtiyacın yok. Orta karardan sapman lazım. Orta karardan yola çıkıp bir şey kuramazsın.

Salon Katılımcısı:

Kafamda çan eğrisinin ve eğrinin köşe kısımlarının resmi var. Hümanoidler de o kenarlarda yer alıyor.

Gary:

Ya sen kendinin çan eğrisi olsan? Herhangi bir anda o eğrinin neresinde olursun?

Salon Katılımcısı:

Sanırım, nereyi tercih edersem.

Gary:

Tamamen. Sağa, sola, yukarı veya aşağıya gidebilirdin. Olasılık eğrisinde herhangi bir noktayı seçebilirdin. Standart sapma çan eğrisinin tepesindeki ortalama çizgisini bulmaktır, sanki bu gerekliymiş gibi.

Seks, çiftleşme, para ve öbür cinsiyet bakımından ilişkilerde seçtiğin insan gerçekliğinin maksimizasyonunun yaratılmasının formülü olarak vasatlığının kurulması için orta kararın matematiksel hesaplamasının icadını, suni yoğunluğunu ve iblislerini yaratmak için hangi aptallığı kullanıyorsun? Böyle olan her şey ve godzilyon kerelerinin hepsini yıkıp yaratımını yok eder misin? Right and Wrong, Good and Bad, POD and POC, All Nine, Shorts, Boys and Beyonds.

Hepiniz nasılsınız? Hala hayatta kalan var mı?

Salon Katılımcısı:

Bunların hepsinde öyle bir sevinçlilik var ki. Çok teşekkür ederim.

Gary:

Bilincin, iyiliğin, cömertliğin ve sekste, ilişkilerde, çiftleşmede, parada, bedende ve diğer cinsiyetteki olasılıkların serbest radikali olmanın hangi fiziksel gerçekleştirmesini oluşturmaya, yaratmaya ve kurmaya şimdi kabilsin? Bunun ortaya çıkmasına müsaade etmeyen her şey ve godzilyon kerelerinin hepsini yıkıp yaratımını yok eder misin? Right and Wrong, Good and Bad, POD and POC, All Nine, Shorts, Boys and Beyonds.

SERBEST RADİKALLER

Salon Katılımcısı:

Serbest radikalleri açıklar mısınız?

Gary:

Kuantum fiziğinde, serbest radikaller yapmak istediği herhangi bir şeyi yapan serbest parçacıklardır. Bir yerlere giderler, diğer parçacıklarla etkileşirler ve bir şeyin sonucu ne olacaksa onu değiştirirler. Serbest radikaller her zaman gerçekliği ve ne mümkünse onu değiştiriyorlar.

Bilincin, iyiliğin, cömertliğin ve sekste, ilişkilerde, çiftleşmede, parada, bedende ve diğer cinsiyetteki olanakların serbest radikali olduğunda, bir şeyi nasıl değiştireceğine bakmıyorsun. Şu soruyu soruyorsun:
- Peki, başka ne mümkün?
- Ne yaratabilir ve oluşturabiliriz?
- Burada ne eğlenceli olur?

Olabileceğin kadar radikalce farklı olmaktan kaçınmayı yaratmak için hangi aptallığı kullanıyorsun ve seçiyorsun? Böyle olan her şey ve godzilyon kerelerin hepsini yıkıp yaratımını yok eder misin? Right and Wrong, Good and Bad, POD and POC, All Nine, Shorts, Boys and Beyonds.

İnsan gerçekliğini maksimize etmenin amacı insanların kontrol edilebilmesidir. Hiçbiriniz kontrol edilmekte başarılı değilsiniz. Ve başkalarını kontrol etmeyi de reddediyorsunuz. Radikalce sapkın bir bakış açısı nasıl ve ne zaman kontrol edeceğinin ve ne yapman gerektiğinin farkında olmaktır.

"Tamam, bu adamı kontrol edeceğim ve ona bunu, şunu yaptıracağım," ın yargısına varıyoruz. Bu bir sonuçtur, soru değildir ve olasılıklardan yaratmaktır, oluşturmak değildir. Sonuçtan oluşturmak ve kurmaktır. Hayatımızda kurduğumuz çoğu şey sonuca dayalıdır—seçime, soruya, olanağa ve katkıya dayalı değildir.

Böyle olan her şey ve godzilyon kerelerinin hepsini yıkıp yaratımını yok eder misin? Right and Wrong, Good and Bad, POD and POC, All Nine, Shorts, Boys and Beyonds.

SAHNEDEN ÇEKIL GIT

Salon Katılımcısı:
Şu anda babam ölmek üzere. Her yerine kanser yayıldı. Başka ne mümkün diye soruyorum. Bununla ilgili olarak bir sürü enerjik sonuca vardığımı fark ediyorum. Göz önüne dahi almadığım başka ne sorular var?

Gary:

Babamı bedeninde tutmayı yaratmak için hangi aptallığı kullanıyor ve seçiyorum? Böyle olan her şey ve godzilyon kerelerinin hepsini yıkıp yaratımını yok eder misin? Right and Wrong, Good and Bad, POD and POC, All Nine, Shorts, Boys and Beyonds.

Gary:

Sahneden çekil git'i yaptın mı? İçinden babana şu soruyu sor: Baba, neyi tamamlamadın, eğer tamamladığını bilseydin, kolaylıkla gitmene müsaade ederdi?

Bunu anneme sordum ve aldığım yanıt şuydu: "Tüm galakside hayat bulmadım."

"Peki, anne, bu noktada bu gezegenden bunu yapamazsın, çünkü daha bunu yapmak için bir teknolojik yol yok. Ama bedensiz çalışırsan, bunu yapabilirsin," dedim. Ertesi gün öldü. Sahip olduğu bedenle bunu yapamayacağını biliyordu.

İnsan gerçekliğini maksimize etmeye eğilimimiz var. İnsan gerçekliğinde, kimsenin ölmesini istememen lazım. İnsan gerçekliğinde, doğum harika ve ölüm korkunç. Doğada böyle mi?

Salon Katılımcısı:

Hayır.

Gary:

Ölüm olanın bir parçasıdır. İnsan gerçekliğinde, "Oh, onu o kadar seviyorum ki. Ölürse hayatım biter," diyoruz. Hayır, bitmez! Çocuğunu kaybetmiş bir aile tanıyorum, anne çok uzun bir süre yas tuttu, beş tane daha çocukları olduktan sonra bile. Bakacak beş çocuğun varken nasıl yas tutarsın bilmiyorum. Şahsen ben çok meşgul olurdum.

Niye şunu sormuyorsun: Bunların hepsinin kolaylıkla ulaşmasına müsaade etmek için hangi enerji, alan ve bilinç olabilirim?

Salon Katılımcısı:

Teşekkür ederim. Bu çok hoş, kolay ve basit.

Gary:

Evet, basit şeylerden nefret ettiğini biliyorum. Komplike olmasını istiyorsun ki insan gerçekliğinin maksimizasyonunda kalmaya devam edebilesin. Eğer komplike olursa, o zaman doğru olur.

Böyle olan her şey ve godzilyon kerelerinin hepsini yıkıp yaratımını yok eder misin? Right and Wrong, Good and Bad, POD and POC, All Nine, Shorts, Boys and Beyonds.

NİHAİ SAPKINLIK

Salon Katılımcısı:

Geçen hafta, benim için ayrımlar veya bariyerler ortaya çıktı ve bugün siz konuşurken, tamamen sapkın olmadığımı anladım çünkü bu bir ayrılık olurdu.

Gary:

Ayrılmanın nesi yanlış?

Salon Katılımcısı:

Hiçbir şeyden ayrılmak istemiyorum gibi bir düşüncem var.

Gary:

Tamamen bir sapkın olmayarak bir ayrım yaratmış olduğunun dışında. İnsan gerçekliğinden nihai sapmak birliktir.

Salon Katılımcısı:

Evet, ayrılmayı sapkın olmamak için bir gerekçe olarak kullanıyorum.

Gary:

Sana böyle işlenmiş. Normdan sapmanın yapabileceğin en kötü şey olduğu işlenmiş sana. Her şeye uymak, bir şeyin parçası olmak, kendi topluluğunun olması, deli arkadaşlarının olması, senin gibi insanların olması, arkadaşlarının olması ile alakalı. Ya arkadaşların olmasaydı? Hayat arkadaşsız bu kadar tatlı olmazdı.

İnsan gerçekliğinin maksimizasyonunuzdan sapmanın tümden kaçınmasını yaratmak için hangi aptallığı kullanıyorsun ve seçiyorsun? Böyle olan her şey ve godzilyon kerelerinin hepsini yıkıp yaratımını yok eder misin? Right and Wrong, Good and Bad, POD and POC, All Nine, Shorts, Boys and Beyonds.

Salon Katılımcısı:

Yine benim için ortaya çıkan şey, ayrılmam gerektiğini ifade etmesi.

Gary:

Neden ayrılman gerekiyor?

Salon Katılımcısı:

Onlardan?

Gary:
"Onlar" kim?

Salon Katılımcısı:
O, onlar, gerçek vs. gibi şeyler geliyor.

Gary:
Sınırlı gerçeklikten ayrılman gerekir—ama iyi haber şu ki, bunu seçmeyeceksin, o yüzden de hiç dert etmene gerek yok.

Salon Katılımcısı:
Ha! Yalancı, yalancı, tutuşmuş paçaları!

Gary:
Böyle olan her şey ve godzilyon kerelerinin hepsini yıkıp yaratımını yok eder misin? Right and Wrong, Good and Bad, POD and POC, All Nine, Shorts, Boys and Beyonds.

Salon Katılımcısı:
Sanki kendimden hiçbir şeyden ve hiç kimseden ayrılmamayı istiyormuşum gibi hissediyorum. Ve olduğum sapkın olarak sürekli kavga ediyorum.

Gary:
Buna orta karara geri dönmek denir. Hayatta var olan seçeneklere ve olasılıklara karşı mücadele etmen gerekiyor. Seçime, soruya ve sana katkısı olan şeylere karşı mücadele etmen gerekiyor.

Salon Katılımcısı:
Evet, kendimi bunlarla oyalayarak mümkün olduğunu bildiğim olanakları yaratmaktan alıkoyuyorum.

Gary:
Hayır, bu sadece tepki ile sürekli bir faaliyet halini sürdürmek ve kurmaktır.

İnsan gerçekliğinden tamamen sapma olmaktan kesin ve tamamen kaçınmayı, reddi ve itişi yaratmak için hangi aptallığı kullanıyorsun ve seçiyorsun? Böyle olan her şey ve godzilyon kerelerinin hepsini yıkıp yaratımını yok eder misin? Right and Wrong, Good and Bad, POD and POC, All Nine, Shorts, Boys and Beyonds.

Salon Katılımcısı:
K ayrılmadan bahsederken, gelecekten ayrıldığımızı anladım.

Gary:
Evet. Şu sıra boşanmakla uğraşıyorsun ve ikiniz de hayatınızı nasıl ayıracağınızın normunu bulmaya çalışıyorsunuz. Sen ve kocanın farklı evlerde yaşadığı ama hala çocuklarınızın olduğu sapkın bir ilişkinin olması gerekecek.

Senin istediğin bir ilişkiyi yaratman ve başkalarının bakış açılarını satın almaman lazım.

Salon Katılımcısı:
Gelecek olmak konusunda o kadar coşkuluyum ki. Hayatım boyunca hep zamanımın ilerisinde olduğumu söylediler. Bu gelecek olanakların habercisi olduğum yer mi?

Gary:

Hayır, gelecek olanaklarını önceden gördüğün nokta.

Salon Katılımcısı:

Bunu bir yanlışlık olarak satın aldığım yer mi burası? Kendimi norm içinde yaratmayı durdurmam mı lazım?

Gary:

Farkında olduğun için kim seni yanlış kılmıyor ki? O yüzden norm prosesini yaptım.

Gerçekten olduğum tümden gelecek olmanın hangi fiziksel gerçekleştirmesini oluşturmaya, yaratmaya ve kurmaya şimdi kabilim? Bunun ortaya çıkmasına müsaade etmeyen her şey ve godzilyon kerelerinin hepsini yıkıp yaratımını yok eder misin? Right and Wrong, Good and Bad, POD and POC, All Nine, Shorts, Boys and Beyonds.

Farkındalığın bir hafifliği var ve yargılamak hep çok boktan hissettirir. Tamam, bayanlar, bu telefon görüşmesinde olduğunuz için teşekkür ederim. Bir daha ki sefere görüşmek üzere!

13
Dünyana Bir Hediye Olduğunu Anlamak

Herkes eğer bilinçliysen her istediğine sahip olabileceğini varsaymak istiyor. Hayır, bilinçli olmak başka insanlardan daha fazla olanağın var demektir; her istediğin olacak demek değildir.

Gary:
Merhaba, bayanlar. Kimin bir sorusu var?

SAHİDEN OLDUĞUN HEDONİST, BAŞTAN ÇIKARICI VE ŞEHVET DÜŞKÜNÜ OLMAK

Salon Katılımcısı:
İlişkiler konusunda aptalca bir sorum var. Başarılı insanlarla bir arada olduğumda bazen kendimi küçük, yetersiz ve kendimi yargılayıcı hissediyorum. Kendimi aşağı görüyorum. Lütfen ben olmaya özgür olmam için bir proses verir misiniz?

Gary:

İlişkiler konusunda hiçbir zaman aptalca bir soru olmaz. Bu görüşmelerde başka birinden buna benzer bir soru aldım. "Nerede bir savaşçı ve geleceğin yaratıcısı olduğumu görüyorum sonra erkeklerle ilişkilerle ilgili bu şey ortaya çekiyor," dedi.

Öncelikle erkeklerin sizden ayrı olduğunu düşünmeyi bırakmanız lazım. İkincisi, nasıl bir hediye olduğunuzu görmeniz lazım. Ne zaman kendinizi yetersiz hissettiğinizde, hangi sıklıkla bu his sizin? Ve ne kadar sıklıkla bu erkeğin? Erkeklerin de yetersiz oldukları bakış açıları var, bayanlar. Bu derdi olan bir tek kadınlar değil.

Salon Katılımcısı:

İlişkinin seks aşamasında kayboluyorum. Ya erkeği elimde tutmaya çalışıyorum ya da onun istediğini zannettiğim biri olmaya çalışıyorum. Bunu yaptığım anda, nerede güçlü, harika bir varlık olduğumu göremiyorum. İçinde kaybolmadan nasıl seks ve ilişki yaşayabiliriz?

Gary:

Hepinize destek olacak bir proses bu. Bunu bir tekrarlama listesine koy ve hiç durmadan dinle:

Hiçbir zaman hedonist, baştan çıkarıcı ve şehvet düşkünü olmamanın icadını, suni yoğunluğunu ve iblislerini yaratmak için hangi aptallığı kullanıyorsun ve seçiyorsun? Böyle olan her şey ve godzilyon kerelerinin hepsini yıkıp yaratımını yok eder misin? Right and Wrong, Good and Bad, POD and POC, All Nine, Shorts, Boys and Beyonds.

Bu proses üstündeki yoğunluğa bakılırsa, siz bayanların kendisini bayağı kapattığınızı söyleyebilirim. İstediğinizi nasıl yaratacak bu?

Salon Katılımcısı:
Kapatmakla ne kastediyorsun?

Gary:
Dişi tilki, cadaloz olduğunuzu fark etmek.

Salon Katılımcısı:
Cadaloz, dişi tilki ne demek?

Gary:
Dişi bir tilki, doğru zamanda kokoş, doğru zamanda baştan çıkarıcı ve doğru zamanda küçümseyici olan bir kadındır. Hiçbir zaman ne olması gerekir gibi bir bakış açısından hareket etmez; her zaman başka neyin mümkün olduğunu görmeye isteklidir.

Şehvet düşkünü biri hayatının en iyisinden zevk alan kişidir. Bir *hedonist* hayatın zevklerini sever. Kaçınız zevk veren seks yaptı? Çok seks yapıyorsunuz ama bunun çok azı seksin zevkine dayalıdır. Çoğu bir şeyi kanıtlamanın gerekliliğine dayalıdır. Bu erkekler tarafından da geliyor.

Bir *baştan çıkarıcı*, erkeği çeken ve onun ilgilenmesini sağlayan kişidir. Bununla bir şey yapması gerekmiyor, ama isterse yapabilir de. Bu tamamen başka bir gerçeklik.

Gerçekten olduğun, hiçbir zaman hedonist, baştan çıkarıcı, şehvet düşkünü ve dişi tilki olmamanın icadını, suni yoğunluğunu ve iblislerini yaratmak için hangi aptallığı kullanıyorsun ve seçiyorsun? Böyle olan her şey ve godzilyon kerelerinin hepsini yıkıp yaratımını yok eder misin? Right and Wrong, Good and Bad, POD and POC, All Nine, Shorts, Boys and Beyonds.

Savaşçı unvanının size verilmiş olmasının bir sorunu, bazı kadınların bunun onları erkeklerden daha iyi yaptığını düşünmesidir. Erkeklerden daha iyi değilsiniz—daha *büyüksünüz*. *Hafta büyük* daha ileri gidebilir ve daha çok şey yapabilirsiniz demektir; *hafta iyi* ise sürekli olarak onlarla ve kendinle kıyaslama yapma ve yargıda olmak demektir. Bu bana iyi bir fikir gibi gözükmüyor—ama bu sadece benim bakış açım.

Gerçekten olduğun, hiçbir zaman hedonist, baştan çıkarıcı, şehvet düşkünü ve dişi tilki olmamanın icadını, suni yoğunluğunu ve iblislerini yaratmak için hangi aptallığı kullanıyorsun ve seçiyorsun? Böyle olan her şey ve godzilyon kerelerinin hepsini yıkıp yaratımını yok eder misin? Right and Wrong, Good and Bad, POD and POC, All Nine, Shorts, Boys and Beyonds.

Bunlar tarih boyunca kadınları yermek için kullanılan şeyler. Kadınların zevk aramaması lazım; şehvet düşkünü ve baştan çıkarıcı biri olma temel doğalarını durdurmak için acı aramalılardır. Bunu durdurmak için, kendini yermek gibi şeyler yapıyorsun, kendini küçük kılıyorsun ve hiçbir zaman nasıl olabileceğin her şey olmaman gerektiğini görmeye çalışıyorsun. Tarih boyunca, kadınların sorunu bu olmuştur.

Gerçekten olduğun, hiç bir zaman hedonist, baştan çıkarıcı, şehvet düşkünü ve dişi tilki olmamanın icadını, suni yoğunluğunu ve iblislerini yaratmak için hangi aptallığı kullanıyorsun ve seçiyorsun? Böyle olan her şey ve godzilyon kerelerinin hepsini yıkıp yaratımını yok eder misin? Right and Wrong, Good and Bad, POD and POC, All Nine, Shorts, Boys and Beyonds.

Salon Katılımcısı:

Dişi tilki, hedonist, baştan çıkarıcı ve şehvet düşkünü olmayı kesip attığımızda, alıp kabul etmeyi durduruyor muyuz?

Gary:

Evet, nerede bunlar olmayı kesip atıyorsan, alıp kabul etmenin yarısını da kesip atıyorsun. Şu bakış açısından bak buna: Diyelim ki bir şey satıyorsun. Dişi tilki, hedonist, baştan çıkarıcı ve şehvet düşkünü değilsen, erkek veya kadın, kimseyi sattığın ürünü almaya ikna edemezsin. Kadınlar diğer kadınları nazik ya da sertçe mi yargılarlar?

Salon Katılımcısı:

Sertçe!

Gary:

Evet, eğer o kadınlar o kişinin bir kadının ne olduğu ya da ne olması ve ne yapması gerektiği konusunda verdikleri karara uymuyorlarsa, kadınlar diğer kadınları yargılarken çok serttirler. Kendi gerçeklerine uymayan şeyin ne olduğuna onlar karar veriyor—ve bu tüm kadınların yapmaması veya olmaması gereken şey.

Salon Katılımcısı:

Bir çocukken evde çıplak ortada koşturduğumu hatırlıyorum. Çok severdim. Ama ne zamanki gelişmeye başladım, ebeveynlerim bana elbiselerimi giymem gerektiğini söylediler. Çıplak olmayı yanlış kıldılar.

Gary:

Bu gerçeklikte böyle yapılıyor. Baştan çıkarıcı, dişi tilki, hedonist olmak ve şehvetten zevk almak yanlış bir şeydir. Evde oturup kedilere bakan sıradan tatlı bir kız çocuğu olmanız gerekiyordu, hayatınız ona bağlı bile olsa çoğunuzun yapamayacağı bir şey. Bir kediniz olabilirdi ama ona bakmazdınız—çünkü bir kedi çok fazla emir verir.

Gerçekten olduğun, hiçbir zaman hedonist, baştan çıkarıcı, şehvet düşkünü ve dişi tilki olmamanın icadını, suni yoğunluğunu ve iblislerini yaratmak için hangi aptallığı kullanıyorsun ve seçiyorsun? Böyle olan her şey ve godzilyon kerelerinin hepsini yıkıp yaratımını yok eder misin? Right and Wrong, Good and Bad, POD and POC, All Nine, Shorts, Boys and Beyonds.

SEÇEBİLECEĞİNİZ TAHRİK OLMAK

Siz kendinizin çok önemli bir kısmından vazgeçiyor olabilirsiniz. Geçen gün Beyler Kulübü dersinde kullandığım bir temizleme cümlesi şuydu: Seçebileceğiniz sertleşmeden kaçınmak için hangi icadı kullanıyorsunuz? Kadınlar sertleşme yapmaz. Ne yaparlar? Tahrik olurlar.

Seçebileceğiniz tahrik olmaktan kaçınmak için hangi icadı kullanıyorsunuz? Böyle olan her şey ve godzilyon kerelerinin hepsini yıkıp yaratımını yok eder misin? Right and Wrong, Good and Bad, POD and POC, All Nine, Shorts, Boys and Beyonds.

Yani, bir erkek sizi tahrik ederse, derhal bir çöp yığınına dönüşüyorsunuz. Fark ettiniz mi?

Salon Katılımcısı:
Bu ne demek?

Gary:
Ya hayat ve yaşamaktan tahrik olsaydınız? Ya istediğiniz her şey bu derece tahrik olma kabiliyeti olsaydı?

Eğer herkesi tahrik etseydiniz, daha çok insan sizi alıp kabul etmeye istekli olur muydu? Daha çok insan size hediye olmak ister miydi? Daha çok insan sizi yerer miydi?

Salon Katılımcısı:
Tahminen hepsi olurdu.

Gary:
Hayır. Herkes sizin varlığınızdan ilham alırdı.

Seçebileceğiniz tahrik olmaktan kaçınmak için hangi icadı kullanıyorsunuz? Böyle olan her şey ve godzilyon kerelerinin hepsini yıkıp yaratımını yok eder misin? Right and Wrong, Good and Bad, POD and POC, All Nine, Shorts, Boys and Beyonds.

Salon Katılımcısı:
Benim için tahrik olmanın yargısı ya da yerilmesi geldi. Kendimi durdurmak için kullandığım yalan bu mu?

Gary:
Kendini durdurmak için kullandığın yalan bu. "Farklı bir şey istiyorum," u fark etmek yerine "kadınlar tarafından kabul edilmem lazım," a gidiyorsunuz. Çok az kadın

tarafından kabul edilirsiniz. Bir kadın bir diğer kadını niye kabul etmez? Çünkü bu gerçeklikte, rekabet diğer kadınlardan daha büyük olmayı sağlamaktır. Erkeklerden daha büyük değil.

Kadınların özgürleşmesi kavramı devasa bir karışıklık yarattı. Geçmişte, kadınlar birbirlerinden daha iyi olmaları gerektiğini görmeye istekliydiler; ama şimdi erkeklerden daha iyi olmak istiyorlar. Peki, erkeklerden daha iyi olmak için kendilerini ne kadar yargılamaları gerekiyor?

Salon Katılımcısı:
Çok.

Gary:
Kendini yargılamamalısın. Senin için işleyen neyse onu seçmelisin. Hedonist, şehvet düşkünü ve baştan çıkarıcı olmayı bıraktın, sana erkekler ve kadınlar üstünde kontrol kurmanı sağlayan herşeyi, kendini erkeklerden daha iyi yapmak için ve hiçbir zaman kadınlardan daha iyi yapmamak için bıraktın.

Salon Katılımcısı:
Son iki haftadır kilo alıyorum. Seksi hissetmiyorum ve sekten kaçınıyorum.

Gary:
O yüzden bu prosesi yapıyorum. Sana istediği herşeyi verecek enerjiyi kesip attığınız tüm yerler bunlar. Bunu yapmayı deneyebilirsiniz:

Nefret etmeyi seçtiğim bedeni yaratmak için hangi icadı kullanıyorum? Böyle olan her şey ve godzilyon kerelerinin

hepsini yıkıp yaratımını yok eder misin? Right and Wrong, Good and Bad, POD and POC, All Nine, Shorts, Boys and Beyonds.

Salon Katılımcısı:
Kederlendim.

Gary:
Evet, bu konuda üzüldüğünü icat ediyorsun.

Salon Katılımcısı:
Öyle değil miyim?

Gary:
Üzüntü bir icat mı değil mi?

Salon Katılımcısı:
Bir icat.

Gary:
Ne yapmak için bir icat? İnsan gerçekliğini maksimize etmek için.
Böyle olan her şey ve godzilyon kerelerinin hepsini yıkıp yaratımını yok eder misin? Right and Wrong, Good and Bad, POD and POC, All Nine, Shorts, Boys and Beyonds. Bunu söylemeye devam edin.

Salon Katılımcısı:
Teşekkür ederim.

Gary:
Gerçekten olduğun, hiçbir zaman hedonist, baştan çıkarıcı, şehvet düşkünü ve dişi tilki olmamanın icadını,

suni yoğunluğunu ve iblislerini yaratmak için hangi aptallığı kullanıyorsun ve seçiyorsun? Böyle olan herşey ve godzilyon kerelerinin hepsini yıkıp yaratımını yok eder misin? Right and Wrong, Good and Bad, POD and POC, All Nine, Shorts, Boys and Beyonds.

Bu iyi çalışıyor. Hepiniz nasıl hissediyorsunuz?

Salon Katılımcısı:
Üzüntü benim için hala var.

Gary:
Üzüntü bir icattır. Onu kendini daha az kılmak için kullanıyorsun.

Seçtiğin boktan hayatı yaratmak için düşüncelerin, duyguların, hislerin, seks ve seksizliğin hangi icadını, suni yoğunluğunu ve iblislerini kullanıyorsun? Böyle olan her şey ve godzilyon kerelerinin hepsini yıkıp yaratımını yok eder misin? Right and Wrong, Good and Bad, POD and POC, All Nine, Shorts, Boys and Beyonds.

DÜŞÜNCELER, DUYGULAR, HİSLER, SEKS VE SEKSİZLİK

Düşünceler, duygular, hisler, seks ve seksizliği algılamanın, bilmenin, olmanın ve alıp kabul etmenin alt harmonilerini olduğunu anlamıyor gibisiniz. Habire üzgün hissetmeye geri dönüyorsunuz. "Şöyle böyle hissediyorum" diyorsunuz ya da "Hoşlandığım bir erkeğe doğru yürüyünce kendimi bir çöp yığını gibi hissediyorum," diyorsunuz. Bunların hepsi sizin düşünceleriniz, duygularınız ve hislerinizle alakalıdır. Bunların hiçbirinin var olmakla alakası yoktur.

Salon Katılımcısı:

"Üzüntü hala var," dediğimde, daha çok üzüntünün enerjisi var demek. Üzgünüm demek değil.

Gary:

Hiç soruyor musun, "Bu gerçekten benim mi?"

Salon Katılımcısı:

Evet, bunu soruyorum. Benim değil.

Gary:

Peki, niye bunun gerçek olduğuna kanıyorsun? Gerçek olduğuna kanman gerekmiyor.

Salon Katılımcısı:

Sanki bunu yıkıp yaratımını yok etmem gerekiyor diye buna kanıyorum.

Gary:

Gerçek olduğuna kanmamalısın.

Salon Katılımcısı:

Neyi düzeltmeye çalışıyorum?

Gary:

Eğer üzüntüyü düzeltmen ya da ondan kurtulman gerekir gibi bir bakış açısıyla hareket edersen, onu gerçek kılmış olursun. Sahip olduğun her seçimden çok gerçek kılmışsın demektir.

Salon Katılımcısı:

Kendime bunu üstüme almıyorum desem de, yine de üzüntü hissi var, o yüzden de sanki bunu düzeltmem gerekiyor gibi geliyor.

Gary:

Eğer düzeltmen gerektiğini düşünüyorsan zaten üstlenmişsin demektir. Eğer düzeltmen gerekiyorsa, değiştirmen gerektiğini hissediyorsan, bu konuda bir şey yapman gerekiyorsa o zaman algılama, bilme, olma ve alıp kabul etme kapasitesinden daha gerçek kıldın onu demektir.

Bunun ortaya çıkardığı her şey, hepsini yıkıp yaratımını yok eder misin? Right and Wrong, Good and Bad, POD and POC, All Nine, Shorts, Boys and Beyonds.

Salon Katılımcısı:

Teşekkür ederim, Gary. Anlıyorum. Hala bunu gerçek kılıp kendimin olduğunu iddia ediyorum.

Gary:

Başka birinin olduğunu iddia ediyorsun, insanların yapabileceği bir seçim olduğunu iddia etmek yerine, senin olmadığını iddia ediyorsun. Ve farklı bir şey yerine niye bunu seçerler ki?

Salon Katılımcısı:

Teşekkür ederim.

SEÇTİĞİNLE DAHA BÜYÜK OLANAKLAR YARATIRSIN

Gary:

Ütopik İdealin Ötesindeki adlı kitabımda herhangi bir şeyi yaratmak veya oluşturmak için seçimden, sorudan, olanaklılıktan ve katkıdan hareket etmeniz gerektiğinden bahsediyordum. Eğer seçiminiz varsa, o zaman seçtiğinle daha büyük olanaklar yaratırsın. Bir olanaklılık her zaman farkındalıkların seviyeleri ile ilgili; hiçbir zaman bilinçle ilgili değildir.

Her soru sorduğunuzda, dünyadaki kuantum dolaşıklıklarını harekete geçiriyorsunuz, dünya size versin diye. Kuantum dolaşıklıkları her şeyin birbiriyle bağlantılı olduğunu söyleyen sicim teorisi ile ilgilidir. Eğer evrene bakarsanız, açık ki her şey birbiri ile bağlantılıdır. Soru, arzu ettiğiniz, talep ettiğiniz, istediğiniz her şeyi gerçekleştirecek daha çok olanak, daha çok seçim ve daha çok soru yaratmak için; seçim ve olanak kuantum dolaşıklıklarını harekete geçirir. Ama bunu seçmek yerine, başka birinin bakış açısına göre seçmeye meyillisiniz.

Bu gerçeklikte, insanlar eğer bir sorun varsa, bir sonuç aradığını düşünüyor. Bir seçimin varsa doğru seçimi ve sonucu arıyorsundur ve eğer olanakların varsa neye sahip olduğunu tartıp ölçüyorsundur. Aslında daha çok seçimin, daha çok olanağın ve daha çok sorun olmuyor.

Seçtiğin sıkıntıyı yaratmak için hangi icadı kullanıyorsun? Böyle olan her şey ve godzilyon kerelerinin hepsini yıkıp yaratımını yok eder misin? Right and Wrong, Good and Bad, POD and POC, All Nine, Shorts, Boys and Beyonds.

KENDİNİ BİR ŞEYE KARŞI SAVUNMAK

Salon Katılımcısı:

Yüzde yüz rahat olmaktan bahseder misiniz? Access Consciousness'a başladığımda, on üstünden dörttüm; şimdi on üstünden altıyım ve on üstünden on olmayı seçiyorum.

Gary:

Bir bakış açısını savunuyorsun. Ne zaman kendini güçsüz görsen veya kendini eksik kılsan, kendin olmak yerine kendini bir şeye karşı savunuyorsun.

Ne için ya da neye karşı kimi veya neyi savunuyorsun ki, bunun için veya buna karşı savunmasan, sana senin tümünü verirdi. Böyle olan her şey ve godzilyon kerelerinin hepsini yıkıp yaratımını yok eder misin? Right and Wrong, Good and Bad, POD and POC, All Nine, Shorts, Boys and Beyonds.

Belli ki sizler oldukça savunma yapıyorsunuz.

Ne için ya da neye karşı kimi veya neyi savunuyorsun ki, bunun için veya buna karşı savunmasan, sana senin tümünü verirdi? Böyle olan her şey ve godzilyon kerelerinin hepsini yıkıp yaratımını yok eder misin? Right and Wrong, Good and Bad, POD and POC, All Nine, Shorts, Boys and Beyonds.

Salon Katılımcısı:

Bir keresinde herhangi bir şeyi savunursanız onu değiştiremezsiniz demiştiniz. Bu döngüden nasıl çıkılabileceğimden bahseder misiniz?

Gary:

Savunduğunu fark et. Niye herhangi bir bakış açısını savunayım ki?

Houston Ptress'ten Access Consciousness hakkında bir makale yazmak isteyen bir gazeteci bizi yermeyi planlıyordu. C'ye, makalenin onun hakkında olacağını söyleyen bir mesaj bıraktı. Bunu niye yapsın ki? Çünkü C, Houston'da bilinen bir şahıs ve eğer onu yererse, kendi bakış açısından iyi bir şey yapmış olacaktı.

Niçin birini yermek değerli bir üründür? Çünkü kendi bakış açısının doğruluğunu savunduğunu kanıtlıyor. Basında, çoğu makale bir bakış açısını savunmak için yazılır. Bir bakış açısını alır ve onu "doğru" diye adlandırır.

Salon Katılımcısı:

Savunmakla yargılamak arasındaki fark ne?

Gary:

Çok büyük bir fark yok. Bir şeyin böyle olduğunu yargılıyorsun, sonra da yargının doğruluğunu savunmak zorundasın.

Salon Katılımcısı:

İç içe geçmişler.

Gary:

Evet, biri olmadan öbürü olmaz. Eğer bir yargın yoksa savunulacak bir şey yoktur. Eğer bir yargın varsa, o zaman o yargının savunulması gerekiyor bakış açısına sahip olursunuz.

Salon Katılımcısı:

"Bir bakış açım yok" ya da "İlginç bir bakış açısı" demediğin her zaman savunuyor musun?

Gary:

Hemen hemen. "Bir bakış açım yok" ya da "İlginç bir bakış açısı" dan hareket edersen, hiçbir şeyi savunmak zorunda değilsin. Ben hiçbir zaman hiçbir şeyi savunmak zorunda değilim.

Houston Ptress'teki adamı duyduğumda ona yazıp "Git kötülüğünü seçtiğin yerde ek," demeyi düşündüm. Kötü bir şekilde. Sonra sordum, "Bu herhangi bir şeyi değiştirecek mi? Bunu daha iyi kılmak için bir şey söyleyebilir ya da yapabilir miyim? Hayır. Peki, o zaman bırak gitsin"

Sabit bir bakış açışı olan insanlar vardır ve bu bakış açıları hakkında hiçbir şey yapamazsın. Üstünde kontrolün olmadığı bazı şeyler olduğunu anlamalısınız. Herkes eğer bilinçli isen, her istediğini alırsın diye varsayıyor. Hayır, bilinçlisin demek diğer insanlara göre daha çok olanakların var demektir; istediğin her şey olur demek değildir.

Her zaman savunmaya değil, soruya gitmeye istekliyim. Eğer sorudan çıkarsan, aldığın herhangi bir bakış açısının doğruluğunu savunmak zorundasın.

Aynı şey ilişkilerde de oluyor. Çoğu ilişki yürümüyor, çünkü bir şeyi savunmaya çalışıyorsun. Ben de bunu yapardım. Eğer birinin benim hakkımda bir bakış açısı varsa, buna karşı kendimi savunmaya çalışırdım. "Burada ne mümkün?" demez, "Bu kişi benimle ilgili bu şeyden hoşlanmaz," der ve bunu savunurdum. Benim bu parçamı görmelerine müsaade etmezdim. İlişki yaratmak için kendimin bu parçalarını kesip atmaya başlardım. Bu yürür mü? Hayır.

Ne için ya da neye karşı kimi veya neyi savunuyorsun ki, bunun için veya buna karşı savunmasan, sana senin tümünü verirdi? Böyle olan her şey ve godzilyon kerelerinin hepsini yıkıp yaratımını yok eder misin? Right and Wrong, Good and Bad, POD and POC, All Nine, Shorts, Boys and Beyonds.

KİM OLDUĞUNU TANIMLAMAK

Salon Katılımcısı:

Benim için "ben" ortaya çıkıyor. Kendime "bu çok anlamsız" diyorum, ama değil, değil mi?

Gary:

Kim olduğunu tanımladın. Ve kendinin kim olduğunu tanımlayınca, her şeyi yerli yerine koymaya çalışıyorsun ki, kim olduğunu savunabilesin, kimsen o olduğunu kanıtlayabilesin.

Böyle olan her şey ve godzilyon kerelerinin hepsini yıkıp yaratımını yok eder misin? Right and Wrong, Good and Bad, POD and POC, All Nine, Shorts, Boys and Beyonds.

Salon Katılımcısı:

Kendimi nasıl tanımlamışsam onu savunduğum anların, eski hayatların enerjisi olarak ortaya çıktı.

Gary:

Eğer kendini kadın olarak tanımlıyorsan, sadece olmayı seçtiğin şey olmak yerine bir kadının olması gereken her şeyini mi savunuyorsun? Evet. Savunucu olmak sanki bir kalede yaşamak gibidir. Duvarları yüksek tutmalısın ki hiç kimse içeri giremesin. Ve hiç kimse seni de içeriyor.

Ne için ya da neye karşı kimi veya neyi savunuyorsun ki, bunun için veya buna karşı savunmasan, sana senin tümünü verirdi? Böyle olan her şey ve godzilyon kerelerinin hepsini yıkıp yaratımını yok eder misin? Right and Wrong, Good and Bad, POD and POC, All Nine, Shorts, Boys and Beyonds.

Salon Katılımcısı:

Çocukken ortada çıplak koşturduğunda üstüne bir şeyler giymesi söylenildiğinden bahsederken, bu ebeveynlerinin başkalarının bakış açılarını alması mı oluyordu?

Gary:

Hayır. Kendi itibarlarını savunmaya çalışıyorlardı. Sana bir sorum var. Ebeveynlerinin kim olduğunu düşünürsen, onların sahiden senin davranışlarının onları nasıl gösterdiğinden başka bir şeye önem verdiklerini mi sanıyorsun?

Bunu senin onlara laf getirmemen için yapıyorlardı. Seni yapmaya zorladıkları şeyle kendi itibarlarını savunuyorlardı. Yaptığın şeylerin ne kadarı ailenin kendi itibarını koruma arzusuna dayalı?

Bu gerçeklikte pek çok şey mümkün, ama bir şeyi savunduğun sürece buna ulaşamazsın. Eski karım, kızımız

Shannon'in hiçbir zaman diğer çocuklar kadar bir şeyleri olmadığını savunurdu.

Hep bu bakış açısını savunurdu. Shannon'un Noel'de diğer çocuklarımızdan daha çok hediye aldığını göstermeme rağmen, eski karımın bakış açışı, Shannon'un hiçbir zaman yeterli bir şeyler almadığıydı.

Bu projekte edilmiş ve beklenen bakış açısı Shannon'un dünyasında bir etki yapar mı? Hiçbir zaman yeterince bir şey almadığını düşünür ya da hisseder mi? Böyle şeyler size sürekli projekte ediliyor. Çoğunuz bunu tecrübe ettiniz.

Ebeveynleriniz hakkında, onlar için veya onlara karşı savunduklarınızın ne kadarı onların sahip oldukları projeksiyonlar ve beklentilere dayalıydı—ve sizinle hiç bir alakası yoktu? Böyle olan her şey ve godzilyon kerelerinin hepsini yıkıp yaratımını yok eder misin? Right and Wrong, Good and Bad, POD and POC, All Nine, Shorts, Boys and Beyonds.

Salon Katılımcısı:

Eğer kabiliyetimi boşa harcadığım söylenmişse, neye karşı savunuyorum kendimi?

Gary:

Eğer ebeveynlerinin seni sevdiğine karar vermişsen, o zaman onların seni sevdiği olgusu için savunma yaparken kabiliyetini boşa harcadığına karşı savunma yapıyorsun. Bir ikilemde misin? Sana bir sürü seçim sunuyor mu? Yoksa seçimlerini mi alıp götürüyor?

Salon Katılımcısı:

Yukarıdakilerin hepsi.

Gary:

Böyle olan her şey ve godzilyon kerelerinin hepsini yıkıp yaratımını yok eder misin? Right and Wrong, Good and Bad, POD and POC, All Nine, Shorts, Boys and Beyonds.

"BEN O DEĞİLİM"

Salon Katılımcısı:

Yani bir şeye karşı savunma yapıyorsam, onu gerçek kılmamaya çalışıyorum. O olmamak için savunuyorum. Ben o değilim diye savunuyorum. Ve buna karşı savunma yaparak bunu maddeleştiriyorum.

Gary:

Evet, çünkü ona karşı savunuyorsun, isteğine bağlı olarak bunu seçmek ya da seçmemek yerine.

Salon Katılımcısı:

"Bu olmadığım için buna karşı savunacağım" diyerek bunu gerekçelendiriyorum.

Gary:

Evet. Olmadığını söylediğin her şeyi savunuyorsun. Benim bakış açıma göre ben her şeyim. O zaman nasıl herhangi bir şeyi savunabilirim ki?

"Seçmediğim neyi seçebilirim?" farklı bir bakış açışı. Eğer her şeyi seçebilirsen, senin için ne mümkün olabilir? O zaman bu "Benim için sahiden şimdi ne mevcut?" meselesi olur, "Neyi seçmeliyim?" "Neyi seçmem önemli?" "Ne benim için bunu gerçek kılar?" veya "Benim için ne işler?" değil. Bunların hepsi savunulan konumlar.

Savunmadan çıktığında soru şu olur: Seçebileceğimi hiçbir zaman bilmediğim başka neler mümkün?

Böyle olan her şey ve godzilyon kerelerinin hepsini yıkıp yaratımını yok eder misin? Right and Wrong, Good and Bad, POD and POC, All Nine, Shorts, Boys and Beyonds.

Salon Katılımcısı:

Kendimi böyle bir durumda bulduğumda, "Bu önemli değil," diyorum. Bunun bir enerjisi olduğunu anlıyorum. Bunu babamla yapıyorum mesela. "Bu önemli değil," diyorum. Kendime yalan mı söylüyorum?

Gary:

"Önemli değil" bir şeye karşı savunmadır. Eğer sahiden "Onun ilginç bakış açışı," yapsan, o zaman sahiden fark etmez ve bu konuda başka bir şey söylemene gerek kalmaz. "Önemli değil" bir şeye karşı savunmadır. Kendini doğru kılıyorsun. Ve kendini doğru kılarak, onu yanlış kılıyorsun. Eğer birini doğru ya da yanlış kılarsan, savunuyorsundur.

Salon Katılımcısı:

Bunun gibi farkındalığımı genişlettiğini düşündüğüm küçük bir şeyler yapıyorum, ama aslında kendimi bir sürü şekilde kandırıyorum.

Gary:

Farkındalığını genişletiyor musun? Doğru mu bu? Yoksa onun doğru olmasına müsaade etmek yerine, doğru olduğunu kanıtlamak için bir bakış açısını mı savunuyorsun?

Salon Katılımcısı:
　Senden o kadar çok hoşlanıyorum ki!

Salon Katılımcısı:
　İnsan maksimizasyonunun dışında kalabiliyorum, ama yine de kendimi bu kadar farklı olmaktan korumaya çalıştığımın farkındayım. Kendimi neden korumaya çalışıyorum?

Gary:
　Kendini savunuyorsun.

Salon Katılımcısı:
　Niye kendimi savunuyorum?

Gary:
　Bir sebebi yok; sadece sensin. Kaçınız eğer sebebini bilirseniz, bırakabileceğinizi düşünüyorsunuz, sadece farklı bir şey seçmek yerine.
　Niçin sorusu takındığınız savunma pozisyonudur.
　Gerçeğinin niye' sini korumak için kaç tane savunman var? Böyle olan her şey ve godzilyon kerelerinin hepsini yıkıp yaratımını yok eder misin? Right and Wrong, Good and Bad, POD and POC, All Nine, Shorts, Boys and Beyonds.

Salon Katılımcısı:
　Eğer gerekirse, bir şeyi gerekçelendirebilmek için.

Gary:
　Evet, bu hala savunmaktır.

Salon Katılımcısı:
   Peki, başka ne mümkün?

Gary:
   Soru bu! Şimdi bir yerlere varıyoruz. "Başka ne mümkün?" diye sorarsanız o zaman senin için mümkün olan farklı bir seçimin olur.

İNSAN GERÇEKLİĞİNE KARŞI SAVUNMAK

Salon Katılımcısı:
   Ne olursa olsun sürekli insan maksimizasyonunun dışında olmak iyi midir?

Gary:
   Niye onun dışında olacaksın? Niye onun farkındalığında olmayasın?
   Onun dışında olmam gerekmiyor: sadece onu satın almam gerekmediğini biliyorum.

Salon Katılımcısı:
   Ah, bu insan gerçekliğinin dışında farklı bir gerçeklik mi yaratmaya çalışıyorum?

Gary:
   Evet, hangi gerçeklik hangi durum ortaya çıkarsa senin için ne uygunsa onu seçmeye istekli olmak yerine, insan gerçekliğinin dışında seçerek insan gerçekliğine karşı savunma yapıyorsun.

Böyle olan her şey ve godzilyon kerelerinin hepsini yıkıp yaratımını yok eder misin? Right and Wrong, Good and Bad, POD and POC, All Nine, Shorts, Boys and Beyonds.

Salon Katılımcısı:
Bu sabah babam aradı. Düşmüş ve bir sürü drama yaptı. "Burada başka ne mümkün?" diye sordum sadece ve bu teleseminerinde olmayı tercih ettim. Bunun enerjisi benim için genişleticiydi.

Gary:
Bu kendin için ve bu gerçeklik için seçmektir; bu işlemeyeni seçmek değildir.

Salon Katılımcısı:
"Burada gerçekten başka ne mümkün? "ün enerjisinde olmak.

Gary:
Burada gerçekten başka ne mümkün?" diye sorduğunda kuantum dolaşıklıkları, "Oh, başka bir şey istiyorsun! Nasıl olacağını sana göstereceğiz" derler. Hayatta arzu ettiğin şeyin yaratılmasına ve gerçekleşmesine katkıda bulunurlar.

ÇOĞU ERKEK, ZEVK ARAYICISIDIR

Salon Katılımcısı:
Bazen kadınlardan çok erkeklerle daha rahat ettiğimi fark ediyorum. Bu bahsettiğiniz rekabet mi?

Gary:
Evet. Erkeklerden hoşlanan kadınlar için erkeklerle beraber zaman geçirmek çok daha kolaydır. Daha büyük bir gerçeklik için olanaklılık vardır.

Salon Katılımcısı:
Nedir bu erkekler için, onlarla beraber zaman geçirmek istiyorsak? Bizi nasıl algılıyorlar?

Gary:
Eğer kendilerini rahat hissediyorlarsa senin bir arkadaş olduğunu düşünürler. Seni baştan çıkarıcı veya şehvet düşkünü olarak görmezler. Sen her şeyi istiyorsun. Onları arkadaştan, faydaları olan arkadaşa dönüştürebilirsin. Bunu nasıl yaparsın? İlk yöntem gerçekten olduğun hedonist, şehvet düşkünü, baştan çıkarıcı ve dişi tilki olmaktır. Hedonistlik kapasiteni ne sıklıkla baştan çıkarmak için kullanıyorsun?

Salon Katılımcısı:
Henüz değil. Sık değil.

Gary:
Çoğu erkek zevk arayıcısıdır. Eğer hedonist kapasiteni kullanırsan, onlara zevk veren bir şey beslersin ve "Oh, bu kadının bu yönünü görmemiştim," derler.
Erkeklerle beraber zaman geçirmek sanki iş yapmak gibidir. Farklı bir olanak olduğunu fark etmelisiniz.

YA HAYATTAKİ HER ŞEY SENİ TAHRİK ETSEYDİ?

Salon Katılımcısı:

Her şeyin seni tahrik etmesine müsaade etmeye istekli olur muydun? Her şeyin alakasızlaştığı ve tamamen seçim ve birlik olduğunu algılıyorum.

Gary:

Seçebileceğin tahriki yaratmak için hangi icadı kullanıyorsun? Böyle olan her şey ve godzilyon kerelerinin hepsini yıkıp yaratımını yok eder misin? Right and Wrong, Good and Bad, POD and POC, All Nine, Shorts, Boys and Beyonds.

Salon Katılımcısı:

Bu bize söylenen, nasıl doğru olacağımızın tam tersi bir şey.

Gary:

Evet. Doğru bir şekilde terbiyeli ve dindar nasıl olunur? Hepsi icat. Seni kontrol etmek için icat edildiler. Niye insanlar seni kontrol etmek istesin? Böylece senden istediklerini alabilirler. Kontrol edilemez olursan, kimse seni sınırlayamaz, tanımlayamaz veya seni senden ayrı tutamaz.

Seçebileceğin tahrikten kaçınmak için hangi icadı kullanıyorsun? Böyle olan her şey ve godzilyon kerelerinin hepsini yıkıp yaratımını yok eder misin? Right and Wrong, Good and Bad, POD and POC, All Nine, Shorts, Boys and Beyonds.

Takipçileri olan kadınlar hayattaki her şeyle tahrik olanlardır. Tahrik olmadığında pozitif mi negatif mi olursun?

Salon Katılımcısı:
Negatif.

Gary:
Bu bir erkek için itici mi?

Salon Katılımcısı:
Evet.

Gary:
Kendin hakkında ve çevrendeki herşey hakkında pozitif olduğunda, insanlara olanaklar için ilham verirsin, bu da—eğer bunu seçersen —sana o olanakları verecek farkındalıktır. Seçtiğin şeyin farkında olmaya istekli olmalısın.

Beraber olmanın eğlenceli olacağı erkekler seçmek yerine kendilerini seçmeyen erkekleri seçmeye meyillisin. "Beraber seks yapmanın en eğlenceli olacağı kişi kimdir? Hayatımda olabilecek en eğlenceli kişi kimdir? Kim hayatımı genişletir ve daha iyi kılar? diye sormuyorsun. Bu farklı bir gerçeklik. Onun yerine, "Beni benim için tamamen seven bir erkek istiyorum," diyorsun.

Ama eğer sen kendini senin için tamamen sevmiyorsan, hiçbir erkek seni sen için tamamen sevebilir mi? Hayır. Çünkü sevilebilir olmadığını kanıtlamak için kendinin parçalarını kesip atıyorsun ki bu da aslında doğru. O kadar sevilebilir değilsin. Bundan daha çok sevilebilirsin, ama böyle sevilmek istemiyorsun çünkü o zaman kontrolü kaybedersin ve bu da neye göre kötü olur?

Seçebileceğin tahrikten kaçınmak için hangi icadı kullanıyorsun? Böyle olan her şey ve godzilyon kerelerinin hepsini yıkıp yaratımını yok eder misin? Right and Wrong, Good and Bad, POD and POC, All Nine, Shorts, Boys and Beyonds.

Salon Katılımcısı:

Houston'daki gazeteciyle ilgili olarak "Bunu değiştirmek için yapabileceğim bir şey var mı?" diye sorduğunu söyledin ve hayır geldi. Onun ötesinde yaratmak ve oluşturmak için tahriki kullandığın nokta burası mı?

Gary:

Bu her şeyde, hemen hemen her zaman, daha büyük ya da daha az bir şeye sahip olmanın sadece bir seçim olduğunu fark ettiğin yer.

Salon Katılımcısı:

Ve ne zaman savunursan, yaratımı ve oluşturmayı durduruyor.

Gary:

Neyi savunuyorsun, eğer savunmasan olduğundan daha da yaratıcı olmana müsaade edebilirsin? Böyle olan her şey ve godzilyon kerelerinin hepsini yıkıp yaratımını yok eder misin? Right and Wrong, Good and Bad, POD and POC, All Nine, Shorts, Boys and Beyonds.

Salon Katılımcısı:

Ne zaman bu prosesi yapsan, bana "Ben" hissi geliyor. Kendimle rekabet içinde miyim?

Gary:

Hayır. Kendin olduğuna karar verdiğin "seni" yarattın. Dünyaya gösterdiğin "sen" bu, böylece gerçek sen olmak zorunda olmuyorsun ve bu "seni" herkese karşı savunuyorsun ki sen bile kendini bulamıyorsun.

Salon Katılımcısı:

Evet, söylediğin her şeyi anladım.

Gary:

Böyle olan her şey ve godzilyon kerelerinin hepsini yıkıp yaratımını yok eder misin? Right and Wrong, Good and Bad, POD and POC, All Nine, Shorts, Boys and Beyonds.

Salon Katılımcısı:

Sana katılıyorum. Başka ne mümkün? Buradan nereye giderim?

Gary:

Ya hiç bir zaman olmayı seçmediğin bir şey olmaya kabilsen? Ne olmayı reddediyorsun, eğer o olmayı seçseydin, gerçekten olduğun her şeyi olmana müsaade ederdi? Böyle olan her şey ve godzilyon kerelerinin hepsini yıkıp yaratımını yok eder misin? Right and Wrong, Good and Bad, POD and POC, All Nine, Shorts, Boys and Beyonds.

Salon Katılımcısı:

Geçen görüşmede, bizi bu gerçekliğin tahterevallisinden fırlatacak birini seçmekten bahsettiniz. Savunma yaparken bunu yapmak mümkün mü?

Gary:

Mümkün, ama sürekli olabileceğini sanmıyorum. Rahat alanından fırlatıldığın anda, seçtiğin rahat alanının doğruluğunu savunursun.

Salon Katılımcısı:

Böyle birini seçmenin nasıl bir şey olduğundan biraz daha bahseder misiniz?

Gary:

Bir bakış açısını savunmayan biri, en büyük sonucu yaratacak neyse o bakış açısına sahip olmaya istekli biri.

Salon Katılımcısı:

"Bu nedir? Bununla ne yaparım?' noktasından mı hareket etmek bu?

Gary:

Farklı bir olanağa bakmaya istekli olmalısınız.

Salon Katılımcısı:

Bu gerçekliği sürekli ya kendimden büyük ya da daha az kıldığımı şimdi fark ettim. Bu beni iğneleyen bir yargı. Bir rekabet. Bunun için bana bir temizleme prosesi verebilir misiniz?

Gary:

Şu soruyu sor: Bunların hepsini yaratan neyi savunuyorum?

Eğer herhangi bir kıyaslama yapıyorsan, yargılama yapıyorsun, bu da savunduğun bir şeydir. Bu gerçekliğin seçiminden değil, bu gerçekliğin doğruluğundan ya da yanlışlığından hareket ediyorsun.

SEÇİM, SORU, OLANAK VE KATKI

Salon Katılımcısı:

Evet, bunu hissediyorum. Teşekkür ederim. Soru, seçim, olanak ve katkı—bunlar eşzamanlı enerjik halleri mi?

Gary:

Tam değil. Evet ve hayır. Seçim seçimdir. Bir seçim yapmalısın ve her seçim bir başka soru yaratır, o da başka bir sürü olanak yaratır. Her olanak bir başka şey konusunda algılayabileceğin bir farkındalık seviyesidir. Sana daha fazla alan ve olanak sağlayacak ince farkındalık seviyeleri vardır, bu da durmadan sana daha fazla seçim veren, daha fazla olanak veren daha fazla farkındalıktır. Ne zaman bir soru ortaya çıksa sana daha fazla seçim, daha çok olanak ve daha çok soru vermek için kuantum dolaşıklıklarını aktive ediyor. Bu gerçekliğin ötesinde yaratmaya ve oluşturmaya katkı yapan her şeydir.

Salon Katılımcısı:

Katkıdan kopuk olduğumu hissediyorum. Bu noktada içime çekildiğimi hissediyorum.

Gary:

Hayır, katkıdan ve ne olabileceksen onu vermekten kopuk değilsin, ama alıp kabul edebileceğin hediyelendirmeden kopuksun, sanırım. Ne talep ediyorsan onu gerçekleştirmeye çalışan kuantum dolaşıklıklarından alıp kabul etmenin katkısından koparıyorsun kendini. İnsanlardan bir şeyler ister misin —yoksa istemez misin?

Salon Katılımcısı:

İstemem.

Gary:

Bu alıp kabul etmeye istekli değilsin demek. Yaptığın şeyin ne kadarı alıp kabul etmeye karşı savunma yapmak? Çok, az, ya da megatonlarca?

Salon Katılımcısı:

Megatonlarca.

Gary:

Böyle olan her şey ve godzilyon kerelerinin hepsini yıkıp yaratımını yok eder misin? Right and Wrong, Good and Bad, POD and POC, All Nine, Shorts, Boys and Beyonds.

Salon Katılımcısı:

Yani, kendimin alıp kabul etmemesini mi savunuyorum?

Gary:

Alıp kabul etme tarzını savunuyorsun. "Sadece bu şekilde alıp kabul edebilirim" veya "Sadece belirli bir tarz insanı alıp kabul edebilirim" diyorsan, geçmişte yapıp ta senin için yürümeyen tercihlerini savunuyorsun.

Salon Katılımcısı:
  Bunu temizleyebilir miyiz, lütfen?

Gary:
  Kendini yanlış kılmamak için veya doğru kılmak için geçmişinin ne kadarını savunuyorsun. Böyle olan her şey ve godzilyon kerelerinin hepsini yıkıp yaratımını yok eder misin? Right and Wrong, Good and Bad, POD and POC, All Nine, Shorts, Boys and Beyonds.

Salon Katılımcısı:
  Teşekkür ederim, Gary. Yaptığın bu temizlik, sonsuz olanaklar alanı.

Salon Katılımcısı:
  Sonsuzca alıp kabul eden bir dünya nasıl bir şeye benzerdi?

Gary:
  Sonsuzca alıp kabul eden bir dünya, içinde hiçbir farkındalığını kesip atmadığın bir dünya. Ne olursa olsun, başka bir olanak olduğunun farkındasın. Her zaman sonsuz olanakları arıyorsun ve her olanak hiç kasılmayan ve sadece genişleyen sahip olabileceğin seçimler ve farkındalıklardır.

HER CEVAP BİR İCATTIR

Salon Katılımcısı:
  Bu görüşmeye katıldığımdan beri göğsümde ve boğazımda bir yanma var ve sanki kusacakmışım gibi hissediyorum.

Gary:
   Seçtiğin hissi yaratmak için hangi icadı kullanıyorsun?

Salon Katılımcısı:
   Yani, bunu sadece uyduruyorum.

Gary:
   Uydurduğunu söylemedim. Uydurmak ve icat etmek farklı evrenler. Bir şeyi icat edince, bir yaratımı alıyor ve öyle olduğuna karar veriyorsun. "Bu böyle," diyorsun. Bu bakış açısından icat ediyorsun. Yaratmak henüz seçmediğin farklı bir olanağın olduğunu fark ettiğin yer. "Bende bu var, bu var," dedin şimdi. Bu bir soru mu?

Salon Katılımcısı:
   "Beden, hangi farkındalığı algılıyorsun?" diye soruyordum ve sonuca gittim.

Gary:
   Sonuca varmak niye gerekli?

Salon Katılımcısı:
   Düzeltmek ya da değiştirmek için.

Gary:
   Bunun niye bir icat olduğunun sebebi bu işte.
   Seçtiğim boktanlık hissini yaratmak için hangi icadı kullanıyorum? Böyle olan her şey ve godzilyon kerelerinin hepsini yıkıp yaratımını yok eder misin? Right and Wrong, Good and Bad, POD and POC, All Nine, Shorts, Boys and Beyonds.

Salon Katılımcısı:

İcadın ne olduğunu hala anlamadım. Bir şeyi bir başka şey olmaya dönüştürdüğünüz yer mi icat?

Gary:

Hayır, icat sonuca vardığın yer. Renkli TV icat edildiğinde patent ofisini kapadılar çünkü bundan başka bir şey icat edilemez dediler. Bunu niye yaptılar?

Salon Katılımcısı:

Olabilecek tek şey bu dediler. Cevap buydu.

Gary:

Evet, icat ettiğin her şeyde bu oluyor. "Cevap bu. Budur," diyorsun. Bir cevaba gittiğin her nokta bir icat. Hiçbir şey bir cevap değildir; sadece bir farkındalıktır. Her cevap bir icattır.

Seçtiğin berbat hayatı yaratmak için hangi icadı kullanıyorsun? Böyle olan her şey ve godzilyon kerelerinin hepsini yıkıp yaratımını yok eder misin? Right and Wrong, Good and Bad, POD and POC, All Nine, Shorts, Boys and Beyonds.

Bunu kullanmaya devam edin.

Salon Katılımcısı:

Teşekkür ederim.

Gary:

Nasılsınız? Buna değecek olduğunu düşündüğünüz hayatınıza girmiş en son erkekle ilgili bir proses yapmaya istekli misiniz?

Seçtiğin ilişkiyi yaratmak için hangi icadı kullanıyorsun? Böyle olan her şey ve godzilyon kerelerinin hepsini yıkıp yaratımını yok eder misin? Right and Wrong, Good and Bad, POD and POC, All Nine, Shorts, Boys and Beyonds.

Salon Katılımcısı:

Her teleseminerle aslında ne kadar berbat olmadığımı ve her saniye ne kadar çok olanak olduğunu anlıyorum. Habire yeni ve farklı bir şey seçiyorum. Eğer seçmiyorsam da, bu da bir seçim. Çok teşekkür ederim.

Gary:

Olmanız gerektiğini düşündüğünüz kadar berbat olmadığınızı fark etmenizden memnunum. Ve farklı bir olanak olduğunu görmenizden de memnunum.

Salon Katılımcısı:

İnsanların tüm bu icatlardan yola çıkarak hareket etmeleri gerektiğini düşünmeleri—keder, travma, dramlar ve problemler—bunların hepsi gittikçe komikleşiyor. Teşekkür ederim.

Gary:

Bunu söylemeye devam edin: Seçtiğim üzüntüyü yaratmak için hangi icadı kullanıyorum?

Salon Katılımcısı:

Gary, eğer bu teleseminerinden bir şey çıkarsaydın bizim için, bu ne olurdu?

Gary:

Bu dünyaya nasıl bir hediye olduğunuzu fark etmenin özgürlüğü ve bir kadın olarak var olmak yerine böyle bir hediye olarak var olmak.

Tamam, tatlı bayanlar. Hepinizi çok seviyorum. Hoşçakalın.

14
Kendinin Muhteşemliğine Sahip Olmak

Çoğunuz hayatınızı yanlışlığa, geçmişe ve işlemeyen şeylere bakarak geçirdiniz. Nadiren geleceğe ve neyin sahiden işleyeceğine bakıyorsunuz.
Nasıl bir gelecek yaratmak istersiniz?
Dikkatiniz niye bunun üstünde değil?

Gary:
Hoş geldiniz, bayanlar. Sorunuz var mı?

GERÇEKTEN ERKEKLERDEN HOŞLANIYOR MUSUN?

Salon Katılımcısı:
Erkeklerden hoşlanmamamla ilgili temizleme yapabilir misiniz, lütfen? Bir hayat kadını iken tecavüz edilmeye, kullanılmaya ve taciz edilmeye müsaade ettim.

Gary:

Kullanılmış ve taciz edilmiş olmanın icadını, suni yoğunluğunu ve iblislerini yaratmak için hangi aptallığı kullanıyorum? Böyle olan her şey ve godzilyon kerelerinin hepsini yıkıp yaratımını yok eder misin? Right and Wrong, Good and Bad, POD and POC, All Nine, Shorts, Boys and Beyonds.

Bir ya da başka bir zaman, hepimiz kullanıldık ve taciz edildik. Gerçekten erkeklerden hoşlanıp hoşlanmadığının farkındalığına sahip olmalısın. Kendine bu soruyu sor: gerçek, sahiden erkeklerden hoşlanıyor muyum?

Eğer cevap hayır ise, kadınlara dönmen mi gerekiyor demek bu? Hayır, sadece erkeklerden hoşlanmıyorsun demek. Yani hiçbir zaman bir ilişkiye girmek zorunda olmadığın erkekleri seçmelisin. Bu bir hayat kadını olmayı seçenlerin yaptığı şey: sonsuza kadar birlikte olması gerekmediği erkekleri seçiyor. Eğer bir hayat kadını ya da fahişe olursanız hep en iyi kalite erkekleri bulursunuz, çünkü en iyi kalite erkekler hep bunu ister. Oh evet, hayır!

Her şeyin işleme şekliyle hareket etmeye istekli olmalısınız. Her şeyin işlemesini nasıl sağlarsınız? Farklı bir olanak seçmelisiniz.

Seçebileceğim erkekler ve kadınların seçimleri için hangi aptallığı kullanıyorum? Böyle olan her şey ve godzilyon kerelerinin hepsini yıkıp yaratımını yok eder misin? Right and Wrong, Good and Bad, POD and POC, All Nine, Shorts, Boys and Beyonds.

BİR ERKEKLE HER ŞEYİN YÜRÜMESİNİ SAĞLAMANIN PRAGMATİKLİĞİ

Salon Katılımcısı:
Bir erkekle her şeyin yürümesini sağlamanın pragmatikliğinden bahseder misiniz?

Gary:
"Bu adamdan hoşlanıyor muyum?" ya da "(Bu adam) iyi mi?" yerine "Bunun işlemesini ne sağlar?" bakış açısından hareket etmelisiniz. Bunlar dahil etmek ya da dışlamak için kullanılan yargılar. Ya hiçbir şeyi dahil etmemiz ya da dışlamamız gerekmiyorsa? Ya her şeye sahip olabilirsek? Bir sınırlama seçmek yerine farklı bir olanağı fark ettiğimiz bir noktaya gelmemiz lazım.

Salon Katılımcısı:
Biraz daha net olabilir misiniz? "Bunun işlemesini sağlamak" hafif olan her şeyi seçtiğimiz yer mi bu?

Gary:
Her zaman hafif olan bir yer de olabilir. Temel şey soru sormaktır: İyi bir şeyin olması için en iyi ne olacaktır?

Salon Katılımcısı:
Oh, senin için ve diğer herkes için mi demek istiyorsun? Bizim krallığımız?

Gary:
Evet. Senin için ve diğer herkes için neyin işleyeceğine bakman lazım. Çoğu kez senin için işleyecek şey ona ulaşana kadar o kadar çok kişiyi yok ediyor ki, kendini

kendi gerçekliğine dahil edeceğin bir yerin olmuyor. Kendi gerçekliğini ve kendini seçmeye istekli olmalısın.

Eğer senin için bir problem varmış gibi davranırsan, o zaman daha çok problem yaratacaksındır. Bu her şeyden daha önemli. Eğer bir problemin çıkacağı gibi bir bakış açın varsa, bir problem yaratacaksındır. Niye bir problem yaratacaksın? Çünkü bir sorun herkesin kendisini daha gerçek hissetmesini sağlıyor. Sorunlar bu dünya gezegeninde gerçekliğe eşit; olasılık yaratmıyorlar. Problemden çok olasılığınız olması lazım. "En büyük problem ne yaratır?" sorusunu sormak yerine "Ne en çok olasılığı yaratır?" sorusunu sor.

"HER GÜN BOŞANMAK İSTİYORUM"

Salon Katılımcısı:

Çocuklarımla harika bir ilişkim var. Dans ediyoruz, şarkı söylüyoruz, ama aynı zamanda kocam habire şöyle garip şeyler söylüyor, "Neden oğlum yok?" Şu anda evi yeniliyoruz. Benim bir eş olmamı ve Access Consciousness'i bırakmamı böylece bu projeye para yatırmayı istiyor. Her gün boşanmak istiyorum. Bugün (boşanma) kâğıtlarını almaya gidecektim ama ofis kapalıydı. Bu yoğunlukta burada neyi savunuyorum?

Gary:

Evliliğin doğruluğunu mu savunuyorsun?

Salon Katılımcısı:

Sanırım hepsini savunuyorum—aile, evlilik, ilişkiler.

Gary:

Böyle olan her şey ve godzilyon kerelerinin hepsini yıkıp yaratımını yok eder misin? Right and Wrong, Good and Bad, POD and POC, All Nine, Shorts, Boys and Beyonds. Ya kocana şöyle söylesen, "Belli ki bu evlilik senin için işlemiyor. Niye hala benimle evli kalıyorsun?"

Salon Katılımcısı:

Dedim. Bunu ona sorduğumda, "Seni boşamak bana daha çok paraya mal olur," dedi.

Gary:

İyi, bu evli kalmak için iyi bir sebep!

Salon Katılımcısı:

Biliyorum. O yüzden bir döngünün içindeyim.

Gary:

Hislerinin tavşan deliğine niye giriyorsun?

Salon Katılımcısı:

Net değilim.

Gary:

Hisler sana netlik vermez. Seni hep gittiğin yerde kilitlerler, sanki oraya gidersen başka bir yere varacakmışsın gibi. Hislerin hiç seni sahiden iyi bir noktaya götürdü mü?

Salon Katılımcısı:

Kesinlikle değil.

Gary:
Peki, belki hislerinin yaratmanın bir yolu olmadığını göz önüne alman gerekiyor.

Salon Katılımcısı:
Tamamen katılıyorum.

Gary:
Böyle olan her şey ve godzilyon kerelerinin hepsini yıkıp yaratımını yok eder misin? Right and Wrong, Good and Bad, POD and POC, All Nine, Shorts, Boys and Beyonds.

BİR ŞEY İÇİN VEYA BİR ŞEYE KARŞI SAVUNMA

Salon Katılımcısı:
Bazen bir şeyin sonucuna bağlamışsam kendimi, bir başka kişiyle etkileşim içinde oluyorum ve korkuyla tamamen kilitleniyorum. Kendimi daha az biri olarak kıyaslıyorum ve yargılıyorum ve yapacağım toplantıdan önceki tüm çalışmamı berbat ediyorum. Daralmadan geniş kalmak ve özürsüz kendim olmam için bana yardımcı olacak bir temizleme prosesi verebilir misiniz?

Gary:
Bunu kullan:
Kim ya da ne için veya kime veya neye karşı savunuyorum, eğer bunun için veya buna karşı savunmasam kendimin tamamı olmama müsaade ederdi?

Herhangi bir toplantı ya da etkileşime girmeden bunu on kez yap. Eğer bir etkileşimdeyken kendinin küçüldüğünü hissedersen şu soruyu sor: Sonsuz bir varlık gerçekten bunu seçer mi?

Eğer sonsuz bir varlık bunu seçmezse, sen niye seçesin? On emirden hareket etmeye başlamalısın. Eğer On Emir kayıtlarını dinlemediysen, lütfen onları al ve dinle.

BAŞKALARININ SEÇİMLERİNE GÖRE SEÇMEK

Salon Katılımcısı:

Son bir kaç gündür başka insanların seçimlerine göre seçtiğimin farkına vardım. Bu konuda bana yardım eder misiniz?

Gary:

Başka insanların seçimleri senin seçimlerinden niye daha gerçek?

Salon Katılımcısı:

Çünkü benim hayatımı etkilemelerine müsaade ediyorum.

Gary:

Niye?

Salon Katılımcısı:

Çünkü onlar hayatımda olmayı seçtiğim insanlar.

Gary:

Oh, hayatında onlarla olmayı seçmek yerine, hayatında onlar olmayı seçiyorsun. "Onlar hayatımda olmayı seçtiğim insanlar" dedin. Onlarla olduğunda, *onlar olmak* istiyorsun, yani *onlarla birlikte olmak yerine, onlar oluyorsun*. Kendini tutmuyorsun. Onlarla olmak için kendini yok ediyorsun.

Onlar olmak demek onlar olmaya dönüşmen gerekir demektir, bu da onların senin için neyin işleyeceğini seçmelerine müsaade etmek demektir. Aynen senin için ortaya çıktığı şekilde ifade ediyorsun. *Onlarla* olacağına, *onlar oluyorsun*. Bir ilişkide birisi oluyorsan, kendini onlar için feda ediyorsun. Her zaman.

Salon Katılımcısı:

Peki, öyleyse, biri bir şeyi seçince benim hayatımı etkilememesini nasıl sağlarım? Benim hedefim bu.

Gary:

Evet, ama eğer onlar oluyorsa, hayatını etkilemek zorunda.

Salon Katılımcısı:

Ne zaman "Onlar oluyorsun" dediğinde içimden bir elektrik şoku geçiyor.

Gary:

Seçtiğin her ilişkide kendinin yokluğunu yaratmak için hangi icadı kullanıyorsun? Böyle olan her şey ve godzilyon kerelerininhepsini yıkıp yaratımını yok eder misin? Right and Wrong, Good and Bad, POD and POC, All Nine, Shorts, Boys and Beyonds.

Salon Katılımcısı:

Yani, onlarla olmak her şeyi içerir ve hayatımı etkilemez mi?

Gary:

Onlarla olmak seni sınırlamaz ya da durdurmaz.

Salon Katılımcısı:

"Bu bir ilişkiye sahip olmanın tek yolu," gibi bir şey geldi, Gary.

Gary:

İyi fikir. Değil!

Salon Katılımcısı:

Şu ana kadar bir tek böyle var oldum. Değişme zamanı.

Gary:

Seçtiğin her ilişkide kendinin eksikliğini yaratmak için hangi icadı kullanıyorsun? Böyle olan her şey ve godzilyon kerelerinin hepsini yıkıp yaratımını yok eder misin? Right and Wrong, Good and Bad, POD and POC, All Nine, Shorts, Boys and Beyonds.

Salon Katılımcısı:

Bundan başka bir şey mümkün mü? Bir kere daha, lütfen!

Gary:

Seçtiğin her ilişkide kendinin eksikliğini yaratmak için hangi icadı kullanıyorsun? Böyle olan her şey ve godzilyon kerelerinin hepsini yıkıp yaratımını yok eder misin? Right and Wrong, Good and Bad, POD and POC, All Nine, Shorts, Boys and Beyonds.

SENİ VAROLMANIN DIŞINDA TUTMAK

Salon Katılımcısı:
Ayrımın da mı böyle var olmasını devam ettiriyorum?

Gary:
Hayır, bu kendini nasıl varolmanın dışında tuttuğun.

Salon Katılımcısı:
Vay. Evet!
K nasıl başka insanların seçimlerine göre seçtiğini söylerken biraz önce, ben de nasıl böyle yaptığımı fark ettim.

Gary:
Erkek ya da kadın bir arkadaşın olsun, birinden hoşlandığına karar verdiğinde, bunu yaratmak için kendinin ne kadarını boşaman gerekiyor? Kendi yokluğun.

Salon Katılımcısı:
Ve "sen" seçtiğin şey oluyor?

Gary:
O on saniyede kimsen.

Salon Katılımcısı:
Birinden hoşlanınca nasıl kendini boşuyorsun?

Gary:

Hep birinden yeterince hoşlanmanın yeteceğini kanıtlamaya uğraşıyorsun. Gerçek şu ki kendinden hoşlanmaktan fazlasını yapman lazım. Farklı bir şey yapman lazım, seni sevmek gibi.

Salon Katılımcısı:

Hissettiğim şeyin, gerçek aşkın olmadığının doğru olduğunu mu söylüyorsun?

Gary:

Evet, sen sevginin gerçek olduğunu savunuyorsun.

Sevginin gerçek olduğunu savunan hepiniz, bunu yıkıp yaratımını yok eder misiniz? Right and Wrong, Good and Bad, POD and POC, All Nine, Shorts, Boys and Beyonds.

Algıladığın "şey" bu. Kimi ya da neyi savunuyorsun? Sevmeyi seçtiğin her bir kişi için seçtiğin sevgide bir doğruluk olması gerektiğini savunuyorsun. Onları sevmeyi seçmek sen olmaktan daha önemli.

Kimi ya da neyi savunuyorsun, ya da kime veya neye karşı savunuyorsun ki, onun için ya da ona karşı savunmasan, tüm gerçekliği değiştirir? Böyle olan her şey ve godzilyon kerelerinin hepsini yıkıp yaratımını yok eder misin? Right and Wrong, Good and Bad, POD and POC, All Nine, Shorts, Boys and Beyonds.

KENDİNİN MUHTEŞEMLİĞİNE SAHİP OLMAK VE MÜSAADE ETMEK

Salon Katılımcısı:
　Müsaade etmekten konuşabilir misin?

Gary:
　Eğer herhangi bir şeyi savunuyorsan, herkese müsaade ediyor musun?

Salon Katılımcısı:
　Hayır.

Gary:
　Kendine müsaade ediyor musun?

Salon Katılımcısı:
　Hayır.

Gary:
　Niye kendine müsaade etmiyorsun?

Salon Katılımcısı:
　Çünkü gerçekten kendim olmuyorum.

Gary:
　Hayır, çünkü kendinin büyüklüğünün hiçbir parçasına sahip olmuyorsun.
　Büyüklüğüne karşı savunmak için hangi aptallığı kullanıyorsun ve seçiyorsun? Böyle olan her şey ve godzilyon kerelerinin hepsini yıkıp yaratımını yok eder misin? Right

and Wrong, Good and Bad, POD and POC, All Nine, Shorts, Boys and Beyonds.

Salon Katılımcısı:

Kendimin büyüklüğümün hiçbir parçasına sahip olmuyorsun dedin. Sahip olmak ve olmak arasındaki fark ne?

Gary:

Eğer sen olamazsan, sahip olamazsın ve eğer sahip olamazsan, sen olamazsın. Sahip olmak, her şeyi görmeye istekli olup bunu yargılamamaktır. Yargıladığın şeye göre kime ya da neye sahip olacağını seçiyorsun. Bu ne olabileceğini belirliyor.

Salon Katılımcısı:

Vay, bunların hepsi sınırlayıcı.

Gary:

Evet, sınırlayıcı. Sınırsız olmak yerine, ki orada her şeye sahip olabilirsin. Bir kere her şeye sahip olabileceğini anladığında, gerçekten seçimin olur. Sadece başkalarının sana vermeye istekli olduklarına sahip olabilirsen, seçimin yok.

Salon Katılımcısı:

"İhtiyaç duymuyorum," la nasıl bağlantılı bu?

Gary:

Çoğu insan, "Buna sahip olabilirim" veya "Buna ihtiyacım var," diyor.

Eğer sahip olabilirsen, hiçbir şeye ihtiyacın yoktur. Seçebilirsin. Eğer erkeklerden hoşlanmıyorsan ve bunu biliyorsan, burada da bir yanlışlık yok.

Bu "Burada ne seçmek istiyorum? Kadınları mı seçmek istiyorum? Seks yapmamayı mı seçmek istiyorum? Veya başka bir şeyi mi seçmek istiyorum?" Sonra sahiden ne seçmek istediğinin sorusuna varabilirsin. Ama bütün olman için bir erkeğin veya bir ilişkinin veya paranın olması gerektiği gibi bir bakış açın varsa, seçimini sahip olmama lehine sınırlıyorsun. Sahip olmamak için, olmaman lazım.

Salon Katılımcısı:
"İhtiyaç duymamak" diyorsunuz. Anlamıyorum bunu.

Gary:
Eğer hiç ihtiyacın yoksa her şeye sahip olabilir misin?

Salon Katılımcısı:
Evet.

Gary:
Şimdi anladın mı?

Salon Katılımcısı:
Oh! Anladım. Bunu bir yanlışlık olarak düşünüyordum.

Gary:
Biliyorum. Bu bir yanlışlık değil! Beni hiç dinlemiyorsun. Evli miyiz?

Salon Katılımcısı:
Anlıyorum. Bu o kadar çok şeyi değiştiriyor ki.

ADAMA İLHAM VERMEK

Salon Katılımcısı:

Bir erkekle yaşayınca, her şeyine nasıl kafayı takmazsın? Bizler, geleceğimizi yaratan hümanoid kadınlar olarak eşlerimize farklı bir gerçeklik yaratmak için nasıl ilham verebiliriz?

Gary:

Erkeğe kendisinin kuracağı bir fikri bulduğunu düşünmesi için ilham verin. Yani şöyle söyleyin "Bunun mümkün olacağı gibi bir hissim var. Sen ne düşünüyorsun, tatlım?" Geri gelip sana bu harika bir fikir derse, yapacaktır.

Bir şeyleri yaratırken biraz daha tedbirli olmalısınız. Şu soruları sorun:

- Burada ne yaratmak istiyorum?
- Gerçekten ne mümkün?
- Henüz kabul etmediği neyi yapmaya kabil?

Şunları değil:

- Neyi yapmam gerektiğini düşünüyorum?
- Daha fazlası için ona ilham vermem için ne yapmam lazım?

Salon Katılımcısı:

Sahtekâr olduğum gibi bir hisle ilgili negatif bir inancımı savunduğumu fark ettim. Sanki numara yapıyorum.

Gary:

Bir sahtekârsın ve numara yapıyorsun. Bu bir yanlışlık değil. Böylece yaratmaya başlıyorsun—Yapabileceğini düşünmediğin bir şeyi yapabileceğinin taklidini yaparak, ta ki yapabilecek olana kadar. Dünyadaki hemen hemen herkesten çok daha fazlasını yapmaya kabilsiniz ve sanki daha azını yapabilirmişsiniz gibi davranıyorsunuz. Niye? Size anlatmaya çalışıyorum, sizler hümanoidsiniz. Bu sizi her işin ustası yapıyor.

Bir probleminiz yok. Niye problemleriniz olduğunu yaratmaya çalışıyorsunuz?

Böyle olan her şey ve godzilyon kerelerinin hepsini yıkıp yaratımını yok eder misin? Right and Wrong, Good and Bad, POD and POC, All Nine, Shorts, Boys and Beyonds.

SINIRLAMALARA ODAKLANARAK BİR GELECEĞİ YARATAMAZSINIZ

Salon Katılımcısı:

Bedenden ve istediğimiz bir geleceği yaratmaktan konuşabilir miyiz? Son zamanlarda katıldığım dersler ve sınırlamalarımı değiştirmek için hangi kapasitelerim var sorusunda kalarak bedenimde bir sürü şey değişiyor.

Gary:

Sınırlamalar? Niye neye kabil olduğun yerine sınırlamalara odaklanıyorsun?

Salon Katılımcısı:

Ben de bunu söyledim. Benim sınırlamalarımı yok edecek hangi kapasitelerim var?

Gary:

Evet, ama hala sınırlamalara bakıyorsun. Şu noktadan bakmalısınız. Henüz kurmadığım, oluşturmadığım ve yaratmadığım hangi kapasitelerim var?

Sanki sınırlamalar yaratacakmış gibi onlara odaklanmaya meyilliyiz. Sınırlamalar sınırlamaları geçerli kılmanın dışında hiçbir şey yapmaz. Yaratma sadece yaratıma adım attığımız zaman olur. Şuna bakmalısınız: Daha önce hiç göz önüne almadığım neyi oluşturmaya, yaratmaya ve kurmaya kabilim?

Salon Katılımcısı:

Teşekkür ederim. Bunu arıyordum. Bedeninle tanım dışı olmaktan bahseder misiniz?

Gary:

Eğer herhangi bir sınırlama yapıyorsan, bedeninle ilgili bir sorun olduğunu düşünüyorsan ya da bir sorun ve bedenin için neyin işlemediğini bulmaya çalışıyorsan veya bedeninin nesi yanlış diye arıyorsan, sınırlamalarının penceresinden bakıyorsundur. Kontrol dışı, tanım dışı, sınırlama dışı, form dışı, yapı ve önem dışı, sonsuzluklar boyunca tek doğrusallığın ve eş merkezlerin dışında olmuyorsundur.

Bedenim ve benim kontrol dışı, tanım dışı, sınırlama dışı, form dışı, yapı ve önem dışı, sonsuzluklar boyunca tek doğrusallığın ve eş merkezlerin dışında olmamıza müsaade edecek hangi enerji, alan ve bilinç olabiliriz? Böyle olan her şey ve godzilyon kerelerinin hepsini yıkıp yaratımını yok eder misin? Right and Wrong, Good and Bad, POD and POC, All Nine, Shorts, Boys and Beyonds.

Neyin mümkün olmadığına değil de neyin mümkün olduğuna bakmaya başladığın nokta burasıdır.

Salon Katılımcısı:
Kocam devamlı "Değişmeni istiyorum," diyor. Para kazanmamı istiyor, ama yaptığım her şeyin sahip olduğumuz paraya sahip olmamıza bir katkı olduğunu görüyorum. Bir şeyi mi savunuyorum?

Gary:
Bir iş bulmanı istiyor.

Salon Katılımcısı:
Bu oyunu yıllardır oynuyorum. Bir iş buluyorum, sonra bundan şikâyet ediyor. Hayatı halen kendim için yaşamıyorum.
"Eğer bu hayatı sahiden kendim için yaşasaydım ne seçerdim" gibi bir soru mu sormam lazım?

Gary:
Bu iyi bir soru.

Salon Katılımcısı:
İlişkimde ya da hayatımdaki her şeyin yürümesini sağlayabileceğimi biliyorum, ama bazen uğraşmak istemediğim şeyler var.

Gary:
Buradaki sınırlama ne? Geçmişe gittin. Geleceği yaratmaya başlamadın. Gelecekten bir hayatın olsun diye savaşa gideceksen, senin için ne değerli olur? Ne seçersin? Neyi arıyorsun? Burada daha önce hiç var olmamış —

sürdürülebilir bir dünya, çatışmalı değil —bir geleceği yaratmak için mücadele eden savaşçı bir kadın olmayı istemelisin.

Salon Katılımcısı:

Biraz önce N ile beden hakkında konuşurken, başladığım her şeyin sınırlamaya dayalı olduğunu anladım. Geleceği yaratmıyorum.

Gary:

Bu doğru. Geçmişten yaratarak geleceği yaratmaya çalışıyorsun. Sınırlamaları olasılıklardan daha büyük görüyorsun. Sınırlamaları olasılıklardan daha büyük kılıyorsun.

Salon Katılımcısı:

Bu hayatımın büyük bir kısmı. Diyet yapmak, egzersiz yapmak, iş yapmak, oğluma bakmak. Sınırlamadan başlangıcımı görüyorum. Sınırlamayı düzeltmek ya da iyileştirmek istiyorum ve bir şekilde sınırlamadan geleceğe sıçramak istiyorum, ama aslında sınırlamalara takılıp kalıyorum.

Gary:

Evet, çünkü sınırlamaları gerçek kıldın. Daha büyük bir şeye doğru gitmeye istekli değildin.

Salon Katılımcısı:

Eğer sınırlamalardan başlamazsam, sormam gereken soru nedir? Eğer her şeyi sınırlamalara dayandırıyorsam, bunu nasıl yapıyorum?

Gary:
Yaratmak istediğin şey nedir?

Salon Katılımcısı:
Her şey için farklı bir gerçeklik yaratmak istiyorum.

Gary:
O zaman sınırlamaları yok etmeye çalışmak yerine niye bunu yaratmıyorsun?

Salon Katılımcısı:
Bunu yapmam gerektiğini düşündüm.

Gary:
Her karşılaştığında sınırlamalardan kurtulmak istiyorsun ama geleceği yaratmaya başlamalısın yoksa yaptığın tek şey sınırlamalarla uğraşmak olur.

Salon Katılımcısı:
Teşekkür ederim. Gerçekte, bu sınırlamalardan kurtulmak değil. Geleceği yaratmak ve ne zaman ortaya çıkarlarsa sınırlamalarla başa çıkmak.

Gary:
Tamamen, eğer geleceği yaratmıyorsan, o sınırlamaya itimat etmeyi seçiyorsun ve onu kendi yaratıcı kapasitenden daha değerli ve gerçek kılıyorsun.

Salon Katılımcısı:
Evet, bu çok iyi. Teşekkür ederim.

Gary:
    Hiçbir zaman geçmişe bağlı olmayın. Geleceği yaratın. Geçmişe takılırsanız, ilk başta yarattığınız problemi çözmeye çalışıyorsun demektir. Onun yerine soru sorun:

    Seçtiğim problemi yaratmak için hangi icadı kullanıyorum? Böyle olan her şey ve godzilyon kereleri, hepsini yıkıp yaratımını yok eder misin? Right and Wrong, Good and Bad, POD and POC, All Nine, Shorts, Boys and Beyonds.

    Her zaman, var olmayan geleceği yaratan savaşçı ol. Var olmayan bir geleceği yaratmaya baktığın sürece, olanağın yaratıcı kıyısındasın. Soruda kal. Soru "Bende ne yanlışlık var?" veya "Kendimi yargılamaktan nasıl vazgeçerim?" değil. Soru şu olmalı: Kendimi hangi sebeple yargılarım? Kendinden zevk almak yerine kendini niye yargılarsın ki?

    Eğer bir ilişki içindeyseniz sormalısınız: Gerçek, bu insanı ne mutlu edecek? Mutlu olmak istemeyen insanlar da olduğunu anlamalısınız. İlişkilerinin ne olması gerektiği konusunda illüzyonları var. Böyle olunca, benim tarzım bu insana,"Bana senin düşündüğün gibi yürüyen bir ilişki örneği göster," demektir.

    Sorsanız ne kadar az kişinin size onların düşündüğü gibi yürüyen ilişkiler gösterebileceğine şaşardınız. Bu çünkü bir ilişkide gerçekten neyin yürüyebileceğini kullanmıyorlar ama seçmeleri gerektiğini düşündükleri şeyi kullanıyorlar.

    Yaratabileceğin ve seçebileceğin gelecekten kaçınmak için hangi aptallığı kullanıyorsun? Böyle olan her şey ve godzilyon kerelerinin hepsini yıkıp yaratımını yok eder misin? Right and Wrong, Good and Bad, POD and POC, All Nine, Shorts, Boys and Beyonds.

Gerçekten olmamayı sağlamak için seçmeyi reddettiğin yaratma kapasitelerinden kaçınmak için hangi aptallığı kullanıyorsun? Böyle olan her şey ve godzilyon kerelerinin hepsini yıkıp yaratımını yok eder misin? Right and Wrong, Good and Bad, POD and POC, All Nine, Shorts, Boys and Beyonds.

NE İSTEDİĞİN KONUSUNDA NETLEŞMEK

Salon Katılımcısı:
Gerçekten hayatımda bir erkek yaratmak istiyorum. Belki seks. Bir erkeğin etrafındayken, "Bu beş yıl içinde ne yaratır?" diye soruyorum ve genelde genişletici hiçbir şey algılamıyorum.

Gary:
Gerçekten hayatında daha fazla oluşturacak ve yaratacak erkekleri mi seçiyorsun? Bunu geçmişte seçtin mi?

Salon Katılımcısı:
Kesinlikle hayır.

Gary:
O zaman ne istediğin konusunda net bir resmin yok.

Salon Katılımcısı:
Bu doğru. "Ya seni yemeğe çıkaracak, sana iyi davranacak ve sana mücevher alacak birini seçsen?" diye sormuştunuz. Bu iyi gözüküyor, farklı tınlıyor ama biraz bulanık sanki. Sahiden erkeklerden hoşlanıyorum. Geçmişte bir sürü pislik şey yarattığımı biliyorum. Netliğim yoktu.

Gary:

Seçebileceğin erkeklerle ilgili farkındalığından kaçınmanı yaratmak için hangi aptallığı kullanıyorsun? Böyle olan her şey ve godzilyon kereleri, hepsini yıkıp yaratımını yok eder misin? Right and Wrong, Good and Bad, POD and POC, All Nine, Shorts, Boys and Beyonds.

Bir erkeğin senin hayatını ne yaratabileceğini ne de yok edebileceğini anlaman lazım. Erkekler senin hayatına bir ekleme olmak için var. Eğer erkeklerle ilişkiyi hayatına bir ekleme olarak yapmıyorsan, kendin oluyor musun?

Salon Katılımcısı:

Hayır.

Gary:

Bunu yapman lazım. Bu işe yaradı mı? Bu prosesi tekrar tekrar yap:

Seçebileceğin erkekler konusunda farkındalığından kaçınmanı yaratmak için hangi aptallığı kullanıyorsun? Böyle olan her şey ve godzilyon kerelerinin hepsini yıkıp yaratımını yok eder misin? Right and Wrong, Good and Bad, POD and POC, All Nine, Shorts, Boys and Beyonds.

Hepiniz, eğer bir erkekle sizin için neyin gerçek olmadığına bakmadıysanız, her şeyden önce kendinizle dürüst olmanız lazım. "Bir ilişkim olması lazım!" diyen kadınlar tanıyorum.

Access Consciousness'e bir bayan geldi, bir sürü sınıfa katıldı ve sonra bir gün bıraktı.

"Nasıl bıkabilirsin?" diye sordum.

"Çünkü istediğim tek şey bir erkek arkadaşım olmadığı halde iyi olabileceğimi bilmek ve bana sürekli bir erkek arkadaşa ihtiyacım olduğunu söyleyen arkadaşlarımla başedebilme kapasitesiydi.

Access Consciousness ile bir erkek arkadaşa ihtiyacım olmadığını ve istemediğimi keşfettim. Yalnız olmaktan tamamen mutluyum" dedi.

"İyi," dedim.

"Aradığım şeyi buldum," dedi. Buna böyle bakmanız lazım. Sorun kendinize:

- Bunu sahiden niye yapıyorum?
- Ne istiyorum?

Ne istediğiniz konusunda netleşin. Bir ilişkide gerçekten ne istiyorsun? Bir erkeğin yoldaşlığını mı istiyorsun? Bunu nasıl elde edersin? Kendine bir erkek arkadaş bul. Bunu yap ve her iki dünyanın da en iyisini al. Onunla seks yapman gerekmez ve onunla alışverişe gidebilirsin. İstediğin her konuda onunla konuşabilirsin. Bundan başka ne mümkün? Kendine bunu versen nasıl bir şey olurdu?

Senin için neyin gerçek olduğuna bakmalısın. Sonra geleceği büyük kolaylıkla yaratabilirsin. Görürsün ki neyin varsa ona sahip olmaya istekli olursun—ya da yeterli olmadığını bilirsin ya da bundan daha büyük daha fazla bir şey istediğini bilirsin. Bu da değerli. Bu: Burada sahiden ne yaratmak istiyorum?

Salon Katılımcısı:

İlk görüşmede beyaz atlı prensle kaçmanın bize işlendiğini söylemiştiniz. Bunu yaratan şeyin ne olduğu hakkında pek netliğinizin olmadığını söylemiştiniz. Şimdi biraz daha net misiniz?

Gary:

Hayır, toplumda var olan bir mit bu. Eğer beyaz atın üstündeki prens düşüncesine bağımlı olabilirseniz, o zaman kendinize sahip olmanız gerekmez. Eğer her zaman sizi kurtaracak birini arıyorsanız, o zaman kendinizi kurtarmanız gerekir mi?

DÜŞÜNDÜĞÜNÜZ ŞEY HAYATINIZDA ORTAYA ÇIKAN ŞEY

Salon Katılımcısı:

Şu anda, hayatımda harika bir karışımın olduğunu hissediyorum. Kendimi bir pislik mıknatısı gibi hissediyorum. Bana gelmekte olan bir huni parayı yok ettim. Bu konudaki algınız nedir?

Gary:

Bunun herhangi bir yerinde bir soru var mıydı? Tek yaptığın şey, "Bir pislik mıknatısıyım. Pislik yaratıyorum. Hiçbir şey işlemiyor,' diye sonuçlandırmak. Bu senin için işliyor mu?

Salon Katılımcısı:

Hayır, işlemiyor. Teşekkür ederim.

Gary:

"Niye hayatımda bu kadar çok pislik var?" bir soru değil. Sonuna soru işareti konulmuş bir ifade. Şunu sormalısın:

- Bunun değişmesi için ne gerekli?
- Nasıl farklı olabilirim?
- Ne olmayı seçmiyorum, eğer olmayı seçsem bunların hepsini değiştirirdi?

Şunları açığa çıkarmalısınız:
- Benim için işleyen şey nedir?
- Hoşlandığım şey nedir?
- Yapmak istediğim ve hayatı eğlenceli ve iyi kılan şey nedir?

Buna baktın mı?

Salon Katılımcısı:
Evet, bakıyorum.

Gary:
Ama bulamadın. Kendinin bir pislik mıknatısı olduğunu düşündüğün sürece bulamazsın. Düşündüğün şey hayatında ortaya çıkan şey. Bir pislik mıknatısı olduğuna dair belirlemeler/tespitler yapmışsın ve kararlar almışsın.

Bir pislik mıknatısı olduğuna karar verdiğin her yer ve boktan erkekler veya kadınlar seçmekte becerikli olan hepiniz, bunların hepsini yıkıp yaratımını yok eder misiniz? Right and Wrong, Good and Bad, POD and POC, All Nine, Shorts, Boys and Beyonds.

Tebrikler bayanlar, bir saniyede kendinizi bir pislik yığınına dönüştürmeyi becerdiniz. Gurur duymuyor musunuz?

Salon Katılımcısı:
Teşekkür ederim, Gary.

OLMANIN ALANI

Salon Katılımcısı:

Bedenimin sahiden canlı ve tahrik edilmiş hissettiği zamanlarda bir süre bedenimde oldukça mevcut olabiliyorum. Ama son zamanlarda, sanki kendimi kapadım. Bu konuda biraz netliğe ihtiyacım var.

Gary:

Kendini kapatmanın değeri nedir?

Salon Katılımcısı:

Kapalı olduğumda tehlikeli olmadığım geldi.

Gary:

Kendini bastırmanın değeri ne? Böyle olan her şey ve godzilyon kerelerinin hepsini yıkıp yaratımını yok eder misin? Right and Wrong, Good and Bad, POD and POC, All Nine, Shorts, Boys and Beyonds.

Salon Katılımcısı:

Kendimi bastırmak konusundaki o proses, onu mu bedenime kilitledim?

Gary:

Kendini ve bedenini de onunla kilitledin. Bu prosesi yapmaya devam et.

Olmanın alanı yerine olmanın halini ya da yerini savunmak icadını, suni yoğunluğunu ve şeytanlarını yaratmak için hangi aptallığı kullanıyorsun ve seçiyorsun? Böyle olan her şey ve godzilyon kereleri, hepsini yıkıp yok eder misin? Right and Wrong, Good and Bad, POD and POC, All Nine, Shorts, Boys and Beyonds.

Salon Katılımcısı:

Bu temizleme prosesi konusunda biraz daha konuşabilir misiniz?

Gary:

Olmanın yerleri ve halleri ve zamanları vardır. Olmanın alanı her şeyi içerir ve hiçbir şeyi yargılamaz. Olmanın alanı seni birliğe götürür ve sana daha çok seçim sunar. Olmanın alanı olmayı istemelisiniz, bu da hiçbir tanımınızın olmaması demek. Örneğin, bazı insanlar ormandayken kendilerini hisseder, olmak olduklarını bilme hissi vardır.

M artık kim olduğunun bir tanımı olmadığını söylüyordu. Çünkü kendin olduğunda, sen olmanın bir tanımı yok. Neysen o sundur ve başka hiçbir şey mümkün değil, mevcut değil ve gerekli değildir.

Salon Katılımcısı:

"Farkında olmadığın başka ne mümkün burada?" diye soruyordum. Sorabileceğim başka bir soru var mı?

Gary:

Soru sor: Bugün, kendimin tümü olmama ve hiçbir zaman çekip gitmememe müsaade eden hangi farkındalık olabilirim?

Salon Katılımcısı:

Gary, birliğe bir dokunuyorum yoksa yok mu oluyorum?

Gary:
Bu soruyu cevaplayamam. Bana daha fazla bilgi ver.

Salon Katılımcısı:
Tamamen hiçbir şey algılamadığımda ve hissetmediğimde...

Gary:
Eğer birliğin ve bilincin alanı oluyorsan, her şeyi hissedersin ve hiçbir şey önemli ya da alakalı olmaz. Eğer hiçbir şey hissetmiyorsan, kendini var olmayan yapıyorsun.

Seçtiğim, benim var olmamamı yaratmak için hangi icadı kullanıyorum? Böyle olan her şey ve godzilyon kerelerinin hepsini yıkıp yaratımını yok eder misin? Right and Wrong, Good and Bad, POD and POC, All Nine, Shorts, Boys and Beyonds.

ÇATIŞMALI EVRENLER

Salon Katılımcısı:
Sanki var olmak için bir kavga ya da umutsuzluk var ve ben umutsuzluğumun dahi olmamasına kızıyorum.

Gary:
Bir sorum var. Bipolar mısın?

Salon Katılımcısı:
Evet geliyor, ama bunun ne olduğunu bilmiyorum.

Gary:

Negatif olan pozitif bir evrenin var ve pozitif olan negatif bir evrenin var demektir. Kendinle sürekli bir çatışma içindesin.

Seçtiğin çatışmalı evreni yaratmak için hangi aptallığı kullanıyorsun? Böyle olan her şey ve godzilyon kerelerinin hepsini yıkıp yaratımını yok eder misin? Right and Wrong, Good and Bad, POD and POC, All Nine, Shorts, Boys and Beyonds.

Salon Katılımcısı:

O kadar normal olmaya çalışıyorum ki. Ne olduğumu bilmiyorum.

Gary:

Niye normal olmak istiyorsun ki?

Salon Katılımcısı:

Bu şeyler kötü ve yanlış gibi geliyor. Bana şimdi tanı koydun. Kimse bana kötü ve yanlış olduğumu söylememişti.

Gary:

Kimse sana bunu söylememiş miydi?

Salon Katılımcısı:

Kimse bana bunu söylememişti. Hastaneye mi konulmalıyım? Niye mutlu olamıyorum? Sen bunu söylediğinde bir rahatlık hissettim, yine de....

Gary:

Çatışmalı evrenlerle ilgili prosesi yap. Erkek/kadın şeyi de bununla ilgili. Erkekler, kadınlar çiftleşme ve ilişkiler konusunda da sürekli bir çatışmalı evren var. Tamamen çatışmalı evren bunlar. Konu buna geldiğinde hepiniz bipolarsınız.

Seçtiğin çatışmalı evreni yaratmak için hangi aptallığı kullanıyorsun? Böyle olan her şey ve godzilyon kerelerinin hepsini yıkıp yaratımını yok eder misin? Right and Wrong, Good and Bad, POD and POC, All Nine, Shorts, Boys and Beyonds.

Salon Katılımcısı:
Bu bedenler için de geçerli mi?

Gary:
Evet, eğer bedeninle bir çatışma içindeysen, aynı şey olur.

Salon Katılımcısı:
Bu çok iyi. Teşekkür ederim.

Gary:
Seçtiğin çatışmalı evreni yaratmak için hangi aptallığı kullanıyorsun? Böyle olan her şey ve godzilyon kereleri, hepsini yıkıp yaratımını yok eder misin? Right and Wrong, Good and Bad, POD and POC, All Nine, Shorts, Boys and Beyonds.

Salon Katılımcısı:
Bunun hepsinin bir seçim ve yaratım olduğunu mu söylüyorsunuz? Biz bunu yapıyoruz yani?

Gary:
　　Olanak yerine çatışma yaratıyorsunuz, değil mi? Eğer sürekli kendini yargılıyorsan, ne yaratıyorsun? Yaratıyor musun yok mu ediyorsun?

Salon Katılımcısı:
　　Yok ediyorum.

Gary:
　　Bunlara bulaşıyorsunuz ve olanaklar yerine çatışmaları seçiyorsunuz. Onun yerine soru sor, seçim, olanak ve katkıya bakıp, sormalısınız:
* Göz önüne dahi almadığım ne mümkün burada?
* Henüz düşünmediğim bile ne seçimlerim var?

　　İstediğin her şeyi bir başkasının istedikleri olsun diye bırakman gerektiğinde, bu çatışmalı bir evren. Birbirinizle çatışma içindesiniz, bu da çoğu ilişkinin niye zor olduğunu açıklar. Çoğu zaman, diğer insanın seninle aynı fikirde olmasını istiyorsun ki onunla aynı fikirde olduğunu görsünler diye ve sonunda istediklerini elde etsinler diye. Bu yürüyor mu?

Salon Katılımcısı:
　　Hayır.

Gary:
　　Erkekler ve kadınlar arasında bir çatışma olması için farkındalığını kesmen gerekiyor. Hayatında bir çatışma yaratacak bir yer olması için, farkındalığı kesmen gerekiyor. Ne zaman senin hayatında yürümeyen bir şey yaratmaya çalıştığın bir yer varsa, orada çatışmalı bir evren

yaratıyorsundur. Çatışmalı bir evren, çünkü her şeyle birlik içinde değilsin ve her şeyi seçemezsin. Eğer isteseydin her şeyi seçebilirdin ama ne zaman çatışmalı evrenlerden hareket ettiğini anlarsan biraz farklı bir yer seçmeniz gerekir.

Ben kendi hayatımda, ne zaman Dain gece kalacak birisini eve getirse, garip ve çatışmalı oluyorum. Çatışmanın ne olduğunu bilemem. "Oh, onun birilerini getirmesinden hoşlanmıyorum," diyorum. Sonra da " Dur bir dakika, bu hiç anlamlı değil. Bu benim dünyam olamaz. Burada ne yaratıyorum?" derim.

Eğer bununla bir sorunum var diye düşünürsem o zaman halledebileceğim bir şeyimin olduğu bir yer yarattığımı fark ettim. Olan çatışma aslında beraber olduğu kişilerle olan bir çatışmaydı—çünkü seks yaptığı kişiler neyi seçtikleri konusunda çatışma içindeydiler. Onlar seçtikleri şey konusunda çatışmalıydılar. Bunu bir kere anlayınca, benim çatışmalı hissetmeme gerek kalmadı. Daha çok netlik kazandım ve benim için neyin gerçek olduğunu anladım. Ama bununla bir çatışmam olduğu ve bir sorunum olduğu fikrinden kurtulmam gerekti. "Bununla bir sorunum var," dediğiniz her noktada çatışmalı evrenden hareket ediyorsunuz.

Seçtiğin çatışmalı evreni yaratmak için hangi aptallığı kullanıyorsun? Böyle olan her şey ve godzilyon kereleri, hepsini yıkıp yaratımını yok eder misin? Right and Wrong, Good and Bad, POD and POC, All Nine, Shorts, Boys and Beyonds.

BEDENLER VE ÇATIŞMALI BİR EVREN

Salon Katılımcısı:
Bedenler ve çatışmalı bir evren konusundan biraz daha bahseder misiniz? Bu nasıl ortaya çıkıyor?

Gary:
Eğer bedenini yargılıyorsan, sahiden bir değişim mi arıyorsun? Yoksa bedeninle bir çatışma içinde misin?

Salon Katılımcısı:
Çatışma.

Gary:
Evet, ne zaman bedenini yargılarsan, onunla bir çatışma içindesindir. Neyin mümkün olduğuna bakmıyor, ne de hiç göz önüne dahi almadığın ne olabileceğine ve yapabileceğine bakıyorsundur.

Salon Katılımcısı:
Daha önce verdiğinin dışında beden için özgün bir proses var mı?

Gary:
Daha önce verdiğim en iyisi.

Salon Katılımcısı:
Harika, teşekkür ederim.

Gary:
Bulduğunuz soruları beğeniyorum.

Salon Katılımcısı:

Bu prosesleri yaparken göğsümde bir yanma hissediyorum. Bu bir şeyin değişmesi mi?

Gary:

Evet, bir sürü şeyin değişmesi. Yürekten hissettiğiniz şeylerle ne olup bittiği konusunda bir sürü bakış açınız var.

Seçtiğin çatışmalı evreni yaratmak için hangi aptallığı kullanıyorsun? Böyle olan her şey ve godzilyon kereleri, hepsini yıkıp yaratımını yok eder misin? Right and Wrong, Good and Bad, POD and POC, All Nine, Shorts, Boys and Beyonds.

Salon Katılımcısı:

Savunma, icat ve çatışmalı evren arasındaki bağlantı nedir?

Gary:

Çatışmalı evren bu gerçeklikle "olmanın yolu" bu diye düşünerek senin yarattığın bir şeydir. Onu polaritenin varlığını devam ettirmek için yaratıyorsun. Ne zaman farklı ve polarize olmuş iki şey varsa, erkekler ve kadınlar gibi, o çatışmalı bir evrendir—gerçek olması şart değil.

Savunma karar verdiğin şeyin doğru olduğuna karar verdiğinde yaptığın şeydir. Savunmanın var olmasını devam ettirmeye karar veriyorsun. Ya onun için ya da ona karşı savaşman gerekiyor.

İcat bir başkasının bakış açısını satın aldığında olan şeydir. Diyelim ki ebeveynleriniz size x, y ve z'yi yapmayın diyor. Onlar bunu söyler söylemez, bunu kendi bakış açın olarak da icat etmeye çalışıyorsun. Yaratılmış değil çünkü senin seçtiğin hiçbir şeye dayalı değil; başkalarından seçtiğin şeye dayalıdır.

Salon Katılımcısı:

Çatışmalı evrenin bir şey seçmen gerektiğini düşündüğün yer olduğu kısmında kafam karıştı.

Gary:

Hayır, çatışmalı bir evren, bu gerçekliğin polaritesini sürdürdüğün yerdir. Sonsuz bir varlık bunu gerçekten seçer mi?

Salon Katılımcısı:

Hayır.

Gary:

Erkeklerle ya da kadınlarla gerçekten çatışmada olmayı seçer misin?

Salon Katılımcısı:

Hiç te değil.

Gary:

Emin misin?

Salon Katılımcısı:

Eğer çatışmalı bir gerçeklikte olmasaydım, erkeklerle ya da kadınlarla çatışma içinde olmayı niye seçerdim anlamıyorum.

Gary:

Göz önüne almadığınız farklı bir olanak olduğunu fark etmeniz lazım. Henüz göz önüne almadığınız ne mümkün gerçekten?

Seçtiğin çatışmalı evreni yaratmak için hangi aptallığı kullanıyorsun? Böyle olan her şey ve godzilyon kerelerinin hepsini yıkıp yaratımını yok eder misin? Right and Wrong, Good and Bad, POD and POC, All Nine, Shorts, Boys and Beyonds.

Tüm bunlar kendinin bir ya da diğer şekilde kutuplaşmasına müsaade ettiğin yerler.

Salon Katılımcısı:
"Emin misin?" diye sorduğunda bundan ne kastettin?

DİĞER KADINLARLA REKABET EDEN KADINLAR

Gary:

Çoğu kadın diğer kadınlarla rekabet eder. Eğer siz kadınlarla rekabet içinde değilseniz, bu konuda çok net olmanız gerekir—çünkü kadınlarla rekabet etmiyorsanız ve kadınlar sizinle rekabet ediyorsa, ya anlamıyorsunuz ya da fark etmiyorsunuzdur.

Salon Katılımcısı:
Evet, bu doğru gibi geliyor.

Gary:

Sizin kadınlarla çatışmalı evren yapmadığınızı anlamanız önemli. Kadınları yargılamıyorsunuz veya onlarla rekabete girmiyorsunuz. Ama bunu yapan kadınları fark etmeye istekli olmalısınız. Başkaları kadınlarla rekabet ettiklerinde, birinin ya yanlış yaptığını ya da yanlış seçtiğini kanıtlamak istiyorlar. Her zaman diğer kadınların nasıl yanlış olduklarını görmek için bakıyorlar.

Salon Katılımcısı:

Kadınlarla rekabet konusunda benim için yapışkan bir şey var. Bununla ilgili olarak neyi değiştirebiliriz?

Gary:

Öncelikle, kadınların genelde çok rekabetçi olduklarını fark etmen gerekir. Eğer onların rekabetçi olduklarını kabul etmezsen, seni yargıladıklarında ne kadar doğru olmaları gerektiğini düşünürsün. Ya da seninle ilgili bir şeyin nasıl yanlış olduğunu sana gösterdiklerinde nasıl haklı olmaları gerektiğini göreceksin ya da sana "Bu çok güzel bir elbise" deyip bunu sahiden kastetmediklerini göreceksin. Kadınların ne zaman rekabet yaptıklarını görüp bunu satın almaman gerek.

Eğer kendini rekabetin dışında tutarsan, bağlantı içinde olabileceğin insanlarla bu sorun çözülür. Ama kadınlar rekabetçi olacaktır ve bunu fark etmen lazım. Bu önemlidir.

Eğer kadınlarla rekabet etmiyorsan ve bir kadın sana erkeği ile birlikte gelmeyi seçiyorsa, onun üstüne çıkmak ya da onu yermek gibi bir ihtiyaç hissetmezsin. Senin için farklı bir seçim olduğunu anlarsın.

Kadınlar erkekler için rekabet ettiklerinde, seks yaptıkları erkeğin üstüne bir işaret veya damga koyarlar ve ne zaman başka bir kadın odaya girse adamın üstüne çıkarlar. Erkeğin üstüne köpekler gibi idrar damgalarını koyarlar. Kadınlarla erkek köpeklerin çok ortak noktası var.

Salon Katılımcısı:
Sen rekabet etmiyorsan ve kadınların rekabet ettiklerini fark ediyorsan, bu nasıl bir şeye benzer?

Gary:
Kadınlar başka kadınlarla rekabet ediyorsa onlarla arkadaş olamazsınız. Onlar hiçbir zaman senin arkadaşın olamaz. Sadece tanıdığın birileri olabilirler.
Kadınlarla rekabet eden kadınlarla arkadaşlık olamaz.

Salon Katılımcısı:
Bu çoğu kadının yaptığı şey.

Gary:
Eğer rekabet istemiyorsan, yakın bir arkadaşlığın olabilir. Arkadaş olarak seçebileceğin ve seçemeyeceğin kadınları fark etmeye istekli olmalısın.

Salon Katılımcısı:
Peki böyle kadınlarla çalışmak nasıl olur?

Gary:
Kadınlarla rekabet eden kadınlarla çalışınca, erkekleri hesaplamaların dışında tutman lazım, yoksa her zaman onların rekabet etmelerine müsaade edecek bir problem bulurlar.

Salon Katılımcısı:
   Vay, bu bana yabancı bir konu gibi geliyor.

Gary:
   Evet, sen kadınlarla rekabet etmiyorsun, o yüzden onların nasıl işlediklerini anlamıyorsun.

Salon Katılımcısı:
   Hayır, anlamıyorum.

Gary:
   Sanki diğer insanlar gibi işlediklerini sanıyorsun.

Salon Katılımcısı:
   Beni aydınlattığınız için teşekkür ederim.

Salon Katılımcısı:
   Bu teleseminerler için o kadar minnettarım ki. Ne kadar çok değişimin mümkün olduğunu fark etmemiştim. Eğer bu gezegende kadın olmak konusunda en önemli üç bakış açışıyla kapatacak olsak, ne söylerdiniz?

NASIL TARZ BİR GELECEK YARATMAK İSTİYORSUNUZ?

Gary:
   Burada farklı bir gerçeklik yaratmak için bir savaşçı olma kabiliyetiniz olduğundan bahsettim. Siz gelecek için bir savaşçısınız.

   Kaçınız geleceğe bakıyorsunuz ve kaçınız geçmişe bakıyorsunuz? Çoğunuz hayatınızı yanlışlığa, geçmişe ve işlemeyen şeylere bakarak geçirdiniz. Nadiren geleceği ve gerçekten neyin işleyeceğine bakıyorsunuz. Nasıl tarz bir gelecek yaratmak istersiniz? Dikkatiniz niye bunun üstünde değil? Her gün.

Beni bir gelecek yaratmak ilgilendiriyor. Elimden geldiğince kadınsal bir parçası olan hümanoid bir erkek olmaya çalışıyorum. Neyin bir gelecek yaratacağına ve nasıl bir gelecek yaratabileceğime bakmaya istekliyim. Her zaman her şeyi farklı yaratmaya bakıyorum. Her gün kendi işimde: Bunu daha iyi, daha büyük veya daha farklı yapmak için ne olmalıyım ya da neyi değiştirmeliyim? diye bakıyorum. Ben farklı bir şey yaratana kadar yürümeyecek. Farklı bir şey yaratmak, benim için kendime verebileceğim en büyük hediyedir. Her zaman henüz var olmamış bir gelecek yaratmak.

Burada henüz var olmamış bir geleceği nasıl yaratacağınız konusunda düşünmeye başlamalısınız. Eğer bu sorudan hareket ederseniz, evlilikle ve daha bir sürü şeyle yaşadığınız sorunlar gider. Şuradan bakmaya başlamanız lazım:

Sahip olmak istediğim bir geleceği yaratıyor olsaydım,
+ Nasıl bir şeye benzerdi?
+ Nasıl hissederdi?

Bu farklı bir olasılıktır. Daha büyük bir şey olması lazım. Bunu seçmeye istekli olmalısınız.

Evet hanımlar, lütfen farkında olun, çünkü farkındalık kendinize verebileceğiniz en büyük hediyedir.

Umarım siz de benim kadar bu seminerden hoşlandınız. Hepinize sorularınızın hediyesi için teşekkür ederim.

Salon Katılımcıları:
    Teşekkürler, Gary.

Salon Katılımcısı:
    O kadar minnet duyuyorum ki. Teşekkür ederim.

Access Consciousness Temizleme Cümlesi

Tuzağa düşmenize neden olan bakış açılarının kilidini açabilecek tek kişi sizsiniz. Benim burada temizleme prosesiyle sunduğum şey, değişmeyen duruma kilitlendiğiniz bakış açısının enerjisini değiştirmek için kullanabileceğiniz bir araçtır.

Bu kitap boyunca, pek çok soru sordum ve o sorulardan bazıları kafanızı birazcık bükmüş olabilir. Niyetim buydu. Sorduğum sorular zihninizi resmin dışına çıkarmak böylece durumun enerjisini alabilmeniz için tasarlanmıştı.

Soru bir kez başınızı büktüğünde ve durumun enerjisini ortaya çıkardığında, o enerjiyi yıkıp yaratımını iptal etmeye istekli olup olmadığınızı sorarım, çünkü saplanıp kalan enerji engellerin ve kısıtlamaların kaynağıdır. O enerjiyi yıkıp yaratımını iptal etmek sizin için yeni olasılıklara kapı açar. Bu sizin "Evet, bu kısıtlamayı yerinde tutan her neyse çekip gitmesine izin vermeye istekliyim" deme fırsatınızdır.

Bu soruyu bizim temizleme cümlesi olarak adlandırdığımız bazı garip sözcükler takip edecektir:

Gary Douglas

Right and Wrong, Good and Bad, POD and POC, All 9, Shorts, Boys and Beyonds"

Temizleme cümlesiyle, kısıtlamaların ve engellerin enerjisinin yaratılmış olduğu yere geri gidiyoruz. Bizi ileri doğru hareket etmekten alıkoyan enerjilere göz atıyoruz ve gitmek istediğimiz bütün alanlara doğru genişletiyoruz. Temizleme Cümlesi hayatımızda kısıtlamalar ve daralmalar yaratmakta olan enerjilere hitap etmenin kısa söylemidir.

Temizleme Cümlesi ne kadar çok çalıştırırsanız, o kadar derine iner ve sizin için o kadar çok katmanın ve seviyelerin kilidini açabilir. Bir soruya karşılık olarak çok fazla enerji ortaya çıkarsa, prosesi hitap edilen konu sizin için daha fazla sorun olmaktan çıkıncaya kadar çok sayıda tekrarlamayı dileyebilirsiniz.

İşe yaramaları için Temizleme Cümlesindeki kelimeleri anlamak zorunda değilsiniz, çünkü bu enerjiyle ilgilidir. Buna rağmen, eğer kelimelerin ne anlama geldiği ilginizi çekiyorsa, kısa ve öz bir tanımlama aşağıda verilmiştir.

Right and Wrong, Good and Bad (Doğru ve Yanlış, İyi ve Kötü): "Bununla ilgili olarak düzgün, iyi, mükemmel ve doğru olan nedir? Bununla ilgili olarak, yanlış, aşağılık, ahlaksız, dehşet verici, kötü ve korkunç olan nedir?" sorularının steno yazılımıdır. Bu soruların kısa sürümü: Doğru ve yanlış, iyi ve kötü olan nedir? Bunlar bize en çok yapışan düzgün, iyi, mükemmel ve/veya doğru olarak kabul ettiğimiz şeylerdir. Onların düzgün olduğuna karar verdiğimiz için, onları bırakmaya arzulu olmayız.

POD, temizlediğiniz her neyse var oluşta tutmak için kendinizi yok ettiğiniz bütün yöntemlerin yıkım noktasını (point of disctruction) simgeler.

POC, enerjiyi yerine kilitlemek için kararlarınızın hemen önüne geçen düşüncelerin, hislerin ve duyguların yaratım noktasını (point of creation) simgeler.

Bazen insanlar "onu POD ve POC yapın" derler ki bu basitçe daha uzun olan temizleme cümlesinin kısaltılmış halidir. Bir şeyi POD ve POC yaptığınızda, bu iskambilden yapılan evin en alttaki kartını çekmek gibidir. Her şey yere yıkılır.

All 9 (Bütün Dokuzlar) bu maddeyi hayatınızdaki kısıtlama olarak yarattığınız dokuz farklı yöntemini simgeler. Bunlar kısıtlamaları katı ve gerçek olarak yaratan düşünceler, hisler, duygular ve bakış açıları katmanlarıdır.

Shorts (Kısalar) "Bununla ilgili anlamlı olan şey nedir? Bununla ilgili anlamsız olan şey nedir? Bunun cezası nedir? Bunun ödülü nedir?" gibi sorular dâhil çok daha uzun sorular serisinin kısa sürümüdür.

Boys (Erkek Çocuklar) çekirdek küreler olarak adlandırılan enerjetik yapıları simgeler. Temel olarak hayatımızın bir şeyle etkisiz biçimde sürekli başa çıkmaya çalıştığımız alanlarla ilgilidirler. En azından on üç farklı türde küre vardır ki bunlar toplu olarak "boys" olarak adlandırılır. Çekirdek küreler çocukların birden fazla bölmeleri baloncuk boruları üfledikleri zaman oluşan balonlara benzer. Bu devasa baloncuk kütlesi oluşturur ve bir balonu patlattığınızda, diğer balonlar boşluğu doldurur.

Sorunun çekirdeğine inmeye çalışırken, hiç soğanın zarlarını soymaya çalıştığınız ancak asla oraya varamadığınız oldu mu? Çünkü bu bir soğan değildir; o bir çekirdek küredir.

Beyonds (Öteler) kalbinizi, nefes alış verişinizi veya olasılıklara bakma istekliliğinizi durduran hisler veya heyecanlardır. Öteler şoka girdiğiniz zaman ortaya çıkan şeydir. Hayatımızda donup kaldığımız pek çok alana sahibiz. Her dona kaldığınızda, bu sizi esir tutan bir ötesidir. Ötesi ile olan zorluk, sizi mevcut olmaktan alıkoymasıdır. Öteler, bütün diğer ötelerle birlikte inanç, gerçeklik, hayal etme, kavrayış, algılama, rasyonelleşme, affedici olma ötesi olan her şeyi kapsar. Bunlar genellikle hisler ve heyecanlardır, nadiren duygular olur ve asla düşünceler değildir.

Sözlük

MÜSAADE ETMEK

Bir bakış açısına uyum gösterebilir ve onunla hemfikir olabilir ya da bir bakış açısına direnç gösterebilir ve tepki verebilirsiniz veya izin verme halinde olabilirsiniz. Eğer izin verme halinde olursanız, akıntının ortalık yerindeki kaya olursunuz. Düşünceler, inançlar, davranışlar ve göz önünde bulundurmalar size doğru gelirler ve çevrenizden dolaşırlar, çünkü sizin için, bütün bunlar sadece ilginç bir bakış açısıdır. Diğer taraftan, eğer o bakış açısına uyum gösterip, hemfikir olursanız veya direnç gösterip, tepki verirseniz, çılgınlık akımına yakalanır ve birlikte sürüklenirsiniz. Bu içinde olmak isteyeceğiniz bir akıntı değildir. İzin verme halinde olmanız lazımdır. Tümüyle izin verme: Her şeyin sadece ilginç bir bakış açısı olmasıdır.

OLMAK

Bu kitapta *olmak* kelimesi bazen *sizi*, gerçekten *olduğunuz* sonsuz *varlığı* kast etmek için olduğunuzu düşündüğünüz kişi hakkındaki uyduruk bakış açısına karşılık olarak *mevcut olmak* yerine kullanılmıştır.

BARS

The Bars elle uygulanan başın üzerinde birisinin hayatındaki farklı boyutlarına tekabül eden noktalara hafifçe dokunmayı içeren bir Access prosesidir. Neşe, üzüntü, beden ve cinsellik, farkındalık, nezaket, şükran, huzur için noktalar vardır. Hatta para için bile bir Bar vardır. Bu noktalara bars olarak adlandırılır çünkü başın bir tarafından diğer tarafına doğru çalışır.

CFMW

Sertifikalı Olağanüstü Mucize İşçisi

EMİR

Access Consciousness'ta On Emirden ya da Tümden Özgürlüğün On Anahtarından bahsediyoruz. "Form yok, yapı yok, önem yok". Bu On Anahtar'dan (ya da Emir'den) biri. On Emir ya da On Anahtar hakkında daha fazla bilgiyi "Tümden Özgürlüğün On Anahtarı" kitabında veya On Emir CD'sinde bulabilirsiniz.

Çeldirici İmplantlar

Çeldirici İmplantlar, kurtulmayı arzuladığımız ve kesinlikle kaçamayacağımıza inandığımız, zamanımızı onlara takılıp kalmış olarak yaşadığımız yapışkan negatif duygulardır. Çeldirici implantlar: öfke, hiddet ve nefret;

suçlama, utanma, pişmanlık ve suçluluk; obsesif, takıntılı, bağımlı, çarpıtılmış bakış açıları; aşk, seks, kıskançlık ve barış; hayat, yaşamak, ölüm ve ilişkiler, iş, korku ve şüphedir.

ELEMANLAR/ELEMENTLER

Gerçek şu ki her parçacık ve her molekülün içinde bilinç var. Elementleri/elemanları çağırdığında veya kullandığında, her molekülün bilincine sesleniyorsun ve onun senin hayatına olabileceği katkı olmasına davet ediyorsun.

BİRLİĞİN ENERJETİK SENTEZİ (ESC)

Bu Dain'in yaptığı bir prosestir. Temel olarak, birliğin enerjetik sentezi sizi evrendeki bütün moleküler yapılarla farklı bir yöntemle bağlantıya sokar. Bununla ilgili daha fazla bilgiyi Dain'in web sitesinde (www.drdainheer.com) bulabilirsiniz. Dain ücretsiz "tadımlıklar" sunmaktadır, böylece bunun neye benzediğini sezinleyebilirsiniz.

SAHNEDEN ÇEKİL GIT

Sahneden çekil git, varlığın ve bedenin yaşam ve ölümün birer tercih olduğunu hatırlamasına yardımcı olan bir Access Consciousness prosesidir.

SADAKAT VE ANT

Sadakat feodal zamanlardan kalmış bir yemin, bir kölenin kralın korumasına karşılık, krala bağlılık/sadakat yemini etmesi gibidir. Ant ise aslında senin fiziksel yapına işlemiş bir sadakat yemini, yani kanla yazılmış yeminin hormonlu halidir.

OLUŞTURMAK, YARATMAK, GERÇEKLEŞTİRMEK, KURMAK

Oluşturmak bir şeyi var olmaya başlatan enerjidir. Yaratmak bir şeyi gerçekleştirmektir. Kurmak da daha fazla inşa etmek için bir platform oluşturmak için yaptığın şeydir.

İNSANLAR VE HÜMANOİDLER

İnsanlar size her zaman sizin nasıl yanlış, kendilerinin nasıl doğru olduklarını ve nasıl hiçbir şeyi değiştiremeyeceğinizi söylerler.

İnsanlar benzer şeyler söylerler, "Biz işleri bu şekilde yapmayız, o nedenle zahmet bile etme." Onlar, "Olduğu haliyle iyi. Bunu neden değiştiriyorsun?" diye soran birileridir.

Hümanoidler farklı yaklaşımları seçerler. Onlar daima bir şeylere göz atarlar ve sorarlar, "Bunu nasıl değiştirebiliriz? Bunu daha iyi yapacak olan nedir? Bunu nasıl yeneriz?" Onlar bu gezegen üzerindeki bütün harika sanat eserlerini, bütün harika romanları ve bütün harika gelişimleri yaratmış olan insanlardır.

İLGİNÇ BAKIŞ AÇISI

İlginç bakış açısı bir Access Consciousness aracıdır. Yargı ne olursa olsun, senin ya da bir başkasının o anda sahip olduğu bir bakış açısı olduğunu kendine hatırlatarak o yargıyı nötralize etmenin harika bir yoludur. Doğru veya yanlış, ya da iyi ya da kötü değildir.

Ne zaman bir yargı ortaya çıksa, "ilginç bakış açısı" demelisiniz. Seni o yargıdan uzaklaştırmaya yardımcı olur. O yargıyla uyuşman ve kabul etmen gerekmez—ve ona karşı direnmen ve tepki vermen de gerekmez. Sadece olduğu şey olmasına izin verirsin, bu da ilginç bakış açısından başka bir şey değildir. Bunu yapabilirsen, izin verme halindesindir demektir.

ÖLDÜRME ENERJİSİ

Öldürme enerjisi, herhangi bir yargı olmaksızın öldürmeye istekli iseniz, bir şeyi öldürmeye götüren enerjidir. Bir ineği veya bir geyiği veya yiyeceğiniz herhangi bir şeyi öldürmek enerji gerektirir. O enerji, eğer gerçekten bir hayvanı katlettiyseniz orada ortaya koyduğunuz yöntemle birisine yönelen enerji, insanlar için bir şeyleri değiştiren enerjidir.

BENİM KRALLIĞIM

Çoğu kişi Benim Krallığım bakış açısından hareket etmeye çalışır ki, bu da ne istediğimizi anlamaya çalışmak demektir, sanki bu herkesten kopmayı gerektiriyormuş gibi. Ya tamamen farklı bir yerden seçim yapıyor olsak? Ya ayrımlar sahiden arzuladığın şeylerden seni alıkoyan şey ise?

BİZİM KRALLIĞIMIZ

Bizim Krallığımız'dan yola çıkarak seçim yaptığında, bu senin için ve diğerlerine karşı seçmen değildir. Ne de kendin için seçip diğer insanı dışlamaktır. Kendin ve herkes için seçiyorsundur; seninkiler dahil tüm olasılıklarını genişletecek şeyi seçiyorsundur. Bunu yaptığın zaman çevrendeki insanlar buna direnç göstermek yerine, senin seçiminle kendi seçimlerinin de genişleyeceğini farkederler ve senin seçimlerine katkı olurlar.

HAYAT VE YAŞAMAK

Hayat bir bitirme, yaşamak an be an, gün be gün sürekli yaratmaktır.

DAHA HAFİF/ DAHA AĞIR

Hafif olan şey her zaman doğrudur ve hafifliğini hissedersin. Yalan olan şey her zaman ağırdır ve ağırlığını hissedersin.

MTVSS

Moleküler Terminal Değerlik Deri Değiştirme Sistemi bağışıklık sistemi üstünde çalışan ve genelde başka bir yerde tecrübe edilemeyecek bir ferahlık ve kolaylık sağlayan, derinden rahatlatan bir Access Consciousness beden prosesidir.

OMNİSEKSUEL

Omniseksueller her cinsiyet ve cinsi oryantasyondan insana çekim duyanlardır. Onlar insanları cinsel organları ve cins kimlikleri yerine karakterleriyle görürler.

KONTROL DIŞI

Kontrol dışı olmak kontrolsüz olmak değildir. Sarhoş olmak, çevreyi rahatsız etmek ya da illegal olmak değildir. Kontrol dışı olmak, hiçbir şey seni kontrol edemez ve durduramaz demektir—ve sen de kimseyi durdurmak ya da sınırlamak zorunda değilsin demektir. Kontrol dışındayken, bağlamsal gerçeklik ve konvansiyonel bakış noktalarının dışında hareket ediyorsun demektir. Diğer insanların bakış açılarının, gerçeklerinin, yargılarının ve kararlarının kontrollerinin senin hayatında bir kontrol faktörü olmaması demektir.

Kontrol dışı olmak tamamen farkında olmak demektir. Birşeylerin oluşturulmasını kontrol etmeye çalışmıyorsundur. Sadece tamamen farkında olmadığın zaman olan şeyleri veya geleni gideni kontrol etmeye çalışıyorsundur. Kontrol dışı olmak hiçbir şey seni durduramaz demektir.

EŞ MERKEZLİKLER DIŞI

Eş merkezlikler dışı olmak her şeyi, birbirlerine bağlansınlar diye ve sürekli bir daralma durumu yaratsınlar diye, konstantrik daireler içine koyduğun yerin dışında olmaktır.

BAĞLAM DIŞI

Bağlam dışı olmak herhangi bir şeye veya birine referansla hareket etmemektir.

TANIM DIŞI

Tanım dışı olmak diğer insanların sana empoze ettikleri tanımlar ve sınırlamalardan bağımsız olmak demektir. Onların tanımları var—ve sen onların farkındasın—ama bu tanımların dışında hareket ediyorsun.

FORM, YAPI VE ÖNEM DIŞI

Form, yapı ve önem dışı olmak diğerlerinin oldukça önemli ve anlamlı bulduğu katı formlar ve yapılarla bağlanmamak demektir. Çevik, esnek ve yaratıcı olmak demektir.

SINIRLAMA DIŞI

Sınırlama dışı olmak diğerlerinin kendileri için yarattıkları sınırlamalar içinde hareket etmiyorsun demektir.

DOĞRUSALLIK DIŞI

Doğrusallık dışı olmak herkesin baki açısına uysun diye her şeyi bir sıraya soktuğun noktanın dışında olmak demektir.

POD VE POC YAPMA

POD ve POC yapma, zamanda kendinizi bir şeyle yok ettiğiniz noktaya veya sizi kilitleyen bir şeyin yaratım noktasına geri dönmenizi söylemenin kısa yoludur.

TEKRARLAMA LİSTESİNE/ DÖNGÜYE KOYMAK

Bu bir şeyi üst üste sürekli dinleyebilmek için bilgisayarında yapabileceğin bir şeydir.

KUANTUM DOLAŞIKLIĞI

Kuantum dolaşıklığı her şeyin birbiriyle bağlantılı olduğunu söyleyen sicim teorisidir. Eğer evrene bakarsan her şeyin her diğer şeyle bağlantılı olduğu açıktır.

Her soru, seçim ve olasılıkla, arzuladığın şeyi gerçekleştirmek için tüm evrenin kuantum dolaşıklığını davet eder. Evren bizi desteklemek ister, ama biz sanki yalnızmışız gibi davranırız. Sanki evren kendimizi ondan dışlamamız gereken bir eko sistemmiş gibi düşünürüz. Her şeyi kendimizin yapması gerektiğini düşünürüz—ama tümün bir parçasıyızdır. Eğer kendimizi tümün bir parçası olarak yargısız kucaklarsak, kesinlikle tümü bizim bir parçamız olmaya davet ederiz ve istediğimiz her şeyi bize veren evrene kendimizi açarız.

İŞARETLER, MÜHÜRLER, AMBLEMLER VE ÖNEMLERİ

Bunlar her zaman taktığınız ancak kim olduğunuzla hiçbir alakası olmayan kimlik kartlarıdır.

SEKS VE SEKSİZLİK

Access Consciousness' da seks ve seks yok dediğimiz zaman cinsel birleşmeye atıfta bulunmuyoruz. Alıp kabul etmek hakkında konuşuyoruz. Bu kelimeleri, alıp kabul etme ve etmeme enerjisini bulduğumuz başka her şeyden daha iyi ortaya çıkarması nedeniyle seçtik.

İnsanlar seks ve seks yok hakkındaki bakış açılarını alıp kabul etmelerini kısıtlayıcı bir yöntem olarak kullanıyorlar. Seks ve seks yok - her ikisi de/ veya evrenler - ya mevcudiyetinizi başka herkesin dışlanmasına bilinir kıldığınız (seks) ya da mevcudiyetinizi sakladığınız (seks yok) böylece görünemediğiniz dışlayıcı evrenlerdir. Her iki durumda da, kendinize odaklanırsınız, kendinize hiç kimseden ya da hiçbir şeyden alıp kabul etmeye izin vermezsiniz.

SİSTEMLER VE YAPILAR

Bir sistem şekillendirilebilir ve değişebilir bir şeydir. Ana göre ayarlanabilir. Bir yapı ise senin ortaya koyduğun uylması gereken kanunları, regülasyonları ve kuralları olan bir şeydir. Askeri bir yapıdır; bir sistem değildir. Kanuni bir yapıdır; bir sistem değildir. Bir sistem istediğin şeye adapte olur. Benim hayatımda, benim sistemim soru olmaktır. Bir sistem her şeyden önce gözünün almadığın olanaklara ve olasılıklara kapı olarak bir soruyu kafana koyan şeydir.

On Emir (Tümden Özgürlüğün On Anahtarı olarak da bilinir)

Lütfen kitabi okuyun veya ilgili teleseminer kayıtlarını dinleyin. Buna ihtiyacınız olacaktır.

SERPİLME

Serpilme serpilmek eylemidir. Hayatta kalmayı içerir ama sadece var olmanın ötesinde daha büyük bir olasılığın yaratımının olduğu noktaya gider.

ÜÇ KATLANMIŞ SIRALAMA SİSTEMLERİ

Bu bir Mobius sicimidir, bu da uzun zaman önce olmuş bir şeyi kafanda sanki daha bugün olmuş gibi tekrar tekrar çalması demektir. Üç katlanmış Sıralama Sistemleri, basitçe PTSD' (travma sonrası stres sendromu) nun kaynağıdır.

ÜTOPİK İDEALLER

Ütopik idealler bizim varlığımızın içine atılmış kavramsal gerçekliklerdir. Ütopik idealler şeylerin nasıl olması gerektiği konusundaki sabit fikirler ve kavramlardır.

Access Consciousness Nedir?

Access Consciousness hayatınızın her alanında dinamik değişimler yaratmanıza izin veren basit araçlar, teknikler ve felsefeler setidir. Access tümüyle farkında olma haline gelmenize ve gerçekten olduğunuz bilinçli varlıktan işlevsel olmanıza izin veren blokları adım adım oluşturmayı sunmaktadır. Bu araçlar hayatınızda işinize yaramayan her ne varsa değiştirmek için kullanılabilir böylece farklı bir hayata ve farklı bir geleceğe sahip olabilirsiniz.

Bu araçlara çeşitli seminerler, kitaplar, telekonferanslar ve diğer ürünler kanalıyla ya da Access Consciousness Sertifikalı Eğitmenleri/Facilitator veya Access Consciousness Bars Eğitmenleri/Facilitator ile erişebilirsiniz.

Access'in amacı bir bilinç ve birlik dünyası yaratmaktır. Bilinç hayatınızda her anda kendiniz veya herhangi biri için yargısız olarak mevcut olma yeteneğidir. Bilinç her şeyi içine alır ve hiçbir şeyi yargılamaz. Bilinç her şeyi alıp kabul etme, hiçbir şeyi geri çevirmeme ve hayatta arzuladığınız her şeyi şu anda sahip olduklarınızdan daha muazzam ve hayal edebileceğinizden bile daha fazla yaratma yeteneğidir.

Access Consciousness hakkında daha fazla bilgi almak veya Access Consciousness Eğitimcilerin/Facilitator yerini bulmak için lütfen aşağıda yer alan linklerden ilgili web sitelerini ziyaret ediniz.

www.accessconsciousness.com
www.garymdouglas.com

Daha fazla bilgi için aşağıdaki barkodları tarayıynız.

Diğer Access Consciousness Kitapları

Kendin Ol, Dünyayı Değiştir
Dr. Dain Heer

Her zaman TAMAMEN FARKLI bir şeyin mümkün olduğunu biliyor muydun? Ya sonsuz olasılıklar ve dinamik değişim için bir el kitabın olsaydı? Gerçekten çalışan ve seni tamamen farklı bir olma yoluna davet eden araçlar ve prosesler olsaydı? Senin için? Ve Dünya için?

Tamamen Özgürlüğün On Anahtarı
Gary M. Douglas & Dr. Dain Heer

Tamamen Özgürlüğün On Anahtarı kendin, hayatın, bu gerçeklik ve ötesi hakkında daha çok farklılığa sahip olabilmen için bilinç kapasiteni genişletecek bir yaşama biçimi.

Ütopik İdeallerin Ötesinde
Gary M. Douglas

Çoğu kişi başarmak ve daha fazla yaratmak için her şeyi gerektiğince değiştirebilmenin mümkün olduğu anda işlevsel olmaktansa bir şeylerin nasıl olması gerektiği sabit fikrinden veya kavramından hareket ederler. Bu şeyler aslında gerçek değildir; bunlar bizim varoluşumuza atılıp bırakılmış kavramsal realitelerdir. Bu kitap sizin için mümkün olanlara karşı kısıtlamalar ve engeller yaratan ideal kavramlar ve yapıların farkında olur hale gelmekle ilgilidir. İşinize yarayacak bir dünya yaratabilmeniz için bu yapılar dağılmak zorundadır.

Olasılıkların Köşesinden Liderlik Yapmak: Artık Her Zaman Olduğu gibi İş Yapmak Yok
Chutisa and Steven Bowman

Eğer oto pilottan işlevsel olmayı durdurup işinizi stratejik farkındalık ve bolluk bilincinden oluşturmaya başlasaydınız, işiniz ve hayatınız neye benzerdi sadece hayal edin. Bu gerçekten mümkündür, tabi değişmeye istekli olmanız şartıyla. Farklı bir olasılığı fark etmek farklı bir zihniyet gerektirir ve genellikle her zaman önceki tecrübelerin parçası olmayan bir farkındalık talep eder. Bu kitapla işinizi her ortamda yönlendirmek için ihtiyacınız olan farkındalığı edineceksiniz.

Pragmatik Psikoloji: Delice mutlu olmak için pratik araçlar
Susanna Mittermaier

Herkesin hayatında en azından bir tane deli var, değil mi (bu kendimiz bile olsak)? Bir sürü etiket ve teşhis ortalıkta var —depresyon, anksiyete, ADD, ADHD, bipolar, şizofreni... Ya akıl hastalıklarıyla ilgili farklı bir olasılık olsaydı--veya değişim ve mutluluk tamamen mevcut olan bir gerçeklik olsaydı? Susanna bu gerçekliğin deli olarak tanımladığını tamamen farklı bir bakış açısından —olasılık ve kolaylıktan— kolaylaştırmaya olağanüstü bir kapasitesi olan bir klinik psikologtur.

Senin İçin Doğru İyileşme
Marilyn Bradford

Bağımlılığın ne olursa olsun ve ne kadardır devam ediyor olursa olsun Senin İçin Doğru İyileşme bunu değiştirmene yardım edebilir. Bu bağımlılığa başka hiçbir yerde bulamayacağınız farklı bir yaklaşım. Marilyn Bradford tarafından geliştirilen ve Gary Douglas'ın kurduğu Access Consciousness®'in değişim için bilgi ve proseslerini kullanarak, bağımlılığını tamamen sona erdirmek veya senin için işleyen bir hale getirmek için farklı bir olasılığın olabilir.

Bir Balığa Ağaca Çıkmayı Öğretir Misin?
Anne Maxwell, Gary M. Douglas ve Dr. Dain Heer

ADD, ADHD, OCD ve otizmi olan çocuklara farklı bir yaklaşım. İnsanlar bu çocuklar diğerlerimiz gibi öğrenmedikleri için, onların bir kusuru olduğu bakış açısından hareket etmeye meyilliler. Gerçek şu ki, onlar tamamen farklı bir şekilde kavrıyorlar. Bu kitap buna ve daha bir sürü şeye hizmet ediyor.

Seks Dört Harflik bir Kelime Değildir ama İlişki Çoğu Zamanlar Öyledir
Gary M Douglas & Dr. Dain Heer

Komik, açık sözlü ve nefis bir şekilde saygısız, bu kitap okurlarına harika samimiyet (mahremiyet) ve istisnai seksle ilgili tamamıyla taze bir görüş sunar. Ya tahmin etmeyi bıraksaydınız ve GERÇEKTEN işe yarayanı bulsaydınız?

Ayrılmasız/Boşanmasız İlişkiler
Gary M. Douglas

Ayrılmasız ilişki bir başkasıyla ilişki içinde olmak için herhangi bir parçanızdan ayrılmak zorunda olmadığınız bir ilişkidir. Bu ilişkide olduğunuz herkesin ve her şeyin bu ilişkinin sonucu olarak daha muazzam hale geldiği yerdir.

İşin Neşesi
Simone Milasas

Eğer işini, onun neşesinden yola çıkarak yaratıyorsan—ne seçerdin? Neyi değiştirirdin? Eğer başarısız olamayacağını bilseydin neyi seçerdin? İş, ticaret, NEŞE; yaratımdır, üretkendir. YAŞAMA'nın macerası olabilir.

Daha fazla bilgi için tarayın.

Access Consciousness® kitapları ile ilgili daha çok bilgi için www.accessconsciousnesspublishing.com adresini ziyaret edin.

Yazar Hakkında

Gary Douglas

Çok-satan kitapların yazarı, uluslararası konuşmacı ve rağbet gören bir eğitimci olan Gary Douglas yoğun farkındalığı ve insanlara bildiklerini bilmelerini kolaylaştırmak için var olan inanılmaz kapasitesiyle tanınır.

Gary istisnai seviyedeki farkındalığıyla Orta batı, orta sınıf "sıradan Amerikalı beyaz" ailede dünyaya geldi ve hoş, basit bir çocukluk yaşadı. Hayat üzerine çok farklı görüşleri vardı ve daha altı yaşındayken bildiği çoğu kişiden çok farklı olduğunu fark etti. Bu farkındalığın farkına insanları kendi hayatlarını yaratırken seyrederek ve tüm bunların neşe ve olasılıkla değil de daima her şeyin yanlışlığıyla ilgili olduğunu görerek vardı. Gary bu realitenin sunduklarından daha fazlasının olması gerektiğini biliyordu, çünkü bu gerçekliğin büyülü, neşeli veya genişleyebilir hiçbir tarafı yoktu. Onun için erken yaşlarda hayatın gizemleriyle ilgili daha derin farkındalıkları aramaya başladı. Yol boyunca, ileri doğru yeni bir yöntem ortaya çıkardı – dünyada ve insanların hayatında değişim yaratabilecek bir yöntem. Sihrin her tarafımızda olduğunu keşfetti; bu bizim yarattığımız bir şeydi – bu bilinçti. Daha fazla farkında ve daha fazla bilinçli olma kapasitesinin her insanın, eğer seçmeye gönüllü olurlarsa, doğuştan yeteneği olduğunu fark etti.

Zamanla olduğu yetenek olarak fark ettiği şey, yoğun farkındalığı ve insanları bilince davet etme kapasitesi ve her şeyin mümkün ve hiçbir şeyin imkânsız olmadığını fark etmek oldu. Onun yeteneği hayata, evrene ve hepimizin olduğu bilince ve onun (o bilincin) özgün parçası olan olasılıklara, daha önce hiç kimsenin bakmayı seçmediği bir alandan bakma becerisiydi.

İnsanları Farklı Olasılıkları Görmeleri için Güçlendirmek

Gary yaşamları dönüştürme ve farklı olasılıklar yaratma konusunda – insanları farklı olasılıkları görmeleri ve onlar için nelerin mümkün olduğunu fark etmeleri için güçlendirmeye gönüllü, uluslararası tanınan bir düşünce lideri haline geldi. Gary, dünyada başka hiçbir şeye benzemeyen kendine özgü kişisel dönüşüm perspektifiyle bütün dünyada kabul edildi. Herhangi bir din ya da geleneğe bağlı olmadı. Yazıları ve atölye çalışmalarıyla, hayatın kolaylık, neşe ve ihtişamını ve daha fazla farkındalık, neşe ve bolluğa doğru genişleyen mutluluğun sihrini ulaşılabilir kılan uygulamalar ve araçlar hediye eder. Basit ancak engin öğretileri daha şimdiden dünyanın her tarafından sayısız kişiye bildiklerini bilmeleri ve seçebileceklerini hiçbir zaman fark edemedikleri neleri seçebileceklerini fark etmeleri için kolaylaştırıcı oldu.

İnsanlardaki daha büyük (fazla) bilincin hayatlarının gidişatını ve gezegenimizin geleceğini değiştirebileceğini fark ettikten sonra, Access Consciousness'un Gary Douglas tarafından yaratımı ve büyümesi öncelikle tek bir soruyla yönlendirildi, "Dünyaya yardım etmek için ne yapabilirim?"

Diğerlerine ilham vermeye, tüm dünyada farklı bir olasılığın farkındalığını davet etmeye ve gezegenimize mükemmel bir katkı yapmaya devam etmektedir. İnsanların arzuladıkları değişimin ve dünyanın geri kalanının önemli olduğunu düşündüğü kısıtlamaların ötesinde bir hayat yaratmanın kaynağının kendileri olduklarını bilmeleri için kolaylaştırıcı olur. Bunu herkes için olduğu kadar gezegenimiz için de daha muazzam olasılıkları içeren bir gelecek yaratmak için gerekli bakış açısı olarak görür. Bu sadece kişisel mutluluk için değil, gezegenimiz üzerinde yaygın görülen şiddetli çatışmaları sona erdirmek ve farklı bir dünya yaratmak için de bir önceliktir. Eğer yeterli sayıda insan daha fazla farkında ve daha fazla bilinçli olmayı seçerse, kendileri için mevcut olan olasılıkları görmeye başlayacaklar ve burada dünya gezegeninde ortaya çıkanı değiştirecekler.

Yazar

Gary Douglas, her şeyin mümkün olduğunu ve seçimin yaratımın kaynağı olduğunu bilen insanlar hakkındaki çok satan roman "The Place(Yer)" 'in yazarıdır. Gary aynı zamanda uluslararası alanda Enerji Dönüşüm virtüözü olarak tanınan Dr. Dain ile birlikte para, ilişkiler, sihir ve hayvanlar konularındaki çeşitli kitapların da ortak yazarıdır.

Dünya Genelinde İnsanlara İlham Vermek

Gary yirmi yıl önce Access Consciousness® olarak bilinen bir dizi dönüşümsel hayat değiştiren araç ve uygulamaların öncülüğünü yapmıştır. Bu çığır açan araçlar bütün dünyada binlerce kişinin hayatlarını dönüştürmüştür. Çalışmaları dünya genelinde 2000 eğitimli eğitimci ile birlikte 47 ülkeye dağılmıştır. Basit, ama son derece etkili bu araçlar her yaştan ve farklı geçmişe sahip insanın, onları dolu dolu bir hayatı yaşamaktan alıkoyan kısıtlamalarını ortadan kaldırmalarına yardım için kolaylaştırıcı olmuştur.